세상을 통해 본
한국 천주교회사

세상을 통해 본 한국 천주교회사

발행일 2015. 2. 2

글쓴이 문규현
펴낸이 서영주
총편집 한기철
편집 손옥희, 김정희 **디자인** 강은경
제작 김안순 **마케팅** 김용석 **인쇄** 영신사

펴낸곳 성바오로
출판등록 7-93호 1992. 10. 6
주소 서울특별시 강북구 오현로7길 20(미아동)
취급처 성바오로보급소
전화 944-8300, 986-1361
팩스 986-1365
통신판매 945-2972
E-mail bookclub@paolo.net
www.**paolo**.net
www.facebook.com/**stpaulskr**

값 14,000원
ISBN 978-89-8015-858-4
교회인가 서울대교구 2014. 9. 17 **SSP** 1009

© 문규현, 2015

이 도서의 국립중앙도서관 출판예정도서목록(CIP)은 서지정보유통지원시스템 홈페이지(http://seoji.nl.go.kr)와 국가자료공동목록시스템(http://www.nl.go.kr/kolisnet)에서 이용하실 수 있습니다. (CIP제어번호 : CIP2015000553)

이 책은 저작권법의 보호를 받으므로 무단전재와 무단복제를 금합니다.
이 책 내용의 전부 또는 일부를 재사용하려면 반드시 저작권자와 성바오로출판사의 동의를 얻어야 합니다.

세상을 통해 본 한국 천주교회사

문규현 글

발간사

> 내 평화를 너희에게 준다.
> 평화가 너희와 함께!(요한 14.27; 20.29)

'평화'라는 언어를 반복적으로 쓰시고, 복음이요 유산으로 남겨 주신 예수 그리스도께 한없이 감사할 뿐이다. 참으로 굉장한 분이시다! 예수 그리스도께서는 이렇게 생전 내내 '평화'를 말씀하셨고 행하셨다. 평화를 얻고자 한다면 어떤 일들을 겪을 수 있는지, 무엇을 넘어서야 하는지도 보여 주셨다. 그분께서 남기신 '평화의 복음'은 장엄하고 감사하지만 긴장과 통곡 없이는 받아들 수 없는 이야기이다.

이 책은 발간된 지 20년이 되어 가는 「민족과 함께 쓰는 한국천주교회사」 세 권의 축약본이다. 2005년에 영문 번역본을 만들기 위해 세 권을 한 권으로 만들었다. 그때로부터 다시 10년이 된 지금 그 영문 번역본을 우리말로 발간하는 인사말을 쓰고 있다. 처음에 책을 펴낼 때는 1989년

8월 15일 판문점 '분단 통과 사건'의 역사적·복음적 맥락을 성찰하고 설명하기에 바빴다. 2005년에는 남북 간 교류가 활발하던 때여서 나와 정의구현사제단의 '봉헌'이 나름 의미를 부여받는 것 같아 영문판 서문을 기쁘게 쓸 수 있었다. 그런데 2014년 현재는 마치 나와 정의구현사제단이 교회 안팎에서 빨갱이요 분열주의자로 맹렬하게 단죄되던 1989년 그런 시절로 돌아간 듯하다. 아니 엄혹하기 이루 말할 수 없던 1970년대 유신 시대로 돌아간 듯 춥고 어둡고 칼칼하다.

이제 곧 2015년, 광복 70년 분단 70년이다. 인간의 생애 주기로 치면 아쉬움과 반성, 감사와 화해 속에 한생이 지상 순례를 잘 마무리해 가야 하는 때이다. 1945년 해방둥이로 분단 역사와 일평생을 같이 살아온 나는 이제 그렇게 떠날 준비를 하는데, 이 뿌리 깊은 분단 구조와 상처는 언제쯤 가시어질까? 미움과 두려움의 자리에 화해와 상호 존중, 인정의 햇살이 가득하게 될 날은 그 언제일까?

그런 안쓰러운 질문이 수시로 밀려드는 것은 어쩔 수 없지만 나는 충분히 낙관한다. 고단했던 교회사와 분단 역사를 통틀어 보면, 느리고 답답해도 결국 평화와 진실의 역사만이 끈질기게 앞으로 나아가는 생명력이 있음을 알 수 있기 때문이다. 반복되는 것 같은 이 허망하고 거친 시간들도 기나긴 역사로 보면 결국 통과해야 할 성장통일 뿐 지나가게 마련이다. 2015년이 화해와 평화의 생애 주기로 온전히 새로 태어나는 원년이 될 수 있다면 얼마나 좋겠는가. 이 책이 그 간절한 희망의 오작교에 한쪽 귀퉁이라도 될 수 있다면 더 바랄 것이 없겠다.

그동안 북한 선교를 바라보는 교도권의 시각도 많이 변화했고 교류와 지원도 다양하게 이뤄지고 있다. 게다가 남북 분단과 화해, 통일에 대해 큰 관심을 갖고 계시는 프란치스코 교종과 더불어 이 시대를 살아가고 있음은 큰 축복이다. 나는 2013년 부활절에 바티칸 광장에서 교종 프란치스코께서 그분의 재임 첫 부활절 미사를 통해 "한반도에 평화와 일치가 있기를 바란다."고 하시던 말씀을 직접 들었다. 당시는 한창 남북 간 긴장이 고조되고 있던 때라, 새 교종의 이 메시지가 얼마나 고맙고 감격적이었는지 모른다. 교종께서는 2014년 8월에 한국을 방문하셨을 때도 다시금 남북 분단과 통일에 대해 극진한 관심과 권고를 보여 주셨다. 우리 한국 교회가 두고두고 곱씹고 새겨야 할 지향과 의미를 선물하신 것이다.

"저는 우리 젊은이들에게 평화라는 선물이 필요하다는 것을 성찰하는 것이 특별히 중요하다고 생각합니다. 평화의 부재로 오랫동안 고통을 받아 온 이 땅 한국에서는 이러한 호소가 더욱 절실하게 들릴 것입니다. 저는 한반도의 화해와 안정을 위하여 기울여 온 노력을 치하하고 격려할 뿐입니다. 그러한 노력만이 지속적인 평화로 가는 유일하고도 확실한 길이기 때문입니다. 한국의 평화 추구는 이 지역 전체와 전쟁에 지친 전 세계의 안정에 영향을 미치는 것으로, 우리 마음에 절실한 대의입니다. …평화는 단순히 전쟁이 없는 것이 아니라, '정의의 결과'(이사 32,17 참조)입니다. 우리 모두 평화 건설에 헌신하며, 평화를 위하여 기도하고 평화를 이루려는 우리의 결의를 다지게 되기를 바랍니다."(2014년 8월 14일, 서울 청와대)

이 책은 교회사 전문가의 저술이 아닌지라 부족함과 아쉬움을 느끼는 독자들이 많을 것이다. 더구나 해묵은 내용이다. 그동안 교회사 분야에서도 활발한 논의와 성찰, 연구 작업들이 이뤄져 왔으니 그를 통해 더 많은 배움이 있기를 바란다.

　마지막으로 감사 인사를 두루 해야겠다. 먼저 '흥행'이 의심스러울 뿐더러 교회에게는 불편할 수도 있는 이 책을 출판하겠다고 해 준 성바오로출판사의 용기와 무모함에 감사드리지 않을 수 없다. 역시 수도회다운 기백이고 '돈보다 평화'다. 영문 번역본을 감수하며 우리말 단행본 출판도 독려해 준 성골롬반외방선교회 오기백 신부님께도 감사드린다. 그리고 누구보다도 형님 문정현 신부님과 예수회 김성환 신부님께 감사드린다. 그분들은 눈비바람 몰아치는 지금 이 시간에도 제주 강정 해군 기지 공사장 앞에서 평화의 미사와 기도를 드리고 있을 것이다.

　강정은 한반도 분열과 분단이 집어삼키고 있는 비극적 희생 제물이다. 이곳 강정에서 평화를 위해 일하다 옥살이 고초마저 겪은 예수회 박도현 수사님, 이영찬 김정욱 신부님과 여러 평화지킴이들도 마음 깊이 새겨두고자 한다. 7년 8년 10년을 한결같이 평화의 길로 인도해 주고 계신 제주교구장 강우일 주교님, 더불어 분투해 온 모든 수도 성직자들, 이 땅과 세상의 모든 평화의 사도들, 벗들에게 무한 존경과 감사를 드린다. 이들은 '칼을 쳐서 보습을 만들고 창을 쳐서 낫을'(이사 2,4) 만들고 있다. 전쟁과 죽음, 증오와 상처의 악순환을 종식시키기 위해 온몸 온 영혼을 '그리스도 우리의 평화' 제단에 봉헌하고 있다. 이 모든 분들의 끈기 있는 사랑과 헌신이 나를 계속 평화의 길에 머물게 한다. 거듭 한반도의 평화, 세상의 평화, 그리고 우리 모두의 평화를 위해 기도드린다.

2014년 12월 21일 대림 제4주일

평화의 왕이신 그분을 기다리며

서 문

1989년 8월 15일 남과 북의 경계를 넘어선 이후

아무리 부족해 보여도 참회는 그 자체로 아름답다. 참회는 그것을 넘어서는 또 다른 가능성과 희망도 볼 수 있게 하기 때문이다. 가톨릭교회가 행한 참회도 그중 하나이다. 새로운 천년기를 맞이한 2000년 3월 12일 교황 요한 바오로 2세는 '용서의 날' 참회 미사를 가졌다. 교회는 이를 통해, 지난 2000년 동안 가톨릭교회가 저지른 죄를 크게 7가지로 고백, 참회하고 용서를 구하였다. '신앙과 도덕이라는 이름으로, 진리를 추구한다는 명목으로… 관용을 지키지 못하고 사랑의 율법에 충실하지 못했음'과 '기독교도들의 단결을 해치고 형제의 자비에 상처를 준' 죄, '기독교인들이 유다인에게 저지른' 죄, '권력욕에 사로잡혀 타종교를 가진 그룹이나 민족의 권리를 짓밟고, 그들의 문화와 종교적인 전통을 멸시했던' 죄, '인종 차별'과 '여성 차별'에 대한 죄, '굶주리고 목마르고 헐벗은 이를 무시한' 죄 등에 관해서이다.

이를 이어받아 같은 해 한국 천주교회도 교회가 한국 역사 속에서 행한 죄에 대해 참회하고 쇄신을 다짐했다. 그러나 한편에서는 바티칸의 참회와 한국 천주교회의 참회 모두 불충분하며 구체적인 실천으로 뒷받침되지 못한다고 비판하였다. 그래도 교회가 보여 준 참회 행위들은 용기 있고, 영적 정화와 자기 쇄신으로 나아갈 수 있는 전환점을 이루었다.

한국은 남한과 북한으로 분단되어 올해로 60년을 맞았다. 자본주의 사회인 남한과 사회주의 국가인 북한은 극심한 적대감과 대결 구도로 일관해 왔다. 그러던 1989년 8월 15일 나는 임수경 수산나와 함께 남한과 북한의 경계선인 판문점을 넘었다. 그날은 한국 현대사에서 가장 극적인 사건 가운데 하나가 되었음이 틀림없다. 나와 임수경은 남한과 북한이 각각의 분단 정부를 수립한 뒤 불법이든 합법이든 최초이자 공개적으로 판문점을 넘은 민간인이었다. 이 사건을 종종 약칭해 '분단 통과 사건'이라 부른다. 임수경 수산나는 당시 평양에서 열린 '세계청년학생축전'에 대학생 대표로 참석하고 있었다. 남한 당국은 당시 어떤 형태의 입북이든 불법시하였고 대학생들의 축전 참가도 불허했으나, 임수경은 멀리 제삼국을 경유해서 비밀리에 평양 축전에 참가하여 남북한 사회가 발칵 뒤집혔었다. 천주교정의구현전국사제단은 어려움에 처한 임수경을 보호하고 함께 돌아오라는 소명을 내게 부여하였다. 그 때문에 나는 평양으로 가게 되었다.

임수경과 함께 북에서 남으로 넘어오기 전 어느 날, 나는 판문점 앞에 서서 다음과 같이 연설하였다.

오늘 이 순간 우리를 적시고 있는 이 비는 민족 분단의 비극을 슬퍼하는 하늘의 눈물이고 또한 우리 민족의 눈물입니다. 그러나 우리는 '우리의 소원은 통일' 하고 외치면서 언제나 외침으로 끝날 수 없기에 오늘 이 자리에 함께했습니다. 천주교정의구현사제단을 대표해서, 또 민족적 사명을 다하고자 하는 저의 뜻에 함께한 천주교 아시아 인간개발위원회 위촉으로 그 사무국장으로서 여러분과 함께했습니다.

우리 천주교정의구현사제단은 민족 분단이라는 죄악을 통감하지 못한 채 소극적으로 지켜보고만 말았던 지난날의 역사를 깊이 뉘우치면서, 우리는 결코 둘이 될 수 없고 하나가 되어야 하며, 우리의 평화는 분단 상태에서 이루어질 수 없다는 사실을 다시 한 번 통감하고, 이 역사 앞에서 우리의 죄를 깊이 사죄하고, 우리 모두 역사 앞에 지은 죄악을 물리치기 위한 희생 제물이 되기 위해 오늘 이 자리에 함께하기로 결단한 것입니다.

1989년 8월 15일 판문점 남측 경계선을 넘어선 우리들은 곧바로 체포되었다. 그리고 그때부터 1992년에 이르기까지 3년 반 가량의 시간을 감옥에서 보냈다. 이 기간 동안 나는 좀 더 구체적으로 예수 그리스도의 삶과 죽음, 부활 사건에 가까이 갈 수 있었다. 한편 나 자신과 한국 교회의 삶을 한국 역사와 민중의 삶에 반추하여 더욱 깊이 있게 돌아볼 수 있었던 귀한 시간이기도 했다. 출소한 뒤 나는 한국 교회가 한국 역사와 민중에게 범한 죄를 고백하고 용서와 화해를 청하는 일을 구체화하고자 했다. 그것은 「민족과 함께 쓰는 한국 천주교회사」(빛두레출판사, 1994)라는 세 권의 책으로 결실을 보았다. 지금 이 책은 그 세 권을 영문으로 출간하기 위해 한 권으로 요약한 것이다.

나의 책이 나온 뒤 몇 년의 시간이 흘렀고, 드디어 2000년에 한국 천주교회도 부족하나마 자신의 죄를 고백하고 용서를 청하였다. 쇄신과 화해를 다짐하였다. 그러나 앞서 말했듯이 일제 치하 '신사 참배' 문제도 건너뛰고 참회의 내용도 두루뭉술해서 비판을 받기도 하였다. 아직도 우리 교회는 해야 할 일과 가야 할 길이 남은 것이다.

　1989년 판문점을 넘어선 '분단 통과 사건' 뒤에 나 개인적으로도 그렇고 남북 관계에도 많은 시련이 있었다. 그러나 날은 늘 새롭게 열리기 마련인 것 같다. 새 천년을 여는 2000년 6월 15일에 남과 북 정상들이 평양에서 만나기까지 했으니 말이다. 당시 남북 정상들은 남북 화해와 평화에 결정적인 전환점을 가져온 공동 선언을 발표하기도 했다. 이를 기념하고 실천하기 위하여 해마다 정부 당국 간 교섭이나 민간 교류가 이뤄지고 있다. 이 글을 쓰고 있는 지금 이 순간, 남한 정부 대표단과 민간단체 대표들 수백 명이 그 6·15 선언 5주년 기념식에 참석하고자 전세기를 타고 북한으로 떠났다는 뉴스가 계속 나오고 있다. 지난해는 북한 측 인사들이 남한에 와서 통일 행사를 치렀으니, 남북한 교류는 이제 흔한 일이 되었다. 그것도 중국 등 머나먼 타국을 경유해서 방문하는 것이 아니라 북한에서 남한까지, 또는 남한에서 북한까지 육로나 바닷길, 또는 전세 비행기 등으로 직행 길을 택하는 경우도 빈번해졌다. 그러니 내가 1989년에 평양을 방문하고 판문점을 넘어온 일로 교회 안팎으로부터 온갖 비난을 받았던 일을 생각하면, 그 뒤 15년여 세월 동안 일어난 이런 변화는 엄청난 것이다.

　1989년 당시 우리 행위에 대한 평가는 극과 극을 달렸다. 북한에서 우리들은 상상을 초월한 열광적인 찬사의 대상이었다. 분단 수십 년 만에 남측 민간인을 처음 만난 것이기도 하지만 더욱이 남북통일에 대한 열망 하나만으로 무수한 장벽을 뛰어넘어 그곳에 갔기 때문이리라. 그러나 남한에서는 빨갱이라는 저주와 비난의 화살이 무수히 쏟아졌다. 길거리에는 임수경과 문규현을 가차 없이 처벌하라는 현수막이 걸리기도 했다. 정의구현사제단은 해체 압력을 받았다. 어느 보수 언론에서는 유명한 소설가의 글을 통해 내게 "차라리 사제복을 벗어라." 하는 주문까지 하기도 했다. 물론 민간 통일 운동 세력은 남과 북이 분단된 이래 가장 아름답고 가장 고귀한 사건이라는 찬사와 평가를 하였다.

판문점 '분단 통과 사건'을 두고도 평가가 극명하게 갈리는 이 상황은 민족 분단사가 남긴 깊은 갈등이 다시 드러나는 과정이었다. 그러나 그 무엇이 되었든 내게는 벅차고 감동적인 순간이었다. 그러한 역사적인 순간에 함께할 수 있었다는 것은 개인적으로도 커다란 영광이고 은총이기 때문이다. '분단 통과 사건'은 이스라엘 민족이 이집트 종살이를 거부하고 출애굽을 단행한 뒤 하느님의 보살핌으로 홍해 바다를 건너면서, 결국 민족 해방의 길에서 자신들이 승리할 것임을 확신한 것과 다르지 않기 때문이다. 그리고 그것은 역사적으로 입증되었다. 지금 남북한 사이에 다시 열리게 된 육로와 바닷길, 하늘 길로 학생과 예술인, 기업인, 정부 당국자 등등 수많은 사람들이 오가고 있지 않은가. 앞으로 더 많은 사람들이 오갈 것이다. 작은 물방울들이 오랜 세월 떨어지면서 거대한 바위를 조각내어 온 것이다.

1989년 뒤에도 나는 북한 방문으로 인해 한 차례 더 투옥되었다. 1998년 북한 천주교인협회는 평양 장충 성당 건립 10주년과 소위 '문규현 신부 방북 사건 10주년'을 함께 경축하는 의미로 정의구현사제단이 평양에 와서 공동으로 미사를 드렸으면 좋겠다는 요청을 해 왔다. 이때는 1989년과 달리 반공 반북 이데올로기가 많이 완화된 시기였다. 그렇게 세상이 달라졌다고는 해도 남북 관계는 늘 긴장 상태에 있었다. 또한 개인적으로 나는 1989년의 방북 사건 때문에 여전히 국민으로서의 권리를 일정하게 제약받고 있었고 보호 관찰 대상이어서 조심스러울 수밖에 없었다. 나는 북한 천주교인협회의 요청에 대해 사제단과 함께 북한에 다녀와도 좋을지 정부 당국에 문의했다. 당국은 이 일을 추진하도록 허락했다. 뿐만 아니라 북측과 대화하려는 남한 정부의 과감하고 분명한 의지를 북측에 전달해 주기를 바라기도 했다.

마침내 나를 포함해 모두 9명의 사제단 신부들이 중국을 경유해서 방북하게 되었다. 그런데 문제는 평양에서 발생했다. 북쪽 천주교인들은 당시 열리고 있던 통일 축전 행사에 우리 사제단 신부들이 참석해 주길 간절히 바랐다. 그들은 거듭해서 우리에게 요청하였다. 우리 일행은 이러다 남한으로 돌아가면 또 시끄러운 문제들이 생길 것을 염려하여 그냥 남쪽으로 돌아갈 것도 고려하였다. 그러나 북한 천주교인 대표들은 '신부님들은 그냥 남한으로 돌아가시면 그만이지만, 여기 남아 있는 우리는 어찌되겠느냐'며 눈물을 흘렸다. 그 말에는 별 도리가 없었다.

양들이 곤경에 처할 걸 알면서 그를 외면할 목자가 얼마나 되겠는가. 우리는 일행을 대표할 사제 두어 명만 통일 축전에 참석시키기로 하였다. 그런데 북한 주민들이 원하는 것은 '통일 사제' 문규현 신부이니 내가 가는 게 좋겠다고 결론을 내린 것이다. 나는 어떻게 하든 피하고 싶은 마음이 굴뚝같았으나 어찌할 도리가 없었다. 결국 나와 다른 신부 한

명은 북측 판문각에서 열리고 있는 통일 축전에 참석하고 나머지 신부들은 평양 장충 성당에서 공동 미사를 집전하게 되었다. 나는 8·15 통일대축전이 열리고 있는 판문각에서 다음과 같이 인사하고 기도하였다.

겨레의 하나 됨과 민족 통일에 대한 열망으로 분단의 현장 판문각을 가득 메우신 사랑하는 형제자매 여러분 안녕하셨습니까. 천주교정의구현전국사제단의 공동 대표를 맡고 있는 문규현 바오로 신부입니다.

지난 89년 평양 세계청년대축전에 참여한 남한 학생 임수경 수산나를 보살펴 인도하라는 정의구현사제단의 파견을 받아 이곳에 온 지 벌써 9년의 세월이 흘렀습니다. 2천 5백만 북녘 동포 형제자매들이 눈물로 흔들어 주던 손수건을 뒤로하고 군사 분계선을 울면서 울면서 넘어갔던 그날 이후, 다시는 생전에 다시 볼 수 없을 것만 같았던 고난의 세월 끝에 또다시 사랑하는 여러분을 뵙게 되니, 영광스럽고 감격스러우며 은혜와 기쁨이 가득합니다.

저희 천주교정의구현전국사제단은 조선천주교인협의회 장재철 사무엘 위원장님의 초청을 받고 지금 평양에 와 있습니다. 금년은 평양 장충 성당이 건립된 지 만 10년을 맞아 기념 미사를 봉헌하고자 저희들을 초청하여 함세웅 신부님을 비롯한 9명의 사제들이 방북하게 되었습니다. 우리가 대축전 개막식을 갖는 바로 지금 이 시간 평양 장충 성당에서 10주년 기념과 더불어 민족의 화해와 통일을 기원하는 미사가 봉헌되고 있습니다. 사제단 신부님들은 여러분의 통일대축전 축하 인사와 메시지를 전하도록 저를 파견하였기에 이 판문각을 찾게 되었습니다. 한민족의 꿈, 통일을 이룹시다!

사랑하는 형제자매 여러분! 저는 오늘 이 자리에 서는 순간 다시 한 번 우리 민족의 통일 의지를 확인하며, '통일만이 민족의 살 길'로 여겨 왔던 저의 삶이 참이요 정의임을 확신케 됩니다. 우리의 이 열정이 식지 않는 한 통일은 다가오고 있다는 것도 굳게 믿고 다짐해야겠습니다.

동시에 저는 마음 한편 슬픔과 아쉬움도 큽니다. 그것은 금년에도 여전히 남북 공동 개최의 꿈은 무산되고 예전의 모습에서 성장하지 못한 채 열리고 있다는 사실 때문입니다. 사실 저는 북측이 통일대축전을 공동 개최하자고 제의한 것에 대해 남측이 수용 의사를 밝힐 때만 해도, 통일 운동으로 옥고를 치르며 고난의 길을 걸어왔던 이들과 함께 이제는 새로운 통일 국면을 맞는구나 생각했습니다.

그러나 결국 설렘은 무산됐습니다. 저는 남과 북, 북과 남의 당국자들이 '왜 남북의 화해를 갈망하는 민중들의 열망을 우선하지 않는지' 원망스럽습니다. 20세기 마지막 해인 1999년에는 반드시 통일대축전을 공동 개최하고 통일이 실현되기를 간절히 소망합니다.

끝으로 저를 이곳에 보낸 천주교정의구현전국사제단의 메시지를 전하고자 합니다. '민족의 화해와 통일을 염원하는 천주교정의구현전국사제단은 남북, 북남 양국 정부에 대하여 상호 존중과 인정의 자세로 대화와 협력의 자리에 나설 것을 촉구합니다. 또한 7·4 공동 성명 정신과 남북기본합의서를 철저히 실천해 가기를 바라며, 사제단은 이를 위해 남북 모든 종교인들과 협력해 나갈 것입니다. 1998년 8월 15일 천주교정의구현전국사제단.'

일치의 하느님, 분단 체제에 안주해 온 지난날들을 깊이 뉘우치며 분단 반세기가 넘도록 억압과 좌절을 살아온 천만 이산가족의 아픔, 7천만 한

겨레의 한 맺힌 아픔을 저희의 아픔으로 삼게 하소서.

믿음과 사랑의 하느님, 겨레 사랑이 곧 하느님 사랑이며 인류 사랑임을 알게 하시고, 불신의 우상을 부수고, 맺히고 꼬인 것을 풀어 평화를 이루는 도구가 되게 하소서.

이로 인해 남으로 돌아온 나는 국가 정보원에서 사흘 동안 조사를 받아야 했다. 그리고 풀려났지만 얼마 안 가 국가 정보원은 다시 나를 구속해 버렸다. 당시 민간 정부였던 김대중 정부가 보수층으로부터 친북 성향이라는 공격을 계속 받고 있었는데, 그 이미지를 부정하기 위해 나를 구속한 것 같았다. 나를 구속하면서 정부는 완전히 말을 바꾸었다. 내가 그 통일대축전에 참석하기 위해서 사제단을 이용했다는 것이다. 또 한쪽에서는 어리숙한 신부들이 북한에 놀아났다는 냉소적인 시각으로 우리를 평가했다. 모든 것이 불법이던 시절을 극복하고 이제 놀랍게도 조선천주교인협의회의 초청과 남한 정부 당국의 승인 아래 공식적으로 방북했으나 예기치 않은 상황으로 인해 또 다시 감옥에 갇혔으니, 나로서는 참으로 억울하고 어처구니없는 일이었다.

그러나 그 상황은 여전히 남북이 처한 경직된 현실이었고, 통일 운동이 매번 겪는 어려움이었다. 겉으로 보이는 남북 화해 분위기 밑으로는 계속해서 팽팽한 긴장과 대결, 냉기가 흐르고 있었던 것이다. 사제단 방북 왜곡과 재투옥이라는 상황에 나는 몹시 힘들었다. 그러나 하느님의 법에 나를 맡기겠노라 기도했다. 인간이 만든 재판에는 3심 제도가 있지만 우리 신앙인들에게는 4심이 있으니, 바로 하느님의 법이다. 하느님 법을 믿고 예수 그리스도가 가신 평화의 길, 평화의 사도가 되는 것이 우리의 몫이다.

　남한 사람들은 북한을 지옥과 같은 곳이라고 믿어 왔다. 북한 당국자들은 머리에 뿔 달린 괴물이나 흡혈귀와 같은 모습으로 묘사해 왔다. 어린 학생 때부터 그렇게 교육을 받았다. 오죽했으면 남한에서 통일 운동의 일환으로 '북한 바로 알기 운동'이 생겨났을까. 이즈음 북한을 방문한 남한 소설가는 자신이 쓴 방북 기행문 제목을 '그곳에 사람이 살고 있었네'로 하기까지 하였다. 그러나 오늘날 더 이상 남한 학생들은 북한 사람들을 시뻘건 괴물로 그리지 않는다.

　북한 당국은 그리스도교가 미美 제국주의를 숭배하고 그들의 앞잡이가 될 수 있다는 점에서 경계를 늦추지 않았다. 그들은 신을 믿어도 '조선의 하늘을 믿어라'고 하며 자주성과 애국심을 강조해 왔다. '분단 통과 사건' 전후로 북한이 보인 커다란 변화 중 하나는 다시금 종교에 대해 이해하고 긍정하기 시작했다는 것이다. 1989년 내가 평양에 처음 갈 때만 해도 그들은 '신부'라는 단어를 몰랐다. 대신에 저들 나름대로의 최고의 호칭인 '선생'이라는 표현을 내게 썼다. 북한 「현대조선말사전」(1981년)에는 아래와 같이 정의되어 있었다.

기독교 낡은 사회의 사회적 불평등과 착취를 가리고 합리화하며 허황된 천당을 미끼로 하여 지배 계급에게 순종할 것을 설교.

교 회 종교의 탈을 쓰고 인민들을 착취하도록 반동적 사상 독소를 퍼트리는 거점의 하나.

성 경 예수교의 허위적이며 기만적인 교리를 적은 책.

또 내가 방북하기 전해인 1988년에 나온 「현대조선말사전」(북한사회과학원 언어연구소)에는 '종교는 지배 계급이 인민을 억압 착취하는 도구로 인민 대중의 혁명 의식을 마비시키는 아편'이라고 규정되어 있었다.

그러나 1992년에 나온 「조선말대사전」(평양사회과학원 출판사)에는 종교를 '초자연적이고 초인간적인 존재에 대한 절대적인 신앙, 신이나 하느님과 같은 거룩한 존재를 믿고 따르며 내세에 가서 영원한 행복을 믿는다.'는 식으로 바뀌었다. 신부에 대한 규정도 '천주교에서 교리를 전문적으로 선전하는 교직 또는 그 직책에 있는 자'로 크게 변화하였다. 그리고 「위대한 수령 김일성 동지의 '세기와 더불어' 학습사전 1」(과학백과사전 종합출판사, 1998년 4월, 43쪽)에는 아래와 같이 기술되었다.

기독교는 18세기 말부터 우리나라에 들어오기 시작하였다. 지난날 우리나라의 기독교 신자들 속에는 민족적 양심을 가지고 일생을 반일 독립 운동에 헌신한 훌륭한 애국자들이 많았으며 지금 남조선의 기독교 신자를 비롯한 애국적인 종교계 인사들은 자주, 민주, 통일을 위한 투쟁에 과감히 떨쳐나서고 있다.

1980년대 중반부터 종교를 바라보는 북한의 관점은 점차 실용적이며 긍정적으로 변화하고 있었다. 1988년 한국 전쟁 이후 처음으로 북한에 개신교와 천주교 교회가 세워졌다. 개신교의 봉수 교회와 천주교의 장충 성당이 그것이다. 이 교회들은 국가의 토지 증여와 무이자 대부, 거기에 신자들이 헌금을 더하여 세워졌다. 1988년 6월에는 조선천주교인협회가 결성되었다. 한국 전쟁 이후 사제와 성당 없이 활동해 온 천주교 신자들이 공적이고 조직적으로 활동하기 시작한 것이다. 이것은 참으로 놀라운 일이었다. 남측 사람들 대부분의 반응은 이 조선천주교인협회가 북한 정권의 꼭두각시요 가짜 신자들이라는 것이었다. 그러나 다른 시각에서 볼 수도 있었다. 실상을 좀 더 자세히 알고 싶었던 나는 1989년 6월에 평양을 2주일여 방문했다. 미국 영주권을 갖고 미국 메리놀 외방선교회가 운영하던 신학대학원에서 공부하고 있었기에 이 개인적 방문은 어렵지 않았다. 나는 평양 방문 소감을 남한 천주교 내의 한 잡지에 다음과 같이 기고하였다.

평양에는 전국에서 유일한 성당이 있음은 뉴스를 통해 아는 사실입니다. 젊은이들에게는 한낱 위로를 찾는 비생산적인 푸닥거리에 지나지 않게 생각되어져 온 침묵의 교회가 살아난 것입니다. 침묵이 50여 년 동안 지속되어 왔지만 하느님께서는 기묘하게 역사하신 것이라 믿습니다. 85년도에 조선천주교준비위원회가 조직되어 작년 88년에 성당 완공과 더불어 조선천주교협의회가 조직되어 전국에 800여 명의 신자가 있다고 합니다. 현재 150명 정도의 평양 시내 신자들이 주일 공소 예절에 참여하고 있으며 자기 수입의 2%를 헌금으로 바쳐 교회를 운영하고 있다 합니다.

정말 신앙생활을 할까? 하는 몰이해 속에서 그들은 서로의 만남과 기도 속에 교회의 성장을 소망하고 있습니다. 그리고 이러한 소망 안에 평양 교구장이신 김수환 추기경님께서 함께하여 주실 날을 고대하고 있었습니다. 저는 그들과 신앙생활에 대해 대화를 나누던 중 참된 신앙생활을 찾으려는 그들의 모습을 읽을 수 있었습니다. 조과, 만과와 같이 매일 해야 하는 기도를 소홀히 하는 것과 이웃 사랑 실천을 다하지 못하는 데 대한 안타까움, 아직 완전히 자리 잡지 못한 상태에서 신자를 찾고 새 신자를 만드는 것의 어려움, 기타 자신들의 소홀함을 고백하는 그들의 모습을 봤습니다. 그것은 저라도 이 교회에 함께하고픈 마음을 갖게 하였습니다. 조선천주교인협의회는 저와 연대적인 의사 표명을, 특히 조국 통일에 대한 교회적 표명을 원했습니다. 그러나 제가 개인 자격으로 왔기 때문에 거절할 수밖에 없다는 것이 안타까웠습니다. 민족 통일은 외침으로 되는 것이 아니다. 조국 통일에 대한 소명 속에 남과 북이 끊임없이 형제적 사랑으로 서로 안에 사는 공동체를 이루고, 그 정신으로 연대하여 반통일적 악에 대처하는 삶으로 이뤄 나가야 한다는 말로 그들을 위로할 수밖에 없었습니다.

성령께서는 교회 밖에서도 역사하시듯 이제 일어나는 북쪽 교회를 통해서도 역사하시리라 믿습니다. 성령의 역사의 도구가 되어 민족 평화를 위한 밀알이 되도록, 북한 사회 입장에서 이해되고 그들이 안고 있는 신앙적 한계를 너그럽게 이해하며 그들의 성장을 돕는 동반자로서의 교회가 되는 내일을 기원했습니다. 실상 북한 교회의 현재 신자들은 99%가 40대 후반이며 대부분 고령으로 사회적 한계가 있음을 이해해야 합니다. 또한 행여 과거 역사에서 겪은 피해 의식으로 소극적 관찰자적 입장이 되어서는 안 된다고 생각합니다. 하나의 조국, 하나의 민족, 하나의 교회라는 의식의 연대적 삶이 바로 통일로 가는 길이라 믿기 때문입니다.

그런 동안 남한의 문익환 목사는 방북을 감행하여 김일성 주석과 면담까지 하기도 했고, 나 또한 그 뒤를 이어 임수경과 함께 북한 사회에 큰 충격을 주었다. 이렇게 남한 종교인들이 보여 준 일련의 헌신적 행위들이 종교와 종교인들을 바라보는 북한의 관점을 결정적으로 변화시키는 데 기여했을 것이라고 감히 평해 본다.

북한의 김일성 주석은 1990년 1학기부터 김일성대학 역사학부 안에 종교학과를 개설하고 주체과학원에서 신학을 집중적으로 연구하도록 지시하였다. 이는 1990년 11월부터 이듬해 1월까지 남한 출신의 진보적 신학자인 홍동근 목사가 김일성대학 종교학과에서 기독교학을 강의하는 역사적인 사건으로 발전하기도 하였다. 나아가 북한은 1992년에 종교와 관련된 헌법 조항을 개정하였다. 개정된 헌법의 제68조는 "공민은 신앙의 자유를 가진다. 이 권리는 종교 건물을 짓거나 종교 의식 같은 것을 허용하는 것으로 보장된다. 누구든지 종교를 외세를 끌어들이거나 국가 사회 질서를 해치는 데 이용할 수 없다."고 하였다. 예전에 있었던 '반종교 선전의 자유'를 가진다는 구절이 삭제되고 종교 자유는 더 구체화된 것이다.

그간 남쪽이나 해외 종교인들은 '북한 선교'에 대한 관심을 지속적으로 높여 왔다. 북한 당국의 종교 정책에 관한 연구가 활발히 이뤄지고 남과 해외 종교 기관에 의한 식량과 의약품, 비료 지원 등도 상당한 규모로 진행되어 왔다. 이런 지원들이 식량난과 에너지난을 겪어 온 북한 주민들에게 구체적인 도움이 되었음은 자명하다. 우리 천주교정의구현사제단도 해마다 큰 액수의 지원을 해 왔다. 이런 모든 노력들이 또한 북한 당국자들과 북한 주민들이 종교를 더욱 긍정적으로 보게 하고, 또한 남북 종교인들 사이의 신뢰와 교류 협력을 강화하는 데 기여했음은 분명하다. 그러나 앞서도 살펴보았지만 이 모든 것들은 북한 인민의 자존심과 국가적 권위를 폄하하지 않는 것이어야 한다. 그들에게는 이 점이 대단히 중요하다. 또한 그 어떤 행위든 남북 화해와 평화 통일을 지향하는 실천과 연결되어야 한다는 것이 북측 당국자들과 인민들의 굳건한 생각이다.

남북 분단과 한국 전쟁, 남북 현대사와 북한의 종교 정책 등등에 접근할 때 결코 간과할 수 없으며 가장 핵심적으로 다루어야 할 부분이 바로 미국이 추구하는 목표와 역할 문제이다. 미국은 굴절과 고난의 한국 현대사를 만든 주인공이기도 하다. 그 미국은 지금도 남북한 교류에 커다란 장해물이 되고 있다. 북한이 겪고 있는 에너지난과 식량난도 미국이 오랫동안 대북 봉쇄 정책을 강경하게 고수해 온 탓에 악화 일로를 걸어온 측면이 강하다. 남한 정부는 미국의 정책 방향으로부터 여전히 자유롭지 못하여, 남북 민족 간 이익보다는 미국의 요구를 먼저 경청하고 수용하는 태도에서 벗어나지 못하고 있다.

지금 이 시간에도 이라크 다음으로 북한이 미 패권주의의 희생물이 될 것이며, 그럴 경우 남북 모두 공멸할 것이라는 위기감이 이 한반도에 팽배해 있다. 더군다나 미국은 중국을 견제하기 위한 동북아 전초 기지로 남한 구석구석을 자신들의 군사 기지로 만들고 북한을 고립시키기 위해 동분서주하고 있다. 자칫 잘못하면 이 한반도는 미국과 중국의 전쟁터가 되고 말 지경이다. 따라서 이곳 한반도에서 미국의 패권주의를 극복하는 것은 세계 평화를 실현하는 문제와 직결되어 있다.

종교의 문제, 선교의 문제도 이와 무관할 수 없다. 믿어도 미 제국주의의 종교를 믿지 말고 '조선의 하늘을 믿어라'고 할 만큼 종교에서도 자주성과 독립성을 강조해 온 북한을 상대로 선교하자면 더더욱 신경 써야 하는 대목이다. 이것은 단순하게 북한의 입장을 고려하는 문제가 아니다. 미국이 진정으로 남북한 평화와 통일을 원하는가, 그를 지원하고 협력하는 정책을 쓰고 있는가, 진정 이 민족에게 이익이 되고 있는가를 예민하게 식별하는 문제이다. 미국이 진정으로 세계 평화와 공존을 도모하고 있는가에 대한 질문인 것이다. 그리스도교는 본질적으로 일치와 평화, 공존과 공생을 바탕으로 하고 그를 목적으로 하기 때문이다.

나는 1989년 8월 판문점에서 행한 연설에서 미국을 제국주의라고 칭하며 주한 미군이 한국에서 철수해야 한다고 주장했다. 미국은 '이 땅에 평화를 위해서 온 것이 아니라 이 강토를 강탈하고 이 민족을 아픔의 역사로 만들고 비통한 나날을 강요해' 왔기 때문이다. 이것은 당시 금기의 땅 북한을 방문했다는 것과 함께 또 다른 큰 논쟁과 파문을 몰고 왔던 주제였다. 어떻게 감히 미국을 향해 그런 표현을 쓸 수 있고 철수를 요구할 수 있단 말인가? 당시 나와 함께 북한을 방문했던 메리놀 외방 선교회 소속 미국인 조셉 베네로소 신부는 이 문제를 두고 다음과 같이 썼다(월간 〈말〉, 1989년 9월 호).

문규현 바오로 신부의 미 제국주의 한반도 철수 요구는 미국 국민들을 당황케 했다. 그런데 한국 정부가 이 같은 발언을 근거로 문 신부를 체포함으로써 또 한 번 미국인들은 피해를 입고 있다. 아이러니하게도 반미적인 행동의 진범은 문 신부가 아니라 남한 위정자들이다. '양키 고 홈'이 반미 감정일지는 모르나 그 같은 반대적인 생각을 공공연히 표현할 수 있는 자유는 민주주의의 본질적인 요소이다. 대한민국 정부가 단지 국민들에게 옳다고 고려되는 것만을 말하도록 허용한다면 그것은 실상 그들이 반대한다고 주장하는 북한의 정책을 그대로 따르는 것이 된다.

남한의 위정자들은 미국에 대해 비판적인 견해를 발설했다는 이유로 문 신부를 구속 심문함으로써 그의 고발이 옳았다는 것을 자신들도 모르는 사이에 증명하고 있다. 현 남한 정부는 국민들의 뜻보다는 워싱턴의 의향을 중시하는 가운데 그들의 정책을 결정하기 때문에 진정한 민주주의 정부는 아니다. 만약 남한 정부가 진정한 민주주의 정부라면 언론의 자유를 허용할 뿐만 아니라 장려해야 한다. 그들이 진실로 미국의 영향력을 벗어나 독립적으로 수행하는 정부라면 누군가가 한국에 대한 미국의 외교 정책에 반기를 들었다고 해서 위협을 느낄 필요는 없지 않은가?

진정 문제로 삼을 바는 문 신부와 임수경 양이 남한 정부의 승인 없이 방북한 사실이나 문 신부의 판문점 연설 내용, 그들이 판문점 군사 분계선을 넘은 사실이 아니다. 국민들이 그 전면을 못 보도록 문 신부가 북한 체류 중 미국에 다녀간 사실에 집중시킴으로써 연막을 치고 있다. 그렇다면 그 진실, 진정 문제가 되는 속뜻은 무엇인가? 그것은 '45년이 흐른 지금에도 왜 한국은 여전히 둘로 갈라져 있어야 하는가?' 하는 점이다. 한국인 모두는 남북한 대화의 길을 다시 트기 위해 무엇을 하고 있으며 미국인들은 그 장벽을 제거하기 위해 무엇을 하고 있는가?

미국인들도 한국인들도 똑같이 현재 남한에서의 미국 역할을 비판적으로 주지할 필요가 있다. 미국인들은 문 신부와 임 양이 감옥에 있다는 것과 4만 5천 명의 미군이 여전히 주둔해 있다는 사실에 의문을 던진다. 더욱이 그들은 한국 전쟁 동안 무슨 이유로 5만 5천 명의 미군이 목숨을 잃었어야만 했는지 궁금해한다. 미국이 수호하고 있다는 자유는 어디에 있는가?

한국인들 역시 계속되는 미군의 한국 주둔이 한국의 독립과 통치권을 모호하게 만들고 있다는 사실을 반드시 깨달아야 한다. 더구나 한국 정부가 이를 위해 막대한 보수까지 지불하고 있다는 사실은 고도로 훈련되고 충분한 자체 능력을 갖춘 대한민국 군사력의 위신을 떨어뜨리고 있다. 더 나쁜 것은 미군 주둔은 6천만 한국 겨레의 염원인 '조국 통일'에 심각한 장애가 되고 있다는 사실이다.

남한의 신문들은 나를 '반한주의자'라고 비난함으로써 나를 슬프게 한다. 이보다 더 왜곡된 진실은 없다. 나를 낳아 주신 부모님이 이탈리아인이므로 나의 몸은 이탈리아인이다. 나는 미국에서 교육을 받고 성장했으므로 나의 정신은 미국인이다. 그러나 만약 한국인들이 내 마음 속을 들여다볼 수 있다면 내 마음이 온통 한국인의 마음이 되어 있는 것을 알 수 있을 것이다.

하지만 내가 지난 6월 북한을 방문했을 때 내 마음은 둘로 갈라지게 되었다. 나는 100만 이산가족의 아픔을 그대로 느끼고 있고, 그 원인이 우리 미국 정부 탓이라는 사실 때문에 더욱 마음이 아프다. 몇 년 전 '이산가족의 만남'을 위한 방송 캠페인을 시청하면서 나는 많이 울었다. 그리고 지금 나를 가장 슬프게 하는 것은 세월의 흐름과 함께 비무장 지대 양편에서 분단 이전의 세대들이 점점 사라져 가고 있다는 사실이다. 그들은 종내 그들의 부모, 형제, 누이들을 다시는 못 볼 것이 아닌가. 12년 동안 남한에 있는 동안 나는 '이 사람들은 자본주의자들이다.' 하는 식으로 남한 사람들을 본 적이 없다. 마찬가지로 내가 북한을 방문했을 때에도 나는 '이 사람들은 공산주의자들이다.' 하는 식으로 보지 않았다. 휴전선 양쪽을 놓고 내게는 공산주의자들도 자본주의자들도 안 보인다. 오직 하나의 민족 한국인들만 보인다.

한국의 젊은이들은 용기 있는 희생 때문에 갈채를 받게 될 것이다. 그들은 통일을 이루기 위해 자신들의 안전과 미래, 목숨까지도 기꺼이 내던지고 있다. 우리 가톨릭의 외국인 선교사들 역시 온 한국 겨레의 소원이 무시되는 것을 그대로 내버려 두어서는 안 된다. 우리는 우리 자신들을 위해서 한국에서 일하는 것이 아니다. 만약 우리가 통일을 위해 아무것도 하지 않는다면 그것은 결국 우리가 분단을 유지하고 있는 셈이 된다.

화해는 통일의 선행 조건이다. 그리스도인의 화해는 먼저 자기 자신의 잘못을 고백하고, 타인의 잘못을 용서하는 데 앞장설 것을 요구한다. 가톨릭 사제들은 정의와 평화의 구현을 위해 자신들을 던짐으로써 하나의 본보기가 되어야 한다. 한국의 통일은 통일을 운운하고 기도하는 것만으로는 결코 실현되지 않을 것이다. 우리는 반드시 행동해야 한다. 문 신부와 임 양은 자기 자신들을 기꺼이 통일을 위한 희생물로 바쳤다. 우리 미국인들도 진정 한국을 사랑하고 있다면 그 못지않게 할 수 있다고 나는 확신한다.

미국인 베네로소 신부가 말한 미국의 존재 이유에 대한 근본적인 회의와 성찰은 아직도 정당하다. 오히려 사회주의권이 사라진 지금, 세계 평화를 가장 위협하는 존재는 바로 미국의 패권주의라고 보는 시각이 증가하는 오늘날에 더욱 그러하다. 남북 민족의 통일은 바로 미국이 세계에서 휘두르고 있는 패권주의를 극복하고 지구촌 나라들 사이에 균형과 평등을 이뤄 가는 주요 과정이다. 남한과 북한이 다시 통일하는 문제가 한 민족 차원을 넘어 세계적으로도 의미 있고 중요한 이유가 바로 이런 면에 있는 것이다.

아마 의구심이 들 수도 있을 것이다. 국가 간, 민족 간 경계가 허물어지고 있는 국제화 시대에 남북한 사람들은 왜 그렇게 민족을 강조하고 통일되기를 바라는 것일까. 이것은 단순한 민족주의의 실현이나 국수주의의 발현도 아니다. 이것은 우리 그리스도인들에게는 그리스도의 수난과 죽음에 참여하고, 부활의 기쁜 소식을 간절히 기다리는 신앙과 직결되어 있다. 또 식민 지배와 분단으로 오래 고통을 겪어 온 남북한의 통일은 이 세계가 앓아 온 상처의 치유와 회복의 과정이 될 것이고, 남북 민족뿐만 아니라 모든 인류에게도 보편적 구원 소식이 될 것이다. 그리스도인의 소명은 일방이 아닌 대등함을, 대결이 아닌 평화를, 분열이 있는 곳에 일치를, 증오가 있는 곳에 화해를, 절망이 아니라 희망을, 상처가 있는 곳에 치유를 가져다주는 것 아닌가. 열린 관계를 지향하고 확장할 수 있는 가장 큰 힘은 내적 치유에서 온다. 남북한은 통일을 통해 먼저 우리 자신을 치유해야 한다.

우리가 원하는 평화는 팍스^{pax}가 아니라 샬롬^{shalom}이다. 이는 그리스도교의 본질이며, 그를 추구하는 것은 그리스도인의 의무이다. 진정으로 샬롬을 원한다면 그를 가로막는 구조적인 문제가 극복되어야 한다. 남북 민족의 분단은 온 인류가 함께 겪은 제국주의와 식민 지배, 전쟁과 패권주의의 산물이다. 자발적으로 선택한 것이 아니라 강압과 강요에 의한 것이다. 그 파괴적인 결과와 영향력이 60년이 넘게 지속되고 있으니 이것은 지구의 비극이기도 하다. 함께 청산해야 할 제국주의의 유산이요 치유해야 할 제2차 세계 대전의 상처이다. 남북 민족의 통일은 이런 부당하고 정의롭지 못한 세계 역사가 극복되고 마침내 역사의 한편으로 사라져 감을 의미한다.

　남북 민족의 통일은 상처받고 고통받는 이들의 눈물과 비탄을 씻어 주신 그리스도의 삶을 따르는 길이다. 분단으로 인해 남과 북으로 강제로 헤어지게 된 이산가족이 무려 1천만이나 된다. 그들은 가고 싶은 고향을 자유로이 가지 못하며, 보고 싶은 혈육을 만나지 못하는 비통함을 안고 살아왔다. 그렇지 않은 사람들도 같은 말과 글을 쓰는 동포들을 자유로이 만날 수 없고, 사계절이 같은 나라 땅을 자유로이 방문할 수 없는 현실을 부당하게 여겨 왔다. 남북통일은 이처럼 왜곡되고 뒤틀린 상황을 바로잡아 제자리로 돌려놓는 과정이다.

　남북통일은 정의와 평화를 위해 아낌없이 자신을 봉헌한 사람들에게 바치는 감사의 꽃다발이기도 하다. 얼마나 많은 사람들이 통일을 위해 헌신하다 죽어 가고 고문당하고 감옥살이를 겪어야 했던가. 그들의 정신과 영혼, 노고와 분투에 보답할 더 이상의 선물은 없다. 남북통일은 정의와 평화의 방향으로 나아가는 인류 역사에 대한 보답이고 응답이요, 그 길에 있는 이들에게 바치는 아름다운 헌사가 될 것이다.

　남북통일은 당장에 이뤄질 것도 아니고 갑작스레 이뤄져서도 안 될 일이다. 더군다나 동서독 통일처럼 흡수 통일은 원천적으로 안 될 말이다. 남북 민족이 통합과 공존의 방식으로 통일하려면 긴 시간과 노력과 인내와 이해심이 필요할 것이다. 힘들고 막막하고 이대로 머무르고 싶을 것 같은 광야 체험이다. 그래도 마침내 도착해야 할 방향은 하나, 남북통일이다. 교회는 남북 분단과 분열, 대결과 증오, 파괴와 상처를 키우는 데 자신이 행한 행위들에 대해 뼛속 깊이 참회하고 또 참회해야 한다. 교회가 만들어 놓은 어두운 그림자는 결코 작지 않다. 교회는 깊은 성찰과 긴 시간을 두고 쇄신의 길을 가야 한다. 이제는 남북통일과 화해의 사도로, 치유와 나눔의 길잡이가 되도록 아낌없이 투신해야 한다.

    차라리 사제복을 벗어라. 15년 전, 내게 던져진 이 비난은 역설적으로 진정한 사제의 길과 사제의 신원에 관한 질문이기도 했다. 임수경 수산나와 함께 판문점을 통과하여 남으로 돌아오게 된 것은 처음부터 계획된 일은 아니었다. 그것은 여러 우연과 필연이 겹쳐지면서 그것을 하나로 이끌어 주시는 성령의 작용, 섭리에 의한 것이었다. 1989년에도 1998년에도 난 가능하면 내 앞에 놓인 그 고난의 잔을 마시고 싶지 않았다. 최대한 피해 가고 싶었다. 그러나 내가 하느님 앞에 할 수 있는 말은 '그러나 당신 뜻대로 하소서.'밖에 없었다. 그 말고 달리 할 수 있는 기도가 무엇이었겠는가. 한 치 앞을 내다볼 수 없는 막막한 상황, 환호보다는 비난과 탄압의 화살이 무수히 쏟아질 그 길에 민족의 십자가를 지고 오르면서도, 부활의 희망과 기쁨을 내다보는 것, 이것이 우리가 할 수 있는 최선이었다. 그 무엇에도 흔들리지 않고 처음부터 끝까지 나를 의탁할 수 있는 유일한 희망이었다.

    내 형님 문정현 신부도 민주화 운동을 했다는 이유로 감옥에 갇히곤 했다. 나는 그가 감옥에 있던 1976년에 사제품을 받았다. 감옥에 있던 형님은 수품 준비를 하는 나를 위해 기도하면서도 내게 이렇게 물었다. "갇힌 나를 봐라. 사제의 길은 고난의 길이다. 그래도 이 길을 갈래?" 나는 서슴없이 "그럴 것이다." 하고 답했다. 그것은 예수 그리스도가 앞서 가신 길이 아니었던가. 우리가 예수 그리스도의 길을 가다 고난을 받고 갇힌다면 그것은 닫힌 사회, 갇혀 버린 공동체를 살리고 열어 주는 행위이다. 사제가 되기로 한 이상 거기에 무슨 선택의 여지가 있을 것인가.

남북통일을 위한 길에 천주교정의구현전국사제단과 함께하면서 나는 내가 할 수 있다면, 또 내게 주어지는 길이 그리스도의 길이라면 고행도 투옥도 마다하지 않았다. 사제단도 그로 인해 시련을 많이 겪었다. 우리는 우리 스스로 최선을 다해 왔다. 그 속에서 고난은 영광일 수 있었고 은총이 되었다. 예수 그리스도와 더욱 친교를 나눌 수 있었다. 그러나 분단 상태에 놓여 있는 남북 민족은 아직도 자유롭지 못하다. 우리는 북한 주민들 속에 계시는 예수님과 함께할 수 있기를 간절히 원하고 있다. 세상 곳곳에서 여전히 정의가 유린당하고 평화가 위협받고 있다. 그럴수록 간절히 부활을 염원하고 희망의 길을 가려는 이들은 늘게 마련이다. 그게 그리스도가 가신 길이다.

"샬롬, 여러분에게 평화를 빕니다." 하신 예수 그리스도의 부활 인사를 가슴에 깊이 담고 간다. 이보다 아름답고 이보다 더 강력히 필요한 그 무엇이 이 시대에 있을까. 샬롬, 남북 민족의 평화를 기원한다. 샬롬, 정의와 평화를 위해 일하는 세상의 모든 분들에게 존경과 감사, 평화의 인사를 드린다.

2005년 5월 3일 사제 수품 29주년에

차 례

	발간사	● 005
	서문	● 009
01	간추린 한국 천주교회사 – 17세기 교회 창설부터 19세기 후반까지	● 034
02	식민 지배, 파시즘과 손을 잡은 교회의 반공주의	● 049
03	성모 승천 대축일의 해방, 이루어지지 않는 회개	● 085
04	또 하나의 우상, 반공	● 105
05	남북한 민족 공동체의 분열·분단, 그 지우지 못할 교회의 죄상	● 130
06	북한, '침묵의 교회'가 되기까지	● 143
07	한국 전쟁과 교회	● 173
08	정교분리는 낡은 틀, '행동의 시대'를 선언한 교회	● 211
09	변혁의 한가운데 선 교회, 민족 통일에 대한 생각	● 229
10	고난 속에 새롭게 탄생하는 교회	● 256
11	멈출 수 없는 길, 정의와 해방을 향하여	● 310
12	민족 화해와 평화 통일을 향한 여정	● 391

01 간추린 한국 천주교회사
- 17세기 교회 창설부터 19세기 후반까지

자발적인
신앙 공동체의 태동

16세기 지리상의 발견에 따른 세계적인 탐험 여행은 동양에 대한 서방의 관심을 높였다. 이 과정에서 서양 선교사들에 의해 이웃 나라 일본과 중국에 천주교가 전래된다. 일본의 경우, 1605년 무렵에는 도요토미 히데요시豊臣秀吉가 금교 정책을 강력하게 펼쳤음에도 불구하고 전국의 신자 수가 자그마치 75만을 넘어섰다 한다. 1600년에 중국 북경에 들어온 마테오리치는 주로 유학자 층에게 포교를 하며 서양의 문물을 전달하는 데도 힘을 쏟았다. 그는 잘 알려진 대로 교리서인 「천주실의」 등을 포함, 많은 저작물을 남기기도 했다.

17세기 초엽부터 북경을 드나드는 사신들을 통해 「천주실의」를 비롯해 한자로 저술된 천주교 서적들이 조선에 도입되었다. 이 한역서학서는 신앙의 차원이 아닌 실용주의적 지식 탐구 차원에서 '실학'實學을 주창하던 조선 지식인들 사이에 읽혀졌다. 당시의 조선 봉건 사회 체제는 근본적인 개혁을 요구하는 저항의 분위기가 광범위하게 퍼져 있었다. 그러나 조선의 지배적 사상 체계인 성리학性理學은 이념적 폐쇄성으로 인해 이러한 사회 모순을 해결해 나가기에는 부적합하였다. 또 성리학을 신봉하는 봉건 관료, 양반 지배층은 그러한 개혁 의지도 없었다. 이러한 상황에서 성리학이 아닌 다른 '희망의 이념 체계'를 갈망하던 지식인들은 서양 서적들이 담고 있는 신문명, 과학 기술 등을 조선 사회의 모순을 해결할 수 있는 하나의 가능성으로 받아들였다. 이들 실학 사상가들은 천주교가 그와 같은 서양의 과학 기술을 만들어 내는 사상적 원천이라고 인식하였다. 이처럼 서양 학문을 연구하려는 실학파 소장학자들의 움직임은 '서학'西學이라는 새로운 학풍을 낳게 되었다.

천주교에 대한 관심은 교리 연구를 활발하게 하였다. 홍유한이라는 지식인은 처음으로 교리서를 스스로 공부하여 주일 의무를 혼자서 지키고 묵상했다고 한다. 이때가 1770년경이었다. 그 이후 권철신, 정약전, 이벽 등에게서 천주교 신앙이 싹텄다. 이들은 서학이 유교의 미비점과 한계를 극복해 줄 수 있다는 점에 주목하였다. 이들은 기도와 재계 등으로 천주교 계명의 일부를 실천하기 시작하였다. 그러나 이를 지속적으로 수행하며 다른 이들보다 진리를 찾는 데 열성적인 사람은 이벽이었다. 이러한 한국 교회 초기 상황에 대해 달레의 「한국 천주교회사」는 대략 다음과 같이 기록하고 있다.

정유년(丁酉年 1777년)[001] 권철신이라는 유명한 학자가 정약전 등 여러 학자들과 더불어 산골에 있는 그윽한 절에서 철리哲理 깊은 뜻을 서로 토론한다 함을 듣고, 그는(이벽-인용자) 몹시 추운 날에 백 리나 되는 눈이 쌓이고 험한 산길을 어두움과 호랑이들과 싸우면서 걸어가 그날 밤으로 그 모임에 참가하였다. 연구회는 10일 이상을 두고 계속되어 천주, 세계, 인성人性 등에 대하여 서로 이야기하였다. 옛 성현들의 학설을 끌어내어 일일이 토의하였는데, 갑이 주장하면 을이 반박하여 그칠 줄을 몰랐다. 이때 그들은 북경에서 가져온 과학, 산수, 종교에 관한 예수회 신부들이 지은 책을 연구하기 시작하였다. 그중에는 천주의 섭리와 영혼이 없어지지 않음을 가르치며, 칠악七惡을 이겨 내어 덕을 쌓을 것을 가르쳐 주는 「천주실의」, 「성리진전」, 「칠극」 등 유명한 천주교 교리서도 있었다. 여태까지의 확실치 않고 앞뒤가 서로 맞지 않는 점이 많은 유교에 관한 책만을 읽고 있던 그들은 곧 가르침에 따라서 아침저녁으로 기도를 드리고, 매월 7일, 14일, 21일, 28일에는 일을 쉬고 오로지 깊이 생각하며 가만히 묵상에 잠겨 재계齋戒를 엄격히 지키려고 애썼다.[002]

이처럼 조선에서는 하느님을 믿는 이들의 천주교 신앙 공동체가 서양 선교사들의 포교 없이 자발적으로 형성되었다. 일본이나 중국과도 달랐고, 지구 상 어느 곳에서도 찾아보기 어려운 신앙의 싹이었다. 그렇게 하느님께서 조선에 비추신 신앙의 빛이란 참으로 독특하고 오묘했다.

교리를 혼자 터득하는 데 답답함을 느낀 이벽은 사신使臣으로 북경에 가는 이승훈에게 그곳에서 세례를 받고 교리를 배워 올 것을 부탁하였

---

001 정약용은 1779년으로 기록하고 있다.
002 달레, 「한국 천주교회사」上, 한국 교회사 연구소, 1980, 300-302쪽.

다. 북경에 간 이승훈은 1784년에 필요한 교리를 배우고 베드로란 세례명으로 세례를 받은 뒤 많은 성경과 성물을 갖고 귀국하였다. 귀국한 이승훈은 이벽과 더불어 가톨릭 교리를 연구하면서 이벽, 권일신, 김범우 등 자신의 동료들에게 세례를 주었다. 이 세례를 통해 모인 자발적 신앙 공동체가 1784년 말경 형성되었다. 현재 한국 교회는 이를 교회 창설기로 공식화하고 있다.

세례자들의 신앙 공동체가 만들어진 지 몇 달 후 김범우 집에서 있었던 신앙 집회가 관청에 발각되어 김범우와 몇몇 양반들이 끌려갔다. 그러나 당시 조선 왕조는 아직 천주교를 현실적인 위험 세력으로 여기지 않았다. 정부 당국은 다른 양반들은 석방하고 중인 출신인 김범우에게만 배교를 강요하였다. 그러나 김범우는 끝까지 천주교 신앙을 주장하였다. 그는 곤장을 맞고 귀양 보내졌다. 김범우는 이 고문의 여독으로 귀양지에서 사망하였다. 이로써 그는 한국 천주교회사에서 신앙의 첫 증거자가 되었다.

풀려난 양반들은 다시 모여 신앙생활을 계속하였다. 이런 가운데 그들은 이른바 '가성직假聖職 제도'를 형성하였다. 성직자는 반드시 성품 성사를 통해서만 배출될 수 있는 것임에도 불구, 교리 수준이 낮았던 그들은 자신들도 신부가 될 수 있는 것으로 알았던 것이다. 그래서 그들은 신앙 공동체의 수장 격이었던 이승훈을 먼저 신부로 선출하였다. 이승훈은 또 다른 10명을 신부로 임명하여 고해성사, 견진성사를 집전하게 하였다. 이러한 '가성직 제도'는 약 2년 동안 계속되었다.

교리서를 공부해 가면서 뒤늦게 가성직 제도의 문제점을 깨닫게 된 그들은 북경의 구베아 주교에게 정확한 답을 요구하는 편지를 띄웠다.

1789년에 띄운 이 편지에 대한 응답은 1790년에 돌아왔는데 가성직 제도에 대한 지적과 함께 진짜 성직자 영입을 권고하는 내용도 담고 있었다. 이 편지를 받아 본 조선 공동체에서는 커다란 혼란이 일어났다. 그들은 먼저 가성직 제도를 폐지하였다. 그러나 정작 더 중요한 사건은 교리상으로 조상 제사가 분명히 금지되어 있다는 사실을 확인하게 된 것이다.

유교 사회에서 조상 제사는 사회 체제를 지탱하는 체계화되고 굳어진 제도였을 뿐 아니라, 일종의 신분의 상징이었다. 따라서 조상 제사 금지 문제로 인해 양반층은 천주교를 멀리하게 되었다. 또 양반층은 종교적 구원보다는 사회 개혁과 발전에 관심이 더 컸던 사람들이었다. 그들은 천주교 교리를 유교의 교리와 배치되지 않는 범위 내에서 이를 보완하는 이념 체계로 받아들이고 있었고, 서양의 과학 기술과 천주교 사상을 동시에 수용하고 있었던 것이다. 그리하여 조상 제사 금지 교리는 양반층이 천주교에서 멀어지게 하면서 신자 구성에 중대한 변화를 가져오는 계기가 되었다.

조상 제사 금지 교리로 천주교 신앙 공동체가 정부와 충돌한 첫 번째 사건은 1791년에 발생한 '진산 사건'이다. 호남 지방의 양반 권상연과 윤지충이 우상 숭배라 하여 조상 제사를 폐지하고 신주神主를 불살라 체포되었다. 체포된 두 사람은 고문 끝에 결국 사망하였다. 윤지충은 죽으면서 이렇게 말하였다. "사대부에게 죄를 얻을지언정 하느님께 죄를 얻기를 바라지 않는다."

이를 '신해 박해'라 한다. 신해 박해를 통해 양반들과 정부는 천주교를 인륜을 저버린 집단, 체제 변혁적 요소를 가진 집단으로 규정하여 철저히 금지하고 탄압하기 시작하였다. 이제 조상 제사 금지 교리와 '신해 박해'를 겪으며 양반들은 천주교에서 이탈해 갔다. 천주교는 양반으로서의 특권을 스스로 포기하거나 몰락한 양반들, 그리고 중인층과 하층민들에 의해 만들어져 갔다. 1784년부터 1791년에 이르는 기간에 활동했던 12명의 지도층 가운데 3분의 2에 이르는 사람들이 양반층이었다. 그러나 1791년부터 1801년 사이에 활동했던 38명의 교회 지도층 중에서 양반은 9명(24%), 중인이 21명(55%), 양인이 5명(13%) 그리고 신분 미상인 사람이 3명(8%) 등이었다.[003]

초기 조선 천주교회가 봉건 사회의 악폐를 제거하고자 고민하는 가운데 자주적으로 태동하였다. 이는 민족의 기쁨과 슬픔을 함께하는 민족 교회로 성장할 싹을 자기 안에 품고 태어났음을 의미한다. 이때의 천주교 신앙이란 일종의 '사회 복음'의 의미로 받아들여졌고 실천되어 갔던 것이다. 또 초기 신앙 공동체는 평신도들의 자발성과 헌신성이 충만하게 넘치는 교회였다. 그들은 조선 땅에 복음의 씨앗을 스스로 일구었고, 꾸렸고, 부족한 것은 채우며 희생으로 성장시켰다. 대부분의 양반들이 조상 제사 금지 교리에 대한 고민과 초기 박해기를 거치면서 신앙 공동체에서 이탈하고, 이후 '보잘것없는 사람들'이 공동체를 유지하고 떠받쳐 갔다는 사실 또한, 교회가 민중의 교회가 되어야 한다는 점에서 중요한 의미를 지닌다.

---

[003] 조광, '가톨리시즘과 한국 문화와의 만남', 〈사목〉, 107호

유교 봉건 체제와의 충돌과 박해 시대

　　　　　　　　　　북경의 구베아 주교는 조선의 신자들에게 약속한 대로 한 명의 신부를 1791년에 조선으로 보내고자 하였다. 그러나 때마침 일어난 진산 사건으로 신자들이 신부를 맞이하러 나가지 못하여 이 계획은 무산되었다. 구베아 주교는 이 사실을 로마 교황 비오 6세에게 전하였다. 그리하여 다음 해인 1792년에는 로마 교황청에서도 조선에서 일어난 이 자발적인 신앙 공동체의 태동을 알게 되었다. 이는 세계 포교 사상 찾아보기 힘든 사례여서 그들을 놀라게 했다. 교황청은 조선의 신앙 공동체를 북경 교구에 위임하였다.

　구베아 주교는 1794년 말에 주문모 신부를 조선으로 파견하였다. 조선에 들어온 주문모 신부는 숨어 지내면서도 열심히 사목하였다. 강완숙 골롬바는 주문모 신부를 7년여 동안 자기 집에 숨겨 두며 주 신부의 사목을 헌신적으로 도왔다. 이들의 열렬한 전교 활동에 힘입어 조선 교회는 크게 발전하였다. 주문모 신부의 입국 당시 4천 명 수준이던 신자가 1800년에는 1만 명으로 늘어났다. 신자들은 특히 명도회明道會라는 신심 단체를 조직하여 서로 교리를 익히고, 이웃에게 복음을 전파하는 데 노력하였다. 명도회의 초대 회장은 정약종으로, 그는 신자들을 가르치기 위해 「주교요지」라는 순 한글로 된 교리서를 직접 편찬하기도 하였다.

　1795년에 주문모 신부에 대한 체포령이 내려졌다. 주 신부는 피신했으나 대신 윤유일, 최인길, 지황 등이 주 신부를 보호하기 위해 자신들의 목숨을 희생하였다. 순조의 즉위와 더불어 1801년부터 천주교인에 대한 조직적이고 전반적인 박해가 시작되었다. 결국 주문모 신부가 체포되어 순교하고 교회의 지도자급 신자들도 유배와 참수형, 각종 형벌을 겪게 되었다. 사태는 지방에 있는 신자들에게까지 번졌다. 가장 심각한 사건은 '황사영 백서' 사건이다. 충북 제천 베론에 있는 교우촌으로 피신했던 황사영이 천주교 박해의 실상을 알리고 서양에 구원을 요청하고자 했던 '백서'帛書가 발각되면서 탄압은 더 심해졌다. 황사영의 편지에는 조선 왕조를 부인하는 내용과 외세를 끌어들이는 내용이 들어 있었기 때문이다. 이로 인해 정부의 신경은 극도로 날카로워졌다. 황사영도 체포되어 죽임을 당하였다. 이 탄압으로 인해 교우촌은 낱낱이 파괴되고 살아남은 신자들은 산속으로 숨어들어 가는 등 신생 교회는 뿌리째 흔들렸다.

천주교에 대한 박해는 당시 전통적인 유교 문화 사회와의 충돌과 대립이라는 요소가 컸다. 하느님 권위의 절대화는 왕과 부모의 권위를 상대화하는 결과를 가져왔다. 또 양반과 중인, 평민들이 한데 어울리는 천주교의 모습은 유교 질서의 근간인 신분 체제를 혼란시키는 행위로 간주되었던 것이다. 게다가 조상 제사의 거부는 문화적 이질성에 대한 적대감뿐만 아니라 반체제적 집단이라는 인식까지 갖게 만들었다. 또한 천주교도들은 조정의 감시와 탄압의 손길을 피해 산속 등으로 숨어들고 깊숙한 곳에 교우촌을 형성하거나 비밀 조직을 만들기도 했기 때문에, 산적들과 마찬가지로 치안을 어지럽히는 세력으로 간주되었던 것이다.

나아가 황사영 백서 사건을 계기로 천주교는 조선 사회에 새롭게 인식되었다. 조상 제사 거부 등 전통문화를 파괴하는 '인륜을 저버린 집단'이라고 비난받는 것에 더하여, 이제 '나라를 팔아먹는 집단'이라는 반국가적, 반민족적 세력으로 단죄되기 시작한 것이다. 이것은 조상 제사 문제에서 일정하게 자유롭던 평민들까지도 천주교를 멀리하는 근거가 되었다. 정부는 천주교도들을 온갖 파렴치범으로 선전하며 잔인한 박해를 정당화하였다. 이 뒤로도 크고 작은 박해가 계속되었다. 그런 탓에 천주교는 조선 사회에서 완전히 배척되고 극도로 소외되어 갔다.

박해를 피해 뿔뿔이 흩어졌던 신자들은 극히 어려운 상황에서도 교회 재건에 힘썼다. 정하상, 신태보, 유진길, 조신철 등은 직접 북경을 수시로 오가거나 북경 주교에게 밀사를 보내어 성직자를 요청하는 일에 힘을 쏟았다. 그들은 또 북경 주교에게 뿐만 아니라 교황청에도 1811년과 1825년 두 차례에 걸쳐 성직자를 보내 달라고 호소하는 탄원을 보냈다. 이를 '성직자 영입 운동'이라 한다. 드디어 교황청은 1827년에 파리외방전교회로 하여금 조선에 선교사를 파견할 것을 권고하였고, 1829년 파리외방전교회의 브뤼기에르 주교가 조선으로 나갈 것을 자원하기에 이르렀다.

조선 교회는 1831년에 북경 교구의 관할에서 벗어나 교황청의 정식 교구로 지정되었다. 초대 교구장에는 브뤼기에르 주교가 임명되었다. 그러나 온갖 고난을 무릅쓰고 조선을 향해 달려오던 브뤼기에르 주교는 조선 입국을 바로 눈앞에 두고 중국 땅에서 그만 병사하고 말았다. 파리외방전교회는 브뤼기에르 주교의 뒤를 이어 계속해서 조선에 선교사를 파견하였다. 그리하여 1836년에는 모방 신부가 국경을 통과하여 조선 땅을 밟고 이어 샤스탕 신부가, 그리고 1837년에는 조선교구 2대 교구장 앵베르 주교가 입국하였다. 조선에 제일 먼저 들어온 모방 신부는 곧 세 명의 신학생을 선발하여 마카오로 보냈다. 그중 한 명은 학업 도

중 사망하였다. 이로써 조선 교회는 평신도들의 교회, 자생적인 교회의 틀을 벗어나 서양 선교사들의 영향 아래 제도 교회로서의 틀을 잡아가기 시작하였다. 또한 교회 초기의 사회 복음적인 신앙관은 축소되고 파리외방전교회의 영성적 특성이던 현실 초월적이며 은둔적인 요소들이 중요하게 자리 잡아 갔다.

1839년에 기해박해가 발생하였다. 정부는 이때 그 어느 해보다도 광범위하고 전국적인 범위에서 천주교도를 샅샅이 색출해 낸다. 그리하여 앵베르, 샤스탕, 모방 신부가 체포되어 죽고, 정하상, 유진길, 조진철 등 교회의 지도자들도 사망하였다.

1846년에는 마카오에서 신학을 공부하고 조선 최초의 신부로 서품된 김대건 신부가 서해안에서 다른 선교사의 입국로를 개척하다 체포되어 순교하고 말았다. 남녀 교우 9명도 그와 함께 순교하였다. 이 시기에 프랑스 군함이 1839년에 3인의 프랑스 선교사가 죽은 것을 문책한다는 구실로 조선 해안에 나타났다. 또 1856년에도 프랑스 군함이 장차 조선을 식민지화할 목적으로 조선 서해안 일대를 정찰하였다. 이 같은 프랑스 함대의 출현으로 조선의 천주교인과 선교사들은 종교의 자유와 교회를 보호할 수 있는 힘으로 외세를 기대하게 되었다. 반면 정부에게는 천주교도와 서양 세력이 한통속이라는 신념을 더욱 굳게 하고 말았다.

그러던 중, 이미 서양 세력의 침탈로 몸살을 앓으며 세가 기울어 가던 중국의 북경이 1860년에 영불 연합군에 의해 함락되었다(2차 아편 전쟁). 이 소식에 조선 정부와 온 나라는 경악하였고 서양 세력에 대한 위기감이 더욱더 고조되었다. 민심의 동요 또한 눈에 띄게 나타났다. 북쪽 변방에는 제정 러시아가 국경을 자주 침범하고 통상을 요구해 와 열강의 침략 위험이 매우 긴박하게 다가와 있었다. 그리하여 조선 사회는 안으로는 유교 봉건 체제의 붕괴, 밖으로는 외세의 침략이라는 두 가지의 큰 문제에 직면하였다. 그런 가운데 1863년에 집권한 대원군은 안으로는 왕권 강화를 통해 봉건 체제의 유지를 꾀하고 밖으로는 쇄국 정책을 실시하였다. 대원군은 1866년 새해 벽두부터 대대적으로 천주교 탄압을 재개하였다. 이 탄압은 장장 10년 동안 계속되었다. 이 박해 기간 동안 당시 조선에 들어와 있던 선교사 12명 중 9명과 8천여 명에 이르는 신자들이 희생되었다. 이로써 첫 박해가 이루어진 1791년부터 이때까지 희생된 천주교도는 무려 1만여 명에 달하였다.

민족, 민중과 충돌하는 지상의 교회

1876년 조선은 마침내 일본과 강화도 조약을 맺고 외세에 닫힌 문을 열었다. 그 뒤로 서구 열강 또한 물밀듯 조선으로 들어와 1882년에는 미국과 조약을 체결하였고 1886년에는 프랑스와 조약을 체결하였다. 이 조-불 조약을 통해 완전하지는 않지만 선교사들에게 치외 법권의 특권과 더불어 포교의 자유가 주어졌다. 그리하여 조선 교회는 이제 '지하 교회' 시대를 벗어나 열강의 힘을 등에 업고 전과는 판이하게 달라진 대접을 받으며 당당하게 지상의 교회로 나서게 되었다. 전국 곳곳에 성당이 줄을 이어 세워졌다.

기나긴 박해 시대를 끝내고 합법적인 포교 시대에 들어간 조선 천주교회는 외형상으로 날로 성장해 갔다. 그러나 조선 민족 전체가 안고 있던 반외세 반봉건이라는 절박한 과제와는 동떨어진 교회였다. 긴 박해 기간 동안 신자들은 일반 민중과는 고립된 생활을 해 왔다. 또 신자들은 선교사들의 내세 지향적이고 현실 초월주의적인 신앙관의 영향을 받아 숱한 고난과 탄압을 극복하는 대안으로 지상에서의 행복보다는 천국에서 잘 살 것을 추구하고 개인의 문제를 해결하는 방편으로 신앙을 키워 왔다. 한편으로는 군사적인 방법으로 조선이나 중국 등 이웃 나라에 충격을 가하였던 외세와 천주교는 한통속이라는 등식이 외세와의 충돌 속에서 더 굳어져 왔기에, 천주교회에 대한 일반 사회의 의혹과 거부감은 계속되었다. 더군다나 선교사들은 민중의 원성을 사고 있던 봉건 정부와 밀접하게 지냈기 때문에 이래저래 천주교회에 대한 일반 민중의 시선은 곱지 않았다. 그로 인해 천주교회와 일반 사회 사이에 크고 작은 충돌이 발생하곤 하였다. 특히 제주도에서는 일반 민중과 천주교인들이 충돌하여 신자와 예비자 등 천주교인 700여 명이 희생되는 비극이 발생하기도 하였다.

정부와 천주교회는 이 같은 충돌을 방지하고자 노력하여 1899년에 정부 당국자와 조선교구장 뮈텔 주교 사이에 '교민敎民 조약'을 체결하였다. 이 조약을 통해 비로소 조선인에게도 종교의 자유가 공식적으로 인정되었다. 또한 5년 후에는 프랑스 공사와 외부대신 Foreign Ministry 사이에 선교 조약宣敎條約이 체결되어 선교사들이 지방에서 정착할 권리도 법적으로 인정받게 되었다.

열강의 틈바구니와 밑으로부터 올라오는 개혁의 거센 바람 앞에서 왕조의 명맥을 유지하고자 안간힘을 쓰는 조선의 고종 황제, 그리고 교회를 확장하고 지키려는 데 모든 힘을 쏟는 교회 당국은 서로의 필요에 의해 친밀한 관계를 유지하였다. 고종은 1897년에 자신이 황제의 자리에 오르고 국호를 대한 제국이라고 고칠 때도 뮈텔 주교에게 자문을 구할 만큼 친밀하였다. 그런 탓에 천주교회는 봉건 왕조의 시각과 마찬가지로 조선 말기 전국에서 일어나는 반봉건 반외세 민중 운동을 나라를 혼란시키는 범죄로 간주하였다.

사방에서 소위 의병이라 자칭하는 지원군들이 봉기하였습니다. 이들은 조선에서 일본인들을 추방하고, 국왕을 구하기 위하여 역적 대신들을 단죄해야만 한다고 주장하였습니다. 이 운동은 너무나 거국적인 것이어서 약화시키거나 멈추게 해야 했습니다. …불행히도 반란이란 가라앉히기가 폭발시키기보다 훨씬 더 어려운 것입니다. 또 야전 생활에 익숙해진 의병들은 화해의 전갈에 대하여 아무것도 응하려 들지 않았습니다. 형식적으로는 국왕이 주인이지만 실제로는 외국인들의 부하에 불과하다는 이유와 왕비 시해 사건의 재판이 이루어지지 않았다는 이유로 이들은 계속 나라를 끓게 하였습니다. 그리하여 가혹한 방법을 사용하기에 이르렀으므로 다시 군대를 파견해야만 하였습니다. 자칭 애국자라는 이들은 사실상 오늘날 천한 악당에 불과합니다. 이들은 계속해서 먹고 살기 위하여 여기저기에서 약탈을 일삼고 정부를 불안 속에 몰아넣고 있습니다.**004**

1896년에는 일단의 지식층이 한국의 자주독립과 내정 개혁을 표방하

---

004 뮈텔 주교의 '1896년도 보고서', 명동천주교회 200년사 자료집 「서울교구연보」(Ⅰ), 한국 교회사 연구소, 184-186쪽.

고 한국 최초의 근대적인 사회 정치 단체인 '독립협회'를 결성하여 활동하기 시작하였다. 그런데 뮈텔 주교는 심지어 이 독립협회조차 부정적인 시각으로 바라보았다.

> 약하고 우유부단한 정부에 대립해서, 그리고 당파심 때문에 부패되고 뇌물로 매수되어, 온갖 부정과 재판 거부를 일과로 삼는 관청에 대립해서 독립협회라는 한 단체가 조직되었습니다. 그 협회의 사명은 모든 폐풍을 고발하고, 일체의 부정을 바로잡는 일이었습니다. 독립협회는 그 다양하고 진보적인 계획 때문에 상당한 인기를 모으고 있습니다. 그러나 발족과 진행 과정에서의 혁명적인 요소 때문에 많은 사람들에게 많은 의구심을 갖게 하였습니다. 게다가 정부를 궁지에 몰아넣기에 이르렀고, 황제에게 자기들의 의지를 강요하기까지에 이르렀습니다.[005]

조선 정부와의 관계가 원만한가운데 천주교회는 계속해서 성장해 갔다. 국내에서의 신학생 교육을 위해 1885년에는 원주 부흥골에 신학교가 설립되었고 1896년 처음으로 강성삼, 강도영, 정규하 등이 서품을 받았다. 1888년에는 프랑스 샬트르 성 바오로 수녀회의 수녀들이 고아원과 양로원 사업을 위해 입국하였다. 또 1908년에는 베네딕토 수도회가 들어왔다.

1884년 이후 우리나라에 들어와 있던 개신교 선교사들은 1890년대부터 본격적인 활동을 벌였다. 개신교는 이때부터 1900년까지 급격한 발

---

005 뮈텔 주교의 '1898년도 보고서', 앞의 책, 226-227쪽.

전을 이루어 1907년에는 천주교 신자 수를 능가하였다. 이렇게 개신교의 신자 수가 급증한 것은 병원 학교 등 간접 선교에 주력하여 이의 혜택을 받는 조선인들이 늘어났다는 것과, 조선인 종교 지도자들의 양성에 많은 관심을 가졌던 결과였다. 이 당시의 천주교는 개신교와 대비해 볼 때 선교사와 선교 자금 그리고 조선인 지도자 수에서 열악하였다. 장기간의 박해로 인해 신자들은 무척 빈곤하였고 능력 있는 많은 평신도 지도자들이 순교를 당하여 천주교회에는 재정적, 인적 자원이 부족하였던 것이다. 또 선교사들의 엄격하고 경건하며 현실 초월주의적인 신앙관이 사회사업에의 활발한 참여를 억제하는 하나의 요인이 되기도 했다. 뮈텔 주교는 심지어 조선인이 학문을 가지게 되면 천주교를 믿는 일에 좋지 않을 것이라며 신자인 안중근의 대학 설립 건의를 묵살하기도 했다.

이렇게 개신교가 급속히 성장해 가면서 천주교와 개신교 사이는 냉랭하기만 했다. 천주교는 개신교를 이단이요 열교裂敎라고 불렀으며, 개신교는 교황 제도, 마리아 공경 및 그밖에 신학적 주제들을 문제 삼아 천주교를 비난하였다. 그러나 이와 같은 교계 상층 지도부들의 공식 입장과는 달리 중국 만주 간도 지방의 조선인 천주교와 개신교 신자들은 서로 협조하여 학교나 금융 회사를 공동으로 설치, 운영하였으며 독립운동에서도 서로 협조하였다. 교회 일치라는 차원에서, 이때 간도 지방 신자들이 보여 준 모범은 매우 소중한 역사적 경험이 되었다.

02
식민 지배,
파시즘과 손을 잡은
교회의 반공주의

세상의 변화와 맞선 교황청,
그리고 무신론과의 만남

수많은 농민들이 자신의 경작지로부터 쫓겨나 값싼 도시 임금 노동자가 되었다. 어린아이들조차 참담하기 짝이 없는 노동 생활을 강요받았다. 이것이 바야흐로 정신없이 성장하던 19세기 전반기 자본주의의 얼굴이었다. 가난해질 대로 가난해진 이들은 그 수렁에서 헤어날 길이 없었으나, 부를 쌓는 이들의 앞길은 창창하기만 했다. 가혹한 노동력 착취에 견디다 못한 노동자들이 생존권을 보장받기 위해 투쟁의 길에 나서기도 했다.

이때의 가톨릭 사회 이론가들은 단순히 보수주의적 관점에서 자본주의를 반대하였다. 또 한편으로는 자선 활동만이 공장 노동자들의 비참함을 구제할 수 있다고 생각하였다. 그들은 고대교회의 이자^{취주} 금지 제도를 되살리고, 자본주의를 근절시키면서 중세의 계급 질서, 길드 조직의 형태로 돌아갈 것을 요구하기도 하였다.

교회가 뚜렷한 사회 정책적 개념을 갖게 되고, 거기에 이웃 사랑만으로는 구제할 수 없는 구조적 문제가 자본주의에 내재되어 있다는 사실을 인식하기까지는 오래고도 오랜 시일이 걸렸다. 그러는 동안 자본주의가 노동자 농민에게 강요하는 노예적 상태를 해결하기 위한 대안으로서 사회주의와 공산주의 사상이 확산되고, 민중의 투쟁은 격화되어 갔다. 가톨릭교회도 이들의 주요 비판 대상이 되었다. 1848년에 마르크스와 엥겔스는 「공산당 선언」을 발표하였다. 이들은 노동자들이 그들의 계급 의식과 단결에 기초하여 일어설 때만이 지금의 착취 구조로부터 해방될 수 있다고 역설하며 역사의 전면에 나설 것을 촉구하였다. 또 유물론과 무신론을 주장하며 종교와 대립하게 되었다. 그들은 '종교는 인민의 아편'이라며 세상의 구조적 문제를 직시하고 그 사회 질서를 바르게 세우는 일을 배척해 온 교회의 오래고도 완고한 태도를 비판하였다.

마르크시즘은 프랑스 혁명 이래 초라해진 교회를 더욱 위기감에 젖어 들게 하였다. 마르크시즘에서 자신들의 비참한 처지를 구제할 만한 '복음적 가치'를 발견한 노동자 대중은 마르크스의 뒤를 기꺼이 따라갔다. 그리고 억눌리고 비참한 자신들의 처지에 무관심할 뿐만 아니라 또한 무능하기도 했던 교회를 외면했다. 교회는 노동자들의 이러한 태도가 영혼의 무질서와 타락에서 오는 것이라고 한탄했다. 또 마르크시즘이 본질적으로 관심을 가진 '노동자, 인간의 고통과 불평등'에 대한 지적은 무시하고 무신론을 주창한다는 점에만 비난과 공격의 초점을 맞췄다.

교회 문헌상으로 보자면 교황 비오 9세가 처음으로 사회주의와 공산주의에 대해 운을 떼었다. 마르크스의 「공산당 선언」이 발표되기 2년 전인 1846년 11월, 교황은 회칙 Qui pluribus을 통해 "자연 권리에 전적으로 반대되는 이 사상은 한 번 받아들이면 모든 이의 권리들, 이익들, 사유 재산, 인간 사회 자체가 근저로부터 전복된다."고 말하였다. 1848년 마르크스와 엥겔스의 「공산당 선언」이 발표되자 그에 반박하여 "자유와 평등의 여하한 구실로도 다른 이의 재산이나 권리를 침범하는 것은 불가하며 여하한 방법으로 침해하는 것도 불가하다."고 주장하였다. 그것은 '인간 지사의 자연적 조건에 반대되는 새로운 사회들이나 공동체들을 세우는 것은 인간에게 불가'하기 때문이라는 것이 그 이유였다.[006]

프랑스 혁명의 파괴적인 측면만을 기억하고 있던 교회는 사회 변혁을 부정적인 시각으로 바라보았다. 혁명과 관련되는 사상들은 무엇이나 공포와 반감을 불러일으켰다. '자유주의, 평등, 민주주의'라는 단어들조차 프랑스 혁명과의 연관성 때문에 종종 위협적인 의미로 해석되기도 했다. 프랑스 혁명이 끝나고 나폴레옹과의 힘겨운 정교 협약이 체결된 후에 교회는 자신을 보호해 줄 군주제를 다시 한 번 기대했다. "교회는… 프랑스 혁명에 의해 고통받은 같은 입장의 군주제 및 귀족제와 더욱 밀접한 관계를 맺게" 되었다. 새로 선출된 주교의 80%는 귀족 출신이었던 것이다.

교황은 군주제에 동조적이었을 뿐만 아니라, 스스로가 세속적인 군주이기도 했다. 따라서 교황령을 보호하기 위해 교황은 사회주의자들, 심지어 민주주의자들까지도 혐오하고 비난하였다. 교회와 국가가 분리되어야 한다는 어떠한 주장도 교황권 자체에 대한 위협으로 간주하였다.

---

[006] 김춘호, '사회주의와 가톨릭교회'(1), 〈사목〉, 145호.

국가의 정치적 자유가 교회의 소명을 수행하는 데 도움이 된다는 견해도 거부하였다.

사회의 변화 물결과 사상에 대한 교황의 단죄는 1864년 12월에 발표된 유명한 「교서 요목」(Syllabus, 謬設表)에서도 단적으로 드러났다. 이는 가톨릭 입장에서 배척해야 할 80개의 유설을 총괄한 것이다. 여기서 정치적 자유주의, 합리주의, 범신론汎神論, 자연주의, 교황권 제한주의, 그 밖에 많은 '~주의'들이 비난되었다. 사회주의와 공산주의도 비난되었지만, 80여 개 대상 중에서 이들에 대한 언급은 한 단락에 불과했다. 이 「교서 요목」은 다음과 같은 결론으로 끝을 맺었다. "로마 교황이 자신의 위치를 포기하고 진보적 자유주의, 현대 문명과 타협해야 한다고 생각하는 사람이 있다면 그는 파문되어야 할 것이다."[007]

교회가 말하는 자연적 질서, 자연권이란 중세적 계급 질서, 길드 조합의 형태를 의미하는 것이었다. "인간 사회에 왕자와 신하, 자본가와 프롤레타리아, 부자와 빈자, 배운 자와 배우지 못한 자, 귀족과 평민이 나뉘어 존재하는 것은 하느님이 세운 질서에 부합되는 것"[008]이라는 주장이 그 내용이다. 교회는 그러므로 마르크시즘을 비롯한 모든 사회주의 공산주의 사상은 "모든 고위의 권력을 공격하기 위하여, 사유 재산들을, 먼저 교회의 사유 재산 그 다음에는 개인들의 사유 재산들을 약탈하고 착복하고 차지하기 위하여, 끝으로는 모든 신적이고 인간적인 권리들을 침해하고 하느님 예배의 폐지를 초래하며 시민 사회의 모든 질서를 전

---

007 A. F. 맥거번, 「마르크시즘과 기독교」, 강문구 옮김, 한울, 1988, 134-137쪽.
008 A. F. 맥거번, 앞의 책, 146쪽.

복하기 위하여"⁰⁰⁹ 혁명을 일으킨다고 단정했다.

1869년 12월에 개최된 제1차 바티칸 공의회는 허다한 사회적 관심사와 그에 적응해야 할 여러 문제들을 다 접어둔 채, 오히려 그로부터 교회를 방어하기 위한 교황 권력의 수위권과 무류성을 선포하고 막을 내렸다. 이런 모습은 모든 '근대주의'Modernism에 대한 단죄에서도 드러났다.

근대주의는 '현대주의'라고도 불리는 그리스도교 현대화 운동으로, 가톨릭의 근본적인 개념인 계시, 신앙, 교리 등을 밑바닥에서부터 개정 및 개혁하려고 19세기 말~20세기 초에 가톨릭 안에서 일어난 운동이다. 주로 프랑스 신학자나 신자들에게서 가장 활발하게 전개된 근대주의 운동에서는 근대 자연 과학의 성과가 인정되고, 또한 역사 비평적인 성서 연구 방법이 도입되었다. 이 주의는 근대 철학의 영향에 동조하여 전통적인 교리를 근본적으로 재해석하고, 전면적으로 개조하고자 하였다. 이는 본질적으로 교회의 사회에 대한 적응과 관심을 반영한 것이었다. 그러나 이에 대한 교회 당국의 태도는 준엄하고 단호하였다. 제1차 바티칸 공의회는 근대주의를 비판하였다. 레오 13세는 처음에는 우호적이었으나 만년에는 비판적으로 기울었고, 비오 10세는 처음부터 반대하여 근대주의를 '모든 이단의 총화'라고 단죄하였다. 그는 1910년 9월부터 성직자들 모두에게 '반反근대주의 선서'를 하도록 명하기까지 하였다. 이 선서는 1967년에 가서야 폐지되었다.⁰¹⁰

1878년 교황 레오 13세는 회칙에서 사회주의를 하나의 '재앙'으로 규

---

009 김춘호, 앞의 글.
010 「한국가톨릭대사전」, 2권, 한국교회사연구소, 1040-1043쪽.

정하고 마땅히 뿌리 뽑아야 한다고 하였다.[011] 또 모든 형태의 권위를 거부하는 혁명가들과 교회 교육을 반대하는 자들, 교회 재산을 몰수하려는 자들도 비난하였다. 노동자들은 하느님의 섭리로 예정된 자신의 위치를 받아들여야 했다. 교회가 노동자들 모임을 격려하고 도움을 주기도 했지만, 현재 상태에 만족해야 한다는 보호적 수준이었다.

그럼에도 변화를 원하는 강력한 움직임들이 만들어 내는 신선한 바람이 교회 안팎에서 불어왔다. 사회 문제를 분석할 도구도, 관심도 가지지 못했던 교회에게 '무신론'이 또 다른 선의의 역할을 한 것이다. 교회가 무신론과 대항하기 위해서는 더 이상 사회 문제에 무관심해서는 안된다는 결심을 하게 된 것이다. 그리하여 뒤늦게나마 자본주의의 모순이 낳고 있는 여러 병폐에 대해 교회의 해석과 권고가 발표되었다. 1891년 5월 15일 교황 레오 13세의 자본과 노동에 관한 회칙 「새로운 사태」 Rerum Novarum가 반포되었다. 이는 교회가 사회 문제에 관심을 갖고 언급한 최초의 교황 회칙이며, 사회 교리이기도 하다.

이 회칙은 마르크스의 사회주의적인 해결 방법을 거부하고 사유 재산권을 자연권으로 인정하는 전통적이고 보수적인 주장을 전개하였다. 그러나 자유방임적인 국가관도 배격하면서 국가가 재화를 골고루 분배할 수 있어야 한다고 명시하기도 하였다. 노동자들이 정당한 임금을 받을 권리가 있고, 또한 그들만의 조직을 가질 권리가 있다고 언급한 점은 박애와 자선뿐만 아니라 정의의 실천에도 교회의 진지한 관심이 필요하다는 것을 공식화한 것이기도 했다.

---

[011] 이병호, 「마르크스주의와 가톨릭시즘」, 한국 천주교북한선교위원회, 분도출판사, 1988, 173-174쪽.

「새로운 사태」는 기본적으로 사회주의 영향력이 크게 확장되는 것에 대한 교회의 위기의식을 반영하여 나온 것이다. 그러나 사회 문제에 대한 교회의 이 해석과 권고는 너무 늦은 것이었다. 「새로운 사태」 이후부터 조직된 독일이나 이탈리아 등의 가톨릭 노동 운동은 소수의 노동자만을 모을 수 있었다. 교회가 자신의 '가진 몫'을 고집하고 있는 동안 무산 계급은 무신론적 마르크스주의로 넘어가고 있었던 것이다.[012]

성직자들이 주로 귀족 출신이었기에 교회가 노동자 문제를 이해하는 데는 한계가 분명했다. 또한 그로 인해 "중요한 시대적 문제를 이해할 수 없었으며, 또한 교회 본래의 예언적인 역할을 거의 수행하지 못했음은 거의 명확했다."[013] 불의한 세상의 빛과 소금이 되어 주지도, 변화에 적응하지도 못했던 교회. 그리고 무신론과 교회의 인연, 역사는 이러했다. 가장 격렬하게 대립하고 적의를 품었던 것이 사회주의, 공산주의 사상이다. 그러나 교회는 세상에 적응하기 위해, 또 신앙의 관점에서 빛을 비추고자 노력하였다. 그리하여 마침내 제2차 바티칸 공의회는 무신론에 대해 극적인 인식의 전환을 이루어 냈다. 이것은 인간 세상의 다양한 움직임과 고뇌에 귀 기울이고 대화하기를 선언한 대사건이었다.

무신론이란 전체적으로 보아 원초적인 그 무엇이 아니라 오히려 여러 가지 원인에서 생겨나는 것이며, 그 원인들 가운데에는 종교에 대한 비판적 반동, 어떤 지역에서는 특히 그리스도교에 대한 반발이 보태지기 때문

---

012 아우구스트 프란츤, 「교회사」, 최석우 역, 분도출판사, 1982, 407쪽.
013 A. F. 맥거번, 앞의 책, 138쪽.

이다. 그러므로 신앙인들이 신앙 교육을 소홀히 하거나 교리를 잘못 제시하거나 종교, 윤리, 사회생활에서 결점을 드러내어 하느님과 종교의 참모습을 보여 주는 것이 아니라 오히려 가려 버린다면, 신앙인들은 이 무신론의 발생에 적지 않은 역할을 할 수도 있다. …그러나 교회는 무신론자들의 마음속에서 신 부정의 숨은 이유를 찾아내려고 노력하며, 무신론이 일으키는 문제들의 중요성을 깨닫고 모든 사람에 대한 사랑에 이끌려 문제들을 진지하게 또 깊이 검토하여야 한다고 생각한다. …교회는, 비록 무신론을 완전히 배격하지만, 믿는 사람이든 믿지 않는 사람이든 모든 사람은 함께 살아가는 이 세상을 바로 건설하도록 힘을 합쳐야 한다고 진정으로 선언한다.[014]

일제 식민 지배에 대한 조선 천주교회의 생각

1910년 조선은 일본의 식민지로 전락하였다. 분노가 온 나라를 휩쓸었다. 치욕을 이길 수 없어 자결하는 이들도 있었다. 그러나 조선 봉건 왕조와 원만한 관계를 유지하던 천주교회는 일제가 조선을 식민지로 만드는 것에 대해서도 아무런 거부감 없이 순응하는 태도를 보였다. 천주교 상층부 교도권을 형성하고 있던 선교사들에게는 단지 정부의 얼굴만 바뀌었을 뿐이었다. 이런 태도는 일제 시기 내내 일관되게 유지되었다. 그러나 교회 당국의 공식적인 입장

---

[014] 「현대 세계의 교회에 관한 사목 헌장」 19항, 21항 참조.

과는 달리 일부 평신도와 성직자들은 독립운동에 뛰어들었다. 독실한 천주교인인 안중근의 일본 총독 이토 히로부미伊藤博文 암살은 그 대표적인 사례이다.

교도권은 일제하 가장 큰 민족 운동이던 3·1 운동과 이에 참여한 교인들도 단죄하였다. 교회의 이 같은 태도는 일제하의 교세 신장에도 영향을 미쳤다. 한일합방 당시 천주교회는 7만 3천 517명의 신자가 있었고, 비교적 높은 신자 증가율을 기록하고 있었다. 또한 한일합방 이후 총독부는 교회에 대한 회유 정책으로 신앙의 자유를 공언하였기 때문에 천주교회는 지속적인 성장이 가능할 것이라고 예견하였다. 그러나 상황은 정반대로 나타났다. 즉 1910년 한일합방 이전 개화기에는 신자 증가율이 6.98%였으나 1910년 한일합방 때부터 1919년 3·1 운동까지 연평균 증가율은 2.10%로 현격하게 줄어들었다. 연평균 증가율 2.10%는 당시 인구의 자연 증가율보다 약간 웃도는 숫자였을 뿐이다. 민족의 고난을 외면한 교회를 민중도 외면하였던 것이다.

조선 교회 발전에 이바지 한 공로로 뮈텔 주교는 1920년에 로마 교황으로부터 백작의 작위를 받았다. 나아가 1925년 3월에는 조선 교회의 주교로서는 처음으로 대주교Archbishop라는 칭호를 받았다. 바로 그해인 1925년 7월 5일에는 로마의 성 베드로 대성당에서 조선 순교자 79위에 대한 시복식이 교황 비오 11세의 집전으로 거행되었다. 1923년에는 미국의 메리놀 외방 선교회 선교사들이 조선에 들어왔고, 다음 해에는 같은 회의 수녀들도 입국하였다. 1927년에는 평양교구가 설정되어 메리놀 외방 선교회의 관할 아래 두어졌다.

1920년대에 들어서자 일제는 신사 참배를 강요하기 시작하였다. 천주교회는 처음에는 이를 이단으로 규정하고 참배를 거부하였다. 1930년대에 일제는 군국주의 침략 전쟁을 확대해 가면서 신사 참배를 의무화하고 이를 종교 행위가 아닌 국민의례라는 주장을 펼쳤다. 이에 따라 조선 천주교회도 신사 참배를 행하였다.

하나이신 하느님을 거슬러 또 다른 예배의 대상으로 신의 상이나 조각품을 모시고 그를 존경하는 행위, 이를 우상 숭배라 한다. 흔히 이를 아직 문명화되지 못한 원시적이고 미개한 상태의 풍습으로 떠올린다. 조상 제사나 신사 참배 논쟁의 핵심도 우상 숭배 여부에 있었다.

일제 때는 신사 참배의 우상 숭배 여부가 커다란 논란거리였다. 처음에 교회는 "일본 예절로 말하더라도 신사 참배라 하는 것은 확실히 이단이니 아주 금하는 것이고 살아 있는 임금의 어진 앞에 절함은 이단이 아니오."[015] 하며 엄격하게 막았다. 그러나 일제가 만주 사변을 일으키고 군국주의 침략의 길로 들어선 다음 해인 1932년부터는 교리까지 바꿔가며 신사 참배를 수용했다. "그러나 신사 참배는 비록 그 시작은 종교적이라 할지라도 지금은 일반의 인정과 관계 당국의 성명에 의하여 국가의 한 가지 예식으로 되어 있으니 저것(유교적 제사)과 혼동할 것이 아니며, 천황 폐하의 어진 앞에 예함도 이단이 아닌즉 국민 된 자 가히 행할 것이오."[016]라고 했던 것이다.

교황청은 1936년에서야 신사 참배를 공식 허용하는 훈령을 내렸다. 장로교회는 1938년에 신사 참배를 수용했다. 그러니 조선 천주교회가

---

015 최루수 편, 「天主教要理(大問答)」, 권 2, 1925, 45쪽.
016 최루수 편, 「天主教要理」, 권 1, 1932, 273-274쪽.

1932년부터 교리까지 수정해 가며 행한 신사 참배 행렬과 일제에의 충성심이란 타의 추종을 불허하는 것이었다.

교회가 신사 참배를 우상 숭배도 미신도 아닌 국가적 예식이라고 주장하던 때에도 조상 제사는 여전히 금지되고 있었다. 조상 제사 금지가 해제된 것은 1939년 12월의 일이다. 교황 비오 12세가 「중국 예식에 관한 훈령」을 통해 공자 숭배 의식에 대해서 그 상이나 위패를 모시고 존경 의식을 행할 수 있다고 전면적으로 허용한 것이다. 또 혼인, 기타 예식에서도 오해의 염려가 없으면 수동적으로 참여하여 민간적 예모와 경의를 표시할 수 있다며 폭넓은 허용 조치를 취했다.[017] 이 또한 종교적 예식이 아닌 시민적 예식이며 애국심의 표현이라는 만주국의 주장을 받아들인 것이었다. 만주국은 이곳을 점령한 일제가 청조의 마지막 황제 푸이를 앞세워 만든 괴뢰국이었다. 만주국은 이를 정당화하고 국민을 지배하기 위한 통치 이데올로기로 공자 숭경 의식을 관공서와 학교 등지에서 의무적으로 시행하도록 했다.

그러나 중국의 제사 의례를 둘러싸고 우상 숭배 논쟁이 한창 치열하던 1700년에도 중국의 강희 황제는 공자 숭경이나 조상 제사가 종교적 예식이 아니라 사회적 국민적 의식, 나라의 아름다운 예절일 뿐이라는 견해를 명백히 표명했었다. 이때 교황청은 이를 인정하지 않았다. 클레멘스 11세는 칙서에서 "죽은 이에게 드리는 의식이 종교적이 아니라 단지 사회적 정치적 의례이며 죽은 이에게 무엇을 기원하거나 청하지 않는다는 것을 공적으로 또는 묵시적으로 표명한다고 하더라도 허용할 수

---

[017] 로마 전교성성의 교서 '중국 예식과 그에 대한 서약에 관하여', 〈경향잡지〉, 1940년 2월 호, 50-53쪽.

없다."고 단호한 태도를 취했던 것이다.[018]

교황청의 조상 제사 허용 조치는 돌아가신 부모나 조상의 업적을 기리고 교훈을 새기는 동양의 아름다운 예절을 우상 숭배요 미신이라며 금했던 오랜 철퇴를 거두어 들였다는 점에서 긍정적이다. 각 민족 단위의 문화유산 속에서 복음적 가치를 발견하려는 진일보한 자세이기도 하다. 그러나 신사 참배나 공자 숭경 의식, 조상 제사를 허용한 이면에는 한창 기승을 부리던 파시즘 세력과의 마찰을 피하려는 호교론적 태도가 강했다. 파시즘 속에 안주함으로써 교회가 기왕에 누리고 있던 각종 기득권을 유지하려는 권력 지향적 속성이 여전히 깔려 있었다.

하느님은 말씀하셨다. "너희는 강압(착취)에 의지하지 말고 강탈에 헛된 희망 두지 마라. 재산이 는다 하여 거기에 마음 두지 마라."(시편 62,11) 또 이렇게 말씀하셨다. "자랑하려는 이는 이런 일을, 곧 나를 이해하고 알아 모시는 일을 자랑하여라. 나는 과연 자애를 실천하고 공정과 정의를 세상에 실천하는 주님으로 이런 일들을 기꺼워한다. 주님의 말씀이다."(예레 9,23)

하느님도 섬기고 우상도 섬길 수 있는 중간 지대란 없다. "여러분은 언제까지 양다리를 걸치고 절뚝거릴 작정입니까? 주님께서 하느님이시라면 그분을 따르고 바알이 하느님이라면 그를 따르십시오."(1열왕 18,21) "아무도 두 주인을 섬길 수 없다. 한쪽은 미워하고 다른 쪽은 사랑하며, 한쪽은 떠받들고 다른 쪽은 업신여기게 된다. 너희는 하느님과 재물을 함께 섬길 수 없다."(마태 6,24)

---

[018] 최기복, '조상 제사에 대한 그리스도교적 재조명', 〈사목〉, 207호, 한국 천주교중앙협의회.

하나이신 분을 외면하고 다른 사신私神을 섬길 때뿐만 아니라 하느님의 이름을 헛되이 부르는 거짓 믿음에 빠지고, 하느님의 길이 아닌 다른 길을 걷는 것이 우상 숭배이다. 제2차 세계 대전 당시 교회의 모습이 그랬다. 더욱이 신사 참배 수용은 하느님을 외면하는 처사였을 뿐더러 하느님의 정의와 평화를 거역하고 침략 전쟁을 정당화시켜 주었다. 일제가 곳곳을 짓밟아 세운 야만적 식민 통치를 합리화시키고 연장시켜 주었다.

모든 민족 해방 운동을 짓밟는 도구, 일제의 반공주의

1919년 3월 1일을 기점으로 거의 한 달 동안 대규모 항일 운동이 전국적으로 일어났다. 이를 3·1 독립운동이라 한다. 그 여파로 일제는 극단적 무단 통치를 접고 소위 문화 정치라는 외피를 쓰기 시작했다. 조선은 회생 불능이므로 일제의 품 안에서 문화적으로 우수한 민족이 되고, '자치'하는 것만이 살아남을 수 있는 길이라는 식의 이데올로기를 더욱 강력하게 조작 유포한 것이다. 그러자 많은 지식인과 민족주의자들이 일제의 이 논리에 타협해 갔다. 반면에 노동자, 농민 등과 사회주의자들의 주도하는 민족 해방 운동은 일제와 타협하지 않는 싸움을 전개해 갔다.

조선의 많은 지식인들은 제1차 세계 대전 종식 뒤 월슨이 제창한 민족 자결주의와 1919년의 파리 강화 회의, 그리고 1921년의 워싱턴 국제회의에서 보여 준 미국 등 강대국의 태도에 실망하였다. 그것은 승전 국가들의 잔치 마당에 불과했지, 연합국에 예속되어 있던 식민지 국가들에 대해서는 거론조차 하지 않는 전리품 분배 회의였기 때문이다. 미국은 또 조선 문제를 협상 대상이 될 수 없는 일본 내정 문제로 간주하고 있었다. 이제 미국 등 열강의 선처에 호소하며 독립 청원, 외교, 위임 통치 등의 수단으로 독립을 바란다는 것은 환상에 불과하다는 사실이 명백해졌다. 또 정의와 인도주의 국가라고 여겼던 미국에 대한 맹목적인 기대도 깨지고 미국도 제국주의 열강 중 하나일 뿐이라는 인식도 확산되었다. 그리하여 많은 지식인들이 새로운 길을 찾아 나서게 되는데, 그 하나가 1917년 러시아 10월 혁명 이후 국내에 보급된 사회주의 이념이었다.

1917년 러시아 소비에트 혁명은 세계를 자본주의와 사회주의의 양대 진영으로 만들었다. 미국 등 자본주의 국가가 자기들 나라에 속한 식민지 민족 해방 문제를 도리어 약화시키는 태도로 나왔을 때 러시아 소비에트는 제국주의 타도를 통해 식민지 문제를 근원적으로 해결하겠다는 식으로 나왔다. 그에 따라 1922년에 열린 '극동인민대표대회'에서 조선 문제에 관한 결의안도 채택되었다. 이 대회에는 대표 총수 144명의 3분의 1이 넘는 수인 조선 대표단이 52명 참석하여 조선인이 일제로부터 해방되길 얼마나 간절히 원하는가를 여실히 보여 주었다.[019]

조선에서는 사회주의자들이 이끄는 노동자·농민 운동과 민족 해방 운동이 갈수록 발전하여 일제 식민지 지배의 근간을 뒤흔드는 존재가 되어 갔다. 민중에게 사회주의자란 독립운동가라는 말과 같은 뜻이었다. 일제는 소위 '과격 사상'과 공산주의 운동을 대대적으로 탄압하기 시

---

[019] 변진홍, '1930년대 한국 가톨릭교회의 공산주의 인식', 「최석우 신부 회갑 기념 한국 교회사 논총」, 한국 교회사 연구소, 1982, 435쪽.

작했다. 1925년에는 조선 민중의 민족 해방 사상 및 운동을 탄압하는 최고의 법적 무기인 '치안 유지법'이 발효되었다. 1928년 여름부터는 사상 탄압을 전문으로 하는 '고등 경찰'이 설치되었다. 또 각 재판소에 '사상 검사'가 배치되기까지 하였다. 그런 가운데 일제에 저항하는 세력에겐 사형을 부과하도록 치안 유지법이 개정되기도 하였다.

이처럼 일제는 3·1 독립운동을 계기로 점차 고양되는 민중의 민족 해방 운동이 사회주의 운동과 결합되는 것을 차단하려 하였다. 이는 또한 궁극적으로는 민족 해방 운동 자체를 무산시키기 위해 반공 이데올로기를 확산하려는 의도였다. 그럼에도 일제는 대체로 1920년대 말 무렵까지 반공반소 이데올로기를 적극적으로 전파하지는 않았다. 이 시기까지는 조선이 독립하는 것은 불가능하다는 논리, 일본과 조선은 하나라는 식으로 독립 의지를 무력화시키기 위한 정치 선전이 주를 이루었다. 그리고 천황제 이데올로기를 부정하는 사상이나 운동을 처벌하는 정도였다.[020]

그러나 군국주의 파시즘이 일층 강화되어 가던 1930년대부터는 1920년대 문화 정치에서 허용하던 부분적이고 형식적인 자유조차 박탈해 갔다. 민족 해방 운동을 탄압하기 위한 모든 수단이 총동원되었고 그에 따라 반공주의가 확고하게 자리 잡아 갔다. 일제는 조선 주둔 군대와 경찰력을 대대적으로 증가하였다. 그 결과 일제가 발표한 통계만 보더라도 소위 사상범의 수가 1930년에 3만 8천 779명이던 것이 1934년에 6만 6천 55명으로 증가하였다.

---

[020] 정영태, '일제 말 미군정기 반공 이데올로기의 형성', 〈역사비평〉, 1992년 봄 호, 127쪽.

일제의 파시즘은 기본적으로 반反개인주의, 반反자유주의, 그리고 반反공산주의를 표방하였다. 그러나 핵심은 민족 해방 운동의 주요 이념적 물질적 기반이었던 공산주의와 소련에 대한 비판과 공격이었다. 1938년에 결성된 '국민정신총동원연맹' 강령의 한 항목인 '방공 방첩'에서 이러한 일제의 이데올로기를 명확히 볼 수 있다.

방공 방첩

전쟁을 하려는 자는 먼저 적의 정세를 살피나니 이러므로 현대 종합적 국력전에 있어서도 적은 이편의 모든 방면을 정탐고저 하는지라 간첩間諜은 평시 전시를 물론하고 교묘한 수단으로 항상 우리의 신변을 따르고 있다고 생각하여야 한다. 천 길 되는 제방도 개미굴로 무너진다는 말이 있는지라 특히 우리나라가 전력을 기울여 황도 선포의 큰 이상을 매진시키는 이 비상시를 당하여 우리는 일상 조심 없는 한 가지 말이나 행동으로 국가 목적 수행에 불리한 결과를 끼칠까 염려하여 서로 경계하고 서로 주의하여 적에게 터럭 끝만 한 틈도 주지 않기를 기약하여야 한다.

공산 적화사상은 인류의 원수요, 우리 국풍에 절대로 용납할 수 없는 것이므로 우리는 항상 치밀한 주의와 왕성한 전투 의사로 공산주의 방어에 노력할지니 이에 관하여는 방첩상의 주의를 함이 필요하다. 방공 협회는 이 목적으로 탄생한 것이므로 협회원은 물론이고 그렇지 않은 자라도 이 정신을 체득하고 실행하여 방공 협회를 지원함은 연맹의 목적을 보더라도 지당한 일이라 할 것이다.

일제의 반공 전선은 세계적인 차원이 되었다. 파시즘 국가인 일본과 독일, 이탈리아는 1937년에 방공 협정을, 그리고 1940년에는 3국 동맹을 맺었다. 이때 일제는 이렇게 환호했다. "금일의 세계는 방공防共 국가군과 용공容共 국가군으로 양분되어 있는데, 방공 국가군은 도쿄-베를린-로마를 주축으로 공산주의 격멸의 거화炬火를 들고 인류 구제의 대도를 맥진하고 있다."[021]

그러나 그들은 자유 민주의의를 표방하는 영·미·불 등도 맹렬히 적대시하며 태평양 전쟁을 일으켰다. 결국 파시즘 체제를 정당화하고 이에 저항하는 세력이면 그 누구든 공산주의라고 규정하였던 것이다. 일제의 반공, 방공 방첩이란 조선의 사회주의 운동 세력과 노동 운동뿐만 아니라, 미국과 영국 등에 기대고 있던 민족주의 운동조차도 불온시하고 탄압하는 그런 이데올로기였다. 일제에게 반공주의는 조선 민족의 자주독립을 향한 어떤 열망도 짓밟고 단결을 파괴하는 전능의 도구였을 뿐이다.

현세의 이익과 맞바꾼 가치, 교황청의 정의·평화

군국주의 파시즘과 반공주의에 대해 교황청은 어떤 태도를 취했을까? "바티칸의 정책은 예나 지금이나 항상 공산주의자들의 교회 정책에 대한 반응 이외에 아무것도 아니다."[022]라

---

021 서중석, 「한국현대민족운동 연구」, 역사비평사, 1991, 85쪽.
022 한스야콥 슈테엘레와의 대화, '바티칸 동방 정책 - 공사주의 국가와의 대화', 〈사목〉, 48호.

는 평가까지 있다. 1917년 러시아에서 사회주의 혁명이 성공하면서, 사회주의는 이제 이데올로기로서만이 아니라 그 이념을 실현하려는 국가의 모습도 갖추게 되었다. 러시아 소비에트 연방의 성립은 자본주의 국가 내 계급해방과 식민지 민족 해방 운동을 더욱 강력하게 뒷받침하고 고무하였다. 교회는 무신론과의 투쟁, 반공주의 정책을 한층 강화하게 되었다. 공산주의와의 격렬한 싸움이 눈에 보이게, 보이지 않게 진행되었다.

1922년부터 1939년까지 재위한 교황 비오 11세는 반공주의를 강력하게 펼쳤다. 그는 1925년 성년聖年을 기념하는 강론에서 "현재 유행하는 위험한 사상은 곧 공산주의이다. 이 주의는 가정이든지 종교든지 무엇이든 다 파괴하는 주의이니 천주교 교인은 누구든 이 악한 주의를 반대하고 공격하라."023고 촉구하였다. 또 그는 '선교 교황'이라는 말을 들을 만큼 세계 각국에 교황청의 영향력을 넓히는 데 관심을 두고, 20여 개 국가와 정교 협약을 맺었는데, 이 과정에서 반공을 표방한 파시즘 국가들과도 정교 협약을 맺었다. '보편 교회'의 이익을 위해, 그리고 그가 주창한 '가톨릭액션'을 보장받기 위해 유럽의 독재자들과 타협한 것이다. 그것은 무솔리니와 아돌프 히틀러라는 광기의 독재자가 출현하는 데 길을 닦아 준 셈이었다.024 비오 11세는 일제에게도 적극적인 우의를 표시하였다. 교황에 재위한 지 얼마 안 되어 조선 총독부 총독과 총독부 정

---

023 〈경향잡지〉, 1925년 4월 30일 자.
024 김성태, '역사 안에서의 교황', 「교황 방한과 한국 천주교회 - 교황 방한 기념 교회사 특별 심포지엄 주제 논문 요지」, 자료집, 1984, 24쪽.

무총감을 지냈고 일본국 내무 대신으로 취임한 미즈노에게 성 실베스테르 훈장을 수여했던 것이다.[025]

제1차 세계 대전 이후 극심한 인플레이션과 실업 등으로 정치적, 경제적 위기가 고조되었다. 이 틈을 비집고 이탈리아 무솔리니의 파시즘 운동은 단기간에 대중 운동으로 성장하였다. 레닌의 볼셰비즘에 대항하는 보루를 자처한 무솔리니와 파시스트당은 국가·법률·질서의 유지자 또는 사유 재산의 보호자로 각광을 받았다. 검은 셔츠를 입은 파시스트들은 공산주의자, 사회주의자, 그리고 그리스도교 사회주의자들에 대한 테러나 방화 행위를 조직적으로 행했다. 검은 셔츠단은 노동조합 건물을 파괴하고, 파업을 분쇄할 뿐 아니라 사회주의나 공산주의 출신의 지방 관리들을 집무실에서 축출하기도 했다.

1922년 10월 무솔리니는 왕국을 구한다는 핑계로 파시스트 민병대와 함께 로마로 진격했다. 그 후 몇 달 사이 전권을 장악하고 실력자로 부상한 그는 신문 검열, 노동조합 해체, 선거권 축소 등을 비롯해 심지어 파시스트당 이외의 일체의 정당을 해산시켰다. 반대 의사 표명을 모두 금지시키는 법을 만들고, 비밀경찰과, 정적 처벌을 위한 특별 재판소도 만들었다.[026]

3년여 가까운 교섭 끝에 1929년 2월 11일, 교황청과 무솔리니 정부 사이에 라테란 조약이 성립되었다. 교황청은 통일 이탈리아 왕국을 승인하고 그 수도가 로마임을, 무솔리니는 교황의 주권 아래 있는 바티칸 시

---

025 드브레 주교의 '1923년도 보고서', 「서울교구연보」(Ⅱ), 184쪽.
026 정현백, '파시즘', 배영수, 「서양사 강의」, 한울, 1992, 423-424쪽.

국을 하나의 독립된 주권국으로 인정하였다. 또한 가톨릭을 이탈리아의 국교로 인정하고, 교회에 대한 재정적 지원과 종교 교육 실시도 허용하였다. 이것은 1870년 통일 이탈리아 왕국이 교황령을 점령한 이래 지속적인 갈등 관계에 있던 이탈리아 정부와 교황청 사이의 문제가 해결되었음을 의미했다. "이탈리아는 신에게 다시 돌아왔고 신자 이탈리아에 다시 돌아왔다."고 할 정도로 교황은 이 조약에 만족해했다. 그러나 이에는 조건이 붙었다. 교회가 가톨릭 국민당에 대한 지지를 철회해야 한다는 것이었다. 또 새로 임명된 주교는 국가에 충성을 서약해야 했고, 수사나 성직자들의 정당 가입은 금지되었다.[027]

무솔리니는 1934년 〈르피가로〉지에 '교회와 국가'라는 제목으로 쓴 글을 통해 교회를 한껏 치하하였다. 그는 이 글에서 "이미 역사가 증명함 같이 이런 투쟁에 있어서 국가가 사용하는 무기가 아무리 예리한 것일지라도 교회에 치명상을 주기에는 너무나 무능력한 것이라, 준열한 격전 끝에 항상 승자로 일어나는 자는 가톨릭교회"[028]라고 하였다.

세계 경제가 대공황의 충격 속에서 휘청거리고 있던 1931년 5월 교황 비오 11세는 사회 질서의 재건에 관한 회칙 「사십주년」Quadragesimo Anno을 공포하였다. 그는 여기서 자유방임주의적 자본주의의 횡포를 전임자들보다 훨씬 강력한 표현으로 비난했다. 자본주의는 이제 단순히 거대한 부가 아니라 "소수의 손아귀에 집중된 막강한 권력과 독점적 경제 지배"를 의미했다. 또 모든 경제생활이 "무서울 정도로 힘들고 비참하고

---

[027] 「한국가톨릭대사전」, 3권, 2046-2048쪽.
[028] 〈가톨릭청년〉, 1935년 6월 호.

잔혹하게" 되었다고 지적하였다. 그러나 마르크스주의적 공산주의는 명백히 '악'으로 간주되었을 뿐만 아니라, "어느 누구도 성실한 가톨릭 신자이면서 동시에 진정한 사회주의자가 될 수는 없다."고 사회주의 또한 비난하였다.

이탈리아 파시즘을 모범으로 삼았지만 그보다 훨씬 더 체계화되고 극단화된 파시즘이 독일에도 등장했다. 1929년 몰아닥친 세계 경제 대공황은 독일 경제에도 심각한 타격을 입혔다. 수많은 공장이 문을 닫았고 실업자는 유례없는 600만에 달하였다. 바로 이런 상황에서 '국가 사회주의'를 표방하는 아돌프 히틀러가 1933년 1월 30일 합법적인 방법으로 바이마르 공화국의 수상이 되었다.

독일 가톨릭교회의 일부는 히틀러가 등극하기 이전부터 그의 국가 사회주의에 대해 경계하고 있었다. 예수회원 프리드리히 무케르만 신부는 이미 1931년에 이른바 히틀러식 노선을 '20세기의 이단'이라고 말하였다. 또 1931년 3월 5일 쾰른 대교구 관구와 마인츠 등등의 주교들은 국가 사회주의 독일 노동당에 가입하는 것을 경고하며 금지시키기도 하였다.

히틀러는 교회와 우호적 관계를 유지하기 위해 노력했다. 그는 최초의 정책 선언에서 "우리 국가의 힘이 근거하는 기초를 유지하고 지킬 것이다. 정부는 그리스도교를 우리의 전 윤리의 기초로서, 가족을 우리 민족과 국가의 세포로서 굳게 보호할 것이다."라고 선언하였다. 히틀러는 자기의 투쟁 대상은 오직 무정부주의 및 공산주의라고 하였다. 그는 수권법授權法의 제정에서는 더 우호적으로 교회에 접근했다. 즉, "국민 정부는 양 그리스도교 교파에서 우리 민족을 유지하기 위한 가장 중요한 원동력을 인식한다. 정부는 양 교파들과 연방국들 간에 체결된 조약을 존중할 것이다. 그들의 권리가 침해되어서는 안 될 것이다. …마찬가지로 그리스도교에서 민족의 도덕과 풍기의 확고한 기초를 인식하는 고로 제국 정부는 교황 성좌와의 우호적인 관계에 큰 비중을 두고 그것을 발전시키려고 노력할 것이다."고 한 것이다.

교황청은 히틀러의 정교 협약 제의에 귀를 기울였다. 교회가 누릴 수 있는 이익 때문에 이 극단적 독재 정권에 대해 재고해야 한다는 소리를 외면하였다. 권위주의적 질서에 익숙해 있던 교황청은 혼란한 사회 질서를 바로잡아 줄 유능하고 강한 권력으로써 국가 사회주의적인 망상에 마음을 준 것이다. 교회는 히틀러로부터 필요한 것을 받았다. 그 대가로 교회는 가톨릭 중앙당의 해체를 포함한 모든 정치적 주장을 단념해야 했다. 1933년 7월 20일 히틀러와 교황청은 정교 협약을 맺었다. 가톨릭에는 신앙의 자유와 종교 교육 등이 보장되었고, 교회는 매일의 기도 속에서 히틀러와 독일 제국을 축복하기로 하였다.

일부의 우려에도 불구하고 독일 가톨릭교회는 대체로 나치를 지지하였다. 1933년 4월 1일 '독일 가톨릭 교원 연맹'은 "우리는 독일적이며 민족적인 운동의 지도자를 신뢰하고 민족에 뿌리박은 가톨릭의 힘을 신뢰하면서 새로운 제국 건설과 민족 건설에 착수하자."는 내용의 성명을 발표했다. 이 같은 견해는 가톨릭계 노동자 운동과 학생 조직 안에서도 표명되었다. '독일 가톨릭 노동자 운동'의 성명은, "우리 독일의 국가 생활이 참으로 혁신되어야 한다면 유물론, 리베라리즘, 마르크스주의, 볼셰비즘이 추방되어야 할 뿐더러, 내적으로 극복되어야만 한다면 무엇보다도 먼저 신앙과 종교적인 생활 태도가 모든 계층 속에서 깊어지고 강화되어야만 한다."고 하였다. 따라서 "이 높은 목표를 위해 도움이 되는 국가적 조치는 모두 우리들의 확신적인 지지를 얻을 수 있을 것이다."라고 하였다. 학생들의 태도는 한층 명확했다. '가톨릭 독일학생 학우회 연합' CV는 1933년 7월 15일의 호소에서 이렇게 외쳤다.

> CV는 국가 사회주의 혁명을 현대의 위대한 정신적 변혁으로서 지지한다. CV는 제3제국 이념의 담당자 및 고지자告知者가 될 생각이며, 또 되어야만 한다. …그러기 위해서 CV는 국가 사회주의 정신에 의해서 이끌어질 것이다. …오직 하나, 혁명 속에서 힘차게 육성되어 가는 국가 사회주의 국가만이 우리 문화의 새로운 그리스도 교회를 가져오게 될 것이다. CV 만세! 위대한 독일 제국 만세! 우리의 지도자 아돌프 히틀러 만세!

교황청과 나치 정부의 정교 협약은 이러한 분위기의 뒷받침을 받으며 체결되었다.[029] 의심의 여지없이 히틀러는 젊은 시절부터 그리스도교를 증오하고 이를 전멸할 의욕으로 가득 차 있었다. 그가 로마와 벌인 정교 협약이란 자신의 정치적 기반을 확고히 하기 위한 술수였다. 또 반나치즘 의식을 가진 성직자나 신자들과 주교들 사이를 갈라놓기 위한 정략이기도 했다. 그러나 정교 협약을 체결함과 거의 동시에 가톨릭을 증오하는 히틀러의 진면목이 드러나기 시작했다. 히틀러는 "그리스도인이냐 아니면 독일인이냐, 둘 중의 하나이다. 둘 다 될 수는 없다."는 것을 신조로 삼았는데 이를 실천해 간 것이다.[030]

'가톨릭 노동 연맹'의 중앙 기관지는 1933년에 발행이 금지되었다. 나

---

[029] 서석연 편저, 「불멸의 저항자들 – 반나치스 운동의 기록」, 명지출판사, 1990, 76-77쪽.

아가 성직자와 각 분야 가톨릭 신자들에 대한 탄압과 박해도 일상적인 것이 되었다. 그 같은 비상한 상황에 직면하자 독일의 전국 주교들은 정교 협약이 맺어진 지 1년가량 된 1934년 7월 1일에 '연합 교서'를 발표하여 독일 정부를 맹비난하였다.

새로운 독일적 종교를 창설하여 자칭 독일적 교리, 독일적 윤리라는 신외교주의를 제조함으로써 민족의 관례와 풍습을 순수히 인공적으로 지도하여 유일하고 보편적인 가톨릭교회를 배척하는 것은 확실히 세상의 구세주 예수 그리스도를 공격하는 것이다.

그러므로 모 신문 잡지나 소책자 등에는 교회와 성직자를 공격하고 천주 예수를 모욕하는 괴현상을 보게 된다. 천주와 교회의 권위를 멸시하여 그리스도교를 반대하고 '새로운 신앙'을 일반 대중에게 선전하는 이따위 책자가 학교와 공장에까지 침입함을 볼 때 우리는 결코 침묵을 지킬 수 없다. 이런 출판물을 공연하게 또는 강제로 교우들에게 분포하는 경우에는 교우로서 이런 운동에 협력하거나 이런 출판물을 읽는 것은 중대한 죄악이므로 우리는 이것을 특별히 엄금한다.

…독일 가톨릭 주교들은 현세의 이익을 탐하고 정치적 범위를 침입한다는 말이 유포되나 이는 주교들의 순수한 종교적 행동까지 방해하려는 사실 무근한 모함이므로 우리는 주저 없이 이를 배척한다. 우리는 현대 불량분자들이 종교적 또는 윤리적으로 많은 공헌을 끼친 독일인 추기경, 교회의 고등 성직자를 극단으로 모욕한 불상사에 대하여 엄중히 항의한

030 아우구스트 프란츤, 앞의 책, 422-425쪽.

다. 그리고 또한 그들로부터 독일 신부들이 당한 명예 훼손, 시기猜忌, 박해 등에 대하여 우리는 전 독일 민족의 이름으로 이에 통절히 항의한다.

…우리가 가톨릭교회에서 인정하는 각 단체는 회원들에게 그리스도교의 원칙을 따라 천주를 공경하고 국가에 충성을 지키기를 명령한다. 가톨릭 모든 학교에서는 학생들을 교회에 충직하고 성실한 교우가 되고 국가에 충직하고 성실한 국민이 되도록 지도할 뿐이다. 우리 용맹한 독일 청년들은 이외에 다른 것을 우리에게서 요구치 않고 다른 것을 우리에게서 발견치 않는다. 우리 가톨릭 모든 단체는 교회 밖에서나 안에서나 모든 활동과 노력의 목적은 오직 여기에 있을 뿐이다.031

나치의 전율할 공포 정치와 그에 자발적으로 저항하는 신자들에 의해 자극되어 성직자들은 두 갈래로 나뉘어 갔다. '살 가치가 없는 생명'은 살해되어도 좋다는 논리로 정신병자들을 집단 안락사하는 나치의 범죄에 폰 가렌 주교는 강론을 통해 공공연히 비난하였다. 이 당시에 독일 주재 교황 대사로 있었던 교황 비오 12세는 나치의 만행과 잔학성에 침묵하였다(반면 나치에 저항하는 유다인들을 비밀리에 도와주었다는 견해도 있다). 그는 그리스도교적 유럽을 무신론적 볼셰비즘으로부터 수호하기 위한 방편으로 나치 체제를 이해하고 인정했다. 그는 비오 11세의 반공주의를 자신의 교황 재위 기간에도 강력하게 실천하였다. 군종 주교는 제2차 세계 대전이 개시된 이후에도 히틀러와 독일 군인들을 위해 다음과 같은 기도를 바쳤다.

---

031 〈가톨릭청년〉, 1934년 10월 호.

병역 의무는 명예로운 의무이다. 독일을 위대하게 만든 것은 특히 군인의 신분 덕택이라고 말하지 않을 수가 없다. 이곳이야말로 용감한 학교이며, 위대한 영웅들의 산실이며, 명예와 명성의 영광스러운 무대이다! … 우리들 영웅적인 종족이 되게 하소서. …특히 우리의 총통이시며 국방군 최고 사령관인 그분에게 주어진 모든 임무를 무사히 이룩하도록 축복하옵소서. 우리 모두가 그분의 지휘 하에 민족과 조국에 충정을 다하는 것을 신성한 임무로 간주하도록 하옵소서.

교황청은 1936년에 또 다른 파시즘 국가 일본 제국주의의 신사 참배를 '애국 의례'라는 명목으로 허용하였다. 1937년에 이탈리아와 독일, 그리고 일본은 '방공防共 협정'을 체결하였다. 같은 해 교황 비오 11세는 드디어 3월 14일 「격심한 우려로서」 Mit brennender Sorge라는 제목의 회칙으로 나치 독일에 대해 항의하고 독일 가톨릭 신자들의 운명에 대해 염려하였다. 그러나 제2차 세계 대전이 끝날 때까지 정교 협약 자체는 깨지지 않았다. 교황청은 그나마 정교 협약에 의지하여 종교 활동의 자유를 보장받고자 하였고, 히틀러는 정교 협약의 완전한 파기가 가져올지 모르는 교회의 저항과 단결을 두려워했기 때문이다.

1937년 4월 19일 스페인에서는 프랑코의 파시즘 정당이 스페인의 유일한 국가 정당으로 선포되었다. 그는 야만적이고 극단적인 테러를 사용하면서 의회를 해체하고 언론을 엄격하게 통제하는 등 민주적인 모든 권리를 약화시켰다.

교황청은 프랑코 편에 섰다. 그가 반공과 가톨릭 보호를 내세웠기 때문이다. 프랑코는 집권 이후 각 법정에 십자고상을 두게 하였다. 또 모든 사법관은 성서에 손을 대어 사법 직무에 충실할 것을 맹서케 하였다. 모든 교육 기관은 종교 교육을 근본 방침으로 하도록 하였다. 또한 이혼을 금지시켰으며 빈민 구제는 수도회를 통해 하도록 함으로써 스페인 교회의 '메시아'가 되었다. 그래서 교황청은 일찌감치 프랑코 정권을 승인하고 교황 대사도 파견하였다.[032] 1950년에야 유엔은 스페인에 대한 보이콧을 해제하였다. 그럴 정도로 프랑코 파시스트 정권은 국제 사회에서 고립된 처지였건만 교황청은 그를 지지하였다.

파시즘은 아주 극소수의 기득권자들을 제외하고는 누구에게랄 것 없이 공포스럽고 야수적인 존재였다. 각 국가마다 곳곳에서 반파시즘 인민 연합 전선이 형성되었다. 그것은 사상과 주의, 계급과 계층, 종교를 초월한 반파시즘 투쟁 전선이었다. 이런 상황에서 비오 11세는 1937년에 무신론적 공산주의를 겨냥한 회칙 「하느님이신 구세주」^{Divini} ^{Redemptoris}을 반포하였다. 회칙은 "공산주의는 근본적으로 잘못되었으며, 기독교 문명을 지키려는 사람은 누구나 무슨 일을 하든지 공산주의와 협력할 수 없을 것이다."고 단호하게 선언하였다. 이 회칙을 통해 교황청의 반공주의가 정리되고 극대화되었다. 이로 인해 반공주의가 가톨릭교회의 특징이 되고 말았다. 그리고 파시즘 국가들과 교황청 관계는 손상되지 않았다.

대부분의 파시즘 체제는 공산주의나 독점자본 등에 대한 사회적 증오감에 불을 붙여 대중을 자기편으로 견인하는 메카니즘을 이용하였다. '속죄양'을 만들어 내는 것이다. 히틀러의 경우는 유럽사에 잠재해 있던

---

032 〈경향잡지〉, 1938년 5월 30일 자.

반유태주의를 활용하였다. 파시스트 지배의 또 다른 특성의 하나는 반대자를 설득하거나 극복하는 것이 아니라 절멸시키는 것이었다. 파시스트들은 유럽 어느 나라에서도 그 자신의 힘만으로 국민의 다수표를 확보할 수 없었다. 그리하여 파시즘은 대체로 보수적이고 자유주의적인 부르주아, 군대, 교회와 함께 사회주의에 대항하는 동맹 세력을 형성했다.[033]

교황청 혹은 각 지역 교회 당국은 그 불의한 세속 권력 파시스트들과 공존하였다. 1938년 홍콩에서 발행되는 파리외방전교회 전도 잡지에는 '일본 군부 당국은 왜 가톨릭을 좋아하나'라는 제목의 글이 실렸다. 내용은 다음과 같다.

황군 측에서 가톨릭교회를 특별히 애호함을 본 북경 주재 일본인 기자들은 이를 이상히 여겨 그 이유를 군부 당국에 질문하였더니 군부에서는 솔직히 그 이유를 설명하여, 1) 어떠한 박해를 당하든지 굴치 아니하고 순교까지 하는 가톨릭의 위대한 힘을 우리는 존경치 않을 수 없는 것, 2) 가톨릭 선교사들은 완전히 국경과 민족을 초월하여 있으므로 그들의 말은 각국 외교관의 말보다 더한층 신용할 수 있는 것, 3) 가톨릭은 불교나 회교처럼 어느 지방에 한정되어 있지 않고 세계의 공번된 종교로 되어 있는 것, 4) 가톨릭교회는 로마 교황의 회칙에 의하여 철저하게 공산주의를 반대하고 있는 것, 5) 가톨릭 선교사들은 희생적 정신이 풍부하고 또 독신 생활을 하므로 아무리 위험한 지경에라도 용감히 들어가 자기 직무에

---

033 정현백, 앞의 글, 429쪽.

충실하므로 극동의 정세에 대하여 가장 정통하고 있는 것 등을 들어 대답하였다고….**034**

    오랫동안 교황을 중심으로 군주제적 질서를 유지해 온 체질, 변화를 두려워하고 교회의 보호와 이득에만 관심을 기울여 온 보수주의적 습성들, 무신론에 대한 무조건적인 단죄 등이 위와 같은 처신을 쉽게 하였다. 더러 파시즘을 향해 보여 주었던 항의는 파시즘 자체의 야수적 속성과 무제한적 폭력에 대항하는 것이 아니었다. 교회와의 협약을 위반하고 영역을 침식하는 것, 성직자나 신자들 탄압에 대한 항의였을 뿐이다.

    전쟁과 혼란 속에서 교회도 마찬가지로 많은 상처를 안아야 했다. 성직자와 신자들의 희생, 불태워지고 짓밟힌 성당들…. 반면, 소중한 가치를 끌어안기도 했다. 사회주의자와 신앙인이 함께 동지가 되어 투쟁의 전선에 나선 경험들, 불의한 질서를 거부하는 평신도들의 싸움과 거기서 얻은 교회의 사회 문제에 대한 관심, 정의와 평화에 대한 진정한 열망 등이다. 그러나 기득권 확보와 사회주의와의 싸움에서 승리하고자 파시스트를 지지하고 굴복한 것 또한 교회가 남긴 어두운 유산들이다. 정의와 평화가 아니라 야만과 죽음이 강물처럼 흘러내리던 그 폭력적 권력에 의지하여 교회가 누리고자 했던 현세적 가치, 그것은 파시즘에 희생된 전 세계 수천만 영혼 앞에서 어떤 말을 할 수 있을지 모르겠다.

---

034 〈경향잡지〉, 1938년 11월 15일 자.

조선 천주교회의 반공주의

아래 글은 일제하 1923년 조선의 상황을 말하고 있다. 이 글을 보면 조선에서 독립운동이 쉼 없이 계속되고 있고 동시에 사회주의 사상이 널리 유포되고 있음을 알 수 있다.

그러는 동안 독립운동을 위한 정치적 음모가 나타났는데, 한국 시장에서의 일본 상품의 불매 운동과 볼셰비스트와 공산주의자, 그리고 사회주의자들의 선전 등이 합세했습니다. 실제로 작년 내내 한국에서 볼셰비즘에 대한 이야기가 돌았습니다. 경찰은 폭약과 선동 문서를 전파하려는 한국인들을 추적하는데 항상 실패했습니다. …금년 서울에서는 5월 1일에 노동절을 지냈는데 경찰은 지나치게 혁명적인 삐라나 문서들을 압수하는데 참여해야 했습니다. 한국인 청년 연합회들은 그들의 연구 계획에 공산주의를 첨가했습니다. 상부의 지령에 의해 이 문제를 다루기로 되어 있었던 모임이 중단되었습니다. 현재 만연되고 있는 사상을 가지고는 물론 학교의 젊은이들의 발전도 기할 수 없습니다. 그래서 끊임없이 학교의 동맹 파업이 일어나고 있는데….**035**

〈경향잡지〉는 일제보다 한발 앞서 1925년부터 체계적인 반공주의 사상전을 펼쳐 갔다. 교회의 이런 입장과, 자신의 식민지 지배 체제를 공고히 하기 위해 '속죄양'이 필요했던 일제의 태도는 잘 맞아떨어졌다. 〈경

---

035 드브레 주교의 '1923년도 보고서', 「서울교구연보」 Ⅱ, 185-186쪽.

향잡지〉는 '공산주의 선전군에게 속지 말고 피할 일'이라는 글에서 "공산주의가 인류 사회에 이롭고 잘될 것 같으면 윤리상의 무류지권을 가지신 성교회에서 어찌하여 엄금하시는가. 어찌하여 정부에서 엄금할 뿐 아니라 공산주의 선전자를 잡아 징치懲治하는가. 어찌하여 박학하고 지혜롭고 유명한 정치가들이 이 주의를 채용하여 실행치 아니하고 도리어 거절하고 물리치는가."라고 하였다. 여기서 정부란 일제를 말하는 것으로, 교회와 일제는 반공 전선에서 동맹 관계라는 것을 분명히 하고 있다. 또 논설 '금세에 빈부는 어찌하여 차등이 생기는가.'를 통해 가난을 개인이나 조상의 잘못 탓으로 돌렸다. 더군다나 이를 개인적 차원의 극기와 인내로 극복할 것을 촉구하고 있으니, 오직 반공 투쟁만이 교인들이 나서야 하는 사회의식이고 사회 참여일 수 있었다.

> 그런즉 가난은 다소간 다 제 탓으로 당하는 것이오. 직접 자기 탓이 아니면 적어도 부모나 원조의 탓이니 불가불 감수 인내하여 죄를 보속하고 고신 극기하는 공로를 세울지로다. 가난을 원망하고 한탄하고 부르짖고 못 견뎌 하면 괴로움 중에 괴로움을 더할 따름이오. 보속도 못하고 공로도 세우지 못하리니 이 어찌 미련한 짓이 아니리오.[036]

이처럼 교회는 진보와 변화의 흐름에 물들지 않도록 신자들을 강력하게 단속하고 교육하였다. 그러나 선교사들은 적지 않은 청년 천주교인들이 시대의 사상 조류에 또한 노출되고 있음을 고백할 수밖에 없었다.

---

036 〈경향잡지〉, 1925년 4월 30일 자.

그런 젊은이들은 때로 선교사들에게 가차 없는 불만을 터뜨렸다. 즉 그들은 "가톨릭교회는 사회 질서의 진보를 위해 우리에게 아무런 유익도 주지 않는다. 현재 개신교도들은 도처에 병원과 학교를 가지고 있고 대학까지 가지고 있다. 반면 가톨릭은 두 개의 조촐한 고아원, 몇 개의 초등학교, 단 하나의 중학교뿐인데 이것으로 그들과 대항할 수는 없다"고 불평했던 것이다. 또한 젊은이들은 "뿐만 아니라 신부님들은 젊은이들의 정신 상태를 이해하지 못하므로 젊은이들에게 말할 줄을 모른다."[037]고도 하였다. 그럴 정도로 이 시기에는 일제에 저항하는 지식과 도구로 다양한 사상에 대해 관심을 갖는 게 자연스러운 풍조였다. 선교사들은 이런 젊은이들을 우려하였다.

…그들은 불행히도 극단적인 것만이 좋은 것인 양 주장하는 경향이 있습니다. 그들은 진보적인 신문들이 말하는 것에 대한 위험이나 사회와 신앙을 위해 공산주의자들을 분별할 능력이 부족합니다. 그들에게 방향을 제시한다는 것이 쉽지 않고, 오히려 그들이 해야 할 일과, 어떻게 해야 하는가에 대해 강력한 조언을 해 주는 것이 나을 것입니다.

일제가 본격적으로 군국주의 침략의 길로 들어선 1930년대는 동시에 공산주의자에 대한 섬멸 작전이 체계화되던 시기였다. 교회는 이미 그 자체로 반공 조직이었으나, 이 시기에 언론을 통한 반공 교육과 사상전은 1933년에 발간된 〈가톨릭청년〉을 통해 이루어졌다. 한편 아래와 같

---

037 라리보 주교의 '1927년도 보고서', 「서울교구연보」 Ⅱ, 224쪽.

이 민중이 경제적으로 빈곤해서 공산주의 사상이 그들 속에 뿌리내리게 된다고 파악한 글도 있다.

> 이러한 대중의 경제적 상태에 가톨릭교회는 동정을 아니 할 수 없다. …정부 당국은 공산주의적 사상이 불안한 생활에 신음하고 있는 민중에게 만연됨을 극히 무서워하고 있으나 냉정히 이러한 공산주의적 사상은 민중생활이 극도로 피폐되었음에 원인이 있음을 알아야 할 것이다.[038]

그러나 구조적 원인으로 일제가 벌이는 각종 수탈 정책을 지적하지는 않았다. 나아가 교회는 민중 속에 파고들고 있는 공산주의를 퇴치하기 위해 교회와 일제가 공동의 노력을 기울여야 한다고 주장하였다. 그러나 가톨릭에 대한 비판이 고조되자 교회는 다음과 같이 교회의 중립적 가치를 주장하기도 하였다.

> 마르크스주의·사회주의적 출판물에서는 가톨릭을 자본주의의 옹호 기관이라 비판하면 자본주의적 신문지는 가톨릭이 사회주의·공산주의를 후원한다고 타박함은 오늘의 현상이 아닌가! …가톨릭은 자본주의와 협력하지도 않고 공산주의와 결탁한 바도 아니다. 그러므로 현금 독일 나치스와 같이 가톨릭을 공산주의의 협력 기관으로 인정하거나 혹은 공산주의자와 같이 가톨릭을 자본주의의 전구로 인정하는 자들은 다함께 무지에 걸려 있는 자들이다.[039]

---

038 권약슬, '사회 정의란 무엇인가', 〈가톨릭청년〉, 1934년 11월 호

위의 글에서 보듯 교회는 자본주의에 대해서도 일정하게 비판적이었다. 그것은 부의 불공정한 분배와 절제 없는 이기주의 등 때문이었다. 그럼에도 "공산주의는 그 자체를 한 가지 악으로 인정하여야"하지만 "자본주의 그 자체만은 가톨릭 원리에 비추어 보아 악으로 인정할 수는 없다."는 것이 최종 결론이었다. 새로 서품된 사제들은 "신자들을 노리고 있는 공산주의·유물론·무신론·사이비 철학 등을 격퇴시킬 지식이 필요"040 하다는 주장도 실렸다. 또 청년들을 향해서는 볼셰비즘을 배격하고 진리와 함께하는 사상 건설에 나서자고 촉구하는 글도 있었다.

이 시기 독일 교회는 나치에 의한 탄압 속에 있었다. 이에 대한 우려와 비판이 교황청뿐만 아니라 조선 교회에도 없지 않아 있었다. 그럼에도 조선 교회는 파시즘 세력과 연대하고 타협하며 자기 기득권을 다치지 않았다. 아래 기사는 이탈리아 파시즘 사절단이 일본의 속국인 조선을 방문한 사실을 보도한 내용이다. 교회는 이들을 열렬히 환영하였다.

일본 제국과 방공 협정을 체결한 이탈리아에서는 제국과의 친선을 더욱 두텁게 하기 위하여 바울리치 후작을 단장으로 군부, 외교, 공업, 농업, 상업, 교육, 각계 대표자 20여 명을 망라하여 일본 방문 사절단을 조직한 후 이미 40여 일 전에 내지에 도착하여 각지를 심방하던 중 지난 23일에는 조선 경성에 들리게 되었는데 24일은 주일이므로 사절단 일행은 이미 내지에서부터 총독부에 의뢰하여 그날 미사 참례를 주선하여 주기

---

039 송량, '가톨릭은 자본주의의 전구인가', 〈가톨릭청년〉, 1936년 2월 호.
040 마유진, '청년 운동과 계몽 운동에 대하여', 〈가톨릭청년〉, 1936년 4월 호.

를 정하여 두었었다.

　…시내 학생의 환영 만세 소리 속에 교회 정문에 도착하여 좌우로 늘어진 계성소학교 학생들의 환영에 도보로 성당 정문까지 이르렀다. 각 주교의 가락지에 공손히 친구하여 인사를 드리고, 성당에 들어가 사절단을 위한 특별 미사에 참여, …참여한 후 성당에서 나와 계성소학교에서 증정하는 꽃다발을 받고 하직 인사를 한 후 물러갔다.

　…단장 바울리치 후작은 국경을 넘어서면서 경성 원 주교 각하께 '서울에 잠깐 체류하는 중 주교 각하께서 …파시스트 사절단 일행을 특별히 환대하심을 감사하여 조선을 떠나면서 주교 각하께 가톨릭적 정성을 드리나이다'라는 감사의 전보를 보냈으므로 주교 각하께서는 '가톨릭교회는 파시스트 사절단 일행의 가톨릭적 고상한 태도에 감사하며 단장 이하 일행의 앞길을 축복하나이다.'라고 답전을 하셨다. 이탈리아 사절단 일행은 일본 내지에서도 가톨릭에 대하여 특별한 호의를 가져 시찰 도중 연변에 있는 가톨릭교회는 아무리 적은 것이라도 일일이 방문하였으므로 교회 내에서도 금번 사절단에 대한 평판이 자못 높고 좋다 한다.[041]

　교회의 반공주의는 일제가 내건 반공 전선과 맞물려 확대 재생산 되었다. 교회는 1930년대 중반 이후 각종 친일 조직을 결성하고 활발한 활동을 벌이며 일제와 반공주의에 더욱더 깊숙하게 흡수되어 갔다. 파시즘, 파시스트와 식민 통치자에게 단 한마디 고발의 소리도, 비판의 몸짓도 던지지 않는 교회였다. 야만적이고 불의한 세속 권력과 밀착하여 세상을

---

041 〈경향잡지〉, 1925년 4월 30일 자

구원할 다른 복음적 가치에는 이미 무감각하게 되어 버린 교회였다.

평화는 단순히 전쟁의 부재만이 아니며,
오로지 적대 세력의 균형 유지로 전락될 수도 없고,
전제적 지배에서 생겨나는 것도 아니다.
올바로 또 정확히 말하자면, 평화는 '정의의 작품'(이사 32,17 참조)이다.
(제2차 바티칸 공의회, 「사목 헌장」 78항)

03
성모 승천 대축일의 해방,
이루어지지 않는 회개

식민지로부터의 해방과
참회 없는 교회의 '새 출발'

1945년 8월 15일 일본 제국주의가 마침내 연합국에 항복하였다. 조선에도 해방이 왔다. 무려 36년 동안 조선을 가혹하게 지배했던 일제 식민 통치가 끝났다. 조선 민중의 환호와 기쁨이 거리에 넘쳐났다.

8월 15일… 거리거리에 감격에 넘치는 태극기가 휘날린다. 모퉁이마다 조수를 밀듯 사람들이 모여 40년 동안 참아 왔던 울분을 토로하는 듯 제각기 연설조로 떠들어 대는가 하면 또 군중 가운데서 한 사람이 목이 터지게 애국가를 부르니 군중은 제풀에 따라한다. 그 순간 우렁차게 태극기를 빼치고 외치는 만세 소리…**042**

식민 통치로 인해, 일제의 침략 전쟁의 뒷감당을 하느라 조선인들이 물질적·정신적으로 치러야 했던 고통은 이루 말할 수 없었다. 나라 밖 일제의 전쟁터로, 군수 공장으로, 위안부로 내몰리고 죽어 가야 했던 조선의 청장년과 여자들의 수 또한 적지 않았다. 살아날 한 가닥 희망을 찾아 조국을 등져야 했던 이민 동포들의 실상까지 통틀어, 일제가 식민 통치 기간 동안 이 민족에게 남겨 놓은 갖가지 유산은 참담했다.

학도병으로만 1938~1943년에 2만 3천 681명이, 징병으로는 1944~1945년에만도 육·해군 합계 20만 9천 279명이 총알받이로 끌려갔다. 일본에 노동력으로 강제 연행되어 혹사당한 조선 민중은 탄광에 가장 많은 49만 3천여 명을 포함, 1939~1945년에 걸쳐 약 113만 명이나 되었다. 수십만에 달하는 12~40세의 조선 여성은 1944년 8월에 공포된 '여자 정신대 근로령'을 통해 일본과 조선의 군수 공장에 동원되었다. 또 행방도 알지 못한 채 남방과 중국 전선 등지의 위안부로 연행되어야 했다. 풀뿌리 나무껍질로 생명을 연장시키며 절망적 상태에서 어린애를 업고 안고 마을을 떠나 만주 등지로 떠나가야 했던 조선 민중, 그들의 수는 1944년에 이르러서는 무려 총인구의 11.6%에 이르기까지 했다. 이는 "다른 극동 국가의 인구 상황과 비교할 수 없는 것이며 세계의 다른 곳에서도 거의 볼 수 없는 일"043이었다.

당장에 배불리 먹을 수 있게 되는 것도, 당장에 누더기가 새 옷으로

---

042 백연희, '38선을 넘어서', 〈백민〉, 제4호, 1946. 11. 64쪽. 「한국 현대사 자료 총서」 7, 영인본, 돌베개, 1989.

043 브루스 커밍스, 「한국 전쟁의 기원」, 일월서각, 1986. 91쪽.

바뀌는 것도 아니고, 억울하게 죽어 간 사람들이 다시 살아 돌아오는 것도 아니었다. 그러나 이제, 그 모든 아픔을 위로하고 조선 사람의 힘으로 조선 사람을 위한 노동, 희망을 품을 수 있는 새 하늘 새 땅을 맞이했던 것이다.

'회개'는 구원과 하느님 나라에 들어가기 위한 출발이요, 전제 조건이다. 지난날 자신과 이웃과 세상에 대해 가졌던 그릇되고 비뚤어진 태도, 행실을 깨끗하게 씻어 내고 하느님의 뜻에 합당한 삶을 살겠다는 결심이다. 자신의 생명과 모든 생활을 하느님께 철저히 향하게 하는 것이다. 새롭게 태어나 하느님의 새로운 백성이 되는 것이요, 사랑과 정의, 평화가 구현되는 하느님 나라 건설에 동참하겠다는 굳은 의지의 표현이다.

그때, 하느님의 백성을 자처하는 자들은 무엇을 했는가. 일제 식민 통치 아래서 굶주림으로, 총알받이로, 위안부로 온 나라 민중이 끌려가고 죽어 가고 유린당하던 그 시절, 세상의 빛과 소금이라는 교회는 어떤 존재였는가. 무기 하나를 얻기 위해 제 목숨을 내어 던지는 일도 마다 않으며 수많은 이들이 항일 투쟁의 대열에서 들끓고 있을 때, 순교 정신을 드높이 외치던 그리스도인들은 어디 있었는가. 새 하늘 새 땅의 새 백성이 되기 위해 결코 지울 수 없는 그 과거를 낱낱이 고백하는 일이 교회의 첫 과제요 최대의 과제였던 만큼, 자신을 다시 되돌아보는 것처럼 중요한 일은 없을 것이다.

'교회 보호', 즉 호교론은 조선교구를 책임지고 있던 파리외방전교회 선교사들의 선교 정책의 중심이었다. 성속 이원론과 정교분리를 특징으로 하고 있던 선교사들은 일제를 조선의 합법적 국가로 확고히 받아들였다. 거기다 '민족을 초월'하여 존재한다는 천주교회의 비민족주의적 생각이 더해져 그러한 상태는 더 굳어졌다. 교회는 조선인 성직자를 비롯한 신자들의 민족 운동을 철저히 억누르고 배제하는 태도를 취했다. 그리하여 1920년대 이후 국내에서는 신앙을 바탕에 둔 천주교인들의 항일 민족 운동을 찾아보기 힘들었다. 더구나 일제의 군국주의 전쟁 초기인 1932년부터 교회는 교리까지 바꾸어 가며 신자들의 신사 참배를 허용하였다. 이는 장로교회가 1938년에 같은 조치를 취하기 전보다 무려 6년이나 앞선 것이었다. 일제 등 파시즘 국가와 협력 관계를 맺고 있던 교황청도 신사 참배를 '현지 적응주의 선교'라는 명분으로 수용했기 때문에 조선 천주교회와 일제는 마찰 없는 관계를 지속시켜 갈 수 있었다.

교회는 무신론과 사회주의 운동에 대해 극심한 적대감과 우려를 갖고 있었다. 이 점이 일제의 방공 정책과도 잘 맞아떨어졌기 때문에 교회가 일제를 옹호하는 중요한 이유로 작용했다. 교회는 항일 민족 운동과 계급 간 불평등 문제 때문에 사회주의 사상이 확산되고 있음을 이해하지 못했다. 용공이 항일과 거의 같은 의미로 이해되던 시기였다. 교회의 지도자인 선교사들은 유신론과 무신론의 양자택일이라는 관념적이고 극단적인 판단 기준에 따라 일제 편에 서 버렸던 것이다.[044]

교회는 1930년대 말부터 해방 전까지 '국민정신총동원 천주교경성교구연맹' 따위의 일제 협력 조직을 통해, 황군의 무운을 비는 미사성제, 국방비 헌납, 시국 강연회, 학도병 독려와 같은 숱한 친일 행각을 벌여 갔다. 8·15 해방을 맞았던 시기에 조선인 신부는 149명이었으나 이들 중 단 한 사람이라도 항일 운동을 하여 투옥되었다는 기록은 없다.

---

044 양한모, '민족 통일과 성체', 「민족 통일과 한국 천주교회」, 1990, 일선기획, 75쪽.

1945년 8월 15일 해방의 그날은 성모 승천 대축일이었다. 교회는 해방을 성모님의 보호와 주님의 안배로 받아들였다. 온 민족이 그러했듯이, 교회 또한 음으로 양으로 일제에 의해 억압받고 피해를 입었던 것은 분명하다. 신사 참배, 미사에 대한 간섭, 고해성사까지 사찰하려 드는 경찰, 성당 종과 철제 비품들의 징발, 선교사들의 억류와 추방 등등. 1945년 민족 해방은 이러한 상태의 끝남과 축제를 의미했다. 민족에게도 교회에게도 그날부터의 조선의 하늘과 땅은 새 하늘 새 땅이었던 것이다.

그러나 앞서 보았듯이 일제 때 교회는, 그저 '살아남기 위해' 단순히 저항하지 못하고 상처를 입어야 했던 그런 모습이 아니었다. 자발적이고 적극적으로, 철저히 불의했던 그 권력 앞에 무릎을 꿇고 머리를 조아린 '반민족적 종교 집단'이었던 것이다.

새 나라의 새 백성이 되기 위해 해방 후 교회에게 먼저 절실히 요구된 것은 참회였다. 새 옷에 낡은 천 조각을 대어 누더기를 만들지 않기 위해 교회가 조선 민족 앞에 서서 내놓아야 할 것은 진정한 회개였다. 해방 공간은 한국 천주교회가 자신이 지은 큰 죄를 속속들이 고백하고 민족의 교회로 거듭날 수 있었던 참된 기회였다. 해방이 성모님께서 교회에 주신 은총, 선물이라면 바로 이런 회개의 기회를 마련해 주셨다는 의미일 것이다. 개신교는 일제 때 천주교와 마찬가지로 반공을 교리 수준으로까지 완결시켰다.[045] 그러나 개신교는 해방 이후 아래 내용에서 볼

---

[045] 강인철, '해방 후 한국 개신교회와 국가, 시민 사회(1945-1960)', 한국사회사연구회, 「현대 한국의 종교와 사회」, 문학과 지성사, 1992, 105쪽.

수 있는 것처럼 신앙 차원에서 지은 죄에 대해서라도 부분적으로나마 반성의 태도를 보여 주었다.

평양 감옥에는 전국에서 신사 참배를 거부한 성도 50여 명이 장기로 수감되어 있었다. 굳게 잠긴 옥문은 이들 성도, 죄인 아닌 죄인들을 안 내놓을 수 없었다. 우리들은 그들을 구출하고자 형무소로 갔다. 9월 첫 화요일(4일)에 평양 임시 노회를 소집했다. 지난날 일제 탄압에 못 이겨 일본 기독교 조선교단이라고 이름까지 개칭하고 압정에 못 이겨 굴욕적이고 수치스런 역사를 남긴 죄과를 통회하고 시정하려는 것이었다. 노회는 모여서 부흥회를 하면서 신사 참배의 크나큰 죄를 위하여 3일 동안 금식 통곡하였다. 그것도 오히려 부족하여 1개월 근신 기간을 정하고 평북 정주 옥호동 약수터를 찾아가 퇴수회를 하였다. **046**

그러나 천주교는 그렇질 못했다. 참회 없이, 자기반성 없이 해방 공간을 누렸다. 교회가 민족의 교회로 거듭나기에는 역사의식, 민족의식이 너무도 부족했던 것이다.**047** 천주교를 비롯한 종교계는 일제 밑에서 합법적으로 조직 활동을 유지하며 해방을 맞이할 수 있었던 거의 유일한 세력이었다. 그런 만큼 해방 공간에 능동적이고 신속하게 개입할 수 있는 여건을 누구보다 앞서 가지고 있었다는 점에서 종교 세력의 향방은

---

046 황은균, '8·15 해방과 평양의 교계'(《기독교계》, 창간호, 1957년 8월). 김흥수 엮음, 「해방 후 북한 교회사」, 다산글방, 1992, 329쪽.
047 양한모, '통일을 향한 한국 천주교회의 반성', 앞의 책, 191쪽; 조광, 「한국 천주교 200년」, 햇빛출판사, 1989, 86쪽.

중요한 의미를 갖고 있었다. 천주교회의 구실이나 비중, 특히 남한 지역에서의 그 위치는 결코 작지 않았다.

특히 천주교회는 다른 종교계와는 또 다른 단일한 교계 제도로 일사불란한 체제를 지니고 있었고 이데올로기적 갈등을 거의 찾아볼 수 없었다는 점에서 더욱 그랬다. 해방 당시 천주교회의 교세는 18만 3천여 명으로 남한에 13만 명 정도, 북한에 5만여 명의 신자가 있었다. 이런 정도의 조직력은 무시할 수 없는 것이었다. 개신교는 수적으로는 훨씬 많았지만 여러 교파로 갈라져 있었고, 각 교파 내부에서도 부분적으로 이데올로기 대립이 존재했다. 또한 해방 공간에서 자체 숙청과 재건 운동 등의 분열을 다시 맛보아야 했고, 주된 신자 기반이 평양 등의 북한 지역에 있었다. 따라서 천주교회는 자신이 지니고 있던 '이점'을 최대한 살리며 해방 정국의 물결에 개입해 갔다.

해방 초기 어수선한 시국 상황에서 노기남 주교는 신부들과 신자들에게 극히 신중한 태도를 취하도록 당부했다. 그리고 해방 다음 날인 8월 16일에는 다음과 같은 노 주교의 담화문이 처음으로 발표되었다.[048]

공문고유 公文告喩

교구 내 모든 신직과 교우들에게 강복하노라. 세계의 참담한 전쟁은 그치고 이제 우리 조선에도 새로운 질서가 성립됨에 이른 현금 시국은 우리 앞길에 중대한 관계를 좌우하는 열쇠를 잡고 있는지라 그러므로 경솔한 언어와 행동을 삼가 피하여 극력 자중하는 동시 새로운 우리의 정당한 정

---

048 〈경향잡지〉, 1946년 8월 호, 7쪽.

부가 조선 내에 자리를 잡고 모든 정무를 완전 인수할 때까지 모든 일이 순조롭게 진행되기 위하여 천주성신의 총광을 비는 뜻으로 아래와 같이 매일 기구 드리기를 명하노라.

천주 강생 1945년 8월 16일

경성교구 바오로 노 주교

노기남 주교는 조선인이었음에도 조선 천주교의 친일 행각을 선두에 서서 이끌었던 당사자다. 그는 "유구한 황국 2천 600년 역사가 밟아 오고 가톨릭 근 2천년 연륜을 통일시킨 위대한 원리는… 무언 복종과 일치 협력이라며 …국가의 시국을 돌파키 위하여 행정 당국에서 지시하는 바는 절대 신뢰하고 무언 복종하라."[049]고 외쳤다. 또 "…동시 태평양 인도양을 제압하고 있는 것은 일찍이 인류의 전쟁 역사에 볼 수 없는 위대한 사실이다. 이는 위로 천황 폐하의 어능위 하에 황군 장병들의 끓는 충성과 총후 국민의 일심협력함의 당연한 결과로써 우리는 사변 5주년을 당하여 실로 감사함을 마지않는다." 하며 이를 위해 신자들더러 "비록 제국의 불패 태세가 확립되었을지라도 이로 만족하여 방심하지 말고 오로지 성전 목적 달성에 정신과 힘을 통째로" 바치라고도 했다.[050] 이런 자세로 신자들과 교회를 이끌며 해방 직전까지 일제에게 갖가지 충성의 표시를 해 온 노 주교였다.

그러나 해방 공간에서 노 주교가 신자들에게 행한 첫 가르침, 거기에

[049] 노기남 주교의 교구장 취임사, 〈경향잡지〉, 1942년 2월 호, 12-13쪽.
[050] 중·일 전쟁 5주년 기념 강론, 〈경향잡지〉, 1942년 7월 호, 49쪽.

는 지난날 민족 앞에 참으로 부끄러웠던 교회와 자신의 모습에 대해 사죄하는 내용은 전혀 찾아볼 수 없다. 탄압 때문에 어쩔 수 없었다는 식의 변명이나 통회하는 모습도 보이지 않는다. 교인들더러 새 나라 건설에 어떻게 능동적으로 참여하라는 말도 없다. '경솔한 언어와 행동을 삼가 피하여 극력 자중'함이 교회의 행동 지침이었다. 세상 돌아가는 형편을 보며 처신할 바를 결정하겠다는 은둔적이며 기회주의적인 처세라 할 밖에….

독일 교회는 1947년에 슈투트가르트 선언을 발표했다. 이 선언은 "비록 나치의 강압에 의해서라도 독일의 그리스도인들이 나치의 침략에 동원되어서 주변의 여러 형제들에게 고통을 준 것에 대해서 겸허하게 사과하고 용서를 청한다."는 내용을 담고 있다. 교회는 자신이 반(反)나치 운동의 중요한 구실을 적잖이 했음에도 불구하고, 교회의 또 다른 구성원들이 범한 죄악도 공동체의 책임으로 떠안으며 용서를 청한 것이었다. 그에 비하면 조선 교회의 모습은 항일 운동에서도, 회개의 용기에서도 참으로 허약하기 짝이 없었다.

사실 교회의 처지에서 보면 해방이란 너무도 급작스러운 것이었다. 민족을 파라오의 압제로부터 해방시킬 아무런 역할도 하지 못했을 뿐더러, 오히려 압제를 강화시켜 준 협조자의 위치에 있었던 교회이니, 느닷없이 찾아온 해방을 성모님의 선물이라고밖에 달리 생각할 도리가 없었을 것이다. 친일 행위자 대부분이 늘어놓는 구차한 변명과 논리가 그러하듯, 일제가 물러가는 날이 오리라고는 생각지도 못했다는 교회, 이것이 일제에 충성을 바쳤던 교회 태도의 근거이기도 했고 솔직한 고백이기도 했다. 외세에 시달리고 고통받는 민족이 그 억압으로부터 해방될 날이 기필코 오리라는 믿음이 없었던 교회. 그 백성의 신음과 아우성을 들으시고 아파하시며 함께하시는 하느님을 믿지 못했던 교회. 그 교회가 어느 때 도착하게 될지 모르고 어느 때 맞이할지 모를 하느님 나라는 어찌 믿었을까 싶다. 이집트 땅의 고기 가마 곁에 앉아 빵을 배불리 먹던 시절이 굶주리는 자유보다 낫다고, 모세를 향해 투덜거리던 이스라엘 백성들(탈출 16,1-3)의 모습이 일제 때 교회의 모습이었다. 만약에 해방이 그처럼 '하늘에서 뚝' 떨어지지 않았더라면 그 옛날 예루살렘의 바리사이파나 율법 학자들처럼 "카이사르의 것은 카이사르에게"라는 구절만 교조적으로 앞세우며 계속해서 반민족의 길을 걸었을 천주교회이다. 노기남 주교는 자신의 고백으로 이를 밝히고 있었다.

…회고하면 우리 민족이 일본 제정 밑에 잡혀 있을 때에는 우리의 해방이라는 것은 거의 불가능한 것처럼 생각되었으나, 천주의 안배는 실로 오묘하여 제2차 세계 대전을 기회로 우리는 해방되었던 것이다.[051]

일장기 내려진 자리에
성조기가 오르고…

미국은 일제가 조선을 식민지화하도록 지원했던 장본인이었다. 1905년 7월 29일 미국 육군 장관 테프트가 일본을 방문, 수상 카츠라와 비밀리에 밀약을 맺었는데 이것이 그 유명

[051] 연두사, 〈경향잡지〉, 1949년 1월 호, 1-3쪽.

한 '카츠라-테프트 밀약'이다. 내용인즉, 미국이 극동 지역에서 그들의 침략 진지를 굳히고 특히 필리핀에 대한 식민 통치를 용인받고자 그 대가로 일제의 조선 식민지화를 인정한다는 것이었다. 조선에서의 미국의 경제적 이권 또한 보장받았던 이 밀약은 1924년까지 비밀로 되어 있었다.

1945년 8월 15일 일제 패망 이후 미군이 조선에 진주進駐하였다. 그러나 그들은 조선을 일제하의 식민지국으로 간주하여 해방국이 아닌 패전국으로 취급하였다. 패전국으로 간주한다 함은 미군은 남한에 점령군으로 진주한다는 것과 같은 말이었다. 1천 500만이 넘는 조선인을 지배하게 된 미군 사령관은 미합중국 제10군 24군단장인 하지John Reed Hodge였다. 그는 단지 그의 부대가 조선에 가장 빨리 도착할 수 있다는 이유 하나만으로 주한 미군 사령관직을 떠맡게 되었다. 이들은 자신들에게 맡겨진 임무를 수행하기 위한 준비가 거의 없었다. 계획을 수립할 시간적 여유도 없었다. 민간 업무를 담당할 장교들도 대부분 일본에서의 임무에 맞춰 훈련을 받았기 때문에 조선어로 의사소통을 할 수 있는 사람도 거의 없었다. 단지 워싱턴과 도쿄의 상급자들로부터 지시받는 빈약한 시정 방침에 의존할 수밖에 없었다. 나머지는 조선의 통역관들과 일제가 만들어 놓은 갖가지 유산으로 보충해 갔다.

9월 4일 하지는 조선이 "미국의 적"이며 따라서 "항복의 조례와 규정의 적용을 받는다."고 지시했다. 미군정의 공식 소식통은 후에 "정부와 그의 행동은 적국에서의 경험에 의하여 정해졌으며 적대국 내에 있는 군의 지시 및 훈련 방침에 따르도록 되었다."[052]고 보고했다. 그들은 이

---

[052] 브루스 커밍스, 앞의 책, 176-177쪽.

공식 정책을 착실히 실행해 갔다. 조선에서의 미군에 대한 첫 포고문은 9월 7일에 던져졌다. 포고문은 미군이 "북위 38도 이남의 조선 지역을 점령"한다고 밝혔다. 영어가 공용어로 선포되었고, 제3조에서는 "주민은 본관 및 본관의 권한 하에서 발포한 명령에 즉각 복종할 것. 점령군에 대하여 반항 행동을 하거나 또는 질서 보안을 교란하는 행동을 하는 자는 용서 없이 엄벌에" 처한다고 경고했다.[053] 전승자와 전패자, 맥아더의 이 포고는 조선 민중이 마치 미국과의 전쟁에서 항복한 것 마냥 위압적이었다. 1910년 '한일합병' 직후 초대 조선 총독 테라우치는 "조선인은 나의 법규를 따를 것인가 죽을 것인가를 선택할 뿐이다."라는 포고를 발표했는데, 이제 맥아더의 그것도 전혀 다를 것이 없었다.[054]

포고문이 뿌려진 다음 날인 9월 8일 인천항을 통해 미군이 이 땅에 발을 디뎠다. 상황은 살벌했다. 미군은 공군의 엄호 하에 완전 무장, 마치 적진 상륙 하듯 무시무시하게 들어왔다. 미군은 일본 군경을 미리 동원하여 조선인들로 하여금 외출을 못하게 하기도 했으나 일부는 그곳에 나와 있었다. 그러다 경비 구역을 침범했다고 일본 경찰이 총격을 가해 사망자 2명을 비롯해 많은 사상자가 발생했다. 조선인들의 항의에 미군은 '정당한 공무 집행'이라고 살인한 일본 순경을 오히려 두둔했다.[055] 그들은 '조선 건국 준비 위원회'(건준)[056]가 인천 앞바다 해상에까지 보낸 환영 특사도 냉대했다. 미군정만이 유일한 조선의 권력이므로 다른 조직

---

[053] 더글러스 맥아더 육군 대장의 포고 제1호, 「분단자료집」, 한백사, 1989, 24-25쪽.
[054] 고영민, 「해방정국의 증언」, 사계절, 1987, 50쪽.
[055] 송건호, '해방의 민족사적 인식', 「해방 전후사의 인식」 1, 한길사, 1989, 22쪽.

은 일체 인정할 수 없다는 것이 이유였다.

상륙 다음 날인 9월 9일에 나온 하지 명의의 제2 포고문은, 미군정이 불행한 국민에게 자비심 깊은 민주국 미국이 실시하는 것이라 했다. 또 "주민의 경솔 무분별한 행동은 의미 없이 인민을 잃고 아름다운 국토가 황폐되어 재건이 지연될 것"057이라는 적대적인 내용을 담고 있었다. 미군정 고위 관리가 스스로 고백했다. "우리는 해방군이 아니었다. 한국인들에게 항복 조건들을 강제하기 위한 점령군으로 진주, 첫날부터 한국인을 적처럼 대했다"고.

맥아더는 조선에 미군정을 실시하기 이전 조선 총독 아베에게 미군이 책임을 맡을 때까지 38도선 이남 조선에서 질서를 유지하고 통치 기구를 보전하라고 지시한 바 있다. 이를 위해 필요한 군사력의 최소한을 존속시킬 권한을 부여하기까지 했다. 이에 아베는 "귀하의 명철한 회답을 받고 본인은 대단히 기쁘다."고 회신했다. 패전과 보복의 공포에 사로잡혀 있던 조선의 일본인들에게 미군은 되레 해방군이 되어 준 것이다.

하지는 남조선에 들어오자마자 "일본인 관료들이 일시적으로 그들의 현 직위에 유임될 것"이라는 성명을 발표하였다가 거센 반발을 받았다. 이 때문에 9월 12일 아베는 해임되었고 군정 장관에 미 제7사단장 아놀드 소장이 임명되었다. 엔도 정무총감 등 총독부의 관리들은 다시 군정

---

056 조선 총독부 정무총감 엔도遠藤柳作는 일제의 패망이 확실해지자 한국에 거주하고 있는 일본인의 신변 보장과 재산 보호를 위해 한국의 지도자들과 다각도로 접촉하였다. 송진우宋鎭禹와의 1차 교섭은 결렬되었고, 이어 정치범·경제범의 석방, 치안 유지와 건국 사업에 대한 간섭 배제 등 5가지 조건을 내세운 여운형과의 타협이 이루어져 일제의 무조건 항복과 동시에 여운형 중심의 조선 건국 준비 위원회(약칭 건준)가 발족되었다. 건준은 해방 이후 최초로 만들어진 정치 조직이다.

057 조이스 콜코·가브리엘 콜코, '미국과 한국의 해방', 「한국 현대사의 재조명」, 돌베개, 1982, 31쪽.

청 행정 고문으로 근무하라는 지령을 받았다. 9월 14일에는 일본 경찰을 비롯해 일제 치하에서 악명을 날리던 조선인 경찰까지 모두 존속시킨다는 군정 장관의 성명이 발표되었다. 치안 유지를 위해 필요하다는 것이 그 명목이었으니 식민 당국의 우두머리만 바뀌었을 뿐, 일제의 행정·경찰 기구가 거의 그대로 유지됨을 의미했다. 이때 미 국무부가 조선에 파견한 정치 문제 고문 베닝호프 또한 자기 나라에 보내는 보고서에 마찬가지의 견해를 펼쳤으니 그는 "일본인 관료의 해임은 여론의 견지에서는 바람직하겠으나 당분간은 이루어지기 어려울 것입니다. 그들은 명목상으로는 추방되겠지만 실제로는 계속 업무를 수행케 되지 않을 수 없습니다."(1945년 9월 15일) 하였다.[058]

해방일은 8월 15일이었건만 9월 9일에 가서야 남한 전역의 일장기가 내려왔다. 어느 한 순간, 조선 국기가 당당하게 자리를 차지할 새도 없이 일장기가 내려진 자리에는 성조기가 올라갔다.

교회가 새로이 만난
메시아, 미군정

천주교 경성교구 교구장 노기남 주교의 시국 인식은 그가 교회의 최고위직 성직자로서 이후 교회의 행동 방향을 거의 결정짓는 위치에 있었다는 점에서 매우 중요하다. 노기남 주교는 그간 전투적 반공주의 태도를 보여 왔다. 그런 그지만 해방 공간에

---

[058] 미 국무성 비밀 외교 문서, 김국태 옮김, 「해방 3년과 미국」 I, 돌베개, 1984, 55쪽.

서는 먼저 교회의 운신 폭을 생각했던 듯하다. 그것은 교회만 다치지 않는다면 어떤 권력이든 용인해 온 해바라기성 지향을 그대로 드러내는 것이기도 했다. 해방 초기 노 주교는 그처럼 증오와 적대감으로 대하던 소련조차도 연합국으로 인정하고 받아들였던 것이다. 해방 초기에는 일본인은 물론이고 조선인들 대다수도 소련이 북한뿐 아니라 남한도 점령하리라고 추측했다. 노기남 주교도 소련군의 입성을 '개선장군'의 입성으로 받아들였다. 소련군 입성이 사실이라면 교회로서도 좌시할 수 없는 일이니, 신자들과 학생, 보육원 아동, 신부, 수녀들까지도 환영 행사에 나가는 것을 허락하기까지 한 것이다. 지금 돌아보면 원수로 여기던 이도 이처럼 이데올로기를 뛰어넘어 해방자로 맞아들이고 기뻐할 수 있었던 순간, 이것이 바로 교회가 지속적으로 견지했어야 할 복음적 태도이지 않았을까 한다.

일제하 자신의 친일 행적에 대해 참회하는 태도가 전혀 없었다는 점과 일치되게, 노 주교는 시내 도처의 만세 소리와 시가행진, 터져 나오는 혁명적 요구들을 해방의 기쁨을 만끽하는 민중의 축제, 환호 소리로 듣지 않았다. 그는 이것을 '소란', 혹은 '혼란스러운 것'으로 치부했다. 압제자였던 일본 경찰과 헌병들을 스스로 무장 해제시키고자 하는 조선인들의 시도, 그리고 이 공포에서 자신들을 지키려고 무장력을 행사하는 일인들, 이 사이에서 또한 노 주교는 어디에도 국적을 두지 않았다. 그를 두고 '양 민족 간의 충돌'이라고 했다. 그는 식민지에서 해방된 민족의 자리, 그 민족의 뜨거운 가슴으로 이 격동의 상황을 받아들이려는 어떤 노력도 하지 않은 채 일정한 거리를 두고, 그저 적의감이 팽팽한 한 민족과 다른 민족 간의 싸움 정도로 지켜보고 있었다.

베닝호프는 "조금만 불똥이 튀어도 곧 폭발하는 화약통, 이것이 남한의 상황에 대한 가장 정확한 표현일 것이다. 즉각적인 독립과 일제 잔재의 청산이 이루어지지 않고 있는 데 대한 불만이 점차 누적되고 있다."059 고 미국에 보고했다. 노기남 주교는 이러한 '혼란'을 극복할 수 있는 것은 연합군이라며 연합군이 어서 오기를 애타게 기다렸다. 마침내 미군이 인천에 상륙한 날 오후, 대령 계급장을 단 미군 군종 신부가 통역 1명과 함께 노 주교를 찾아왔다. 미군 군종 신부가 노 주교를 찾은 목적은 미국의 스펠만 대주교가 미군과 함께 서울에 들어왔고 명동 성당에서 미사를 드리고 싶어 함을 전하는 데 있었다. 노 주교는 당연히 이를 대단히 환영하며 영광으로 여겼다. 동시에 이 일은 미군정과 교회를 급속도로 밀착시키는 계기가 되었다.

스펠만 대주교는 태평양 전쟁 이후 미국의 육·해·공군에 종사하는 목사와 신부를 총괄하는 군종 사제장이었으며 루스벨트 대통령의 개인 특사였다. 그래서 교황청을 비롯한 세계 각 곳을 다니며 전쟁의 종식과 평화를 외친, 일제의 처지에서 보면 '적'이고 '원수'였다. 한국 천주교회와 미국 천주교회, 노기남 주교와 스펠만 대주교, 이들은 태평양 전쟁을 두고 전혀 다른 방향을 걸어왔다는 점에서 이들의 만남은 기이한 것이기도 했다.

일제 시기, 노 주교는 '대동아 전쟁 기구문'이라는 기도문까지 만들어 성당과 교우들의 집에서 매일같이 황군의 승전을 기리게 했었다.

---

059 미 국무성 비밀 외교 문서, 앞의 책, 55쪽.

대동아 전쟁 기구문

만민의 구원자이신 천주여
이제 대동아 건설을 목표로 하고 매진하는 우리나라에 강복하시며
우리 기구를 전달하사 하여금 제 일선에 나선 장병들에게는
무운武運이 날로날로 혁혁하게 하여 주시고
총후를 지키는 우리에게는
억조일심으로 각기 직역봉공에 전력을 다하게 하시고
일사보국一死報國하려는 결심과 용기를 우리에게 더욱 치성케 하여서
하루라도 속히 대동아 영원 평화를 확립케 하시고
따라서 세계가 평화한 중에 주의 성명을 찬미케 하소서.
아멘. (천주경, 성모경 각 3번)

또한 친일파들이 조선 곳곳에서 '미·영 타도'를 외치는 좌담회며 결의 대회 등을 전국에서 가질 때 천주교가 조직한 친일 조직인 '국민총력 천주교경성교구연맹'도 예외는 아니었다. 1943년 7월 9일에는 각 지방 교회 연맹에 통첩을 보내, 결혼 예식과 기타 의식에 미·영 숭배적 의복을 일체 폐지하고, 국민복이나 조선 의복 등으로 시국에 응하며 견실 검소하게 지내라고까지 했던 것이다.[060] 망각이라는 장치가 있기에 인간은 덜 고통스럽게 살 수 있다고도 하지만, 과거를 모두 잊고(씻어 낸 것이 아니라) 교회는 이제 이렇게 새로운 만남, 새로운 섬김을 시작했다.

060 〈경향잡지〉, 1943년 8월 호, 62쪽.

남한 기독교계의 '친미주의'와 '반공주의', 이는 개신교와 천주교 어느 종파를 막론하고 미군정 이후 이들 속에 깊숙하게 뿌리내린 분명한 특징들이다. 기독교계가 본래 지니고 있던 반소·반공주의는 미국에 대한 흠모를 더 증폭시켰다. 또한 친일파 청산과 반봉건 개혁 등에 대한 민중의 세찬 요구 등 일련의 혁명적 상황이 그리스도교계 전반에 본능적인 거부감, 두려움을 불러일으켰기에 그들은 미군을 애타게 기다렸다. 더욱이 미국은 '기독교 국가'라는 것이 보편적인 인식이었다.

미군정은 기독교계의 그런 기대감을 충족시키면서 이들에게 무제한의 자유를 허락했다. 많은 양의 원조 물자가 교회를 통해 전달되었고, 미군정 관리들은 목사, 신부들과 자주 접촉했다. 교회는 자유 천지 하에서 무엇이든지 발언하고 참여할 수 있었고 그만큼 눈에 보이는 이익을 받을 수 있었다. 목사들의 군정청 출입이 빈번하였으며 일반인들도 목사를 통하여 미국인과 거래하는 것이 권리와 이익을 위한 지름길이라 생각했다. 그러니 "났다 하면 불이요, 섰다 하면 교회"라는 표현도 과장이 아니었다.[061]

미군정청의 요직을 차지한 조선인 고위 행정 담당자들은 우선 미주 유학생으로서의 학력과 기독교와의 연관성이 크게 고려되었다[062]. 1945년 10월 5일부터 '행정 고문회의'라는 미군정 자문 기관이 설치되었는데 여기에 11명의 인사들이 미군정에 의해 임명되었다. 그들 중 6명이 기독

---

[061] 최종고, 「국가와 종교」, 현대사상사, 1984, 91-92쪽.
[062] 노기남, 「나의 회상록」, 가톨릭출판사, 1967, 312-313쪽 ; 리처드 라우터 백, 「한국 미군정사」(국제신문사, 1948), 45-46쪽 ; 진덕규, 「미군정의 정치사적 인식」, 「해방 전후사의 인식」 1, 50쪽에서 재인용.

교 신자였고 그 가운데 절반이 목사들이었다.063

미군정과의 친밀감에 관한 한 천주교도 남부럽지 않았다. 루스벨트 대통령의 개인 특사이며 교황 비오 12세와 각별한 관계를 유지하고 있던 스펠만 대주교가 한국을 자주 방문하였고, 가톨릭 신자인 아놀드 군정청 장관, 1947년 5월 창설된 주한 로마 교황 사절관의 교황 사절로 내한한 메리놀 외방 선교회의 방 주교,064 그리고 일제 때 추방당했던 메리놀회 선교사들의 재입국 등등이 개신교에 비해 상대적으로 약했던 천주교회의 약점을 채워 주었던 것이다. 미군정 당국자들이나 미8군 사령부에서는 방 주교에게 여러 가지 문제를 자문하곤 했다.065 1947년 1월부터 재입국하기 시작한 메리놀 선교사들도 명동 성당 내에 머물면서 교회와 군정 당국 간의 여러 주요 업무를 담당·처리했다.066

한 국가가 다른 국가에 행사하는 군정軍政이란, 한 국가가 자기 나라 이익의 극대화를 추구하는 한 방편으로 그들의 식민지 국가에 실시하는 경우를 말한다. 또한 교전 관계에 있는 국가가 무력으로 점령한 다른 지역을 군사 작전의 효율성을 위해 군정을 실시하는 경우도 포함된다. 미군정은 이미 그 출발부터 험악한 모습으로 조선 민중에게 다가왔다. 그러나 교회는 미군정이 대체 조선 민족에게 어떤 존재인가 하는 물음을

---

063 진덕규, 앞의 글, 49, 52쪽.
064 Byrne, J. Patrick.(한국명 - 방일은). 메리놀 외방 선교회원. 초대 평양교구장.
065 노기남, 앞의 책, 343-344쪽. 방 주교는 아직 교황청의 포교 대상지인 '대리감목구'의 위치에 있던 조선 교회의 주교 임명권을 실질적으로 행사하는 등 그 영향력이 대단히 컸다.
066 평양교구사 편찬위원회 편, 「천주교 평양교구사」, 분도출판사, 1991, 244쪽.; 〈경향잡지〉, 1947년 2월 호, 29쪽.

던지지 않았다. 일제 때 미국을 비롯한 연합국의 패전을 나날이 기도하던 같은 입에서 이제 쉽게도 '미국 만세' 소리가 터져 나왔다.

> 저들이 일상 그런 음모를 계획하고 있던 그 '총독부' 안에 미군이 들어서면서 그 제1 회의실과 후원 광장에 미사성제가 거행되어 만왕의 왕이신 오 주 예수께서 친히 임하셨으니 천주의 오묘하신 안배를 어찌 감탄치 않으랴![067]

이처럼 교회에게 미군정은 메시아 그 자체였다. 이제 기독교적 이상 국가인 미국처럼 조선도 그리 되기를 기원하게 되었고, 미군정에 의해 조선의 모든 질서가 자리 잡혀 가기를 염원하였다. 완전하게 누리게 된 종교의 자유, '혼란'한 사회를 수습해 가는 권력, 과거의 친일 행각을 묻지 않는 넉넉함, 그들이 하사해 주는 물자, 자유 민주주의…, 교회는 이런 시선으로 미군정을 경탄 속에 바라보고 받들고 밀월을 즐겼다. 일제가 물러선 자리에 새로이 등장한 지배자 미군정. 그와 밀착해 가면서 교회는 또다시, 진정 조선 민중의 열망이 어디에 있는지 그 밑바닥부터 훑으며 함께 고뇌하고 나아갈 기회를 스스로 멀리하고 있었다. 새 하늘 새 땅 아래 교회가 갈 수 있는 길은 여러 갈래가 있었으련만, 회개하지 않은 몸뚱이가 새로운 우상을 섬기는 나락으로 쉽게 빠져들어 감은 당연한 것이었을지 모른다.

---

[067] '그동안에…(1)', 〈경향잡지〉, 1946년 8월 호, 3-12쪽.

04 또 하나의 우상, 반공

제2차 세계 대전 후 미·소 냉전 체제와 교황청의 반공주의

제2차 세계 대전의 결과로 세계 곳곳에서 식민지 체제가 무너졌다. 독립 국가들이 속속 생겨났고 그들은 어떤 체제를 선택할 것인가의 기로에 서게 되었다. 영국이나 프랑스, 일본이나 독일들은 식민지 상실의 대가로 위세가 축소되었고 미국과 소련이 새로운 최강자로 등장했다. 세상은 자본주의와 사회주의 체제로 확연히 구분되어 갔다. 미국과 소련은 각기 양 체제를 지도하고 대표하며 영향력을 휘두르면서 유럽과 아시아 여러 곳에서 충돌했다. 양 체제의 대립과 냉전의 골은 점점 깊이 패여 갔고, 1947년 3월에 미국의 트루먼 대통령이 선언한 '대소 봉쇄 정책', 곧 '트루먼 독트린'은 세계를 냉전 체제로 몰고 가는 데 결정적 구실을 했다. '마셜 플랜'도 선포되었는데, 이들 정책들은 모든 종류의 공산주의와 사회주의를 후퇴시키는 것도 목적

이었다.068

　세계적 차원의 냉전 체제는 어느 한쪽에 대한 일방적 선택만을 강요하고 그 이외의 가치들은 용납하지 않았다. 이때 미국은 자유세계를 수호하는 '선' 그 자체였고, 소련은 '악' 그 자체였다. 확산 일로의 거대한 '범죄 집단'인 사회주의와 공산주의를 진압하기 위해 미국은 '국제 헌병', '세계 경찰'을 자처하며 나섰다. 그들은 악마가 잠식해 들어가는 세계를 구원하기 위해 떨쳐 일어선 '평화의 사도'였다. 그러나 미국이 그를 통해 의도했던 바, 챙기고자 했던 것은 분명했다. 미국의 이익, 그것이 다였다.

　비오 11세의 뒤를 이어 1942년부터 교황에 재위하기 시작했던 비오 12세는 전투적 반공주의자였다. 비오 12세는 교회의 전통적인 무신론에 대한 단죄와 비오 11세의 치열한 반공정신을 계승했다. 그의 재위 기간은 가톨릭교회사에서 가장 강력한 반공주의의 시대이기도 했다.069 히틀러 치하의 독일에서 교황 대사로 있었을 당시 나치의 잔학성에 대한 그의 '침묵'은 두고두고 말이 되었는데,070 그 침묵의 배경에는 히틀러의 국가 사회주의가 반공을 표방했다는 점도 고려되었을 것이다.

　비오 12세는 1942년 성탄 메시지에서 "교회는 항상 종교적 동기에서 출발하여 마르크스주의적 사회주의의 여러 체제들을 단죄했고 오늘날도 단죄한다."고 했다. 또 1943년 6월 13일 이탈리아 노동자들에게 행한 연설을 통해서는 사회주의자들을 '거짓 스승'이라 부르며 그들의 "기

---

068 김춘호, '사회주의와 가톨릭교회(4)', 〈사목〉, 148호, 109쪽.
069 A. F. 맥거번, 앞의 책, 158쪽.
070 「한국가톨릭대사전」, 6권, 3786쪽.

만적 유혹들과 선동에 착각을 일으키지 말라."고 경고했다.[071] 그는 또 1942년에는 전 세계와 러시아를 성모 성심께 봉헌했다. 1947년부터 미국에서 성장하기 시작한 '파티마의 푸른 군대'에도 강복했다. '붉은 군대'에 대항하는 의미에서 '푸른 군대'라 붙여진 이 운동의 목적은 소련을 회개시키고 세계 평화를 이루겠다는 것이었다. 이 '푸른 군대'에 강복함으로써 교황은 성모 신심과 반공주의를 하나로 결합시켰다.

전후에 특히 동구 유럽 대부분의 나라가 친소련식 체제로 수립된 것은 교황청의 타오르는 반공주의에 기름을 부은 셈이 되었다. 1945년 9월 12일 폴란드는 1925년에 교황청과 체결한 협정을 일방적으로 취소했다. 1948년 7월 17일에는 루마니아가 1927년에 체결한 협정을 일방적으로 취소했으며, 같은 해 불가리아도 그렇게 했다. 동독도 1933년에 교황청과 체결한 협정을 무효라고 선언했고, 체코슬로바키아도 그런 선언을 하더니 급기야 1950년에는 교황청과의 수교를 단절했다. 유고슬라비아는 1952년 12월에 교황청과의 모든 수교를 단절했다.[072]

비오 12세가 1946년 3월 12일 성 베드로 대성전에서 이탈리아 부인 4만 명에게 행한 연설은 너무도 유명하다. 이는 그해 7월에 실시될 이탈리아 총선거에 대한 교황청의 태도를 드러낸 연설로, 그 어느 때보다 강도 높게 교회의 사회 참여를 강조한 것이다. 교회의 사회 참여란 반공 투쟁을 의미하는 것이었다. 교황은 신자들에게 "천주와 종교의 정당성을 인증하는 자에게만 투표하라."고 권고했다. 공산당에 대한 투표는 만

---

[071] 김춘호, '사회주의와 가톨릭교회(3)', 〈사목〉, 147호, 124쪽.
[072] 김춘호, '사회주의와 가톨릭교회(4)', 〈사목〉, 148호, 110쪽.

류되어 "선거란 하나의 신성한 의무이다. 민족을 보양保讓하고 지탱하기 위하여 또는 가톨릭 문화의 옹호를 위하여 더욱 선거의 의의는 깊다."는 소신이 피력되었다. 1947년 9월 5일 미국 침례교 목사 4명을 접견한 자리에서 교황은 그들 일행에게 "공산주의에 대한 투쟁은 세계 모든 인민을 위하여, 유물론적 무신론에 반대하는 신과 기독교를 위한 것이다."라고 말했다.[073]

"공산당이 아니라면 어떤 당이든 투표해도 된다."는 교황청의 방침이란 결국 반공만 내세운다면 어떤 불의한 권력도 눈감아 주고 손을 잡겠다는 논리와 다름없었다. 무신론과 싸워 '신'을 지켜 줄 수만 있다면, 결국 교회만 지켜진다면 어떤 불의한 가치도 묵인해 주겠다는 논리와 다름없었다. 무솔리니와 히틀러의 파시즘이 득세할 수 있도록 길을 틔워 주었던 그 논리의 연장선이었다. 드디어 교황청과 미국이 정치와 종교 구분을 뛰어넘어 '악의 세력'을 응징하기 위한 범세계적 차원의 반공 블록을 다짐했다. 비오 12세와 트루먼 사이에 "인류의 신앙을 재건하고 영원한 세계 평화를 수립하는 데 협력하자."는 편지가 오간 것이다.

'트루먼 대통령의 서한'
 ─. 나는 금일 세계의 가장 기본 문제는 신앙의 재건이라고 생각한다. 그리고 인류의 모든 권리의 보호자인 교황은 이 문제에 있어서 협력해 줄 것으로 믿는다.
 ─. 영원한 세계 평화는 기독교의 진리에서만 수립되는 것이다. 나의

---

[073] 〈가톨릭청년〉, 1947년 9월 호, 40쪽.

목적은 전 인류가 전체주의 철쇄鐵鎖 하에서 생활하지 않는다는 신앙을 고취하는 데 있는 것이다.

—. 나는 세계에서 전쟁과 전쟁의 원인을 제거하기 위하여 도덕적 세계의 건설에 노력하는 전 세계의 단결과 도덕적 십자군의 건설을 요구한다.

'비오 교황의 서한'

—. 귀관의 신앙 재건과 세계 평화에 관한 서한은 세계 평화에 의구를 가지고 있는 사람들에게 격려를 주고 그들의 신앙을 더 일층 공고하게 할 것이다.

—. 신을 추방한 국가가 인간의 제 권리를 보호하게 된다면 인류는 그 후 노예 상태로 저락할 것이다. 그리고 이러한 결과는 전쟁을 초래할 것이다.

—. 나는 귀관과 신앙의 재건과 세계 평화 수립에 관하여 전력으로 협조할 것이며 이러한 노력이 성공하기를 희망하는 바이다.**074**

트루먼 대통령과 서한을 교환하여 '그리스도교를 기초로 한 신세계 평화 건설'을 맹약한 교황 비오 12세는 가톨릭 행동 기구 제25주년 기념 대회장에서 10만 신자들에게 역설하였다. 이제 '행동의 시기가 왔다.'고.

세계의 종교와 정신 분야에 대한 반대 세력이 일층 그 윤곽을 분명히

074 〈가톨릭청년〉, 1947년 9월 호, 42쪽.

나타내게 된 현하 세계정세 하에 있어 내성(內省)과 계획의 시기는 지나고 이제 행동의 시기가 왔다. 교회는 폭력과 강압의 박해를 받고 있다.[075]

중세기를 방불케 하는 종교 전쟁, 십자군 전쟁이 선포된 것이다. 1949년 7월 교황청은 공산주의자들을 '이단자'로 규정, 파문을 선고했다.[076] 또 신앙교리성성은 가톨릭 신자들이 공산당에 가입하거나 어떤 방법으로든 그것을 격려하는 것을 금지시켜 버리는 교령을 발표했다. 교령은 또한 신자들이 공산주의 교리가 담겨진 서적이나 신문을 출판하고 배포하거나 심지어 읽는 것까지 금지시켜 버렸다.[077] "현재의 반공 투쟁에 대한 비오 12세의 태도는 이슬람 족에 대한 14세기의 교회 태도와 동일하다."고 당시 미국 민주당 의원이던 리버콥은 말했다.[078]

친일의 면죄부,
친미와 반공

한국에서 사회주의 사상이 도입되고 그와 대결한 반공 투쟁이 형성되었던 때는 일제하에서이다. 일제는 자신의 식민 통치의 본질을 은폐하고 민족 해방 운동을 억압할 목적으로 반공을 최대의 무기로 삼았다. 사회주의 운동뿐만 아니라 소박한 민족

---

[075] 〈가톨릭청년〉, 1947년 9월 호, 58쪽.
[076] 〈가톨릭청년〉, 1949년 8-9월 합병 호, 59-62쪽.
[077] A. F. 맥거번, 앞의 책, 같은 쪽.
[078] 〈가톨릭청년〉, 11-12월 합병 호, 82쪽.

주의 운동까지도 반공을 빌미삼아 탄압하였다. 이어 해방과 분단, 한국 전쟁, 이승만과 박정희 정권기, 그리고 오늘에 이르기까지 반공은 한국 사회에서 가장 강력한 이데올로기로 무서운 위세를 부려 왔다. 친일파들과 독재자들이, 또 기득권 세력들이 자신들을 정당화하고 국민을 통치하는 가장 강력한 수단으로 반공 이데올로기를 이용하였다. 반공주의는 기존 질서를 의문시하는 모든 형태의 사회적 갈등을 제압하는 강력한 무기였다.[079]

해방 이후 남한의 첫 대통령인 이승만과 그 뒤를 이은 군사 독재 정권들은 '북한 공산 집단의 남침 위협'을 지속적으로 강조하면서 한국 현대사를 뒤틀어 놓았다. 그들은 자신들에게 저항하는 이들을 반북 반공이라는 전지전능의 칼날로 탄압하였다. 그 어떤 정당한 논리나 정의로운 행위도 '용공' '좌경'의 혐의를 뒤집어씌우면 무력화될 정도로 그 파괴력은 무서웠다. 소위 '레드 콤플렉스'Red Complex의 위력이었고, 남북 분단 체제의 비극이었다.

제2차 세계 대전 이후 세계적인 냉전 질서의 구축과 함께 미국과 일본, 독일 등에서도 한때 반공 바람이 강력하게 몰아쳤다. 그러나 이토록 오랜 세월 동안 국민을 강력하게 묶어 놓고, 반대파를 제압하며, 반공주의가 불가침의 성전을 쌓은 곳은 한국밖에 없다. 그 반공주의의 특징들은 또한 긍정적인 규범·가치 체계가 아니고, '설득의 게임'이기보다는 강요와 충성 요구가 압도적이라는 데 있다. 또 소박한 현실 개혁이나 비판적 태도마저도 국가 안전에 대한 위협으로 간주되었다는 데 있다.[080]

---

079 정영태, '일제 말 미군정기 반공 이데올로기의 형성', 〈역사비평〉, 1992년 봄 호, 역사비평사, 132쪽.

반공주의는 남북 분단과 대결 구조를 정착시켰다. 반공이 모든 것의 척도가 되었다. 반공 때문에 분단도 긴장도 당연한 것처럼 받아들여졌다. 그 때문에 제 동족을 철천지원수요 적이요, 무찔러 이겨야 할 증오의 대상으로 교육받고 세뇌되었다. 그것을 받아들여야만 대한민국 안에서 운신할 수 있었다.

분단선, 남한과 북한 사이를 갈라놓으며 나중에는 거의 '국경선'으로 굳어진 38도선은 미국의 작품이었다. 38도선의 확정과 미군의 남한 진주는 해방 이후 반공 이데올로기의 형성에 결정적인 영향을 미친 사건이다. 그런데도 그 38도선을 두고 미 국무장관 번즈는 1945년 10월 25일에 '군사적 이유에 의해 임시적으로 그어진 것'이라는 주장을 했다.[081]

급작스러운 일본의 항복은 국무성과 군 당국으로 하여금 일본 항복에 관하여 맥아더 장군에게 내려야 할 명령 및 타 연합국 정부와의 협정에 대해 긴급히 검토를 하게 하였습니다. 이를 위해 3성 조정위원회는 8월 10일에서 15일 사이에 여러 차례 장시간에 걸친 회의를 열었습니다. 그 날(8월 10일과 11일에 걸친 회의)의 회의는 거의 밤새도록 되었던 것 같습니다. 의제는 일본 항복의 접수에 대한 협약이었습니다. 국무성 측은 미군

---

[080] 김동춘, '한국 전쟁과 지배 이데올로기의 변화」, 「한국 전쟁과 한국 사회 변동」, 풀빛, 1992, 135-136쪽. 김동춘은 계속해서 이렇게 말한다. "한국의 반공 이데올로기에는 한국 현대사의 비밀이 숨겨져 있다. 한동안 이것은 접근이 허용되지 않은 성역이었다. 그것에 대해 학문적으로 왈가왈부하는 것도, 그것을 지식 사회학적으로 접근하는 것도 모두가 '불경스러운 일'로 받아들여졌다. 반공 이데올로기에 대한 연구가 드문 것도 바로 반공 이데올로기에 의해 지배되어 온 사회적 조건에 기인한다고 볼 수 있다."

[081] 노중선 편, 「민족과 통일」 I, 사계절, 1985, 116쪽.

이 되도록이면 북상하여 항복을 접수해야 한다는 의견을 제출하였습니다. 군은 당장 사용 가능한 미군 병력의 부족과 소련이 들어오기 전에 북쪽 깊숙이 진주하는 것을 어렵게 만들고 있는 시간 및 거리의 문제에 당면케 되었습니다. ···우리는 소련이 동의하지 않을 경우 미군이 진주하기가 현실적으로 어려우리라고 생각은 했지만 미군 책임 지역 내에 한국의 수도를 포함시키는 것이 중요하다고 생각하였으므로 38도선을 건의하였습니다. 38도선은 마침내 국무성에 대한 육군성 측의 건의 사항에 포함되게 되었으며 당시 나는 소련 측이 이 지역에서의 양국군의 위치로 미루어 보아 훨씬 남쪽의 선을 고집할 것이라고 생각했었기 때문에 소련이 이를 수락하였을 때 약간 놀랐던 것으로 기억합니다.[082]

일본군을 무장해제 시키기 위한 것이 유일의 목표였다면 그것은 소련에게만 맡겨도 되는 것이었다. 그런데 왜 그러질 않았을까? 왜 수도 서울이 포함되는 것이 중요했을까? 조선에서 가장 가까운 거리에 있다는 이유만으로 조선에 대해서 아는 것이라곤 아무것도 없는 하지 군단을, 왜 그렇게까지 허겁지겁 조선으로 보냈을까?

미 군부와 국무성은 1944년부터 조선에 대해 부분적인 혹은 완전한 점령을 계획하기 시작했다. 1944년 3월 미 국무성은 미군의 조선 진주를 구상했다. 또 전후 미국의 목적을 위하여 조선이나 그 주변에서 일어나는 어떠한 군사 작전에도 미국이 참여해야 한다며, 그것은 '대민 업무

---

[082] '38도선 탄생의 목격자'라고 스스로 칭하는 딘 러스크(당시 미 국무성 극동 담당 차관보)의 증언. 미 국무성 비밀 외교 문서, 앞의 책, 43-44쪽.

와 과도 정부의 국제적 감독에 있어서 미국이 취하게 될 중요한 역할을 크게 증진시킬 것'이라고 하였다. 또 다른 미국의 한 문서는 만약 소련이 단독으로 조선을 점령한다면 "미국이 이러한 사태 발전을 금후 태평양 안보에 대한 위협으로 인정해야 될지도 모른다."고 주장하였다. 다음은 1945년 7월의 포츠담 회담을 위해 준비된 미국 문서의 일부분이다. 미국은 어떡하든 조선을 그들의 관할 아래 두기 위해 갖은 묘안을 다 짜내고 있었다.

소련이 한국 문제의 지배에 있어서 주도적 역할을 강력히 주장할 가능성이 있다. 만약 이러한 요구가 소련 이외의 국가는 형식적인 발언권만을 갖게 될 행정 체제의 수립을 뜻할 경우에는 한국을 신탁 통치 지역으로 규정하여 유엔 기구 자체의 권한 밑에 두는 것이 바람직하다.[083]

미군이 도착한 지 한 달 후, 맥아더의 보좌관들은 조선에 파견된 주요 미군 요원들에게 "점령의 일차적인 목적은 공산주의에 대한 방벽을 만드는 것"이라고 설명했다. 그럼으로써 미군정은 '토착 좌익 세력'을 분쇄하는 데 가장 심혈을 기울이며 조선에 '공산주의의 방벽'을 구축하고자 했다.[084]

남한에 들어온 미군정은 맥아더 사령부와 긴밀히 협의하면서 '소련의

---

[083] 브루스 커밍스, 앞의 책, 161-164쪽. 이것이 미국의 일관된 방침이었다. '군사적 편의' 때문에 조선을 분할하고 남한에 그들이 진주했다는 것은 자기들의 진짜 의도를 은폐시키려는 거짓 진술에 불과했던 것이다.

[084] 조이스 콜코·가브리엘 콜코, 「미국의 세계 전략과 한국 전쟁」, 김주환 엮음, 청사, 1989, 29쪽.

위협'을 막고 반공의 방벽을 쌓아 올리기 위한 대리 세력을 확보하는 데 눈을 돌렸다. 그런 그들 눈에 확 들어온 것은 '한국 민주당(한민당)'이라는 간판을 내걸고 미국이 들어오기를 눈이 빠지도록 기다리고 있던 세력이었다. 베닝호프는 "…그 하나는 소위 민주주의적 혹은 보수적 세력으로 그 구성원의 상당수는 미국 또는 한국 내의 미국계 선교 기관에서 교육받은 전문적 교육계 지도자들로 이루어져 있습니다. 그들의 정강과 정책 가운데서 그들은 서구 민주주의를 따르고자 하는 희망을 나타내고 있으며…"라고 한민당을 지적하여 미 국무성에 보고하였다.[085]

새 나라 건설 과정의 주체는 어떤 이들이었어야 하는가? 앞서 말했듯이 가장 큰 지도력과 힘을 발휘해야 하는 사람들은 일제하에서 과연 얼마만큼 민족 해방 운동에 헌신했는가의 여부에서 판가름 나야 했다. 그것이 너무나도 정당하고 정의로운 가늠 잣대였다. 그런데 그에 반하여 한민당을 만들었던 사람들, 그 구성원들은 참으로 부끄럽고 옹색한 과거를 가진 자들이 대부분이었다. 해방 후 "반동 세력으로서 가장 먼저 기치를 들고 나타난 것은 반동 지주를 중심 세력으로 한 한국 민주당이었다. 이 당에는 온갖 반동적 요소가 섞여 있었으며 그 주도적 세력은 말할 것도 없이 대지주층 및 일제의 전쟁 협조자, 재벌 등이었다."[086] 고 지적되듯, 김성수, 송진우, 장덕수를 비롯한 한민당의 핵심 간부들은 공개적으로 친일 행위를 했던 자들이었다. 그런 까닭에 한민당의 등장은

---

[085] 미 국무성 비밀 외교 문서, 앞의 책, 70쪽.
[086] 민주주의민족전선 사무국 편, '조선해방연보'(서울, 1946), 「해방조선」 I, 과학과 사상사, 1988, 121쪽.

일제 식민지 경제 사회 구조의 재현이라는 성격을 지니고 있었고, 또 그것의 잔존을 피부로 느끼게 했다.[087] 미군정은 "비록 그들 중 많은 사람들이 일본을 위하여 봉사하긴 했으나 그러한 오명은 결국 사라질 것이다."[088] 하는 태도를 취하며 줄곧 한민당을 비호했다. 그들은 미군정의 '행정 고문회의'뿐만 아니라 경찰 조직과 다른 행정 관직에서도 중요 직책을 거의 다 차지했다.

친일파 청산과 토지 개혁 등의 혁명적 요구가 거세게 분출되는 가운데 설 자리를 찾지 못하던 한민당에게 미군은 그들의 무너진 세력 판도를 복구시켜 줄 수 있는 유일한 존재였다. 나아가 그들이 위기를 돌파하며 '민족의 지도자'로 다시 등장할 수 있었던 커다란 명분은 반공주의, 반공 투쟁이었다. 반공주의는 일제 시기 그들의 행적을 잊게 하고 누구보다 우월하게 현재와 미래의 위치를 확고히 다져 줄 '경전'이었다. 그래서 한민당의 창당 첫 사업과 그 후의 일관된 작업은 건국 준비 위원회(건준)과 조선인민공화국(인공) 타도에 있었다. 건준과 인공은 일제 때부터 줄곧 민족 운동을 해 온 세력이 주축이 되었고, 친일파 처단과 토지 개혁 등의 과감한 개혁 조치를 내걸었기 때문이다.[089]

한민당은 정강에 친일파 청산을 포함시키지 않은 유일한 정당이었

---

[087] 서중석, 앞의 책, 265쪽.
[088] 미 국무성 비밀 외교 문서, 앞의 책, 56쪽.
[089] 인공은 건준을 발전적으로 해체시키며 출발한 조직이다. 인공은 자신이 조선을 대표하는 수권 기구라고 선포하였다. 인공은 대회에서 "일본 제국주의의 잔존 세력을 완전 구축하는 동시에 우리의 자주 독립을 방해하는 외래 세력과 반민주주의적·반동적 모든 세력에 대한 철저한 투쟁을 통하여 완전한 독립 국가를 건설하여 진정한 민주주의 사회의 실현을 기한다."고 표명했다.

다.⁰⁹⁰ 또 한민당은 초기부터 북한은 공산 독재 하에서 모든 자유가 부인된 채, 주민들이 경제적 곤궁에서 신음하고 있다며 하루빨리 북한 주민들을 공산 독재로부터 해방시켜야 한다는 주장을 하였다. 소련은 남한과 세계를 적화할 야욕을 지닌 나라지만 미국은 영토적 야심이나 정치적 지배욕을 가지고 있지 않은 나라라며 미군정에 대해 감사하고 신뢰하였다. 그들은 건준과 인공을 '민족 반역 도배'라고 주장하였다. 그리고 자신들이야말로 민중의 진정한 의사를 대변하며 민족적 혁신 운동을 벌일 지도자라고 선포하였다. 반공이 애국이고 반공 투사면 민족의 지도자라는 말이었다. 민족적 일대 운동이란 다름 아니라 자신들의 주의 주장인 토지의 유상 몰수와 유상 분배이며, 친일파 처단의 유보이고, 인공 타도를 의미했다.

그들은 항일 민족 해방 운동 세력의 행동을 파괴적이고 공격적인 측면만으로 부각시켰다. 급기야는, 무장력을 가지고 일제에 저항한 행동을 과거 일제가 불렀던 명칭, 즉 약탈·방화를 하는 비적, 도적으로까지 묘사했다. 이들이 친일파들에게 가한 협박이나 테러는 그 내용과 의미는 사라져 버리고 테러·협박이라는 형식만 강조되었다. 친일했거나 저항하지 않았던 자신들의 행위는 '점잖고 신사적인 것'으로 해명되었다. 일제가 이 땅에 뿌리박아 놓은 갖가지 식민지 유산과 친일 세력을 제거하려는 노력 자체가 비난받기에 이르렀다. 이처럼 현실은 완전히 거꾸로 뒤집혀 재생되고 있었다.

일제 때는 친일을 합리화하기 위한 수단으로 반공을 내세웠던 이들

---

090 안진, '분단 고착 세력의 권력 장악과 미군정', 〈역사비평〉, 1989년 가을 호, 58쪽.

이 미군정 하에서는 친일의 과거를 은폐시키고 면죄부를 받아 내기 위해 반공을 전면에 내세웠다. 따라서 반공 투쟁은 그들의 사활이 걸린 생명줄이었다. 반공주의는 그들의 전도된 가치관과 논리, 누리고 있는 모든 지위와 부를 당당하게 합리화시켜 주고 재생산해 낼 수 있는 견고한 성채요, 더할 나위 없이 훌륭한 공격 무기였다. 이런 가운데 국민의 지지를 받고 있던 정당과 단체들은 해체 압력과 탄압을 받아야 했다. 미군정 이외 국가적 권한을 주장하는 어떠한 단체도 조직도 인정할 수 없다는 것이 미군정의 일관되고도 강경한 방침이었기 때문이다.

 남한에서 미국은 분할에 대한 비난을 면치 못하고 있으며, 우리의 건설적인 노력에 대한 능동적인 저항을 비롯하여 남한에는 일체의 미국적인 것에 대한 분노가 증대되고 있습니다. 실제적인 사실에 의해 반박될 것이므로 어떠한 설명도 민중들에게 해 줄 수가 없습니다. 매일 계속되는 현 상황 하에서 미봉책은 한국 내에서의 우리의 지위를 유지하기 어렵게 만들고 있으며 우리의 미약한 인기 및 업무의 효율성을 더욱 감소시키고 있습니다. 친일파, 민족 반역자 및 부일附日 협력자에 친미라는 용어가 추가되고 있습니다.[091]

 남북 분할에 대한 비난, 일체의 미국적인 것에 대한 분노, 친일파·민족 반역자·부일 협력자에 추가된 '친미'…. 이는 1945년 12월 16일 자로 미군정 사령관 하지가 맥아더에게 보낸 보고서의 일부이다. 그들 스

---

[091] 미 국무성 비밀 외교 문서, 앞의 책, 169-170쪽.

스로 누가 조선 민족의 참된 이익을 배반하고 있는지, 새 조선 건설의 장벽으로 존재하고 있는지 솔직하게 고백하고 있다. 미군정이란 게 일제 총독부 통치가 주인만 바뀐 마찬가지의 식민 통치임을 이 나라 민중이 너무 잘 알고 있다는 것이다. 미군정이 감싸고 부리고 있는 대리 세력이란 게 이 나라 민중으로부터 철저하게 지탄받는 반민족주의자들임도 인정하고 있다. 이를 두고 군정의 한 장교도 "군정의 한국인들은 극악한 부패와 음모를 대표하는 자들이오, 우리가 한국을 통치하기 위하여 고용하고 있는 사람들은 일본의 더러운 사업을 도와주었던 극우파들이오."라고 고백하였다.[092]

새 나라 건설에 가장 시급했던 과제가 친일파·민족 반역자들에 대한 응징이요, 완전한 청산이었건만 미군정은 그들을 자신의 정치 기반으로, 물리적 힘으로 온존시켰다. 개신교에서도 친일 혐의가 짙은 사람일수록 분단국가 수립 및 그 이후의 보수 우익 정치에 가장 열심히 참여했다. 그러나 친미·반공 블록을 형성하는 데는 교파나 기관 간의 세 다툼이 거의 필요치 않았던 개신교도 '친일파 청산' 문제를 둘러싸고 내분에 휩싸였다.[093] 반면에 해방 공간의 천주교 친일 인맥들, 그들의 지위와 영향력은 일제 때와 다름없이 지속되었다. 오히려 교회의 위세가 커짐에 따라 그들의 권위도 커졌다. 교회 안에서는 친일파 청산 요구도, 과거 죄행에 대한 무슨 지적의 소리도 흘러나오지 않았다. 친일 반민족주의자들의 천주교로의 개종은 지식인·지도자의 입교라 하여 크게 기쁜 일

---

092 마크 게인, 앞의 책, 68쪽.
093 강인철, 「해방 후 한국 개신교회와 국가, 시민 사회(1945-1960)」, 앞의 책, 110쪽.

로 되기도 했다. 천주교회는 반민족주의자들의 안식처요, 피난처가 되기도 했던 것이다.

가톨릭과 악마와의 전쟁을 선포하다
- 한국 교회의 반공주의

노기남 주교는 한국을 완전한 민주 국가로 건설하고 적색 마수의 공세를 분쇄해야 되겠다고 생각했다. 노 주교의 '민주 국가'란 '반공 국가'면 되는 것이었다. 친일의 면죄부로 주어진 친미와 반공주의였으니 여기에 더욱 집착했을 것이다. 그래서 "일반 신자들에게 순교 정신을 가지고 반공 투쟁에 나서기를 호소했고, 뜻있는 신자 유지들에게는 진정한 민주주의 정당에 가입하여 민주 국가 건설에 앞장서기를 격려"했다. '진정한 민주주의 정당'이란 결국 한민당을 일컫는 것이었다. 노 주교의 그와 같은 권고로 40여 명의 신자들이 한민당에 입당하기도 했다. 노 주교는 또한 유물주의, 공산주의를 배격하는 데 있어서는 우선 한국의 모든 기독교인이 단결하여 일선에 나가야 된다고 생각했다. 그런 생각에 노 주교는 기독교 각파 지도자들과 목사들과의 적극 친선에도 힘썼다. 갈라진 형제들도 반공 전선에서는 하나로 뭉쳤던 것이다.

그리고 유물주의, 공산주의를 배격 투쟁하는 데 있어서는 우선 한국의 모든 기독교인이 단결하여 일선에 나가야 되겠다고 생각했다. …하느님 같은 그리스도를 믿고 예배하면서도 서로 간에 두꺼운 장벽을 두고 지내

왔었다. 나는 양 교파 간의 이런 본의 아닌 대립과 일종의 적대 현상을 항상 유감으로 생각해 온 바, 8·15 해방을 당하여, 특히 기독교를 말살시키려는 공산주의자들이 국내에서 갖은 모략과 술책과 수단 방법을 가리지 않는 이때에, 한국의 기독교인들이 서로 대립되어 있어서야 되겠는가 하고 안타깝게 생각했다. 이런 생각에서 나는 가능한 한 기회 있는 대로 프로테스탄트 지도자들과 목사들과 접촉하며 친선에 힘썼던 것이다.

노 주교는 양 교파 간에 각 파의 신앙에 저촉이 안 되는 범위 안에서 각자 자기 신앙을 지켜 가면서, "합할 수 있는 일이라면 힘을 합하여 유물 공산주의 배격 투쟁에 앞장설 것을 양 교파 지도자들과 굳게 약속했다."[094] '기독교 단일 반공 전선' 형성을 위한 노 주교의 노력이 그다지 어려운 작업은 아니었을 것이다. 개신교 내부가 친미와 반공 문제에 있어서는 교파 간, 기관 간 세 다툼의 필요성이 거의 없었을 정도로 이해관계가 일치하고 있었기 때문이다.[095] 역시 "프로테스탄트 지도자들도 나와 똑같은 염원을 가지고" 있었기에 노 주교는 많은 개신교 지도층과 목사들을 사귀게 되고 좋은 친구로 대하게까지 되었다.

1946년 10월 6일에는 반공 투쟁의 이데올로기를 담을 목적으로 '경향신문'이 발행되었다. "…이러한 현실에 진정한 민주 대한을 이룩하고 참 평화와 자유를 이 나라에 가져오기 위해서는 우선 중상과 모략 파괴와 분열을 위해서 방법을 가리지 않는 유물·공산주의 극좌 악질분자들의

---

[094] 노기남, 앞의 책, 318-320쪽.
[095] 강인철, 「해방 후 한국 개신교회와 국가, 시민 사회(1945-1960)」, 앞의 책, 109-110쪽.

선전을 봉쇄하고 국민의 정신을 계몽 선도하는 것이 급선무임을 나는 생각했다. 이를 위해서는 언론 기관이 필요함을 절실히 느꼈다."고 하는 노 주교의 의도에 의해 창간된 '경향신문'은 "사시社是를 시시비비是是非非라고 정하는 동시에, 유물·무신·공산주의 사상을 결사 배격할 것"으로 정하였다. 이러한 사시를 내걸고 출범한 '경향신문'이었기에 "창간호부터 유물 공산주의 타도에 예리한 필봉筆鋒"을 들었다.[096]

교회가 선과 악, 빛과 어둠, 악마와 하느님의 대결 구도로 현실을 이분화할 때 당연히 공산당, 혹은 좌익적 색채는 무조건 타도해야 할 대상이었다. 교회는 남한뿐만 아니라 중국 공산당의 영향 하에 들어간 연길 교구와 북조선 교회에 대해서도 예민하게 주시하였다. 1946년 8월부터 속간되기 시작한 〈경향잡지〉 또한 그해 9월 호부터 위 교구들에 대한 소식과 우려가 실리기 시작했다.

연길 교구 소식

연길에서 나온 신임할 만한 교우들이 전하는 바에 의하면 거 6월 초순 백 주교를 비롯하여 독일 성분도회 신부들은 공산군 계통인 팔로군에게 납거되어 화룡현 모처에 수용되어 있다 하니 시련 중에 있는 동 교구와 상기 주교 신부들을 위하여 기구할 것이다.[097]

---

[096] '경향신문'은 남로당 기관지를 발행하던 정판사를 미군정청이 접수, "우익 진영에서 가장 건전한 단체로 인정했던지" 천주교회에 불하해 준 덕에 창간될 수 있었다(노기남, 앞의 책, 327-330쪽). 미군정청은 천주교회를 '반공 가톨릭'이라 불렀고, 정판사를 넘기면서 많은 종이까지 내주었다(박도원, 「노기남 대주교」, 한국교회사연구소, 1985, 289쪽). 이것만으로도 교회가 미군정과 대단히 밀접한 관계를 유지하고 있었음을 알 수 있는데, '경향신문'은 1949년 6월 말 현재 발행 부수 7만 3천 부를 기록하여 강력한 반공 이데올로기 생산과 선전기구로 기여하였다.

북선 교회 소식

월전 서울에서 발간되는 어느 신문에 소련군이 북선 천주교회를 폐쇄하였다는 소식이 로마에서 방송된 것을 미국 어느 신문이 게재하였다고 보도하여 일부 교우들을 불안케 한 모양이나 이는 신빙할 만한 소식이 되지 못하나니 북선에서 되는 일이면 로마에서보다 우리가 먼저 알게 될 것이오. 또 지금 소련군이나 북선 인민 위원회라도 종교를 압박하여 자기 원수를 필요 없이 더 만들 게제가 아닌 연고이다. 북선 모든 교회 토지가 모두 몰수된 것은 사실이나 각지 교회는 별반 이상 없이 평온히 지낸다는 소식이 얼마 전 본사에 들어왔다.[098]

연길교구는 이미 1945년 9월 2일에 첼러 수사가 소련군에 의해 총살당했던 경험이 있었다. 그런데 1946년 5월에는 브레헤르 백 주교를 비롯한 독일인 신부 19명, 수사 17명, 수녀 2명, 이탈리아 수녀 1명이 체포되어 연길, 삼도구, 무산 세 곳에 갇히는 일이 일어났던 것이다.[099] 〈경향잡지〉는 1947년 2월부터 '연길 주교 신부를 구제하자'는 기치 하에 구제품 보내기를 발기했다. 각처에서 정성품이 답지했다. 6월부터는 함흥·덕원교구의 사우에르Sauer 신 주교가 생활난을 호소해 오자, 교회는 드디어 극에 다른 적대감을 폭발시켰다. '가톨릭과 악마와의 전쟁'을 선

---

097 연길교구는 오늘날 중국의 조선인 자치주, 북간도라 불리는 지역을 관할 구역으로 삼고 있었다. 해방 당시에는 신자 수가 1만 7천여 명 정도였고, 1946년 4월 11일 중국에 교계 제도가 성립됨에 따라 관할권이 조선 교회에서 중국 교회로 이관되었다. 따라서 해방 이후에는 한국 교회 범위에서 제외되었다.
098 〈경향잡지〉, 1946년 9월 호, 28-30쪽.
099 김창문·정재선, 「한국 가톨릭 어제와 오늘」, 가톨릭 코리아사, 1963, 273쪽.

포한 것이다.

가톨릭과 악마와의 전쟁은 벌어졌다. 가톨릭은 그리스도의 한 집안이오, 한 나라이다. 남조선 가톨릭도 곤란치 않은 바는 아니오 ** 서 더 발전함도 좋기는 하지만 함경도 가톨릭의 총본영이, 북간도 가톨릭의 총사령부가 전멸을 당하는 것을 보고만 앉았을 수는 없다! 안전한 연락의 길은 이미 마련되어 있고, 이제부터 들어오는 구제금은 덕원과 연길에 적정히 분배될 것이니 교형자매들이시어 남의 일로 알지 말고 총궐기하시라!**100**

악마, 전쟁, 전멸, 총궐기 등 극단의 수식어들이 절제 없이 동원되었다. 위 교구들의 고통은 공산주의의 '종교 탄압' 정책에 의해 저질러진 참상이라는 것이 교회의 기본적인 인식이었다. 그러나 체제가 달랐고 체제가 다른 만큼 종교 정책도 달랐으니, 위 박해에 대한 내용은 또 다른 면에서 살펴봐야 할 것이다.

교회는 미군정 하에서 남한 민중들이 겪는 굶주림에는 눈을 감았다. 미군정 초기부터 민중의 생활은 매일이 고통이었고, 이 현상이 오래간다면 '전시戰時 이상의 혼란과 불안이 초래될 것'**101**이라는 위기감조차 팽배했다. 1946년 6월의 소매 물가는 1936년에 비해 거의 200배로 폭등했고, 8·15 직후에 비하면 5배 반으로 크게 올랐다. 8·15 직후부터 9월까

---

100 〈경향잡지〉, 1947년 6월 호, 90-91쪽.
101 김종범·김동운, 「해방 전후의 조선 진상」, 1945. 12. 돌베개, 1983, 9쪽.

지는 물가 오름세가 그리 대단하지는 않았다. 그러나 미군정 통치가 본격적으로 진행되면서 급속도로 뛰었던 것이다.[102] 더군다나 쌀 수확량이 '평년작'이라는 1945년의 보고에도 불구하고 1946년에는 '수백만의 인민 대중이 기아선상을 방황'하는 사태까지 일어났다.[103] 해방 직후 해외에서 돌아온 동포들로 인구가 갑자기 증가했다는 요인도 있기는 했지만, 직접적인 원인은 미군정이 1945년 10월 5일 법령 제1호로 미곡의 자유시장을 개설하도록 한 데 있었다. 이를 통해 자본가와 악덕 투기업자들의 농간이 판을 칠 수 있는 법적 근거를 마련해 주었던 것이다.

1946년 3월 28일에는 어린 소년 소녀와 노동자를 비롯한 수백 명의 사람들이 서울 시청으로 몰려가 "일을 하려 하나 배고파 못 하겠소. 쌀을 주오!" 하며 시위를 벌였고, 4월 5일에는 식목일 행사에 동원된 용산구 일대의 시민들이 마찬가지로 쌀을 요구하는 시위를 벌였다. 1946년 1월부터 6월까지 '전국노동조합평의회'(전평)에 보고된 노동 쟁의는 총 83

---

[102] 민주주의 민족 전선 사무국 편, '조선해방연보', 「해방조선」 I, 과학과 사상사, 1988, 319쪽 참조.
[103] 김양재, '쌀 획득 투쟁과 실업자의 조직', 「노동조합교정」(1947), 돌베개, 1989, 47-50쪽. 위 책이 설명하고 있는 당시 상황을 조금 더 살펴보자. "…특히 '해방' 조선의 수도 서울을 위시하여 대전, 대구, 부산, 인천 등의 모든 도시에 있어서 식량 기근은 절망적 상태에 도달하고 있다. 야만적 일제의 앞잡이 테러 강도단이 백주에 횡행하고 있는 작금의 서울에는 쌀을 배급한다는 백화점, 식량 배급소의 문전에 수백 수천의 민중이 줄을 서고 있다. 2. 수백만의 노동자, 실업자, 전재 빈민, 귀환 병사, 소시민 등의 무산대중이 이와 같이 굶주림에 떨고 있을 때 대자본가, 대지주, 간상배 등은 쌀을 숨겨 두고는 내놓지를 않고 쌀값의 폭등을 꾀하여 쌀값은 벌써 미군정이 결정한 '공정 가격'의 배를 돌파하고 있다. 그리고 다른 한편으로 그들은 일본인 대자본가, 간상배 등과 결탁하여 쌀을 일본으로 밀수출하고 그 대신 밀감을 수입하여 '사복'을 채우고 있다…" 덕원교구가 속해 있던 북한 지역의 경우, 전통적으로 식량을 농업 지대인 남한에 의존해 왔다. 그런 탓에 해방 이후 점차 자유 왕래가 단절되고 남한으로부터 식량을 들여올 길이 막히자, 그들의 식량 사정은 급격히 악화되었던 것이다. 이에 북한 당국은 그들이 남쪽에 제공하는 전력의 대금을 쌀로 치러 줄 것을 요구하기도 했다.

건이었는데, 가장 커다란 이유는 생활난에서 비롯된 것이었다. 1946년 2월에 이르러 결국 미군정은 소위 '미곡 자유 시장제'를 폐지하고 쌀 배급제를 실시하기 시작했다. 그러나 배급량은 일제가 전시 비상시국에 지급했던 양의 절반에 불과했으니 민중은 기아선상에서 헤어나기가 참으로 어려웠던 것이다.

교회는 자신이 받는 상처에는 대단히 예민하게 반응해 왔다. 그럼에도 같은 권력 혹은 같은 사안에 의해 교회 밖 다른 집단이나 다른 사람들이 받는 상처는 외면하거나 둔감하게 대해 온 것이 그간 역사와 민중 속의 교회 모습이었다. 해방 이후에도 다르지 않았다. 교회 어느 언론, 어느 지면 한 구석엔들 민중의 참상이 보도되거나 걱정스러워하는 태도는 보이지 않는다. 공산당만이 악마이고, 배고프고 굶주리는 사람도 교회 울타리 안에 있어야 눈에 들어오고, 박해는 공산주의 체제에서만 벌어지는 일이라고 생각했던 것이다.

발행 초부터 교회 안팎을 막론하고 광범위한 분야를 다루면서 강력한 반공 선전을 담당했던 것 중 하나는 또 〈가톨릭청년〉지였다. 〈가톨릭청년〉은 1947년 4월부터 속간되기 시작했는데 1947년부터 1950년까지 게재된 기사 가운데 반공 기사의 비율이 무려 50.3%를 차지하고 있다는 데서도 이를 확인할 수 있다.[104] 〈가톨릭청년〉은 특히 조선이 자본주의와 공산주의, 양대 진영의 싸움터라며 그 의미를 세계적으로 확장시켰다. 또 조선 땅이 세계적 차원에서 전개되고 있는 바티칸과 소련의 대리전을 담당하고 있다고 보았다. 그런 상황에서 '남한 종교의 사명'은 공산

---

[104] 강인철, '한국 전쟁기 반공 이데올로기 강화, 발전에 대한 종교인의 기여', 앞의 책, 201-202쪽.

주의의 남진을 저지하는 방파제 역할이라고 규정하였다. 노기남 주교는 아래와 같이 반공 투쟁을 강조하였다.

"일반 신자들에게 순교 정신을 가지고 반공 투쟁에 나서기를 호소…"[105]

노 주교는 일제 때도 순교 정신을 강조하곤 했다. 그러나 그 당시의 순교 정신이란 일제에 철저히 충성하고 맹종하는 황국 신민으로서의 치열한 자세를 의미했다. 노 주교는 일제 때 다음과 같이 순교 정신을 강조했었다.

…이렇게 우리 순교 조선들로서 우리의 신앙을 강화시키고 가톨릭의 진리를 선전하는 것은 자기와 타인의 구령상, 교회의 발전상 크게 유익할 것은 물론이오, 거듭 더 나아가 이것은 또한 훌륭한 보국報國운동이 됨을 우리는 확신하는 바이니 현금 제국에서는 흥아 대업을 목표로 하고 나아가는 비상시국에 처하여, 빛나는 성공을 볼 때까지 모든 국민에게 괴로움과 간난을 참아 받아 가며 각자 자기 직무에 충실하여 총후국민의 본분을 철저히 지키기를 극력으로 권고하고 장려하는 이때, 우리는 진리·정의·의무를 위하여는 양심을 다하고 생명을 다하는 '순교 정신'을 체득하고 실행함보다 더 효력 있는 '종교 보국'을 생각할 수 없다.[106]

---

[105] 노기남, 앞의 책, 318쪽.
[106] 1939년의 '조선 천주교 순교자 현양회 발기인회' 성명서. 〈경향잡지〉, 1939년 9월 호, 386-403쪽.

일제 때 교회는 군국주의 파시즘의 신 앞에 머리를 조아렸다. 하나이신 천주를 외면하고 진정한 순교 정신을 헌신짝처럼 내팽개쳤을 뿐더러, 황국 신민화라는 오명으로 그 숭고한 정신을 더럽혔다. 철두철미 민족과 하느님을 배반한 순교 정신이었다. 해방이 되고, 다시금 되뇌어지는 순교 정신은 무신론 타도의 깃발이었다. 무신론 공산주의와 기독교는 세상에 공존할 수 없다는 것이 그 이유의 전부였다. 일제의 반그리스도교적 종교 정책에 대해 항의 한 번 제대로 못하고 순응했던 과거는 모른 척하면서 같은 이유로 이제 교회는 순교자의 자세로 반공 전선에 뛰어든 것이다. 그를 위해 순교 정신이 한껏 강조되었다.

천주의 이름으로 행해지는 반공 투쟁은 다른 일체의 가치를 압도했다. 암흑의 권력인 마귀가 천주께 항전하였으니, 이는 천주께서 함께하시는 싸움이라는 신심과 신념이 흘러넘쳤다. 일제 때는 결코 볼 수 없었던 전투적 자세였다.

나는 이같이 부르짖고 싶다. "볼세비키 공산주의는 내 자신의 적이요 전 조선 가톨릭 20만 신자의 적이며 이 강산 3천만 동포의 적이며 더한층 전 세계 그리스도교의, 아니 이 우주 창조 후 아담으로부터 조물주이신 천주를 믿는 전 인류의 무덤과 저의 영혼의 적인 것이다. 옛날 네로 황제는 로마 시를 불살랐지만, 공산주의는 전 세계의 침략자며 전 세계에 불을 놓아 멸망으로 이끌고 있는 20세기의 네로이며, 지상의 배암은 아담과 에와를 속였지만 공산주의자들은 전 인류를 그 감언이설로 속여 유혹하고자 하는 20세기의 배암인 것이다. …공산주의적 볼세비키는 그리스도교와 그리스도교 문화에 대한 극도로 철저한 즉 다만 이론적이 아니고 실천적 선전포고를 의미한다. 저들은 어떠한 신학적 비판적 신론神論을 의미하는 것이 아니라 참으로 전투적인 반신주의反神主義를 의미하는 것이다.

…암흑의 권력, 천주를 저주하는 마귀가 천주께 항전하였으니 그리스도의 이름을 받은 우리 모든 신자뿐만 아니라 천주를 믿는 모든 사람들은 일치단결하여 최후의 승리를 천주께 의탁하며 그 보호를 믿고 이 도전에 응전하지 않으면 아니 되겠다.[107]

해방된 뒤 4년 째 되는 1948년에는 교회가 벌인 반공 투쟁에 대해 스스로 다음과 같은 평가를 내리기도 하였다.

해방 후 4년! 형극의 길에 피인疲困하여 이제는 영적 기갈을 느끼게 되었고 또 일부 영도자는 사상 선도의 의미로써 종교 측과 손을 잡으려 하여 종교가 전면에 클로즈업되었던 것이다. 이리하여 기독교 측에서도 이에 호응하여 공산주의 말살抹殺의 급선봉에 나서서 눈부신 항쟁을 하게 된 것이다.[108]

---

[107] '볼셰비키적 공산주의를 배격함', 〈가톨릭청년〉, 1947년 11월 호, 6-12쪽.
[108] 마원길, '가톨릭과 정치-노선 문제를 중심으로', 〈가톨릭청년〉, 1948년 1·2월 합병 호, 15쪽.

05
남북한 민족 공동체의 분열·분단, 그 지우지 못할 교회의 죄상

남북한 민족의 원죄 '분단'

"나의 거룩한 산 어디에서도 사람들은 악하게도 패덕하게도 행동하지 않으리니"(이사 11,9) 하신 말씀도, "다시는 두 민족이 되지 않고"(에제 37,22) 하신 말씀도 교회는 비웃었다. 교회는 하느님이 한 민족에게 온전히 내려 주신 한 지체와 풍요의 땅덩이, 창조 질서를 동강내는 데 더할 나위 없는 몫을 차지했다. 때문에 남북한으로 갈라진 지체와 그의 후손들은 대결과 증오의 터 위에서 끊임없는 고통과 압박에 허덕여야 했다. 외세의 거친 입김에 내내 시달려야 했다.

원죄原罪, 그래서 우리는 민족의 분단을 '원죄'라 한다. 분단이 만들어 놓은 구조적 억압의 그물망으로부터 세세 대대가 근원적으로 헤어나지 못하게 된 것. 그래서 우리는 민족의 분단을 '원죄'라 한다.

"그들이 모두 하나가 되게 해 주십시오. 아버지, 아버지께서 제 안에 계시고 제가 아버지 안에 있듯이, 그들도 우리 안에 있게 해 주십시오. 그리하여 아버지께서 저를 보내셨다는 것을 세상이 믿게 하십시오. 저는 그들 안에 있고 아버지께서는 제 안에 계십니다. 이는 그들이 완전히 하나가 되게 하려는 것입니다."(요한 17,21.23)

예수 그리스도가 십자가 위에서 숨이 토막토막 끊어져 가는 그 절박한 순간에도 간절히 토해 낸 소망은 "그들이 모두 하나가 되게 해 주십시오."였다.[109] 인간들이 서로 완전히 하나 되게 해 달라는 것, 당신 죽음의 의미가 바로 거기 있다고 말씀하신 거였다. 세상이 하느님과 예수 그리스도를 알게 되는 때는 바로 인간들이 서로 완전히 하나 되는 순간이라는 거였다. 하나 되기 위해 서로 부대끼고 비비며 애쓰는 사람들, 그렇게 노력하는 신앙인들을 볼 때서야 세상은 비로소 하느님과 예수 그리스도를 믿게 되리라는 거였다. 예수 그리스도의 애타는 호소와 희생의 의미는 서로 원수가 되어 갈라진 담을 헐어 버리고 화해하고 새 민족이 되어 평화를 이룩하는 데 있었건만(에페 2,14-17 참조), 교회는 애초부터 그에는 아무 관심이 없었다. 공산주의자들은 악마라는 전제가 깔려 있었기 때문에 그 가능성조차 부인했다. 화해가 아닌 증오심이, 대화가 아닌 대결의 정신만이 온통 교회의 생각과 현실을 지배했다.

---

[109] "강생하신 성자께서는 평화의 임금님으로서 당신 십자가를 통하여 모든 사람을 하느님과 화해시키시고 한 백성, 한 몸 안에서 모든 사람의 일치를 회복시키셨으며, 당신 육신 안에서 미움을 죽이시고, 부활하시어 영광을 받으시고, 사랑의 성령을 모든 사람의 마음속에 부어 주셨다."(「사목 헌장」 78항)

교회는 민족·혈육보다는 체제·이데올로기라는 껍데기에 집착하며 증오심만 한껏 부풀렸다. 신의 이름으로 그리했다. "사실 육으로는 내 혈족인 동포들을 위해서라면, 나 자신이 저주를 받아 그리스도에게서 떨어져 나가기라도 했으면 하는 심정입니다."(로마 9,3) 했던 사도 바오로의 외침도 공허했다. 교회는 분단을 기정사실화하고 한편 지지했다.

잠시 잠깐이려니 했다. 남과 북 사이에 느닷없이 38도선이 그어진 것도, 그를 가운데 두고 미군과 소련군이 들어선 일도, 남조선·북조선이라는 전에 없던 말로 민족이 갈라선 형편도 다 어느 한때의 일이려니 했다. 허나 시간이 흐르면서 점차 이러다 영영 오가지 못하는 것이 아닌가 하는 답답함과 불안감이 민족 구성원들의 가슴을 한층 조여 갔다. 미국과 소련은 조선의 독립 문제에 대해 아무 대안 없이 4개월이라는 시간만 잡아먹고 있었다. 굼뜬 그들이 움직이기 시작한 것은 1945년 12월의 '모스크바 삼상 회의'에서였다.[110] 그리고 3개국 외상은 12월 27일에 조선 독립 문제에 관한 조약에 서명하고 다음 날 아래와 같은 내용을 발표하였다.

1. 조선을 독립 국가로 재건하고 또한 민주적 원칙에 바탕을 둔 발전을 이룩할 수 있는 여건의 창출을 위하여, 그리고 장기간의 일본 지배로 인한 참담한 결과를 가능한 빨리 제거하기 위하여 조선의 산업과 교통 및 농업 그리고 조선인의 민족 문화 발전에 필요한 모든 조치를

---

[110] 1945년 12월 16일~27일까지 모스크바에서 미·영·소 3개국 외상이 모인 회담. 조선 독립 문제가 논의된 중요한 자리이다.

취할 임시적인 조선 민주 정부를 수립할 것이다.

2. 임시적인 조선 정부의 구성을 돕기 위하여 그리고 적절한 방책을 미리 만들기 위하여 남조선의 미군 사령부와 북조선의 소련군 사령부의 대표들로 구성되는 공동 위원회를 설립할 것이다. 공동 위원회는 그 제안들을 준비함에 있어 조선의 민주적 정당·사회단체들과 협의할 것이다. 공동 위원회가 작성한 건의서는 공동 위원회에 대표권을 가진 양국 정부가 최종 결정을 내리기에 앞서 소·중·영·미 정부들의 심의를 위하여 제출되어야 한다.

3. 임시적인 조선 민주 정부와 조선의 민주적인 단체들의 참여 아래 조선의 정치·경제·사회적인 진보와 민주적인 자치 정부의 발전 및 조선의 민족적 독립의 달성을 위하여 협력·원조(후견, 신탁 통치)할 수 있는 방책을 작성하는 것이 공동 위원회의 임무이다. 공동 위원회의 제안은 조선 임시 정부와의 협의를 거친 후에 최고 5개년에 걸치는 조선의 4개국 신탁에 관한 협정의 체결을 위한 미·소·영·중의 공동 심의에 회부될 것이다.

4. 남부 및 북부 조선에 모두 영향을 미칠 긴급한 문제들을 심의하기 위해, 그리고 행정·경제적 문제들에서 남북 양 사령부 간의 영구적인 협력을 가능케 할 방책을 마련하기 위해 조선에 있는 미국 사령부와 소련 사령부의 대표로 구성된 회의를 2주일 내로 소집할 것이다.

위 합의 문서를 조금만 주의 깊게 읽어 보면 그 중심 내용은 '조선 임시 정부의 수립'에 있고, 그를 위해 '미소 공동 위원회'(미소 공위)를 연다는 것이 핵심임을 알 수 있다. 특히 문제가 된 '신탁 통치'라는 대목은 문서 제3항의 일부일 뿐으로 소련어로는 '후견'이라고 번역되는 것이었다. 중요한 것은, 후견이건 신탁 통치이건 조선 임시 정부와 협의를 거쳐 결정하게 되어 있다는 점이다. 또 이도 4개국의 공동 심의를 거치게 되어 있어, 협의 여하에 따라 아예 신탁 통치를 실시하지 않을 수도 있다는 해석도 가능하고, 시기도 5년 이내이므로 단축될 가능성도 있었다. 한마디로 이 회담에서 결정한 것은 '신탁'이 아닌 조선의 '독립'이었다.[111] 그러나 조선 현지에서는 이를 다음과 같이 왜곡하여 전하였다.

> 워싱턴 25일발 합동 지급보至急報
> "소련은 신탁 통치 주장, 미국은 즉시 독립 주장, 소련의 구실은 38도선 분할 점령"

1945년 12월 27일 자 동아일보[112]는 이런 제목으로 톱기사를 뽑았다. 이 기사는 국내에 반탁·반소 운동의 드센 바람을 몰고 온 결정적 분수령이 되었다. 이를 신호탄으로 신탁 통치=재식민지화라는 등식하에 반탁·반소는 자주독립과 애국·민족 통일의 길이요, 찬탁은 친소·매국·민족 분열의 길이라는 논리가 맹렬히 거리를 휩쓸었다. 이 기사 뒤에도 한민당의 대변인 구실을 하던 동아일보는 계속해서 반탁·반소·반공 투쟁을 계속 전개해 갔다.

---

111 윤해동, '반탁 운동은 분단·단정 노선이다', 〈역사비평〉, 1989년 겨울 호, 173-174쪽. 따라서 찬·반탁이란 용어도 정확히는 '삼상 회의 결정 지지'와 '삼상 회의 결정 반대'라는 것으로 정리되어야 한다고 주장한다.
112 동아일보는 일제 때의 친일, 지주 세력이 해방 뒤에 결집한 한민당을 지지했다.

모스크바 삼상 회의의 진실한 내용이 확실히 국내에 알려진 것은 1946년 1월 들어서였다. 그러나 자세한 내용을 접하기 쉽지 않았고, '신탁'이라는 용어 자체가 주는 본능적 저항감이 반탁 투쟁을 대중적 정서로 급속히 확산시켰다. 민족 반역자와 친일파·우익들이 기선을 잡고 총공세로 들어선 것도 이 때문이었다. 그들은 소련을 추종하는 이 나라의 공산주의자들이 나라를 팔아먹고 있다며 그들을 고립시키기 위해 필사적으로 달라붙었다. 즉각 '반탁'을 표명하지 않고 신중한 태도를 취했던 인공이나 조선 공산당 등은 상대적으로 인기가 떨어질 수밖에 없었다.

삼상 회의에서 신탁 통치를 주장한 것은 바로 미국이었다. 미 국무장관 번즈가 제시한 이 안은 "미·영·중·소 4개국이 신탁 통치 체제의 최고 권한자가 되어, 유엔 헌장 79조에 규정한 기본 목적에 따라 행동한다. 1인의 고등 판무관과 4개 신탁 통치국의 대표로 구성되는 집행 위원회를 통해서 통치 권한과 기능을 수행한다. 한국의 통일 행정 체제, 즉 신탁 통치 체제에는 한국인을 행정관 상담역 고문으로 사용한다. 신탁 통치 기한은 5년으로 하되 필요하면 4개 신탁 통치국 간의 협정으로 다시 5년을 연장할 수 있다."는 것이었다.[113] 결국은 신탁 통치라는 방식으로라도 조선을 계속해서 자기 관할권에 두겠다는 의지의 표현이었다. 신탁 통치를 기본 골격으로 한 이 미국의 안을 소련은 거부했다. 그럼에도, 삼상 회의 합의문이 만들어지기도 전부터 위와 같은 왜곡된 주장이

---

[113] 노중선, 앞의 책, 120쪽. 주소련 미국 대사 헤리만과 대리 대사 케넌은 미 국무장관에게 "우리가 알 수 있는 한 신탁 통치란 주제가 소련 측 언론에는 거론조차 된 적"이 없으며, "소련은 조속한 독립을 원하고 있음을 나타내 왔다."고 보고했다(미 국무성 비밀 외교 문서, 앞의 책, 204, 239쪽).

이미 국내에서 확산되고 있었다.

민심은 찬·반탁으로 쪼개져 연일 들끓었다. 1946년 3월 20일 드디어 미소 공동 위원회가 열렸다. 이제 이 위원회는 조선 독립 문제를 해결할 수 있는 유일하고 현실적 기구였다. 그런 만큼 그에 거는 남북 온 민중의 기대는 참으로 컸다. 허나 출발부터 공위는 삐걱거리고 의견 대립으로 결국 5월부터는 무기한 휴회에 들어갔다.

미소 공위가 휴회하고 있던 시점인 1946년 6월 3일, 정읍에서 이승만이 남한만의 '단독 정부' 수립을 제창하고 나섰다. 해방 이후 친일파나 극우 세력 일각에서 마음속으로 품고는 있어도 민족의 대의 때문에 어느 누구도 감히 엄두를 못 내던 말이었다. 당연히 그 파문은 컸다. 남한만의 단독 정부 수립 논의가 어느 일각에서 이미 진행되고 있음이 이를 통해 드러난 것이다.

이제 우리는 무기 휴회된 공위가 재개될 기색도 보이지 않으며 통일 정부를 고대하나 여의케 되지 않으니, 우리는 남방만이라도 임시 정부 혹은 위원회 같은 것을 조직하여 38 이북에서 소련이 철퇴하도록 세계 공론에 호소하여야 될 것이나, 여러분도 결심하여야 될 것이다. 그리고 민족 통일 기관 설치에 대하여 지금까지 노력하여 왔으나, 이번에는 우리 민족의 대표적 통일 기관을 귀경한 후 즉시 설치하게 되었으니, 각 지방에 있어서도 중앙의 지시에 순응하여 조직적으로 활동하여 주기 바란다.[114]

---

[114] 서중석, 앞의 책, 363-364쪽.

대부분의 정당이 이승만의 단독 정부 수립 의견을 반대, 비난하고 나섰다. 극우 세력은 북한을 배제하고 남한 단독 정부 수립을 바랐다. 천주교도 남한만이라도 독립 정부를 수립하자며 이승만을 지지했다.[115]

남한 단독 정부를 지지하는 교회

자주 독립을 향한 조선 민족의 애타는 열망도 아랑곳없이 미소 공위는 휴회된 채 해를 넘겼다. 1947년 들어 트루먼 독트린으로 인해 세계는 얼어붙어 갔다. 미소 공위가 정체를 거듭하던 9월 17일 미국은 '사전 통고도 없이' 제3차 유엔 총회에서 의사 일정에 '조선 문제'를 포함시킬 것을 요청했다. 미 국무장관 마샬은 이날 유엔 총회 석상에서 "과거 2년 동안 미국은 모스크바 결정을 실천하는 방도를 소련과 합의하여 한국을 독립시키려 노력하였으나 한국의 독립 과업은 2년 전에 비해 조금도 진전된 바 없다."고 전제하고, "조선 문제가 유엔 총회에 상정됨에 따라 신탁 통치를 거치지 않고 조선을 독립시키는 수단이 강구되기를 바란다."고 발언하였다.[116]

---

[115] 노기남, 앞의 책, 332-333쪽.
[116] 미국은 '신탁 통치'라는 표현을 통해 모스크바 삼상 회의의 결정이 마치 조선의 '재식민지화'에 있었다는 암시를 주었다. 당시 유엔은 대부분 미국 자본으로 설립·운영되면서 거의 미국의 정책을 추인·집행해 주는, 마치 '제2의 미 국무부'와 같은 구실을 하고 있었다. 회원들은 '기계적 다수'로 미국의 결정적 영향력 아래 놓여 있었다. 미국은 그러한 '국제적 공인 단체'인 유엔을 통해 가능한 명분을 살리면서 남한 단독 정부를 수립하고자 했다. 이 방식은 미국식 논리와 그 결과에 합법성과 정당성을 부여하는 통로였다(릴랜드 구드리치, '유엔에서의 한반도 문제 처리 과정', 「분단전후의 현대사」, 406쪽).

크게 반발한 소련은 미국의 이런 조치가 모스크바 삼상 회의 합의를 위반한 것이며, 유엔 헌장 107조에 따라 유엔은 조선 문제를 다룰 자격도 권한도 갖고 있지 못하다고 지적했다.[117] 또한 남북 조선인 대표가 유엔의 회의에 참가할 때까지 조선 문제 토의를 보류할 것을 요구하고, 미소 양군의 동시 철거를 통해 조선 민족이 자기 스스로 민주 정부를 수립할 수 있게 하자는 제안을 내놓았다. 미국은 이 주장을 일축했다. 소련 측의 반대에도 불구하고 결국 미국 측 안이 표결에 부쳐져, 1947년 11월 14일 제2차 유엔 정기 총회 전체 회의에서는 43:0(기권 6)이라는 압도적 표차로 '신탁 통치'를 거치지 않는 조선의 독립과 '유엔 감시하의 남북 총선거를 통한 조선 통일안'이라는 미국 측의 제안이 몇몇 자구만 고치면서 결의되었다. 유엔의 결의로 남한만의 단독 정부 수립, 민족 분열은 점차 돌이킬 수 없는 현실로 굳어져 갔다.

1948년 1월 8일 남북 동시 선거를 수행한다는 명목으로 유엔 조선 임시 위원단이 서울에 왔고, 소련은 이들의 입북을 거부했다. 그러자 미국은 2월 26일 유엔 총회에서 "우선 가능한 지역에서 총선거를 감시하여 조선 국민 정부로서 승인을 얻도록 하여 국제적 협조하에 조선의 완전 통일을 기할 것을 요망함"이라는 내용의 긴급 동의안을 제출, 통과시켰다. 남한의 총선거는 5월로 예정되었다. 천주교회는 미군정의 정치 일정을 열정적으로 지지했다. '경향신문'은 유엔에 의한 남한 단독 선거 결정을 적극 지지했고, 〈가톨릭청년〉도 이를 "5천년 역사의 경사"라며 극찬을 아끼지 않았다.

---

[117] 노기남, 앞의 책, 332쪽.

그러므로 소련 블록의 맹렬한 반대와 방해 파괴 공작에도 불구하고 남북통일 총선거 안이 가결되었고 UN 조선 위원단의 내조來朝를 보았던 것이다. 이때까지의 진전은 진실로 5천 년 역사의 경사가 아닐 수 없었으며 기로에 선 민족의 총희망의 정점이며 행운의 희열과 소생의 흥분이 아닐 수 없었다. 그러나 우리가 냉혹한 무력 없는 전쟁에서 악몽처럼 연상되고 예측할 수 있었던 행운 중의 비애는 당연히도 운명적으로 도래하고야 말았으니 그것은 38 이북에 진치고 있는 소련 연방 밑 그의 주구 괴뢰 북조선 인민 위원회의 전적 거부였다. 민족의 이 불행과 난관 타개에 UN 총회는 현지 조선 위원단의 보고를 기초로 하여 조선 위원단에 가능한 지역만의 총선거 실시를 권고하였다. 우리로서 말하자면 실로 열의 있는 그들의 역경 타개의 방도였다고 감사하지 않을 수 없는 바이었다.[118]

교회가 남한 단독 정부 수립을 통해 얻고자 하는 목표는 뚜렷했다. '무신 공산주의를 구축驅逐할 수 있는 체제를 갖추어' 놓는 것이었다. 교회는 남한만의 단독 선거를 반대하는 남북통일 운동도 비난하였다. 남북통일·남북 협상을 지지하는 지도자들을 향해서는 "공상에 가까운 구두탄으로 민중을 미혹케 하는 것은 오히려 역사로부터의 도피자라 규정하지 아니치 못할 것"이라고 공격했다.[119] 교회는 민족의 분열을 막고 다시 하나 되기 위한 어떤 진지한 노력과 접근도 외면하고 무시하면서 남한 단독 정부 수립을 향한 선거를 대단히 적극적으로 지원하였다. '정교분

---

118 〈가톨릭청년〉, 1948년 4월 호, 2-3쪽.
119 '머리말 – 민족 자결의 원칙으로 우리 세대의 역사를 창조하자', 〈가톨릭청년〉, 1948년 3월 호, 1쪽.

리'政教分離는 아무 의미가 없었다. 3월 1일에는 해방 이후 처음으로 주교단 연합 교서가 발표되었으나 초미의 관심사인 민족 통일에 대한 지향은 전혀 없었다.

남한 단독 선거와 단독 정부를 반대하는 운동은 치열했지만 철저히 탄압을 받았다. 선거가 다가오자 미국은 '원만한' 선거를 위해 군대를 증파했고, 동시에 모든 미군에게 특별 경계령을 내리며 중무장시켰다.[120] 가두 토론 실시 등 전통적인 선거 행위는 법률로 금지되었다. 수도청장은 "일반 통행인이 가로에 절대로 서 있지 못하게 하라. 만일 가로에 서 있다가 경찰이 행보를 명령함에도 불구하고 불응한다면 경찰서에 연행하여 조사하라. 경찰서에 들어온 후에도 이유 없이 반항하면 치안관으로 회부하라."는 지시를 내렸다. 모든 우편물은 검열 대상이 되었고, 통행금지 시간이 연장되었으며 이를 어기는 사람은 이유 여하를 막론하고 구속되었다. 남북 연석회의에 참석하고 돌아온 인사들 중 상당수는 '살인 방화죄'라는 어처구니없는 죄목으로 감옥에 갇혔다.[121] 유엔 조선 위원회 발표 자료만 하더라도 5월 10일부터 14일 사이에만 '투표를 거부한' 이유로 부상당한 사람이 137명, 살해된 자는 128명에 이르렀다.[122]

6월 20일 남북 분단 체제 성립의 '일등 공신'이라 할 천주교는 명동 성당에서 '독립 축성 기원 대례 미사성제'와 환영 다과회를 베풀었다. 임시라며 그어졌던 남과 북 사이의 38도선은 이제 분단선이 되었건만 그들

---

120 김천영 편저, 「연표 한국 현대사 – 해방 직후부터 단정 수립까지」, 한울림, 1985, 1034쪽, 1092쪽.
121 김천영, 앞의 책, 1074쪽 ; 고영민, 앞의 책, 191쪽.
122 고영민, 앞의 책, 192쪽.

은 축배를 들었다. 유엔 총회에서 남한 정부를 한반도의 유일한 합법 정부로 승인하자 교회는 이를 "유물론인 무신론과의 싸움에 있어 유신론의 승리를 의미하는 것"이며 "무신론을 타파하는 최후 계단"에 이른 것이라고 평가하였다.[123]

남한 단독 정부 수립 과정에 교황청이 보인 관심도 각별했다. 미소 공위가 합의점을 찾지 못하고 미국이 일방적으로 조선 문제를 유엔에 상정해 버렸던 시점인 1947년 10월 9일, 조선 주재 제1대 교황 사절이 입국했다. 메리놀 외방 선교회 소속으로 한국에서 사목하기도 했던 방 주교였다. 이는 일본 주재 교황 대사관의 관할권 아래 있었던 조선 천주교회에 큰 경사였다. 동시에 조선 천주교회는 이를 "조선이 독립도 되기 전에 교황 사절을 맞이하는 것은 독립국의 대우를 받는 것인 만큼 이것은 민족적 경사"라는 의미를 부여하며 감격했다. 이것은 "한국이 독립되면 이를 승인하고자, 아직 군정 시대임에도 불구하고 파견한 특례"였던 것이다. 이 조치는 남북한의 재결합과 일치를 향한 모든 노력을 비웃는 조치였다. 일찍부터 남한만을 독립국이요 형제의 나라로 공식화하며 북쪽과 맞서 이길 궁리나 하라고 남한을 부추기는 셈이었다. 더구나 미국인을 교황 사절로 임명했으니 그런 의도는 더욱 분명해 보였다.

교황 사절 환영 식장은 마치 대한민국 독립 선포 식장이요 축하 식장과도 같았다. "1948년 남한에서만이라도 자유선거를 실시하여 독립 정부를 수립한다는 유엔 결의를 방 주교는 적극 찬성하시며, 주한 유엔 대표들과 미군 당국자들과 긴밀한 연락을 하고 계셨다."며 노기남 주교는

---

[123] 〈가톨릭청년〉, 1948년 12월 호, 48, 49쪽.

아래와 같이 회고하였다.

　한국 정부가 파리 유엔 총회에서 한국의 유일한 합법 정부로 승인을 받는데도 방 주교의 숨은 공로가 많았던 것을 나는 잘 알고 있다. 장면 박사가 한국 대표로 파리로 떠날 때, 방 주교는 그를 격려해 주며 친필 소개장을 그에게 주었다. 장 박사가 방 주교의 소개장을 파리 주재 교황 대사에게 보이니, 그분도 장 박사를 적극 후원하여 각국 대사며 대표자들에게 좋은 소개를 해 주어 장 박사에게 큰 힘이 되었다는 사실을 나는 잘 알고 있다. 특히 남아메리카 라틴 계통의 가톨릭 국가 대표들이나 이탈리아, 프랑스 등의 가톨릭 국가 대표들에 대한 교황 사절의 소개는 큰 영향을 주었을 것으로 생각할 수 있다. 이렇게 생각할 때 방 주교는 대한민국 정부 수립에도 숨은 공로자라고 할 수 있다.

　해가 바뀌어 1949년 4월 교황청은 대한민국을 정식 승인했다. 동시에 교황 사절 방 주교를 교황 대사로 승격시켰다. 노 주교는 이를 두고 말했다. "한국의 발전을 위해, 대한민국 수립을 위해 초대 주한 교황 사절 방 주교를 한국에 보내 주시고, 대한민국의 독립을 다른 어느 나라보다 앞서 승인해 주신 사실은 당시 5억의 교우를 대표하는 은혜로운 축원을 의미하는 것이었다."고. '특별한 축원'이었다고.[124]

---

[124] 노기남, 앞의 책, 357-358쪽.

06 북한, '침묵의 교회'가 되기까지

····무신론이란 전체적으로 보아 원초적인 그 무엇이 아니라 오히려 여러 가지 원인에서 생겨나는 것이며, 그 원인들 가운데에는 종교에 대한 비판적 반동, 어떤 지역에서는 특히 그리스도교에 대한 반발이 보태지기 때문이다. 그러므로 신앙인들이 신앙 교육을 소홀히 하거나 교리를 잘못 제시하거나 종교, 윤리, 사회생활에서 결점을 드러내어 하느님과 종교의 참모습을 보여 주는 것이 아니라 오히려 가려 버린다면, 신앙인들은 이 무신론의 발생에 적지 않은 역할을 할 수도 있다('무신론의 형태와 근원', 「사목 헌장」 19항).

····그러나 교회는 무신론자들의 마음속에서 신 부정의 숨은 이유를 찾아내려고 노력하며, 무신론이 일으키는 문제들의 중요성을 깨닫고 모든 사람에 대한 사랑에 이끌려 문제들을 진지하게 또 깊이 검토하여야 한다고 생각한다('무신론에 대한 교회의 태도', 위 헌장 21항).

…사회, 정치, 종교 문제에서 우리와 달리 생각하고 달리 행동하는 사람들까지도 우리는 존경하고 사랑하여야 한다. 우리가 참으로 친절과 사랑으로 그들의 사고방식을 더 깊이 이해할수록 그들과 더욱 쉽게 대화를 할 수 있다('반대자에 대한 존경과 사랑', 위 헌장 28항).

종교의 자유를 보장한다는
소련 군정, 북한의 지도자들

그리스도인들의 견해로 보자면 남쪽엔 '하느님의 대리자'가, 북쪽에는 '악마'가 정권 담당자로 등장한 것이나 다름없었다. 그러니 특히 북한 지역 기독교 세력은 놀라움과 우려 속에 있었다. 더욱이 북한 당국이 노동자·농민의 이해관계를 대변한다 했으므로, 민중의 열망과는 거리를 둔 채 친일 속에서 기득권을 누려 온 자들의 심경은 더 심각했을 것이다.

해방 당시 북한 지역에는 5만여 명의 천주교인과 20만 명의 개신교인들, 50만 명의 불교도들, 150만 명에 이르는 천도교인들이 있었다. 천주교와 불교는 남한 지역에 주된 기반을 두고 있었고 개신교와 천도교는 북한 지역에서 크게 뿌리를 내리고 있었다. 이들 가운데 해방 정국에 가장 빠르게 대응한 종교는 개신교이다. 해방 직후 결성된 초기의 자발적인 조직은 이들에 의해 주도되었는데, 조만식을 중심으로 한 기독교 민족주의자들이 8월 17일에 '평남 건국 준비 위원회'로 결집되었다. 또 '황해도 건국 준비 위원회', '평북 자치 위원회' 등이 다 개신교 지도자들에 의해 조직되었다. 북한에 진주한 소련군에게 스탈린은 9월 20일 다음과 같이 북한 통치에 대한 훈령을 내렸다.

> 적군赤軍 군대에 의한 북한의 점령과 관련하여 최고 총사령관 사령부는 다음과 같은 점을 지침으로 삼도록 명령한다.
> …
> 3. 적군이 점령한 조선 지역에서 반일적 주민 단체와 주민 정당의 결성을 방해하지 않으며 그 활동을 원조할 것.
> 4. 현지 주민에게 아래의 사실을 설명할 것.
> 1) 적군은 일본 정복자를 분쇄하기 위하여 북한에 들어온 것이며, 조선에 소비에트식 체제를 도입하려 하거나, 또는 조선의 영토를 획득하려고 하는 목적을 추구하지도 않는다.
> 2) 북한 주민의 사유 재산과 공유 재산은 소련 당국의 보호하에 있다.
> 5. 현지 주민에게 평화적 노동을 계속하고, 공업과 상공 기업 그리고 그의 사업들의 정상적인 작업을 확보하고 소련군 당국의 요구와 명령을 이행하며, 공공질서의 유지에 관하여 군 당국을 돕도록 호소할 것.
> 6. 북한에 있는 군대에게 규율을 엄격히 지키고, 주민들에게 피해를 주지 않으며, 예의바르게 행동하도록 지시할 것. 종교 의식과 예배를 방해하지 말고, 성당 기타 종교 시설에 손을 대지 말 것.[125]

소련이 종교에 대해 밝힌 첫 공식 훈령은 종교의 자유를 명백히 보장하겠다고 명시하였다. 소련 측은 이 견해를 공식적으로 반복해 표명하

---

[125] 와다 하루키, '소련의 대북한 정책 1945-1946', 「분단전후의 현대사」, 262쪽

였다. 1945년 10월 12일의 '북조선 주둔 소군 25군 사령관 치스차코프'의 성명서는 "성결聖潔들과 기타 교회들에서 예배하는 것을 금치 말 것"이라 하였다.

1946년 2월 8일과 9일에 열린 '북조선 각 정당 사회단체, 각 행정국 및 각 도·시·군 인민 위원회 확대 협의회'의 결정으로 '북조선 임시 인민 위원회'가 수립되었다. "행정적 중앙 주권 기관이 없으므로 말미암아 각 국과 지방 인민 위원회가 사업을 지도하기와 북조선 지방에서 경제 정치 및 문화적 생활을 지도하기에 곤란"한 때문에, 조선에 통일 정부가 세워질 때까지 각국을 총괄하며 활동적으로 지도할 기관으로 임시 인민 위원회가 필요하다 해서 조직된 것이었다. 여기에 서기장으로 강양욱 목사와 홍기황, 홍기주 등의 개신교인, 천도교인 방우용 등의 종교인들도 참여하였다.

이 임시 인민 위원회가 발표한 정강에서 종교 부분을 짚어 보면, 3조에서는 "전체 인민에게 언론, 출판, 집회 및 신앙의 자유를 보장할 것"이라 했고, 5조에서는 "전체 공민들에게 성별·신앙 및 재산의 유무를 불문하고 정치·경제생활에서 동등한 권리를 보장할 것"이라 하였다.[126] 소련이나 북한 지도부의 이런 태도는 이 시기에는 일관되게 표현되었다. 또 1946년 8월 29일에 발표된 '조선 노동당 강령'에서도 이 점은 명시되었다. 강령의 7조는 재산의 다소·지식의 유무·신앙 및 성별의 여하를 불구하고 20세에 달한 조선 인민들에게 동등한 선거권과 피선거권을 부여할 것을, 8조에서는 전 조선 인민에게 언론·출판·집회·연설

---

[126] 「원자료로 본 북한 : 1945-1988」, 〈신동아〉, 1989 1월 호 별책, 46쪽.

대회·시위운동·당 조직·동맹 조직 및 신앙의 자유를 보장한다고 하였다. 1948년 9월 9일 공포된 '조선 민주주의 인민 공화국 헌법'도 종교의 자유를 보장했다.

> 제11조 조선 민주주의 인민 공화국의 일체 공민은 성별·민족별·신앙·기술·재산·지식 정도의 여하를 불문하고 국가·정치·경제·사회·문화생활의 모든 부문에 있어서 동등한 권리를 가진다.
> 제12조 만 20세 이상의 일체 공민은 성별·민족별·성분·신앙·거주 기간·재산·지식 정도의 여하를 불문하고 선거권이 있으며 어떤 주권 기관에든지 피선될 수 있다….
> 제14조 공민은 신앙 및 종교 의식 거행의 자유를 가진다.[127]

적어도 위의 시기 북한에서는 소군정과 북한 지도부가 천명했던 바, 종교의 자유가 보장되어 있었다.[128] 그러나 우리는 지금껏 한 치의 의심도 않은 채 이렇게 말해 왔다. "8·15 민족 해방 후 남한에서는 신교信敎의 자유를 얻어 천주교회가 날로 눈부신 발전을 보이게 되었으나, 한편 북한에서는 공산 괴뢰 집단에 의하여 천주교회가 날로 심한 박해를 받게 되었으며, 이것은 또한 6·25 전란으로 말미암아 한때 대한민국 남한에까지 미치게 되었다."[129]고. 또 '제한-탄압-말살'의 3단계에

---

127 「원자료로 본 북한」, 59쪽.
128 강인철, '월남 개신교·천주교인의 뿌리 : 해방 후 북한에서의 혁명과 기독교', 〈역사비평〉, 1992년 여름 호, 112쪽.
129 「한국 가톨릭 어제와 오늘」, 273쪽.

따라,[130] "8·15 이후 오늘날까지 꾸준한 종교 말살 정책을 세웠으며 그 중에서도 천주교에 대해서는 처음부터 철저한 강제 수단을 적용"[131]했다고 규정내리고 있다. 그런 탓에 북한 교회를 '침묵의 교회'라고 불러왔다.

이 좁혀지지 않는 거리감, 대체 그것은 어떻게 생겨난 것일까? 어떻게 화해할 수 있는 것일까? 종교의 자유를 명시했음에도 불구, 특히 북한 천주교회는 왜 그처럼 오랜 세월 드러나지 않았던 것일까? 그것은 명백히 종교 탄압, 박해 때문이 아닌가?

북한의 사회 개혁과 교회

북한 지도부는 사회 경제 개혁을 신속하게 전개했다. 그들이 당장에 이루어야 할 가장 구체적이고 중요했던 사안은 '친일파 청산과 토지 개혁'이었다. 친일파는 크게 셋으로 분류되었다. 첫째, 일제 총독부 관리, 경찰 등의 반동 관료배, 둘째, 지식인이나 서민들 중 친일 협력자, 셋째, 친일 지주 등이었다. 이 가운데 첫째와 둘째에 해당하는 사람들은 소련군의 진주와 더불어 소련군에 의해, 그리고 각 지방 인민 위원회에 의해 북조선 임시 인민 위원회가 수립되

---

[130] 변진홍, '북한의 종교 탄압 배경과 과정', 한국 천주교 창설 200주년 기념 「한국 교회사 논문집」 2, 한국 교회사 연구소, 1985, 820-822쪽.
[131] 최석우, 「한국 천주교회의 역사」, 한국 교회사 연구소, 1982, 377쪽.

기 이전까지 공직에서 추방되었다. 또 친일파 청산을 두려워한 나머지 제 스스로 월남해 버린 경우도 숱했다.

해방 전에는 북한 인구의 6.8%에 해당하는 지주들이 전체 토지의 58.8% 이상을 소유하였다. 주민의 80% 이상을 차지하고 있던 농민은 전혀 토지가 없거나 극히 적은 토지를 가지고 있었기 때문에 제 땅을 부치고 싶어 하는 농민의 큰 열망을 채우는 것이 곧 사회 개혁의 시금석이었을 뿐더러 당장 절박한 문제였다. 1946년 3월 5일 '무상 몰수 무상 분배'를 원칙으로 한 '북조선 토지 개혁에 대한 법령'이 공포되었다. 친일파와 민족 반역자의 토지 몰수, 5정보 이상 소유했거나, 자경自耕치 않고 전부 소작 주는 소유자의 토지 등등이 몰수된다고 선언되었다. 종교 세력이 촉각을 세운 것은 제3조의 '5정보 이상으로 소유한 성당, 승원, 기타 종교 단체의 소유지'라는 대목이었다.[132] 지도자인 김일성은 "반동적인 장로, 목사로서 토지를 소유하지 않은 자가 거의 없고, 놀고먹는 사람이 많기 때문에 저들은 우리에 대해서 불만을 가지고 있다."[133]는 말을 했기도 하다.

법령이 발표되고 20여 일 동안 토지 개혁이 전격적으로 실시되었다. 이처럼 전격적으로 실시한 것은 지주가 토지를 방매하거나 반항하려는 시도 등을 통해 자기 권리의 유지 수단을 강구하려는 시간적 여유를 주지 않고 효과적으로 개혁을 완수하려는 의도였다. 토지 개혁은 사회적 지지를 받으며 순조롭게 진행되었다. 토지 개혁이 용이할 수 있었던 것

---

132 「원자료로 본 북한」, 35쪽.
133 「북한 현대사」 1, 공동체, 1989, 522쪽.

은 한편, 일찌감치 친일파나 지주 등이 남하한 때문에 이들 저항 세력이 축소되어 있었던 탓이기도 했다.[134]

전쟁 전에 이루어진 월남자 층은 주로 지배 계급에 속했던 자들이었다. 남하 동기는 친일 경력을 지녔거나 토지 개혁의 대상이 되어 이들을 피해 내려온, '정치·사상적 요인'이 대부분을 차지했다.[135] 그들이 이제 남한의 반공 운동을 주도해 갔다. 그들은 북한을 '대감옥'이라며 격렬히 비난하였다. 그들은 북한이 실시한 '친일파와 민족 반역자 숙청 공작의 진상'을 왜곡하여, "공산주의에 공명共鳴치 않고 공당共黨의 명령에 순종치 아니한다 하여 민족 반역자란 누명하에서 압박을 가한 것"이라 했다. 그래서 "너무나 자유 없는 현실을 보아서 공산당의 수욕隆辱을 감수하는 영광을 독점키에 연연치 아니하고" 월남한 것이라 주장하며 '복수'를 다짐했다.[136]

북한의 사회 개혁에 대한 평가는 극을 달렸다. 북한이 '지옥'이요 '대감옥'이라 하는 이들이 있는가 하면, 성공적인 사회 개혁의 완수로 '인민의 낙원'이 되었다는 주장도 있었다. 예컨대, 1947년 여름 북한을 직접 방문한 한 서방 기자의 보고도 그랬고, 1948년 남북 협상차 북한에 들어간 남한 정당인의 평가도 그랬다.

---

134 김주환, '서북5도 당대회의 대미 인식과 조선 공산당 북조선분국의 조직적 위상', 「해방 전후사의 인식」 5, 한길사, 1989, 296쪽.
135 조형·박명선, '북한 출신 월남인의 정착과정을 통해서 본 남북한 사회 구조의 비교', 「분단시대와 한국 사회」, 까치, 1985, 151-153쪽.
136 김기석, 「북조선의 현상과 장래」, 朝鮮政經硏究社, 1947. 「한국 현대사 자료 총서」 11, 620쪽.

실제로 나는 '한국 인민의 힘'에 대한 거의 신비할 만큼의 신념을 볼 수 있었다. 한 농부는 지주들이 토지 몰수를 저항 없이 받아들인 것은 붉은 군대 때문이 아니라 '정당한 법과 조선 인민의 의지' 때문이라고 말했다. 한 공장 노동자는 '친일 반역자들이 남쪽으로 달아난 것'은 러시아인들 때문이 아니라 '인민의 분노에 대한 두려움' 때문이라고 했다. … 북한 사람들의 소박하고 비현실적이기조차 한 자신감은, 나의 판단으로는 계급 투쟁 과정 없이 농부들은 토지를, 노동자들은 직장을, 일반인들은 일본인 소유였던 공장, 주택, 여름 별장 들을 차지할 수 있었던 것에 기인하는 것 같았다.[137]

입북하야 가장 감격하게 느끼는 것은 북조선에는 이미 우리 조국의 민주주의 독립의 토대가 튼튼히 세워지고 있다는 것이다. 북조선에서는 정치 경제 모든 점이 광범한 인민의 기초 위에 가장 자유로운 발전 향상을 보이고 있다는 것을 공장 기업소 학원들을 시찰함으로써 똑똑히 보았다. 이것은 남조선의 형편과 아주 다른 것을 말하는 것이다. 북조선 민주 발전에 대한 남조선의 악선전은 이번에 전연 거짓이었다는 것을 잘 알았다. 민간 기업도 자유롭게 잘 운영되고 있다. 특히 농업 같은 것은 일제 시대 이상의 발전을 보고 있다. 북조선의 위대한 민주 역량과 모든 개혁의 성과는 곧 민주주의 조선의 완전 독립과 경제의 기초가 되는 것이요, 우리 남조선 대표들의 투쟁에 대한 자신을 주게 하였다. 앞으로 결사의 결의 밑에서 남조선 단독 정부를 반대하여 끝까지 싸울 생각이다.[138]

---

[137] 안나 루이스 스트롱, '기행 : 북한, 1947년 여름', 「해방 전후사의 인식」 5, 한길사, 1989, 504-505쪽.

해방 공간의 북한 지역 천주교의 경우, 교회 전체가 사회 개혁의 대상이 될 가능성이 많았다. 특히 연길이나 함흥교구, 덕원면속구는 그 구체적인 범주 안에 들어갈 수밖에 없었다. 일제와 방공 협정을 맺은 같은 파시즘 국가인 독일 출신 수도회란 이유로, 그곳 사제와 수도자들은 일제 말엽까지 외국인 선교사들 가운데 유일하게 자유로이 활동할 수 있었다. 그러나 이제 그들은 일단 따가운 눈총과 불신거리가 되었다.

황해도 해주 성당의 김철규 신부는 1945년 9월 '해주시 건국 준비 위원회'가 개최한 '소련군 환영 대회'에 종교계 대표로 참석했다. 그는 8·15 해방에 대해 다른 이들이 다 붉은 군대에 대한 칭송만을 한 데 반해, "소련을 포함한 연합군의 승리"라며 축사를 했다. 이때부터 그는 '공산주의자'가 된 양 서울에 알려졌다.[139] 이듬해인 1946년 9월 26일 김대건 신부의 순교 100주년을 기념하는 행사 마당에는 해주시 인민 위원회 위원장의 축사가 있기도 했는데, 이는 특기할 만한 일이었다. 또 김철규 신부는 11월의 인민 위원 선거 군중 계몽 대회에 연사로 초대받기도 했다. 그해 12월 25일 성탄절 저녁에 해주 성당 성가대는 생방송으로 중계된 해주 방송국의 크리스마스 특집 프로그램에 출연, 크리스마스 캐럴과 성가를 불러 호평을 받았다. 그때 성가대 일원으로 출연해 독창을 했던 김원식 마티아는 이렇게 회고했다.

---

138 '신진당'의 김충규가 1948년 4월 27일 기자 회견에서 밝힌 소감, 「진통의 기록 – 전 조선 사회 정당 단체 연석회의 문헌집」, 평화도서주식회사, 1948. 「한국 현대사 자료 총서」 13, 돌베개, 1986, 269쪽.
139 김철규, '해방 전후의 한국 천주교회', 〈교회와 역사〉, 제81호, 4쪽.

"그때 우리들은 성당 풍금을 걸머지고 방송국에 가서 성가를 부르고 밤중에 다시 풍금을 걸머지고 성당으로 돌아왔는데 김철규 신부님이 이미 방송을 듣고 대단히 만족해하였습니다. 이튿날엔 해주 동중東中 음악선생이 찾아와 방송을 들었다면서 천주교 성가대의 실력이 그렇게 높은 줄 몰랐다며 칭찬을 하더군요. 해주 방송국에 성가대가 출연한 것은 우리가 아마 처음이었던 것 같습니다."[140]

덕원 수도원은 토지 개혁의 대상이 되었다. 덕원 수도원은 1926년 7월 산 하나를 허물기 시작할 때부터 중세 독일의 수도원·도시와 같은 것을 추구해, 일군一群의 장엄한 건물로 구성된 수도원이었다. 신학교는 수도원에서 200미터 떨어진 곳에 있었고, 농장과 병원이며 인쇄소, 목공소, 출판사, 양로원, 철공소와 생활필수품을 공급하는 작업장들도 있었다. 그래서 수도원에서 생산되는 것만으로도 신부, 수사, 신학생, 잡역부들을 포함 100여 명이 자급자족하며 살아갈 수 있게끔 된, 동양 제일의 설비와 시설을 자랑하고 있었다. 수도원은 임야가 100헥타르, 밭이 15헥타르, 논이 7헥타르였다. 또 신학교도 4헥타르의 논과 3헥타르의 밭을 소유했으니, 수도원 전체는 마치 중세의 대장원과도 같았다. 뿐만 아니라 인근 8내지 10개 마을에 40×11헥타르의 논밭 소작을 주는 지주이기도 했다. 그래서 "그 자체로 보아 대단치 않은 덕원의 소유지는 그러나 주민들의 가난함에 비추어 그들의 감정을 크게 상하게" 할 수 있었다. 이런 점을 고려하여 비슷한 사정의 연길교구 브레헤르 백 주교는

[140] 황해도 천주교회사 간행 사업회, 「황해도 천주교회사」, 한국 교회사 연구소, 1984, 347-348쪽.

공산주의 사조가 크게 유행한 1920년대 말엽부터 원칙적으로 일체의 농업을 포기했다.[141]

연길교구는 북한 당국의 행정 범위에 속해 있지 않았고, 덕원 수도원은 토지 개혁을 통해 정원과 건물 대지 5헥타르를 제외하고 모두 몰수되었다. "불로 지주 소유 토지가 압도적 비중을 차지"하고 있던 탓에 "5정보 이상을 소유한 지주의 토지는 모두 몰수하는 동시에 토지 면적이 많고 적은 것을 불문하고 전부 소작을 주었거나 계속 소작 준 지주의 소유 토지를 전부 몰수함으로써 일체 불로 지주를 청산하는" 당국의 방침이 적용된 것이다. 이 기준 때문에 지주의 위치에 있던 많은 종교 기관이 타격을 입었을 것임은 자명하다. 종교 기관으로부터 몰수된 토지는 전체 몰수 토지 면적의 1만 5천 195정보로 1.5% 정도였다.[142]

평양교구는 추방된 메리놀회 신부들의 공백을 메우기 위해 홍용호 주교가 1943년에 착좌했기 때문에 친일 행위에 대한 책임이 덜했다. 해방과 더불어 평양교구는 일제에게 징발당했던 관후리 주교좌성당을 되찾는 문제를 서둘렀다. 시 인민 위원회와의 6개월여에 걸친 줄다리기 끝에 1946년 3월 29일 평양시 인민 위원회 위원장 한면수와 재단법인 평양교구 천주교회 유지재단 홍용호 주교 사이에 매매 계약서가 조인되었고, 4월 1일에는 소유권에 필요한 등기가 완료되었다. 관후리 터를 돌려받자 평양교구는 대성당 건립 운동을 대대적으로 전개했다. 성당 터 확보

---

141 프루멘시우스 렌너, '원산교구사(4)', 〈교회와 역사〉, 제56호, 2쪽; 「함경도 천주교회사 자료집」 제3집, 한국 교회사 연구소, 1989, 95쪽.
142 강정구, '남북한 농지 개혁의 비교', 「좌절된 사회 혁명」, 열음사, 1988, 308쪽.

와 성전 건립에 230여 만 원의 거액이 조달되었다. 소군정은 이 사업들에 내내 우호적이고 협력하는 자세를 보였다.

1946년경까지는 교회는 소군정이나 북한 당국과 별다른 마찰 없이 지냈다. 필요한 부분에 대해서는 협상하고 협력하는 관계를 유지했다. 반공을 위해 혹은 새 사회 건설을 위해 정치 영역에 적극적으로 뛰어들었던 개신교, 소련과 중국 공산당의 주둔으로 종전 직후부터 재산 몰수와 성직자 투옥이라는 수난을 받았던 연길교구와는 달리, 북한 천주교회는 그 어느 쪽에도 속하지 않은 채 '조용히' 보내고 있었던 것이다. 남한 교회도 그런 북한 상황을 전해 들으며 신자들을 안심시키고 있었다.

월전 서울에서 발간되는 어느 신문에 소련군이 북선 천주교회를 폐쇄하였다는 소식이 로마에서 방송된 것을 미국 어느 신문이 게재하였다고 보도하여 일부 교우들을 불안케 한 모양이나 이는 신빙할 만한 소식이 되지 못하나니 북선에서 되는 일이면 로마에서보다 우리가 먼저 알게 될 것이오, 또 지금 소련군이나 북선 인민 위원회라도 종교를 압박하여 자기 원수를 필요 없이 더 만들 게재가 아닌 연고이다. 북선 모든 교회 토지가 몰수된 것은 사실이나 각지 교회는 별반 이상 없이 평온히 지낸다는 소식이 얼마 전 본사에 들어왔다.[143]

---

143 〈경향잡지〉, 1946년 9월 호, 30쪽.

그들이 하느님을 부정하는 '숨은' 이유

민주주의 인민 공화국을 건설하기 위하여서는 노동 계급과 농민뿐만 아니라 민족 자본가도 포함한 모든 애국적 민주 역량이 참가하는 통일 전선을 결성하여야 합니다. 말로만이 아니라 실지로 인민 공화국 창건을 위하여 투쟁하는 과정에서만 군중을 우리 편에 쟁취할 수 있습니다.

지식층, 종교인, 자본가들도 비조직적이나마 지금 움직이고 있다는 사실을 알아야 합니다. 우리의 조직과 역량이 강화되면 될수록 그들도 분단된 상태에서 점차 조직화되는 방향으로 나아갈 것입니다. 이와 같은 사실로 미루어 볼 때 우리는 현 단계에서 민족주의자들의 세력을 무시할 수 없으며 그들을 무원칙하게 배격하여 민족 통일 전선의 결성에 지장을 주어서는 안 됩니다.[144]

이것은 1945년 10월 10일부터 13일까지 열린 '조선 공산당 서북 5도 책임자 및 열성자 대회'에서 참석자들에게 행해진 '새 조선 건설과 민족 통일 전선에 대하여'라는 김일성의 연설 가운데 일부이다. 북한 지도자들이 종교인들과 통일 전선을 세웠던 경험은 해방 직후 종교를 일시 이용하고자 하는 필요성에서 나온 것이 아닌, 오랜 항일 무장 투쟁 과정에서부터 그들이 쌓아온 신념이고 실천이었다. 특히 북한 지도자들이 1백만이 넘는 신자 수를 가졌던 천도교와 연대하여 항일 투쟁을 벌인 일은

---

[144] 「통일 전선 사업에 대하여」, 한, 1990, 93쪽.

널리 알려졌다. 그런 경험이 해방 공간으로도 이어져, "힘 있는 자는 힘으로, 지식 있는 자는 지식으로, 돈을 가진 자는 돈으로 건국 사업에 적극 이바지하여야 하며, 참으로 나라를 사랑하고 민족을 사랑하고 민주를 사랑하는 전 민족이 굳게 단결하여 민주주의 자주독립 국가를 건설하자." 호소했던 것이다.

1946년 초에 이르면 북한 지도자들이 종교에 대해 보여 주는 기본 틀이 뚜렷이 드러난다. 첫째, 그들은 진보적인 종교 집단과 지속적으로 손을 잡으려는 노력을 하고 있었다. 해방 초기 그들이 수립한 인민 권력 자체가 기독교 민족주의자들과의 합작에 의한 것이었고, 종교인들이 인민 권력의 상당 부분을 차지했다는 점에서 이를 확인할 수 있다. 둘째, 국가 권력이 직접 종교 영역에 개입하기보다 겉으로 드러난 위법 사실에 대해서만 처벌하고, 부정적 요소들은 종교계 자체 노력으로 청산되도록 진보적 종교 세력을 후원하는 정도에 머물고 있었던 듯하다. 셋째로는 일반 민주주의 제 권리의 보장이란 차원에서 종교의 자유를 보장하되, 새 사회 건설의 기본 질서를 침해할 정도로 특권화가 되어서는 안 된다는 점이 강조되었다.[145]

1946년 들어 모스크바 삼상 회의에 대한 반대·지지 문제로 북한 역시 들끓었다. 북한 당국자들은 자신들의 정치 노선에 대한 지지 협력을 요구키 위해 홍 주교를 초청했다. 교회는 다른 성직자를 참석시키려 했으나 본인이 아니라는 이유로 거부당했다. 이 무렵부터 교회와 북한 당국과는 보이지 않는 거리감이 생기기 시작했다. 이런 태도는 교회가 무언

---

[145] 강인철, '현대 북한 종교사의 재인식', 앞의 책, 150-152쪽.

의 행동으로나마 자기 의사를 구체적으로 드러내기 시작한 일이기도 했다. 교회는 '북조선 민주주의 민족 통일 전선위원회'(민전)에 불참하였다. 이 조직은 모스크바 삼상 회의 결정에 근거한 '민주주의 임시 정부' 수립을 위해, 북한의 17개 단체가 모여 1946년 7월 22일에 만든 것이다. 북한 천주교회는 몸은 비록 남한 교회와는 체제가 다른 곳에 두고 있었으나 같은 입장을 취하고 있었다.

종교의 자유 범위를 둘러싼 갈등은 1946년 11월 3일에 있었던 소위 '주일 선거' 문제를 계기로 표출되었다. 도·시·군 인민 위원들을 선출하는 선거일이 일요일이었던 것이다. 사회주의 권력에 반발하고 있던 장로교의 '이북 5도 연합노회' 측은 10월 20일 자 결의문을 통해 주일에는 예배 이외의 어떤 행사에도 참가하지 않겠다고 선언했다. 예배당은 예배 이외에는 어떤 경우에도 이를 사용함을 금지한다며 일요일에 선거를 치르는 것과, 예배당을 정치 집회 장소로 활용하는 것이 종교의 자유를 침해하는 것이라고 주장했다.

일요일 선거를 '종교 탄압 술수'라 여겼던 이들 세력은 교인들에게 암암리에 선거 불참을 종용했다. 선거에 반대하는 사람들은 특히 평안남·북도 교인들 중에 많았는데, 선거 당일 그들은 '순교를 각오하고 종일 교회 밖에 나오지 않기'도 했다. 반대로 민중의 지도자가 될 것과 따라서 선거에 솔선 참가할 것임을 결의한 목회자들도 있었다. 그들은 당면한 정치적 과업에 적극 참여하는 것이 종교 활동의 중요한 임무이며 주일 선거는 종교의 자유와 모순되지 않는다는 주장을 펼쳤다.[146] 선거 참여를 주장한 성직자들은 주일이자 선거일이었던 그날 '종교 의식을 거행하고 사람들을 이끌고 투표장으로' 갔다.[147] 인민 위원 선거 결과, 당선자 3

천 459명 가운데 2.7%에 해당하는 94명의 종교인도 포함되었는데 이는 적지 않은 숫자였다.

천주교가 주일 선거에 대해 어떻게 대응했는지 드러난 것은 별로 없다. 다만 김철규 신부가 선거 계몽 대회에 초대되어 '서구식 민주주의 방식의 완전 자유의사에 의한 선거'를 주장했다는 기록만 보인다.[148] 북조선 임시 인민 위원회 서기장 강양욱 목사로부터 '연합노회'의 선거 불참 결의를 전해 받은 김일성은 이것이 "신앙의 자유를 악용하여… 북반부에서의 민주 선거를 파탄시키려는 미제와 남조선 반역 도배들의 책동"이라고 규정했다. 그리고 "조선 인민은 외국 선교사들을 존경하는 그릇된 사상을 없애야 한다. 이제부터는 종교도 국가와 인민의 이익에 복종되어야 하며, 우리 민족의 이익을 위하는 종교로 되어야 한다. 그러한 종교만이 조선 사람이 믿을 수 있는 종교가 될 수 있다."면서, "하느님을 믿어도 남의 나라 하느님이 아니라, 조선의 하느님을 믿어야 하며 숭미 사상을 퍼뜨리는 신자가 될 것이 아니라, 조국의 자주독립을 위하여 투쟁하는 애국적 종교인이 되라."고 했다.[149]

김일성은 선거 이틀 전인 11월 1일 평양시 민주 선거 경축 대회에서 행한 "역사적인 민주 선거를 앞두고"라는 연설에서 공개적으로 이 문제

---

146 김흥수, '해방 직후 북한 교회의 정치적 성격', 「해방 후 북한 교회사 – 연구·증언 자료」, 다산글방, 1992, 62쪽.

147 안나 루이스 스트롱, 앞의 글, 513쪽. 이 와중에 선거를 반대하는 일부 보수 세력이 강양욱 목사의 집에 수류탄을 투척, 강 목사의 아들과 딸이 죽고 그와 그의 부인이 부상을 당하는 사건도 벌어졌다.

148 「황해도 천주교회사」, 348쪽.

149 '애국 애족의 위대한 품, 강양욱 선생이 받아 안은 고귀한 온정 이야기', 평양신문, 1987. 6. 27. 홍만춘, '북한 정권 초기의 기독교와 강양욱', 〈북한〉, 1990년 2월 호, 84-85쪽에서 재인용.

를 거론했다. 그는 첫 민주 선거의 역사적 의의를 밝히며 선거 참여를 호소했고, 일부 '반동'들과 기독교인들의 선거 반대 움직임을 신랄히 비난했다.

인민 위원으로 선거된다는 것은 인민의 신임을 받고 인민을 위하여 복무하게 된다는 것을 의미합니다. 교인들과 승려들과 목사들이 자기 조국과 인민을 위하여 사업하는 것을 금지하는 그러한 종교란 있을 수 없습니다. 어떠한 종교의 교인이나 목사나 승려를 물론하고 그들이 진정한 애국자라면 자기 인민을 위하여 사업할 수 있을 뿐만 아니라 응당 사업하여야 할 것이라고 생각합니다. 그렇기 때문에 선량하고 애국적인 종교인이라면 누구나 인민 위원으로 선거될 수도 있고, 인민 위원을 선거할 수도 있으며, 인민 위원회의 사업에 열성적으로 참가할 수 있으며, 또 반드시 그렇게 하여야 할 것입니다.

북조선에서는 신앙의 자유가 보장되어 있으며 어떠한 종교도 탄압하거나 제한하지 않습니다. 북조선에 있는 모든 종교인들은 공민으로서의 완전한 자유와 권리를 누리고 있으며 이번 인민 위원회 위원 선거에서도 동등한 권리를 가지고 참가합니다. 그리하여 많은 목사, 승려들이 인민 위원회 위원 후보로 추천되었으며 대부분의 교인들이 선거 사업에 열성적으로 참가하고 있습니다.

만일 종교 활동가 중의 어떤 분자들이 종교의 전통과 교리를 구실 삼아 이번 선거에 교인들이나 승려, 목사들이 참가하는 것을 반대하려고 한다면 그것은 외국에 매수되어 간첩으로 된 자들이 종교를 파괴 활동에 이용하려는 것임에 틀림없습니다. 이자들은 선거 때에 파괴 공작을 하기 위하여 교인들의 선량한 감정을 농락하며 그들을 속이려고 하는 것입니다. 예를 들면 신교의 어떤 목사들이 이렇게 행동하고 있는데 이들은 조선을 다시금 식민지화하려는 적의 앞잡이들입니다. '교인의 벗'이라는 탈을 쓰고 있으나 실지에 있어서는 교인들의 적이며 전체 조선 인민의 적인 이러한 매국적 목사들을 교인들 자신이 폭로 배척하리라는 것을 우리는 의심하지 않습니다.[150]

북한에서 종교란 어떤 모습이어야 하는가, 종교의 자유란 무엇인가에 대해 분명하게 선을 그은 최고 지도자의 연설이었다. '주일 선거' 참여가 정당하고 애국적인 종교 활동이라 했던 이들은 선거가 끝난 뒤 강양욱을 중심으로 '북조선 기독교도 연맹'을 조직했다. 1946년 11월 28일에 창립된 이 단체는 '건국 사업에 일치 협력할 것'을 내용으로 한 강령을 선언했다.

1) 기독교의 박애적 원칙에 기하여 인민의 애국열을 환기하며 조선의 완전 독립을 위하여 건국 사업에 일치협력 할 것.
2) 민주 조선 건국에 해독인 죄악과 항쟁하고 도의 건설을 위하여 분투할 것.
3) 언론·출판·집회·결사 및 신교의 자유를 보장하기 위하여 진력할 것.
4) 기독교의 발전을 위하여 매진할 것.

---

150 김흥수, 앞의 글, 60-61쪽에서 재인용.

북한의 기독교계는 모두 이 연맹에 가입할 것을 요청받았다.[151] 특히 개신교는 이 연맹의 결성을 계기로 친정부적 교회와 반정부적 교회로 양분되어 갔다. 강한 반공·반정부 성향을 가졌던 교역자들은 기독교도 연맹을 공산주의자들의 앞잡이 또는 마귀 집단으로 여기고 거부했다. 뿐만 아니라 그들 중에는 당시 북한 주민들에게 발급되고 있던 공민증을 '적 그리스도 짐승의 표'라 해서 발급을 거부하는 사람들까지 있었다.

천주교는 이 연맹에 가입하지 않았다. 그러자 강양욱은 홍 주교를 여러 번 찾아왔다. 강양욱이 천주교의 가입을 요청했으나 홍 주교는 한마디로 거절했다. 뿐만 아니라 평양교구 모든 신자에게 기독교도 연맹 가입을 금지시켰다. 그리고 무신론자에게 일시적으로나 외면적으로라도 협력하는 것은 교리에 어긋나는 것이요, 신앙을 배반하는 것임도 주지시켰다.[152] 홍 주교의 이 같은 태도는 종래의 소극적 대응에서 벗어나 반공과 반혁명적 태도를 공개적으로 분명히 한 것이기도 했다. 기독교도 연맹이 추진되던 1946년 10월경에는, 김철규 신부에게 연맹 중앙 위원 위촉장과 고려 호텔 숙박증, 기차 2등 승차권이 보내졌다. 평양에 초대된 김철규 신부는 강제로라도 평양에 가게 될지 모른다며 산골 공소로 피신했다가 연맹 결성이 끝난 뒤 해주로 돌아오기도 했다.

이처럼 북한 천주교회가 계속해서 당국의 시책에 소극적으로 일관하고 마침내 반정부 선언까지 했음에도 그를 빌미로 당국이 교회에게 불

---

[151] '북조선 기독교도 연맹'은 북한이 마치 종교의 자유가 보장되어 있는 나라임을 보여 주기 위한 전시용이며 어용 조직이라는 것이, 줄곧 반공 반북 태도를 가져온 이들이 지금까지 고수하고 있는 인식이다. 천주교회의 공식적인 견해도 이와 다르지 않다.

[152] 「평양교구사」, 194쪽.

이익을 가한 흔적은 없다. 1946년을 넘기면서도 여전히 성당 터 매입을 둘러싸고 평양교구와 시 인민 위원회와의 협상은 순조로웠던 것이다. 그럼에도 '종교 박해'를 이유로 월남한 이들은 있었다. 1945년부터 1946년 말까지 월남한 종교인들의 대부분은 그 동기로 볼 때, 일반적인 월남인 양상과 크게 다르지 않아 친일 경력이 있거나 자산가 층 천주교 신자들이 월남했음을 알 수 있다.[153] 천주교인들의 월남이 가장 많았던 시기는 1949년 이후이기 때문이다.

강양욱의 이야기에 의하면 기독교도 지주들이 많이 있다고 했다. 그는 이들이 남한으로 달아나 소련 점령 지역에서의 종교 박해에 관한 거짓말을 퍼뜨리고 있는 데에 분개했다. "그들이 걱정하는 것은 신앙이 아니라 토지입니다. 사실은 40년 만에 처음으로 종교의 자유가 보장되고 있습니다. 일본인들은 우리들의 교회들을 사무실이나 창고로 빼앗아 썼지만, 붉은 군대는 우리들에게 1945년 8월에 교회를 돌려주었습니다. 이제 교회는 늘어나는 신자들의 것입니다."라고 그는 말했다.

교회 재산에 대한 분쟁이 있을 때 붉은 군대는 신자들을 보호한다고 했다. 예를 들어 선거 기간 중에 강동군에서 열정적인 사람들이 후보자의 벽보를 가장 좋은 위치에 있는 건물인 교회에다 부착시키려고 하였다. 신자들이 이에 이의를 제기하자 비신자들은 신자들을 나라의 선거에 참여하기를 꺼리는 '반민주주의자'라고 비난했다. 마침내 양측은 지역 붉은 군대 사령관에게 자문을 구했다. 사령관은 신자들 편을 들었는데, 신자들

---

153 강인철, '월남 개신교·천주교인의 뿌리', 앞의 책, 137-138쪽.

만이 선거 벽보를 교회 벽에 붙이는 것이 그들의 종교에 대한 모독이 되는지를 판단할 수 있으며 만일 그렇다면 외부인들은 교회 벽에다 아무것도 붙일 권리를 가지지 못한다고 언명했다. 내가 그에게 목사들은 토지 개혁에 대해 어떤 입장을 취했는가를 묻자 그는 미소를 지었다.

"목사들 중 일부는 개인적으로 그것에 대해 좋지 않게 말했습니다. 왜냐하면 그들의 신자들 중에는 지주들이 있었으니까요. 그러나 아무도 토지 개혁에 대해 공개적으로 감히 반대하지는 못했습니다."

"정부가 두려웠나 보죠?"

그는 깜짝 놀랐다. "아, 그렇지 않아요. 그들은 신자들 중의 농부들이 두려웠던 거죠. 농부들은 목사들이 신앙의 가르침에 거역하고 있다고 말하곤 했죠. 성경에도 '가난한 이들에게 주라.' '일하지 않는 자 먹지도 말라.'고 하지 않습니까? 그러면 성경 말씀을 거역하는 일이 될 텐데요!"[154]

대결, '침묵의 교회'가 되기까지

북한 당국자들은 미국에 대한 공격을 드러내려 하지 않았다. 그러나 이런 태도는 1차 미소 공동 위원회를 겪으며 점차 변해 갔다. 미국은 이제 연합국이 아니며 한반도에 자기들의 야심을 실현하고자 제국주의적 책동을 노골화하고 있다고 판단한 것이다.

1947년 5월 평양에서 제2차 미소 공위가 재개되었다. 이때 평양에는

---

[154] 안나 루이스 스트롱, 앞의 글, 516-517쪽.

미소 공위 연락 장교로 미군 장교단이 파견돼 있었다. 이들 중 가톨릭 신자가 있어 가족과 함께 주일이면 성당에 와서 미사에 참례했고, 사제관과 수녀원을 가족과 함께 방문, 객지에서의 외로움을 달랬다 한다. 이로 인해 북한 당국과 소련군 사령부는 천주교회를 '남한과의 비밀 연락 근거지'로 의심하기 시작, 6월경부터 본격적인 조사에 착수했다.[155] 이 시기는 함흥·덕원교구의 사우에르 신(Sauer ¥) 주교가 생활난을 타개키 위해 남한의 천주교회에 도움을 요청하자 함경도 가톨릭의 총본영이 말살당하고 있다며, 남한 천주교회가 '가톨릭과 악마와의 전쟁'을 선포했던 시기이기도 하다. 또 7월에는 월남한 유지 신자들에 의해 '전재 교우회'가 만들어져 조직적인 활동을 시작했다. 이제 남북한 천주교회 모두 북한 당국과의 전면적 대결 상태에 들어간 것이다.

노동당 황해도 도당 위원회에서는 김철규 신부를 입당시키고자 애를 썼다. 그러나 갈등과 마찰 끝에 김 신부는 월남을 시도하다 체포돼, 해주 형무소에 수감되고 말았다. 수감 42일 만에 풀려난 김 신부는 다시 월남을 시도, 성공했는데 이때가 1947년 9월이었다. 김 신부가 서울에 도착하여 서대문 근처에 오니 첫눈에 띈 것은 미군들과 쩍쩍 껌을 씹고 있는 양공주 아가씨들이었다. 그는 당장 '이북에는 벌써 질서가 잡혀 있는데 이남은 아직 멀었구나.' 생각했다. 노 주교를 만났더니 "자네 공산주의 운동 한다더니 어떻게 왔나?" 하고 놀라면서 반가워했다 한다.[156]

남한에는 단독 정부가 수립되고 1948년 여름에는 평양교구장 홍용호

---

[155] 「평양교구사」, 197쪽.
[156] 김철규, 앞의 글, 같은 쪽.

주교에 대한 가택 수사가 행해졌다. 이후 신부들에 대한 감시가 더욱 강화되었다. 그런 가운데도 평양교구 신자들의 신앙열은 해방 전보다 높아져 매일 미사 참여자 수가 관내 본당마다 신자 수의 10% 이상씩 되었다 한다. 또 48년 한 해 동안 영세자 수는 1천 명에 달했다.[157]

북한 당국은 1947년부터 48년 말까지 종교와 교육의 분리를 추구, 종교 단체에서 운영하는 학교를 모두 몰수해 인민학교 등의 공교육 체계로 전환시켰다. 신학교에도 상당한 제한을 가해, 개신교의 경우 장로교와 감리교의 신학교를 통폐합하고 각각 600명씩 모두 1천 200명에 달했던 신학생 수를 120명 선으로 감소시켰다. 천주교의 경우 덕원의 신학교를 반국가 음모 사건과 연루시켜 폐쇄시켰다. 이로써 기독교계의 세력 기반은 축소될 수밖에 없었다.

1948년 9월 9일 조선 민주주의 인민 공화국 헌법이 공포되었고 헌법은 종교의 자유를 보장했다. 그러나 동시에 이는 '무신론의 자유'와 '반종교 선전의 자유'도 암묵적으로 포함한 것이기도 했다. 이 시기는 '종교를 장려하지도 박해하지도 않는다.'는 북한의 종교 정책이 확립된 시기이다. 또 정교분리가 명확히 확립된 시기이기도 하다. 그러나 정교분리나 종교의 자유란 게 종교에 대한 국가의 간섭을 완전히 배제하는 것을 뜻하진 않았다. 따라서 종교의 자유가 무제한적이라는 의미는 결코 아니었다. 김일성이 "공화국 헌법에는 신앙의 자유를 보장한다고 지적되어 있습니다. 예수를 믿는가 안 믿는가 하는 것은 개인의 사사로운 문제입니다." 하여 정교분리를 명백히 선언하기는 했으나, 반제 반봉건의 당면

---

[157] 「평양교구사」, 204-205쪽.

한 사회 개혁 과제를 거스르는 종교 행태란 있을 수 없었던 것이다.

그런 까닭에, 1947년 2월 이후에는 개신교와 천주교 성당에 대한 실태 조사와 정비 작업을 진행하여 신자가 일정한 수에 미달하면 교회를 폐쇄하여 다른 용도로 쓰기도 했다. 또 일정한 수 이상에 대해서는 배급에 제한을 가해, 제한 수에서 초과된 인원들은 노동 현장으로 나가지 않으면 안 되었다. '일하지 않는 자는 먹지도 말라.'는 원칙이 종교에도 적용된 것이다. 예컨대, 200여 명의 승려들이 있던 대사찰 석왕사釋王寺에서는 30명, 그밖에 작은 사찰은 그 규모에 따라 5명 이하로 축소되었다.[158] 그러나 이 시기에 체계적이고 조직적인 대규모의 반종교 선전이 행해진 징표는 발견되지 않는다.[159]

> 점령군의 압박을 곧 주민과 수도원이 느끼게 되었다. 그러나 근본적으로는 1949년까지 종교의 자유가 지속되고 있었다.[160]

위의 증언에서 볼 수 있듯이 천주교회에 대한 본격적인 '탄압', 종교의 자유가 명백히 깨진 것은 1949년 들어서였다. 북한 당국이 교회가 직·간접으로 반공 투쟁에 가담하고 있다는 심증을 굳힌 것이다. 이는 어느 정도 사실이었다. 1948년 10월 천주교인이 중심이 된 비밀 결사 조직 '통일단'統一團이 발각되었다. 1948년 3월부터 조직된 이 '통일단'의 목

---

158 사와 마사히코, '해방 이후 북한 지역의 기독교',「해방 후 북한 교회사」, 20쪽.
159 강인철, '현대 북한 종교사의 재인식', 앞의 책, 177-178쪽.
160 프루멘시우스 랜너, '원산교구사(7)', 앞의 책, 2쪽.

적은 남한의 서북 청년단[161]과 긴밀히 제휴하여 무기를 입수, 은율군 일대의 주요 공산당 기관을 무력으로 공격, 점령하는 것이었다. 그러나 이 계획은 청년들을 은밀히 규합하는 중에 단원의 배신으로 그 전모가 탄로되었다.

1948년 11월 말에는 덕원 수도원의 경리 담당 신부가 포도주 불법 생산과 탈세 명목으로 체포되었다. 1949년 들어서자 성직자들에 대한 체포는 정점을 이뤘다. 게다가 남한의 주교단은 1949년 5월 "…이제는 민주주의적 총선거에 의하여 정부도 수립되고 완전한 독립 국가로 국제 총회와 열국의 승인까지 얻었으므로 상기 경문 염함을 그쳐도 무방하나, 남북통일이 무사히 성취되기 위하여 사사로이 기구하기를 그치지 말지니라." 하는 내용이 담긴 연합 교서를 발표했다. 남한 교회가 반공과 북진 통일의 전열을 다시금 가다듬자고 촉구하였으니 북한 당국의 신경이 끊임없이 곤두설 수밖에 없었음은 당연했다.

덕원 수도원의 신 주교는 〈가톨릭청년〉 4월 호에 북한 당국의 공산주의적 여성 정책을 비판하는 논문을 실었다. 4월 중순에는 이 수도원의 인쇄소 책임자 수사가 체포되었다. 이유인즉, "사실 수개월 전에 이 인쇄소에서 반공 삐라와 반공 인사 명단을 작성한 적이 있었는데, 이를 '불온물 인쇄'라는 죄명으로 단속"한 것이었다.[162] 계속해서 북한 당국은 종교 때문이 아닌, '정치적 범죄'라는 이유를 들어 이 수도원의 성직자들을

---

[161] 북한 출신 청년 단체가 통합하여 1946년 11월 30일에 결성한 조직으로 각 지방에 진출하여 좌익 파괴 활동에 앞장서 명성을 높였다.
[162] 「북한 총람」, 북한 연구소, 1983, 1230쪽.

체포했다. 1949년 5월 8일 신 주교와 수도원장, 부원장, 신학교 교수 신부 등 4명이 체포·투옥됐다. 이어 다음 날에는 신학교 교장 신부를 비롯해, 독일인 신부 8명, 수사 22명, 한국인 신부 4명을 체포했고 남은 수사들과 신학생 등 99명을 추방했다. 동시에 수도원과 농장, 공장, 신학교, 목축장, 화원, 병원 등의 시설물을 폐쇄, 몰수했다. 이 소식을 들은 평양교구 홍 주교가 즉시 항의문을 발송했다.

- 한국에서 40여 년 동안 농업·교육·과학·문화 등에 허다히 공헌한 선교사를 불법 체포할 수 없다.
- 교회를 폐쇄한 것은 확실히 종교 박해로서 북조선 정권 헌법에 위배된다.
- 교회와 개인과는 전연 구분되어 있는 것으로 일개인의 범죄로 교회를 폐쇄함은 상식적으로라도 허용할 수 없다.
- 체포된 전원을 무조건 석방할 것과 교회를 즉시 개방하라.

5월 14일 홍용호 주교는 '남한과 연락했다'는 이유로 정치 보위부로 체포되어 갔다. 〈경향잡지〉는 '북한에 본격적 종교 박해가 시작되지 않나 하는 염려를 금할 수 없다.'며 이 소식들을 전했다. 평양교구는 이해 12월까지 9명의 신부가 체포되었다. 또 한국 전쟁 전야인 1950년 6월 24일 4명의 신부가, 6월 27일에는 마지막으로 김동철 신부가 체포됐다. 남한의 교황 사절 방 주교는 홍용호 주교와 평양교구 신부들이 체포되자 공식 성명을 통해 이를 신랄히 비판했다.

1949년 5월 해주 시내에 반공 삐라가 살포되었다. 이 반공 삐라는 남한에서 온 서북 청년단 계열의 지하 조직 장교와 해주 본당 한윤승 신부에게 동정 허원童貞許願을 한 마리아라는 신자가 사제관에서 등사해 뿌린 것이었다. 마리아는 한윤승 신부를 그 지하 조직의 해주시 지하 책임자로 추천했는데 그 장교가 이 명단을 가지고 38도선을 넘다 체포되었다. 한 신부도 결국 5월 20일 체포되었다.

11월 6일 '평양교구 신자 대회'가 명동 성당에서 열렸다. 대회에서는 '장차 공산도배들의 손으로 평양교구 모든 시설이 파괴되는 불행을 당한다 할지라도, 그 다음 동교구를 복구시킴에 제일 필요한 것은 성직자이므로, 동교구의 성직자 양성 문제를 토의'했다. 그 자리에 모였던 400명 신자들이 즉석에서 89만여 원을 신학생 양성비로 내놓았다.

개신교의 많은 목회자들은 해방이 되자마자 일제에 의해 훼손된 교회 재건보다는 기독교적 우익 정치 단체를 조직하는 데 급급했다. 이는 북한 당국자들에게 교회가 민중을 섬기는 집단이라기보다 공산주의자들과 대결하는 집단이라는 인상을 심어 주기에 충분했다. 기독교는 진행되고 있는 사회주의 혁명에 도전하는 성격을 지닌 것들로 인식된 것이다. 그들이 했던 여러 반공 투쟁으로 말미암아, 해방 직후부터 북한에서 개신교는 적어도 '잠재적인 반혁명 세력'으로 비춰지고 있었다. 그러나 우익 성향을 띤 정당의 조직이나 활동이 여의치 않자 1946년이 되기도 전에 월남하거나 체포되는 운명에 놓일 수밖에 없었다. 그리고 월남한 목회자들은 반공 전선의 최전선에 섰다. 예컨대, 1947년 평양에서 월남한 황은균 목사는 기독 청년들에게 북한과의 싸움에 나설 것을 촉구했다.

…조선도 내란은 불가피한 지경에 이르렀습니다. 이제 우리 앞에는 남북 전쟁이 왔습니다. 유신론과 유물론, 프롤레타리아 독재와 민주주의의 전쟁은 반드시 있을 것인즉 우리 기독 청년은 거저 보고만 있다든지 우리의 건국을 공산주의 유물론자에게나 어느 정당에 맡기고 말 것입니까? 아닙니다. 아닙니다. 우리도 중세기 기사들과 같이 신앙과 자유를 위하여 의의 싸움을 하지 않으면 안 됩니다. 우리의 자유와 행복은 기독 청년의 싸워 얻음이 아니고는 안 됩니다.

종교인 가운데 종교 박해 때문에 월남했다고 주장한 사람들 대부분은 개신교 및 천주교에 국한되며, 북한 종교인의 대다수를 차지했던 천도교나 불교는 극소수에 불과한 것으로 추정된다.[163] 이 점은 북한이 종교 자체의 말살에 광분했다는 논리의 설득력을 약화시킨다. 종교에는 기독교만 있는 게 아니며 앞서도 보았듯이 해방 공간에서 이들 종교 일반에 대한 탄압은 거의 없었기 때문이다. 순전히 종교적 이유 때문에 월남한 이들도 있지만 종교인 탄압의 외형을 띤 것도 실제적인 내용은 종교 일반에 대한 탄압이 아니라 반혁명·반민족 행위에 대한 탄압이었다. 보다 민족 지향적이고 민중 지향적인 개신교 분파인 '북조선 기독교도 연맹'이나 천도교 등은 전혀 탄압을 받지 않았다. 오히려 통일 전선의 구성원으로 북한 사회주의 혁명과 건설의 적극적인 동참자가 되었던 것이다.[164]

---

163 강인철, '월남 개신교·천주교인의 뿌리', 앞의 책, 132-139쪽 참조.
164 강정구, '해방 후 월남인의 월남 동기와 계급성에 관한 연구', 앞의 책, 102쪽.

그리스도교는 서양 종교이다. 천주교는 성장 과정에서는 서구 침략자들의 길잡이 역할을 했다. 개신교는 조선이 서구 제국주의 열강들에게 먹혀 가는 동안 이식되었다. 때문에 '민족과 자주성을 생명처럼' 여기는 북한 당국자들의 처지에서 보자면, 그리스도교는 어느 집단보다도 '제국주의의 묵은 때'를 씻어 내야 할 대상이었다. 그리스도인들은 먼저 자신의 과거를 되돌아볼 줄 알아야 했다. 자기 내부에 일제 잔재가 어떻게 남아 있는지, 비참한 처지의 민중과 어떻게 지내 왔는지를 먼저 살펴봐야 했다. 당면한 사회 개혁이 자신들이 누려 온 기득권을 박탈한다 한들 그것이 더 민족적이며 민중의 삶을 혁신하는 데 이바지한다면 과감하게 받아들일 줄 알아야 했다. 외세의 때를 벗겨 낸 민족적이고 민중적인 신앙, 신학을 창출하는 데 이제 온 고민과 노력을 바쳐야 했다. 그러나 북한의 그리스도인들, 월남 그리스도인들은 관념적이고 전투적인 반공 논리와 북한 지도 세력을 부정하는 깃발만을 절대적으로 앞세웠다. 그들은 일제 시대와는 달라진 사회 환경과 종교 정책들을 무조건 무신론자들에 의한 '종교 탄압'으로만 사사건건 해석했다.

07 한국 전쟁과 교회

말살의 신념으로 나선
반그리스도교 대항 십자군 전쟁

남한 단독 정부의 초대 대통령은 이승만이다. 그러나 그의 정치적 기반은 허약했으며 그가 밀어붙인 남한 단독 정부에 대한 국민적 불만도 컸다. 1949년 유엔 한국 위원회는 "① 한국민의 통일에 대한 열망은 압도적이다. ② 한국민의 분단은 정치적 좌절과 고통, 그리고 소요를 야기하고 있다."고 한반도 정치 정세를 평가했다. 이렇게 민족 통일을 향한 민족적 열망은 잠재워지지 않았으므로 이승만도 말로는 끊임없이 통일을 외쳐야 했다. 그러나 그의 일관된 통일 논리는 북쪽 체제의 전면 부정을 바탕에 둔, '무력에 의한 북진 통일'이었다.

이승만 정부의 각료인 윤치영이 유엔 한국 임시 위원단과의 회담 뒤 행한 발언은 이승만 정부의 통일 노선을 한마디로 대변해 주었다. 그는 "남북의 평화적 통일이란 정치적 음모 이외에 아무것도 아니다. 남북한을 통일하는 유일한 길은 대한민국으로서는 북한을 무력으로 장악할 수밖에 없다."고 주장했다. 호전적 통일 노선을 숨기지 않던 이승만은 1949년 9월 30일 그의 미국인 정치 고문 올리버에게 "지금이야말로 우리가 공격 행동을 취하여 우리에게 충성스러운 북한 공산군과 합세, 그 잔당들을 평양에서 소탕해야 할 가장 심리적인 호기라고 나는 열렬히 느끼고 있소. 우리는 김일성 부하들을 산악 지대로 몰아내서 그곳에서 그자들을 서서히 굶겨 항복시켜야 될 것이오. …여기저기 영향력 있는 몇몇 인사들과 조용히 접촉을 가지시오. 그리고 그들의 지지와 찬성을 얻도록 합시다." 하는 편지를 보냈다.[165]

남한 단독 선거를 통해 대한민국이 수립되자 외세인 미군 철수 문제가 현안으로 등장했다. 기독교 세력은 북한의 남침 가능성을 거론하며 미군 철수를 반대했다. 그들은 1949년 당시 미국 대사이던 무초를 방문하여 자신들의 견해를 주장했다. 그러자 무초는 말하기를, "미국의 정보는 어느 나라보다 정확하고 빠릅니다. 우리 정보에 의하면 이북이 남침할 가능성은 없습니다. 걱정 마십시오."[166] 했다.

주미 대사 장면은 6월에 한국을 시찰하러 온 미국의 덜레스에게 한국 전쟁의 가능성을 예고하며, 이 경우 미국이 한국 혼자 당하게 내버려 두지 않을 것이라는 대한 방위 공약을 확고하게 밝혀 줄 것을 요구했다.[167] 이 요구는 받아들여졌다. 장면은 이어 9월 12일 미국 기자 구락부 오찬

---

165 김명섭, '분단의 구조화 과정과 한국 전쟁', 「해방 전후사의 인식」 4, 한길사, 1997, 137-138쪽.
166 엄요섭, '제1공화국 시대의 교회와 사회', 〈교회와 역사〉, 108호.
167 「노기남 대주교」, 302쪽

석상에서 '아시아를 위하여 고투하는 대한민국'이라는 연설을 통해 계속 같은 주장을 했다. 그만큼 북침을 통한 한국 전쟁의 가능성은 긴박한 현실이었다.

…대한민국은 오늘에 있어 전 세계를 휩쓰는 가장 위험한 침해 세력에 대항해서 용감히 싸우고 있느니만큼 우리 공동 목적을 위하여 충분한 방어 목적을 달성하려면 아직도 더 많은 각종 무기와 비행기와 선박이 필요합니다.[168]

인플레이션이 극심한데도 이승만 정부는 군과 경찰을 강화하기 위해 막대한 비용을 투자했다. 민간 부문도 국방력 강화를 위해 노력해 줄 것이 요구되었다. 당연히 여기에 '반공의 최후 전사'를 자임하는 천주교회도 발 벗고 나섰다.

우리 대한민국은 극동의 민주 보루로서 우리 가톨릭은 천주를 거스르고 신을 부인하는 저 악마의 소산 공산주의에 대한 투쟁을 개시한 지 이미 오래전이다. 이렇게 우리는 벌써 다만 국민의 의무로서만이 아니라 또한 가톨릭의 전우로서 대한민국이 가장 필요로 하는 비행기 헌납 운동에 더욱 힘쓰자…. 물론 우리는 국민으로서 또는 직장의 일원으로 그 외 또 여러 부문으로 이 국민운동에 벌써 많은 부담이 있는 줄 안다. 그러나 우리는 반공의 최후 전사로 자임하는 가톨릭이다. 우리의 정신을 다시 한

---

168 〈가톨릭청년〉, 1949년 10월 호, 64-66쪽.

번 표시하자. 우리는 가톨릭 신자이기에 누구보다 더 나라를 사랑한다는 것을.[169]

남한 단독 정부 수립의 '성공'으로 무신론과의 투쟁 전선을 한층 가다듬은 교회는 이제 무력으로 북을 제압하여 완벽하게 승리할 것을 목표로 하였다. 1949년 말 노기남 주교는 라디오 방송을 통해 북한 지역 신자들을 향해 격려 연설을 하였다. 여기에는 냉전적이고 호전적인 자세가 결연히 담겨 있었다. "이러한 정세로 보아 불원간 장래에 저 악마적 유물론 공산주의는 이 지구 상에서 자취를 감추고야 말 것이라 봅니다. 따라서 세계 평화도 머지않아 있을 것이요, 한국의 완전 통일과 평화도 머지않았다고 생각됩니다."고 했던 것이다.[170]

1950년 6월 25일 기어코 한국 전쟁이 터지고야 말았다. 억지로 갈라진 민족이건만 이제는 서로를 향해 총부리를 겨누게 된 것이다. 전쟁 초기에 일반 민중들은 평온하고 질서 정연하게, 그리고 생활 수준에 따라 온건하게 행동하였다. 북에서 남으로 피난하기 시작한 사람들은 "부유한 지주, 실업가, 은행가, 친일 협력자, 이승만 파의 정치가, 부정 축재자, 경찰관과 그 고문단 등 민중의 격분을 두려워 한 사람들"이었다.[171]

북진 무력 통일 노선에 뜻과 행동을 함께해 온 천주교회가 이 전쟁에 보인 태도는 말할 나위 없이 단호했다. 전쟁이 터지자 장면은 유엔이 한

---

[169] 천주교회보, 1949년 11월 10일 자. '천주교회보'는 현재 대구대교구 산하 가톨릭신문사에서 간행되고 있는 '가톨릭신문'의 전신이다.
[170] 〈가톨릭청년〉, 1949년 11·12월 합병 호, 86쪽.
[171] 데이비드 콩드, 「한국 전쟁 또 하나의 시작」 1, 과학과 사상사, 1988, 125쪽.

국 전쟁에 개입하도록 분주하게 움직였다. 또 당시 파리에서 고국의 전쟁 소식을 들은 노 주교는 비공식 외교관, '주교 대사' 노릇을 자청하며 기자 회견을 통해 한국에 대한 지원을 호소했다.

지금 남한은 공산 침략으로 큰 시련을 받고 있습니다. 잔인한 학살 행위가 시작되고 있으며 전쟁의 공포가 전국을 휩쓸고 있습니다. 왜 이런 사태가 왔느냐 하면, 호시탐탐 남침을 노리던 북한 공산군이 크렘린의 지령에 따라 평화로운 남한을 침략하게 된 것입니다. 미국 국무성에서 덜레스 장관 일행이 얼마 전 한국의 38도선을 시찰하고 국제 무대에서 한국이 고립될 수 없다는 언질을 남긴 바 있으며, 이번 사태 발생과 함께 유엔 안전 보장 이사회가 긴급 소집되어 유엔군을 한국 전선에 참전시키기로 결의를 보기에 이르렀습니다. 한국은 자유 진영의 교두보입니다. 여러 자유 진영의 절대적인 성원과 협조를 바라 마지않습니다.[172]

노기남 주교는 귀국길에 들른 도쿄에서 일본 주둔 유엔군 사령부의 요청을 수락하여 유엔군 사령부에서 방송을 하였다. 앞으로 유엔군이 곧 진격할 터이니 피점령 지구는 기다리라는 것, 공산도배의 최후 발악적인 유혹에 넘어가지 말 것, 그리고 천주님께 기구하라는 격려 방송이었다. 노 주교가 파리나 도쿄에서 펼친 이 같은 활약상은 이승만 정권에게는 대단한 지원이었고 격려였다. 미군 수송기를 타고 피난지인 부산으로 귀국한 노 주교는 그 며칠 뒤 교황 비오 12세로부터 친서를 받았

---

[172] 노기남, 앞의 책, 364-365쪽.

다. 친서에는 파리에서 있었던 일을 잘 알고 있다는 말과 함께, 이런 격려문이 적혀 있었다. "너 착한 목자야. 양떼를 찾아 목숨을 아깝다 하지 않고 불바다 속으로 뛰어들었으니 장하다. 장하다."[173]

전쟁의 원인에 대해 위와 같이 말한 노 주교는 거듭하여 "형제 살상의 비극적 전란의 원인은 무엇이었습니까? 다른 것이 아니었고 오직 무신론 공산주의 침략자들의 마수였습니다."고 규정했다. 대구대교구의 최덕홍 주교도 이를 좀 더 분명히 하여 한국 전쟁이 "위선적 평화의 약속으로 약소민족을 마비시키는 크렘린의 죄악도 크거니와, 양을 가장한 이리의 아편에 중독된 동족 아닌 동족이 가능한 온갖 악마적 방법을 다하여 빚어낸 참극"[174]이라 했다.

민족의 분열과 분단에 대한 아무런 아픔도 갖지 않았던 교회였고, 분단이 가져올 민족의 비극에 대해 아무런 숙고도 없었던 교회였다. 분단, 증오와 대결을 한층 고조시키는 데 여념이 없었던 교회였다. 전쟁이 일어나고 마침내 그나마 '평화 상태'마저도 파괴된 채 온 나라가 참화에 잠기고 있건만, 교회는 전쟁 자체가 가지고 있는 불의함과 참상에 대한 성서적 고려마저 애초 하지 않았다. 인간적 고뇌나 공포심이란 사치스럽고 나약한 것이었다. 전쟁과 평화, 그중 전쟁을 선택할 바보는 세상 어디에도 없을 것이건만 교회는 전쟁에 대한 본능적 적개심마저 던져 버린 듯했다.

최 주교는 한국 전쟁을 '국토 통일과 평화 건설을 위한 역사적 과업'

---

[173] 노기남, 앞의 책, 368쪽.
[174] 천주교회보, 1951년 1월 14일 자.

으로 여기고, 이에 매진하게 된 것을 함께 즐거워하며 주 대전에 감사드린다고 했다. 또 이는 "우리 민족이 과거에 범한 죄과와 과오를 청산하고 새로운 세계를 건설하기 위하여 천주께서 주시는 시련"이고 "사람들의 정화와 성화의 수단"이라며 종교적 수난의 차원으로 승화시켰다. 그러니 순교의 정신으로 이 전쟁에 용약 출전하여야 할 것이며, 가진 바 모든 역량을 기울여 이 전쟁 승리를 위해 공헌하자고 호소하였다. 장면은 또 이 전쟁이 "민주주의를 시련하는 새로운 전쟁이며 한국은 무한히 자비하신 천주께로부터 전 세계가 민주주의 세력에 대한 신뢰를 새롭게 하는 도구로 선택"을 받은 것이라고까지 주장했다. 그리고 "만일 획득될 수만 있다면 만인의 기구와 신앙으로 획득되어야 할 것이 전쟁이란 것을 엄연히 의식"하게 되었다며, 전쟁조차 정당하고 필요한 것으로 만들어 버렸다. 심지어 '전쟁 유용론'에 '전쟁 찬미'까지 동원되었다.

세상에서는 평화주의자가 있는 반면 또 한편에서는 '전쟁은 인류를 진보시키는 것이고 문화 발전의 기본이 된다.'고 이를 구가謳歌하는 자도 있다. 전쟁 찬미에까지 지나쳐서는 곤란하지만 과연 인간은 안일에 흐르며 부패해지는 근성이 있으며 재난을 당해서 반발해서 향상함으로 전쟁도 가열한 자연계의 시련과 같이 인류를 타면惰眠에서 각성시키고 이를 이끌어 진진한 건설과 진보에로 향하게 하는 데 효과가 큰 것이다.[175]

교회에는 이처럼 처음부터 '무신론자들에 대한 철저한 말살의 신념으

---

[175] 편집부, '전란의 교훈', 천주교회보, 1950년 11월 10일 자.

로, 남 먼저 적진에 태극기를 꽂자'는 전투적 정신만이 흘러넘쳤다.

사설 – 북진에 임하여

지나간 80일 동안 우리는 역사적 고난을 당하였다. 그러나 그것은 부득이한 일이었다. 북한 괴뢰군의 침범이 너무나 돌발적이었고 여기에 대비할 만한 준비가 너무나 빈약하였던 것과 연합군의 출동이 많은 시일과 물자와 수송력을 요하였던 것과 방위선을 완성하기 위하여 후퇴할 것을 각오하지 않으면 안 되는 것과 북한 괴뢰군들이 남한의 무고한 청장년을 징용하는 것 등의 여러 가지 난관이 있었기 때문이다.

오늘날 우리 용감무쌍한 국군의 충용으로 말미암아 또한 용의주도한 연합군의 평화사도직 투쟁으로 말미암아 공산군의 침략을 저지하였고 총반격의 명령이 이미 내려 서울을 탈환하였고 중요한 지점을 대부분 탈환하여 북으로, 북으로 진격하고 있는 것이다. 이때에 우리 가톨릭은 무엇을 할 것인가. 이미 전선에서 싸우는 국군장병들은 국군으로서 또한 가톨릭 신자로서 일층 용감히 싸워서 남 먼저 적진에 태극기를 꽂아야 하겠고 후방에서 각각 맡은 바 필승의 직책을 더욱 열심히 하여야 하는 것은 물론이려니와 우리는 만천하 가톨릭 신자에게 또한 만천하 애국 동포에게 대하여 다시 한 번 반공정신을 강조하지 아니치 못하겠다.

1) 무신론은 우리의 적이다. 어떠한 이름을 가장하던지 천주의 존재를 부인하거나 의심하거나 또는 무관심한 주의 사상은 우리의 적이다.
2) 유물론은 우리의 적이다. 물질을 과도히 존중하고 과학을 너무나 과대평가하는 자, 역사를 물질 방면으로만 고찰하고 인간의 자유를 환경의 지배에 예속시키고자 하는 자들이 사람의 영혼을 무시하고 진

리의 영원성을 부인함으로써 가장 새로운 이미지를 깨달은 듯이 세계의 사조를 혼돈케 하는 모든 주의 사상은 우리의 적이다.

3) 인간의 본성을 무시하는 독재는 우리의 적이다. 제국주의나 사회주의나 자본주의를 막론하고 사람에게는 완전한 한 사람의 권리, 곧 인권이 있는 것이오 인격이 있는 것이오 다시 말하면 자기 사·언·행위의 책임을 질 주체가 있는 것이다. 이것을 부인하든지 혹은 이것보다 더 근본이 되는 것은 천주 조물주 당신밖에 없는 것은 의심할 여지가 없는 것을 의심하든지 하는 것은 우리의 적이다. 또 각 사람은 부모와 처자로서 한 가정을 이루어 생활하는 것이 가장 인간성에 적응한 조직이요 이 같은 가정들이 다시 사회를 조직하고 같은 민족이 한 나라를 조직하며 동생공사同生共死하는 것이 또한 가장 그 민족성에 적응한 생활 방법인 것이다. 이러한 본질적 권능을 저해하는 아무러한 압력이 있을 수 없다. 만일 있다면 그것은 천주의 뜻에 맞갖지 못한 악마적 존재일 것이다. 우리는 어떠한 이름을 가장하더라도 역시 이러한 악마는 우리의 적이다.

위에 말한 몇 가지 가장 중요한 정신으로 공산주의 및 공산주의를 신봉하는 국가를 비판하여 본다면 우리는 명백히 알 바 그들에 대한 철저한 말살抹殺의 신념이 생길 것이다. 지금 우리가 북한 괴뢰와 싸우는 근본 이유가 곧 이것이다. 동족에 대한 그리스도교적 사랑의 때는 이미 지났다. 이제는 그리스도의 정의가 앞서야겠다. 정의가 없는 사랑은 애정이기는 하지마는 애덕이 될 수 없다.[176] 우리는 눈물을 뿌리고 싸워야겠다. 남보다 열렬히 진리를 사랑한다면 또 남보다 똑똑히 진리를 신봉한다면 남보다 맹렬히 적을 공격하여야 할 것이 아니냐. 일선에서나 후방에서나 생각으로서나 말로나 행동으로나 무기로나 각각 맡은 바 임무를 남보다 더욱 충실히 완수하여야 할 것이다.[177]

신자여! 멸공에 총궐기하라

…친애하는 가톨릭 신자 여러분! 삼천리강토 안에 진정한 민주주의 국가가 건설되고 전 세계에 평화와 질서가 서기 위해서는 저 공산주의 사상을 분쇄하지 않고는 있을 수 없는 일입니다. 우리는 교황의 뜻을 따라 공산주의자들의 진정한 회개를 위하여 기구와 보속하는 동시 이 사상의 박멸을 위하여 총궐기할 것을 맹세합시다.[178]

청년 학도여 군문(軍門)으로 나아가라

…우리 신자의 평생의 확신에 비추어 볼 때 우리의 나아갈 길에는 평시와 전시를 불문하고 항상 기묘한 신의 섭리가 있습니다. 그러므로 전시인 지금에 있어서도 우리는 신의 성지를 받들어 주어진 길을 감사히 걸어가야 합니다. …여러분의 인간 완성의 길은 나라에 충성을 다하는 것입니다. 그것은 훈장을 받는다, 명예를 올린다 하는 속된 잡념이 없는 숭고 무비한 내심의 길이오, 그르칠 수 없는 천주의 대전에 부과된 책임입니다. 조국과 민족의 수호, 이것에 영원한 생명을 걸고 완성하기로 정진하는 그곳에 주의 섭리에 의하여 이 나라에 생을 받은 우리의 자랑과 기

---

[176] 그러나 「사목 헌장」 78항은 다음과 같이 말한다. "평화는 정의가 줄 수 있는 것보다 훨씬 더 멀리 나아가는 사랑의 열매도 된다."
[177] 천주교회보, 1950년 11월 10일 자.
[178] 노기남 주교가 전후 공식으로 내린 첫 메시지. 천주교회보, 1950년 11월 10일 자.

뿐이 있습니다. …그러면 청년 학도여, 군문으로 손과 손을 잡고 나아가시라. 주 예수 여러분과 함께 계시며 같이 싸워 주실 것이오, 여러분 머리 위에 당신 손을 덮어 보호해 주시리라.[179]

가톨릭 정신을 기조로 멸공 구국의 십자군 되자 - 김용태

…오늘 조국의 위기와 민족적인 수난에 있어 무엇보다도 더 광휘를 발휘하는 것은 영웅적 애국적 행동의 가톨릭적 심화인 것이다.

복음서에 일렀음과 같이 사람이 그 벗을 위하여 목숨을 버림 같이 큰 사랑은 없는 것이다. 이것은 바로 십자가에 달리어 성혈로써 인류의 죄악을 구속하신 그리스도적 사랑의 분신인 것이다. 이 같은 사랑의 행동은 일체로 현세적 영예나 이익을 추구하여 작위(作爲)됨이 아니오, 오로지 천주께 대한 섬김으로써 행할 것으로 관념하는 고로 그 도덕적 가치에 있어서 일층 고귀하고 또한 그 정열에 있어서 일층 더 강렬한 것이다. 우리들 가톨릭교도야말로 조국의 위급에 직면하여 솔선하여 가장 애국적이오 영웅적으로 행동하여야 할 것이다. 가톨릭 신자 각자는 그가 처하는 위치에서 가장 가까운 자에게 대한 사랑 곧 조국애를 발휘하여 민족의 염원인 국토 통일 성업에 십자군이 되어야 할 것이다.[180]

---

179 신상조 신부, 천주교회보, 1951년 1월 14일 자.
180 천주교회보, 1951년 3월 20일 자.

전쟁 속의 교회

전쟁이 나자 서울교구는 곧 본당 소속의 성직자들은 본당을 지켜야 한다는 원칙을 세웠다. 반면에 교구청 소속 신부들이나 신학교, 특수 사목 등에 종사하고 있는 이들은 남하할 것을 결정했다. 서울에 있던 모든 미국인들이 철수할 때 함께할 것을 여러 번 권고 받은 방 주교는 "착한 목자는 자기 양떼를 위하여 생명을 바친다." 하며 끝내 그를 거절하고 서울에 남았다.

직접 무기를 들고 맹렬히 전화의 현장에 뛰어든 천주교인들도 있었다. 그렇게 교회가 벌인 반공 투쟁의 '혁혁한 전과'戰果 가운데 결코 빼놓을 수 없는 자취는 저 유명한 '구월산 유격대' 투쟁이다. 이 구월산 유격대는 한국의 반공 투쟁사에서도 매우 중요하게 평가받는, 아주 잘 알려진 부대이다. 이 부대의 모태가 바로 황해도 장연 천주교인들의 투쟁 조직이었던 것이다. 이미 전쟁 전부터 이 지역 천주교인들의 반북·반공 투쟁이야 있어 왔지만 '십자군' 유격대는 교회가 벌인 전투 조직의 상징이요 자랑거리가 되었다.

장연 천주교회 젊은 남자 신자들은 인민군 징집영장이 떨어지면 신윤철 신부에게 그 응소 여부를 의논하곤 했다. 신 신부는 인민군에 입대하는 것을 한사코 막았다. 그리고 구월산으로 피신하여 때를 기다리라고 권고했다. 신 신부의 충고와 만류로 징집을 기피한 청년 신자들은 6·25가 터지기 전 약 2개월 전부터 구월산으로 들어가 산 생활을 했다. 그들은 비밀리에 본당과 연락을 취하던 중 신 신부가 납치되었다는 소식을 들었다. 울분을 참지 못한 청년 신자들은 적극적 무력 항쟁으로 전환하기로 했다. '공산주의를 타도하고 신앙의 자유를 쟁취하기 위한 십자군으로 궐기'한 것이다. 1950년 12월 16일까지 이 '십자군' 대원들은 주야를 가리지 않고 멸공 투쟁에 진력했다. 12월 17일부터 '십자군' 대원들은 국군 부대에 흡수 편입되어 대공 투쟁을 계속했다.

1950년 8월 부산 범일동 성당에서 피난 생활을 하던 10여 명의 신부들이 신부, 신학생, 교우 청년 3천여 명을 규합하여 '가톨릭 청년 결사대'를 만들고자 하였다. 이 계획은 당시 육군 내부의 지지를 얻어 이승만 대통령에게까지 보고되었으나 무기 공급의 어려움 때문에 좌절되었다. 무기를 들고 직접 싸움터에 나서겠다는 희망과 계획이 좌절되자, 신부들은 대신 후방에서의 봉사 활동을 전개하기로 했다. 한편 신학생들은 피난 와 있던 학장 신부와 교회 장상들의 결의에 따라 군에 자원입대하기로 결정했다. 이들 신학생들은 대부분 인사과에 배치되었다.

수많은 피난민들이 대구, 부산 등지로 피난했다. 대구대교구의 주교좌성당에는 피난민 접수처가 설치되어 교우 증명서가 발급되었다. 이 증명서를 가지고 교회 기관에 가서 도움을 받을 수 있도록 배려했던 것이다. 또 교구청뿐만 아니라 대구대교구 관할 구역 내에 있었던 모든 본당들도 다른 교구 신자들의 등록을 받아 이들을 돕기 위한 활동을 전개해 나가기도 했다. 이 같은 교회의 구호 활동에는 미국 가톨릭 복지 협의회NCWC의 지원이 매우 컸다. 계산동 성당에 밀려든 신자들 속에서 '평화 신공'이 자연스럽게 시작되었다. 모두들 초조하고 불안한 심정을 달래기 위한 것이었다. '평화 신공'은 사제가 주도하는 기도도 아니고 일정한 시간과 기도 순서와 양식이 제정된 것도 아니었다. '9일 기도 운동'과 '기도의 십자군 운동'이 전개되기도 했다.

앞서 교회가 내보낸 갖가지 메시지에서 볼 수 있었듯, 교회의 멸공 투쟁은 '순교 정신'과 굳게 결합되어 있었다. "우리의 교회가 이번 적화赤禍로 인하여 받은 수난의 정도는 과거 기해, 병인년 간의 군란에 비해 결코 적지 않다."며 교회의 수난 역사를 편찬하겠다는 의도를 밝히기까지 했던 것이다. 그 과정에서 신자들은 특히나 성모 신심을 멸공전과 결합시켜 다져 갔다. 1950년 11월 1일 비오 12세에 의해 '성모 몽소승천' 교리가 공식 반포되어 이런 경향을 더 가속화시켰다. 미군들을 통해 '파티마의 푸른 군대 운동'도 활발히 소개되었는데 전선에서 벌어진 이 운동을 한 소식은 다음과 같이 전하였다.

파티마의 순례 성상은 최전선에서도 가장 전투가 치열한 곳에서 열심인 미군 장병들에 의해 9일 동안의 노베나 신공을 무사히 마쳤으며, 한 제트기 조종사의 간청으로 소련제 미그기와 치열한 조전을 하는 곳까지 실려 갔다가 무사히 귀환하였고 이를 기념하기 위하여 판문점 휴전 회담 장소 부근을 일주하고 돌아왔다 합니다. 또 미군의 한 탱크 대장(대위)은 공산군이 가장 완강하게 공격해 오는 저격 능선에서 탱크 속에 성상을 뫼시고 나갔는데 그날은 전군의 사기가 가장 왕성하였고, 전원이 무사히 돌아왔다고도 하며 이것은 한국 전선에서 실제로 있었던 푸른 군대의 행동 기록입니다.[181]

'매괴 구슬에 승리가 있다! 더 많은 기도의 거탄巨彈을 전선에!' 등의

---

[181] '푸른 군대 소식', 「가톨릭 신보」, 1953년 8월 8일 자.

표어가 천주교 신문 지면을 장식했다.[182] 많은 성당들이 파티마 성모상을 안치했다. 진해 원일봉 중턱에는 바다로 들어올 적의 침입을 막겠다는 뜻에서 파티마 성모상이 세워지기도 했다. 1953년 5월부터는 광주 지역을 중심으로 레지오 마리애 운동이 시작되어 각 본당으로 급속히 확산되었다. 한국 전쟁이 끝난 직후인 8월 광주와 대구대교구는 '소련의 회개와 세계 평화를 기원'하는 마음으로 교구를 성모 성심께 봉헌했다.

부산에서 3년 동안 피난살이하는 동안 노 주교가 제일 근심하고 진력한 것은 신학생 양성 문제였다. 이렇게 신학생 양성에 노심초사하던 노 주교는 프랑스와 벨기에 등 여러 나라 교구 주교들에게 협조를 요청하는 호소문을 보냈다. 그 결과, 프랑스와 벨기에의 여러 교구에서 한국 신학생 두셋을 맡아 교육시켜 주겠다는 답신을 받을 수 있었다. 미 군종 신부가 여비를 후원하여 30여 명의 대신학생이 그들 나라로 유학을 떠날 수 있었다.

1950년 9월 천주교·구세군·장로교·성결교·감리교에 의해 '군종 제도 추진 위원회'가 조직되었다. 천주교의 캐롤 주교와 장로교의 한경직, 성결교의 유형기 목사들이 대표로 선출되었다. 노 주교도 군종 제도 창설을 위해 물심양면으로 활동했는데, 그들은 이승만의 허락을 받기 위한 설득 작업을 벌여야 했다. 설득의 내용은 한국전이 반공 사상전이므로 사상 계몽이 필요하다, 국군 장병에게도 유엔군과 같은 신앙의 무장을 위한 군목 활동이 필요함을 강조한 것이었다.[183] 처음에 이승만은 면

---

[182] 천주교회보, 1952년 10월 15일 자. 이후 한국에서는 1964년 부산 동항 천주교회 하 안토니오 신부가 정식 도입함으로써 '푸른 군대' 운동이 시작되었다.

담조차 해 주지 않으며, 시기상조라는 것과 전쟁 수행상 보급 지원이 곤란하다는 점을 들어 난색을 보였다. 허나 결국 각 종단에서 경비를 부담하는 조건으로 승인했다.

이는 불교 등의 비기독교계와는 비교도 되지 않는 '특혜'였다. 비기독교계 종교들은 일제 때 만들어졌던 각종 악법의 그물 아래 여전히 허덕이고 있었던 것이다. 군 선교라는 한 축이 있었지만 군종 제도는 태생부터 반공 이데올로기의 강력한 방파제였고 생산지였다. '이데올로기 전쟁이라 할 수 있는 6·25 한국 전쟁에서 공산주의와 대결하여 승리하기 위해서는 무엇보다도 강력한 반공정신의 무장이 요청되었다는 점'이 바로 군종 제도 창설의 배경이었던 것이다.[184]

교황 대사 방 주교를 비롯한 많은 성직자와 수도자들이 희생되었다. 한국 전쟁을 전후해서 체포된 성직자·수도자는 한국인 48명(수녀 7명 포함), 선교사 70명의 118명이다. 그 가운데 6·25전에 체포되어 희생된 이들은 한국인 26명, 선교사 23명으로 49명이며, 전쟁 기간 동안 희생된 이들까지 모두 하면 83명이다.[185]

전란의 와중에 처음으로 1952년 3월 12일에 전국 교구장 회의가 피난지 대구에서 열렸다. 이 회의의 결의 사항은 다음과 같았지만, 샅샅이 파괴되고, 무리로 죽고, 여전히 포연 냄새 그득한 전쟁의 참상과 그 종

---

183 유엔군 안에는 군종 목사나 신부들의 활동이 이미 전개되고 있었다. 이미 보았듯이 스펠만 대주교는 미 가톨릭 군종 대교구장이었고, 캐롤 안 주교는 '미8군 연락 담당' 군종 신부였다. 한국의 군종 제도는 이에 자극받아 추진되었다.
184 「씨앗이 열매로」, 천주교 군종교구 육사 교회, 1990, 50-52쪽.
185 「한국가톨릭대사전」, 12권, 9478-9479쪽 참조

식에 관한 교회의 고뇌 혹은 대응은 보이지 않는다. '천주교회', 자신들 울타리의 보존과 확장에 급급한 모습만 가득 보일 뿐이다.

- 전란으로 말미암아 파괴된 교회 건물과 사업은 재침의 위험이 없는 지방에서는 가급적 수복한다.
- 기도서와 교리 문답 책 등은 어떠한 가톨릭 출판사를 막론하고 출판권의 허락을 얻은 후 발간해야 할 것이며, 전국 가톨릭 '중앙 출판사'를 설립하기로 하고 이를 착수하기 위하여 '출판 포교 성바오로 수도회'의 신부를 초빙하기로 한다.
- 국가의 입법과 교육 정책 및 교재에 관한 반가톨릭적 경향화를 방지하며 이를 감시하기 위하여 선정된 전문 위원을 두기로 한다.
- 미사 예물은 앞으로 만 원으로 변경한다.
- 금리에 대하여 신자들이 받을 수 있는 이식利息을 정상적인 법을 현하의 정세로서는 제정할 수는 없으나 일반 상식과 교회 정신에 입각하여 최저한도를 받도록 할 것이다.
- 프로테스탄트에서 경영하는 학교에 수학하는 가톨릭 신자가 프로테스탄트 예배를 강요당할 때에는 한국 교회법 제56조와 제57조에 의하여 매건 교구장의 면허를 요한다.
- 전쟁과 공산군의 침입 시에 있어 복음과 교회 정신에 따라 본당 신부는 관하管下 신자가 잔류하고 있는 한 일정한 죽음의 위험이 있을지라도 그들과 함께 남아 있어야 한다.[186]

---

[186] 천주교회보. 1952년 3월 25일 자.

멸공전을 격려하는
미국 천주교회와 교황청

한국의 지배 세력과 종교계가 미국의 한국전 개입을 애타하는 모습은 자연스러웠다. 생명과 죽음의 기로에 선 이가 황망히 신을 찾듯, 미국을 매 순간 구세주로 여겼기 때문이다. 그런 그들이 느낀 미국과의 일체감이란 이루 형언할 수 없는 것이었으니, "하늘에 계신 우리 아버지는 미국인의 아버지요, 한국인의 아버지시요, 이승만의 아버지요, 트루먼의 아버지시요, 인류의 하느님이라는 말이다. 그러므로 미국 사람과 한국 사람은 한 아버지의 아들이요 한 형제인 고로, 형제가 난을 당할 때 형제가 와서 구원합니다." 하는 지경이었다. 무신론자들은 하느님의 피조물이 아닌 악마의 피조물이고, 인류의 개념 속에 들어가지 않는다고 그들은 생각하는 듯했다.

미국은 전쟁이 터진 해 12월 자국 내에 계엄령을 선포했다. 물가, 임금, 가격 등을 모두 통제하고 국방비 임시 추경 예산으로 수백억 원씩 잡았다. 징병제도 완전 징용 군인제로 바꾸는 등 막대한 인력과 물자의 강제 동원 체제를 갖추었다. 이렇게 미국이 한국 전쟁에 기울인 노력은 가히 '헌신적'이었다. 한국 천주교회도 외국 가톨릭 기관들에게 한국 전쟁을 알리고 협조와 연대를 요청하는 노력들을 펼쳐 나갔다. 특히 이는 미국 교회 기관과 신자들에게 집중되었으니 전쟁 기간 중에 미국에 대한 흠모와 감사의 마음, 친미주의는 더더욱 굳어 갔다. 미국 천주교회가 한국 전쟁과 한국 교회에 보낸 호의는 대단했다. 전쟁이 일어나자 스펠만 추기경은 해마다 한국을 방문하여 미군 장병들을 위문했고 한국 교회를 위로했다. 또 미국 교회에서는 '블록 로사리오 운동'까지 전개하여 미국 천주교 신자들은 이웃과 모여 한국 전쟁의 승리를 위해 묵주신공도 드렸다. 이 운동은 미국의 중요 지역에서 뿐만 아니라 유엔군 부대 내에서도 전개되었다.[187]

그 같은 정신적 유대와 격려에 더하여 미국 가톨릭 복지 협의회NCWC의 전쟁 구호 위원회CRS를 통한 물질적 지원은 말할 나위 없는 힘이 되었다. 전쟁이 난 1950년 한 해 동안 미국의 각종 종교 단체, 민간 구호 단체로부터 들어온 전체 구호 금품은 총액이 280만 달러였는데 그 가운데 200만 달러 이상이 NCWC의 몫이었다. 1953년 6월까지 한국 전쟁 기간 동안 NCWC가 한국에 보내 주었던 모든 의약품과 의류의 양은 금액으로 환산하면 1천 130만 달러에 이르렀다. 이렇게 해서 1946년 이래 휴전 직후인 1954년 1월까지 NCWC가 보내 준 구호품과 구호금 총액은 2천 500만 달러라는 막대한 액수였다. 이 구호 금품들은 정부 기관을 통해 상당량이 분배되었고 이에 대해 한국 정부는 감사장을 전달하기도 했다. 전쟁 중에 여러 가지 이유로 입교하는 신자들이 많았지만, 이렇게 교회에서 내주는 구호물자 때문에 신자가 된 이들도 적지 않았다. 소위 '밀가루 신자'였다.[188] 군종 제도의 창설에 결정적인 기여를 한 캐롤 안 주교는, 군종 신부들이 무보수 촉탁 신분으로 근무할 당시 생활비 보조나 물품을 지원했다. 미8군에서는 미사주와 보급품이 제공되었다.[189]

의존이 깊어질수록 미국 천주교회에 대한 찬양의 심정도 더불어 고양

---

[187] 조광, '6·25 전쟁과 한국 교회', 〈교회와 역사〉, 제171호.
[188] 이것이 큰 영향을 미치기도 해, 휴전 이후 한국 교회 연평균 신자 증가율은 16.5%에 이르는 무척 높은 수치를 보여 주었다.
[189] 「씨앗이 열매로」, 58, 63-65쪽.

되었다. 전쟁 끝인 1953년 6월 7일 명동 성당에서는 전란 발생 이후 가장 성대한 성체 대회가 한미 합동으로 거행되었다. 노기남 주교는 전쟁이 끝난 뒤 최초의 외국 방문지로 미국을 택하여 그 같은 감사의 마음을 전달하고자 했다. 한국 정부 또한 그에 못지않은 태도를 취했는데 1952년 12월 스펠만 대주교의 두 번째 한국 방문 때는 중앙청 광장에서 서울시민 환영 대회를 열어 국빈 대우를 하기까지 했다.[190]

한국 전쟁 전에 한국 천주교인들이 형성한 세계정세 인식은 압도적으로 미국적인 시각에 의해 만들어졌다. 〈가톨릭청년〉지에 게재되었던 반공 기사의 53%가 외국인 필자였는데 대부분은 미국인 혹은 미국에 연고를 둔 사람들이었다. 이들은 평화를 위한 미국의 끈질긴 노력을 부각시키기 위해 애썼다. 미국을 그리스도교적 원칙과 맞아떨어지는 이상적인 국가로 묘사하고, 수단과 방법을 가리지 않는 소련의 파괴 공작과 반가톨릭적 음모를 강조했다. 제3세계 지역에 대한 미국의 개입은 당연시하면서도, 오히려 공산주의 세력이 식민주의의 잔존과 유지를 꾀하고 있다고 비난했다. 원자폭탄을 앞세운 미국적 '힘에 의한 평화'를 역설하는 글도 실렸다.[191]

그런데다 미국 천주교회 전반은 강한 반공주의를 자기 특색으로 하고 있었다. 장로교 기관지인 〈기독공보〉는 1954년 2월 1일 자에서 최근 실시된 한 여론 조사 결과를 보도했는데, 당시 불어 닥친 '매카시즘'에 대해 미국 개신교도의 49%가 찬성, 28%가 반대 태도를 보인 데 비해 미국

---

190 천주교회보, 1953년 1월 15일 자.
191 강인철, '한국 전쟁기 반공 이데올로기 강화, 발전에 대한 종교인의 기여', 앞의 책, 207쪽.

천주교인들은 찬성 58%, 반대 23%의 분포를 보였다고 전했다.[192] 미국 예수회는 일찍이 1929년 로마에 '러시아 학원'을 세워 공산 러시아에 침투 전교할 신부를 양성하기도 했다.[193] 또 미국 대학 가운데서는 최초로 자체적으로 운영하는 신학 대학에 반공 강좌를 개설하는 열의를 보이기도 했다.[194]

교황 사절 방 주교뿐만 아니라 스펠만 대주교 또한 투철한 반공주의자였음은 이미 보았다. 특히 스펠만 대주교가 1952년 12월 25일 미 제1군단 사령부 교회에서 한 연설은 그의 반공주의가 한국 전쟁에 어떻게 투영되었나를 단적으로 보여 주었다. 그는 미군 장병들을 향해 한국 전쟁이 "유엔 깃발 하에서 파렴치하며 무자비하고 사랑과 진리를 타파하려는 무신론의 폭군과 배덕 도배背德徒輩를 구축할 최전선에 장치將峙하고 있는 것이다. …이 전쟁이야말로 진정한 자유를 위하여 종교의 자유를 위하여 공격을 받고 있는 천주께로부터 받은 인간의 정당한 권리를 유지하고 조국을 방어하기 위한 정당한 십자군 전쟁"이라고 열변을 토했다.[195]

미국 천주교회나 한국 천주교회가 한국 전쟁을 '십자군 전쟁'이라고 규정하는 데는 말할 것도 없이 교황청의 교리적 수준의 지원이 있었다. 제2차 세계 대전의 참화를 겪은 지 얼마 지나지 않았건만 그 교훈을 새카맣게 잊은 채, 교황청은 무신론 반대라면 뭐든지 찬성하고 나섰다. 반

---

192 강인철, '한국 전쟁기 반공 이데올로기 강화, 발전에 대한 종교인의 기여', 앞의 책, 219쪽.
193 〈경향잡지〉, 1950년 3월 호, 40쪽.
194 천주교회보, 1951년 10월 1일 자.
195 '이 전쟁은 무신론 폭군에 대한 신앙 자유 수호의 십자군전', 천주교회보, 1953년 1월 15일 자.

공이라면 파시즘조차 묵인하고 수용했던 태도가 다시금 고개를 들었다. 한국 전쟁이 발발하자 비오 12세는 전 세계 가톨릭 신자들을 향해 '한국 문제의 조속한 해결과 세계 평화 보존을 위해서 기도'하기를 촉구하는 훈령을 내렸다. 1951년 6월 2일 비오 12세는 '전교 사업에 관한 일만어─萬語에 달하는 특별 교서(에반젤리 프레코네스)'를 발표했다. 이 교서에서 교황은 한국과 중국 인민들이 가급적 조속히 공산주의를 말살할 것을 원한다고 표명했다.[196] 그리고 1952년도 월별 기도 지향 가운데 1월에는, '정신적 물질적 고통으로부터 한국 인민의 구원을 위하여' 기도할 것을 지정하기도 했다.

그리스도
우리의 평화?

전쟁은 그 자체로 악이다. 쉼 없이 파괴하고 사람을 죽여야 유지되고 의미를 부여받기에 그러하다. 삶의 터전을 파괴시키지 않는 전쟁이란 없다. 전쟁은 결코 자신의 참모습인 야만성과 포악성을 감추는 일이 없다. 그 자잘한 항목을 따질 것도 없이, 전쟁은 그 자체로 악이다. 그런 전쟁을 반대하지 않고 저주하지 않는다면 그 자체로도 큰 죄악이다.

무신론을 시정하는 길은 오로지 올바로 해석된 교리와, 교회와 신자들의 복음적인 생활뿐이다. 형제적 사랑이 아니고서는 결코 무신론을

---

[196] 천주교회보, 1952년 2월 5일 자.

없앨 수도 고칠 수도 없다.[197] 그러나 교회는 전쟁을 외쳤다. 반대자들[198]에 대한 말살과 멸공을 추구하며 그 안에서 '우리만의 평화'를 원했다. 말살, 멸공이란 무엇인가. 말 그대로 다 없애자는 말이다. 반대자, 원수의 마지막 한 명까지도 철저히 쓸어버리지 않으면 임무든 의무든 혹은 소명이든 아직 끝나지 않았다는 것이다. 내 편만 살아남아 '하느님 나라'를 건설하면 되는 것이다. 그것을 십자군 전쟁, 성전聖戰이라 했다. 애국이라 했고, 평화라 했다.

"그리스도, 우리의 평화", 그것은 거짓이었다. 폭격과 살상, 파괴를 정당화하고 미화시키는 그리스도란 분명 그랬다. 저들은 다 죽이고 우리만을 살리시라는 그 기도 속에 터져 나오는 격렬한 적개심, 그를 격려하는 그리스도란 분명 평화하곤 아무 연이 없는 파괴자일 뿐이었다. "행복하여라, 평화를 이루는 사람들! 그들은 하느님의 자녀라 불릴 것이다."(마태 5,9)라고 했던 그 말씀은 위선이었던 것이다. 그런 류의 그리스도인들을 향해 한국 전쟁 끝에 이런 울분이 터져 나왔다.

미국 사람들은 다 그리스도인이지요? 그런데 전쟁 중에 행한 그들의 행동은 조금도 그리스도인답지 않았습니다. …굶주린 창자를 움켜쥐고 낟알이 여물기만 기다리던 전답의 곡식을 불살라 버리고 또 아무런 군사 시설이 없는 농촌의 평화스러운 새벽에 폭격으로 진동시켜 할아버지와 여러 형제가 화염에 싸여 죽게 한 것도 미국 군인의 소행이었습니다. 거

---

197 「사목 헌장」 21항 참조.
198 "사회, 정치, 종교 문제에서 우리와 달리 생각하고 달리 행동하는 사람들" 「사목 헌장」, 28항.

기서 우리는 미움을 배웠고 복수를 다짐했습니다.[199]

일본은 한국 전쟁에 군수물자를 팔아 경제 부흥의 전기를 마련했다. 일본은 한국 전쟁이 터지기 전까지는 아사자가 속출할 만큼 경제가 어려웠다. 그런데 1953년, 54년쯤에는 일본 경제가 가장 고양되었던 1939년과 비슷해졌다. 그래서 한국 전쟁이 없었다면 일본 부흥은 10년 이상이 늦어졌을 거라는 주장도 있다. 미국 또한 한국 전쟁이 터지지 않았으면 전후 1945년의 경기 침체가 회복되지 못하고 계속 내려갔을 것이라 할 정도로, 한국의 전쟁터는 거대한 판매 시장이었다.[200] 그러나 한국 민족이 얻은 것은 무엇인가? 죽음, 폐허, 고아들, 남북 민족 간 증오의 심화…. 남한 측의 인명 피해는, 민간인 사망자 24만 4천 763명, 피학살자 12만 8천 936명, 부상자 22만 9천 625명, 전쟁고아 5만 9천 명, 국군 전사자 14만 1천 11명, 국군 전상자 71만 7천 83명, 월남 피난민 61만 8천 명[201]에 이르렀다. 제조업 공장 시설의 42%, 방직 공업은 70%, 화학 공업 70%, 농기구 공업 40% 등이 파괴되었다. 또 발전 능력의 80% 이상이 파괴되고, 귀속 사업체의 46%가 피해를 입었다.[202]

---

[199] 고 마태오 신부, 「아! 조국과 민족은 하나인데」, 중원문화, 1988, 111쪽.
[200] 이대근, '한국 전쟁과 세계 자본주의의 부흥', 〈역사비평〉, 1990년 여름 호, 155쪽
[201] 이들 월남인들의 남하 동기는 '공산당의 학정을 피해서'라고 대부분 주장되어 왔다. 그러나 실제 전쟁 기간의 월남인 발생이 많은 이유는 미국의 북한 지역에 대한 원자폭탄 투하 위협, 미군의 화학전과 세균전이나 무차별 폭격을 피하기 위해, 또 국방군이나 미군의 소개 등에 의한 인위적 월남인 양산이 가장 큰 비중을 차지했다(강정구, '해방 후 월남인의 월남 동기와 계급성에 관한 연구', 앞의 책, 103-104쪽).
[202] 박찬표, '6·25 직후의 북한과 남한', 〈역사비평〉, 1989년 여름 호, 123쪽.

1950년 12월 19일

간밤엔 수원서 어느 초라한 음식점 부엌 바닥이나 다름없는 곳에서 한밤을 드새었다. 오늘도 역시 눈 내리는 경부가도京釜街道를 달리고 있다. 아이들은 마침 무리를 해서라도 지프차에 태울 수 있어 적이 안심이나 우리들은 트럭 위에 높다랗게 실은 짐 위에서 외투 자락으로 눈보라를 막는 시늉을 하고 있다. 그러나 기차 꼭대기에 주렁주렁 매달린 사람들에 비기면 이건 또 훨씬 나은 폭이다.

- 기차 지붕마루에 올라 탄 어떤 어머니가 아이들을 줄로 묶어 차고 있었는데, 어머니 자신이 졸다가 떨어져서 아이들마저 함께 죽어 버렸다.

- 어떤 부인이 기차 지붕마루에서 해산을 하게 되었는데 일행은 이불을 펴서 바람을 가려 주노라 하였으나 엄동설한에 달리는 기차 위이므로 그 추위가 오죽 할라고. 산모는 갓 낳은 새 생명을 집어서는 차 아래로 던져 버리고 그 자리에 고꾸라져 의식을 잃어버렸다.

- 어떤 젊은 부인은 아기를 업고 죽을힘을 다해 기차 지붕마루로 기어 오르긴 하였으나 워낙 손이 꽁꽁 얼어서 마음대로 아기를 잘 추스르지도 못하였는데 얼마를 가다 젖을 먹이려고 아기를 내려다보니 이미 싸늘하게 숨이 죽어 있었으므로 이 가엾은 젊은 어머니는 그 자리에서 곧 미쳐 버렸다.

이런 가지가지 참혹한 이야기는 그 어느 하나만이라도 듣는 사람의 가슴이 미어질 노릇이건만 오늘날 이 땅엔 하도 흔한 사실들이어서 이러한 이야기를 들어도 큰 충격을 받지 않으리만큼 우리들의 신경이 무디어 버렸다. 이제 조선 사람의 생명은 버러지에나 무엇에나 비길 만큼 되었다.[203]

이렇게 전쟁은 민중의 삶을 갈가리 찢어 놓았다. 북한 당국이 인민군더러 민간인을 학살하지 말라는 경고를 계속 하부에 내렸다고는 하나,[204] 이미 비이성적인 상황은 통제 불능이었다. 지주·자본가 계급·이승만 정권의 공직자, 또 경찰과 그 가족들에 대한 보복성 학살이 주로 토착(지역) 좌익들에 의해 이루어졌고, 퇴각하는 인민군들에 의해서도 이루어졌다. 그렇게 학살된 사람들의 수는 13만여 명에 이르렀다.[205]

이승만 정권은 전쟁을 빙자하여 조직적이고 체계적이며 대규모로 남한 민중을 학살하였다. 전쟁이 일어나자 이승만 정권은 남한 전역에 비상계엄을 선포하는 동시, 각 도지사 앞으로 다음과 같은 내용의 '피난민 분산에 관한 건'을 내렸다. 정권은 민중의 '사상성'을 볼모로 잡아 생사여탈권을 휘두르겠다는 확고한 방침을 실천에 옮겼다.

- 피난민의 신분을 세밀히 조사하여, 사상 온건 자에 한해서 피난민 증명서를 교부할 것.
- 피난민 증명서 소지자에 한해서 신속한 수송 수용의 원칙을 철저히 지킬 것.
- 그리고 이들의 사상성 여부를 끊임없이 심사·감시할 것.

이 방침에 따라 경찰은 사상 전향 공작 차원에서 1949년 10월부터 11

---

[203] 김성칠, 「한 사학자의 6·25 일기 - 역사 앞에서」, 창작과 비평사, 1993, 302-303쪽.
[204] 김주환, '한국 전쟁 중 북한의 대남한 점령 정책', 최장집 편, 「한국 전쟁 연구」, 태암, 1990, 205쪽.
[205] 권영진, '6·25 살상 다시 본다', 〈역사비평〉, 1990년 봄 호, 302쪽.

월까지 대대적으로 조직하여 전국적으로 약 30만 명의 사람을 체포·구금하였다. 그러나 전쟁이 터지고 갑작스럽게 후퇴하게 되자 이승만 정권은 이들을 전격 처형했다.[206] 또 이른바 '죽음의 행진'으로 인해 수많은 청년들이 생목숨을 잃어야 했다. 이승만 정권은 1951년 1월과 3월에 걸쳐 100만이 넘는 청년들을 징집하여 이른바 '국민 방위군'을 편성하려 했다. 이들을 훈련하기 위해 후방으로 이동시키는 과정에서 정부 측은 엄청난 규모의 부정을 자행했다. 청년들을 먹이고 입혀야 할 그나마 최소한의 비용과 물자마저 빼돌리고 축소 지급하는 통에 숱한 청년들이 추위와 굶주림, 질병 속에 죽어 가야 했던 것이다. 또한 '통비분자', '적성부락'을 제거한다는 명목 때문에 전국 곳곳의 마을이 군경에 모질게 시달려야 했다. 그 이유로 숱한 민간인들이 살해, 학살되었다. 이렇게 한국 전쟁을 전후해 이승만 정권에 의해 죽어 간 민간인은 거의 100만 명에 이르렀다. 전쟁을 정권 안정의 발판으로 삼은 자들에 의해서도 죽음과 삶 사이를 오가야 했던 민중의 참혹한 하루하루란 이루 말할 수 없이 고통스럽고 참혹했다.

미군이 북한을 무제한 폭격과 전면적 파괴 상태로 몰아간 탓에 북한의 피해는 더욱 컸다. 전선이 38도선을 경계로 고착되는 1951년 여름 이후에도 공중과 해상 폭격은 계속되었고, 1951년 휴전 회담이 시작된 이후에도 북에 대한 압력 수단으로 폭격은 오히려 강화되었다. 이는 정전이 실효되는 1953년 7월 27일 오후 10시 정각의 1분 직전까지도 계속되었다. 북한의 주요 산업지대였던 원산은 무려 861일이나 계속된 함포 공

---

[206] 월간 〈말〉, 1988년 12월 호.

격과 공중 폭격으로 완전히 폐허가 되었으며, 말짱한 건물은 한 채도 없이 공장들도 땅에 묻혀 버렸다. 전쟁 초 평양의 인구는 50만이었는데 전쟁이 끝났을 때는 5만 명으로 줄었다.

평양 시내 건물이란 건물은 하나도 남아 있지 않고 모두 부서져서 허허벌판이 되어 있었다. 더구나 평양 시민들은 오갈 데가 없어 부서진 집 속에 토굴 비슷하게 파 놓고 살아가는데 마치 원시인들 같았다. 도시 전체가 완전히 빈민 소굴이오 난민 소굴이었다. 식량도 동이 날 대로 나 버렸고 비바람을 피할 천막이나 움집조차도 없었다. 굶주리고 병든 사람이 하나둘 비참한 최후를 맞이하고 있었다. …아니 살아 있는 사람도 반쯤은 죽어 있었다. …전쟁 후 원산에 들른 적이 있었는데 그곳도 평양과 다를 바 없었다. 아니 평양보다 더하면 더했지 덜하지는 않았다. …미군은 군사 시설 뿐만 아니라 민가라도 야간에 불빛만 비치면 굶주린 개가 고기를 본 듯이 공격을 했는데…(1953년 3~4월경의 평양과 원산의 모습).[207]

전쟁 초 6개월 동안 미 극동 공군 폭격 사령관을 역임한 오도넬은 맥아더 청문회에서 다음과 같이 밝혔다. 중공군이 개입하기 이전 이미 북한의 5개 주요 도시(평양, 성진, 나진, 원산, 진남포)가 철저히 파괴되었다고. "…한반도 전체, 거의 전체가 모두 두려워 할 정도로 무참히 파괴된 상태입니다. 전체가 파괴되었습니다. 말할 수 있는 정도의 것은 무엇 하나 남아 있지 않았습니다. …중국군이 오기 직전에 이미 우리에게

---

[207] 김진계 구술·김응교 기록, 「조국」 상, 현장문학사, 1990, 182쪽.

는 비행 임무가 없어졌습니다. 한국에는 이미 모든 목표물이 없어졌습니다."208 그 말처럼, 그들이 북한 전역에 쏟아부은 폭탄 수는 미군이 제2차 세계 대전 때 유럽 전체에 투하한 물량보다 많았다. 신의주 폭격 상황에 대한 증언도 남과 북을 떠나 전쟁 자체를 몸서리치게 한다.

  1950년 가을, 미군 폭격기 B-29가 80대 이상 연 사흘 신의주를 폭격하고 특히 소이탄으로 폭격하여 전 도시를, 집과 사람을 불로 태워 버렸다는 것이다. 신의주 20만 인구의 3분의 2가 타 죽고 도시의 80%가 잿더미가 되었다 한다. 문자 그대로 무차별 야만적 폭격을 하여 여자, 아이 할 것 없이 모두를 불태워 버렸다. 거기 내 작은 형님과 형수님과 철이가 불에 타 죽었다. 또 수없는 동족의 부녀자들이 불타고 내 배움의 고향이 재가 되어 없어졌다. 큰 형님 말씀이 그 불기둥으로 신의주의 밤이 붉었고 낮에도 타는 연기로 하늘이 먹구름이 되었다 했다. 이를 위해 맥아더가 한국 백성들에게 '맑은 일기'를 위해 기도하라고 했었던가 생각하니 치가 떨렸다.209

  북한의 기록에 따르면 전쟁으로 8천 700여 개의 공장과 기업소가 파괴되고 공업 생산고는 64%로 감소했다. 전력은 26%, 석탄은 11%, 제철은 10%까지 감소되었다. 농업 부문에서는 25% 이상의 농지가 피해를 입었고, 농업 생산고는 76%로 줄어들었다. 국민 경제의 피해 총액은 4

---

208 데이비드 콩드, 「한국 전쟁 - 또 하나의 시작」 2, 과학과 사상사, 1988, 376쪽.
209 홍동근, 「미완의 귀향일기」, 한울, 1988, 119쪽.

천 200여 억 원에 달했다. 이 때문에 미국이 "북한은 100년이 걸려도 두 번 다시 일어나지 못한다."고 공언할 정도였다.[210] 북한 총인구 950만 명 가운데 약 300만 명이 전쟁 사상자가 되었고, 최소한 12~15%가 죽임을 당했다.[211]

 오류와 오류를 저지르는 사람을 구별하여야 한다. 오류는 언제나 배격하여야 하지만, 오류를 저지르는 사람은 비록 그릇되거나 부정확한 종교적 개념을 지니고 있다 하더라도 언제나 인간 존엄성을 간직하고 있다. 하느님 홀로 심판자이시며, 사람들의 마음을 꿰뚫어 보신다. 그러므로 우리는 어느 누구의 내적인 죄도 판단하지 말아야 한다.[212]

휴전 반대,
여전히 아쉬운 무력 통일의 꿈

 해를 넘겨 전쟁이 계속되는 가운데 장면이 국무총리에 임명되었다. 그러자 '가톨릭이 낳은 총리 각하'에게 드리는 한 사설에서는 다음과 같이 모든 기준을 '공산주의 격멸'에 둘 것을 요구하여 전쟁의 지속을 강조하였다. "…둘째는, 진리에 살고 신앙에 사는 각하임을 믿음으로 인하여 가톨릭 정신의 현현顯現이외다. 무력으

210　박찬표, '6·25 직후의 북한과 남한', 〈역사비평〉, 1989년 여름 호, 114쪽.
211　강정구, '미국과 한국 전쟁', 〈역사비평〉, 1993년 여름 호, 211쪽.
212　「사목 헌장」 28항.

로 공산군을 격멸하고, 정책으로서 공산 제도를 타파하고 문교로서 공산 사상을 일소함이 시급한 과제이며, 이것이 아니고는 옳은 건설도 참 평화도 바랄 수가 없는 것이다."[213]

한국 전쟁이 시작된 이후 약 1년이 경과한 1951년 중반, 전선은 38도선 부근에서 다시 교착상태에 빠졌다. 현실적으로 어느 한쪽에 의한 일방적 승리란 실현 불가능한 것임이 점차 뚜렷해졌다. 이런 상황에서 휴전 교섭이 시작되었다. 휴전 교섭은 1951년 5월 말과 6월 초의 소련과 미국 간의 비밀 회담에서부터 행해졌다. 드디어 7월 10일 휴전 회담이 개성에서 개최되었다. 지긋지긋한 총성이 일단 멈춘다는 것만으로도 민중의 안도와 기쁨은 이루 표현할 길이 없었을 것이다. 참으로 파괴적이고 추악한 전쟁. 이 전쟁이 1년 사이 민족과 민중에게 얼마나 참혹한 시련을 안겨 주었는지 누구랄 것도 없이 모두가 몸서리치게 겪어 왔다. 그랬건만, 교회는 그 시점에서도 북진 통일, 앞으로 앞으로만 외치고 있었다.

…우리 전란은 이미 고개를 넘어섰다. 우리에게는 통일이 가까워 왔다. 우리에게는 희망이 가득 찼다. 지금 우리는 최악의 역경에 있다. 이보다 내리막일 수는 없다. 앞으로는 한 걸음 한 걸음 전진일 수밖에는 없다. 조금도 비관할 것이 없다. 하나씩 하나씩 건설일 수밖에 없다. 적을 마저 갈기는 동시에 생산 재건에 매진하여야 한다. …사선을 넘을 때에 조국에 바친 목숨이니 오직 하나 진리와 정의에 살 수밖에 없다. …사변 1주

---

[213] '사설 - 장면 총리에게', 천주교회보, 1951년 2월 25일 자.

년 감개가 무한하거니와 근본은 우리 모두가 의인이 되어야 할 뿐이다.[214]

천주교도 그랬고, 개신교도 그랬다. 휴전이라니! 그들은 북진 전쟁을 주장하지 않는 것은 신앙이 아니라고 아우성쳤다. 해외 교회에서 일어나는 전쟁 반대 운동에 대해서도 '미국 감리교 사회 운동자들의 무지를 탄彈함'이라는 제목의 사설을 통해, 그들이 공산주의자들의 실상을 모르고 하는 운동이라며 비판했다.[215] 이승만이야 말할 것도 없이 처음부터 휴전 교섭을 반대하고 나섰다.

휴전 회담장은 처음부터 의제 선택을 둘러싸고 갈등이 일었다. 유엔군 측은 군사적인 문제만을 의제로 채택하려 했고, 공산측은 외군 철수 문제를 의제에 포함시키고자 했다. 합의는 너무도 힘들었다. 양측이 마주 앉아 항목 하나하나에 합의하는 데 또다시 2년여가 걸렸다. 군사적 승리란 필경 누구에게나 어려운 것이었으나 전쟁은 그만큼 길어졌고 피해는 늘어만 갔다. 그러자, 행여 이대로 전쟁이 끝날까 조바심치며 휴전 반대·계속 전쟁을 고수해 온 교회는 '장기전'을 결의하고 나섰다. 온 민족이 죽어 가건 말건, 국토가 황폐화되건 말건, 중요한 건 공산주의자들의 말살이었다. 그러기 위해 전쟁은 반드시 계속되어야 한다고 교회는 주장했으니, 그 다짐은 무서우리만큼 단호했다.

214 '사설 - 사변 1주년', 천주교회보, 1951년 6월 24일 자.
215 노치준, '한국 전쟁이 한국 종교에 미친 영향 - 한국의 개신교회를 중심으로', 「한국 전쟁과 한국 사회 변동」, 234쪽.

사설 – 적침 2주년에

우리는 비상한 결의로서 장기전을 결의하지 않을 수 없는 것이니 설령 방금 암초 중에 놓인 판문점 휴전 협상이 성사된다고 현대전이 일시적 총성의 중지로서 종결되는 게 아닌 이상 우리의 싸움은 적이 국토 밖으로 패망될 때까지 나아가서는 인류악의 집단 의지인 공산주의 지배 세력이 지구 상에서 말살되는 날까지 계속되어야 할 것이며 그날이야말로 조국 통일의 날이요 민주 세계와 우리의 완전 승리의 날이다. …그러므로 우리는 오늘의 군사적 전세의 소강상태에 안착을 버리고 새로운 국면에 대처할 전의 전력을 점검하고 배양함에 있어 우리가 왜 공산주의와 '생명을 바쳐서라도 투쟁하여야 되는가'에 대한 전쟁 목적에 대한 내적 확신과 신앙심에서 오는 열의를 더욱 치성熾盛케 하여야 할 것이며….[216]

1953년에 접어들자 전쟁이 끝날 가능성이 높아졌다. 미국에서는 한국 전쟁 종결을 공약으로 내건 아이젠하워가 대통령에 당선되었고, 스탈린이 죽고 새로 등장한 소련의 지도부도 전쟁을 끝내려 했기 때문이다. 4월 26일에 휴전 회담이 재개되었다. 6월 8일 포로 송환 문제가 타결되었다. 이에 강하게 반발한 이승만은 6월 18일과 20일 사이에 2만 7천여 명의 반공 포로를 일방적으로 석방하며 '단독 북진'도 불사하겠노라 배수진을 쳤다. 이승만이 좀체 제 뜻처럼 따라와 주지 않자 미국은 그를 제거하기 위한 계획을 염두에 두기도 했다. 그러나 미국과 유엔의 이해로 보아 이승만이 계속 대통령으로 남는 것이 최선책이라는 결론이 내

---

216 천주교회보, 1952년 6월 25일 자.

려졌다. 결국 아직 남한에서 이승만 이상으로 미국의 이익을 대변할 수 있는 적절한 인물을 찾지 못한 때문이었다.[217]

휴전이 거의 마무리되고 있는데도 '그리스도인'들의 반대와 무력 통일의 꿈은 식지 않았다. 개신교인들은 휴전이란 공산주의자들이 힘이 없을 때 취하는 허위와 가장에 불과한 것이므로 우세한 무기를 가진 현재의 상황에서 무력 진압을 해야 한다고 주장했다.[218] 천주교인들도 가만히 있지 않았다. 6월 21일 부산 중앙 교회 광장에서는 부산 시내 각 교회 대표와 신자들이 모여 '멸공 통일 궐기 대회'를 성대하게 개최했다. '우리 겨레를 이대로 두 쪽으로 갈라놓고 원수와 타협하는 휴전이냐 통일이냐 하는 이 중대한 시기에 가톨릭 신자로서 나아갈 길을 분명히 하는' 대회였다. 대회는 '외적 행동과 내적 기도로 멸공전에 총진군'할 것을 결의했는데, 연사로 나선 장면은 다음과 같이 주장하였다.

가톨릭 신자들이 나아갈 길, 즉 우리에게 가장 긴급하고 심각하게 요청되는 문제는 공산주의와 어떻게 싸워 나가야 하며 공산주의자들의 잔인하고 악독한 침략을 어떻게 막음으로써 진정한 평화를 누릴 수 있는가 하는 문제일 것입니다….[219]

1953년 7월 27일 북한과 유엔과 남한을 대표한 미국 사이에 휴전 협

---

[217] 한국역사연구회 현대사 연구반, 「한국 현대사」 2, 풀빛, 1991, 119쪽.
[218] 노치준, 앞의 글, 234쪽.
[219] 천주교회보, 1953년 7월 7일 자.

정이 조인되었다. 총성이 멎었다. 이승만은 아예 휴전 협정 조인을 거부한 채 회담장에 참석하지도 않았지만, 3년여를 끌던 한국 전쟁은 끝났다. 그럼에도 휴전 협정은 교전 상태의 '일단 멈춤'을 의미했을 뿐 군사적 긴장 상태가 사라진 것은 결코 아니었다. 휴전 협정에는 한반도의 평화와 그에 바탕을 두고 민족 통일을 공고히 다져가기 위한 아무런 장치도 없었다. '준전시 상태'에서 남과 북은 제각각 체제를 다져 가야 했다. 휴전 후에도 이승만은 '북진 통일'을 절대 굽히지 않았다. '평화 통일론'을 주창하던 정적 조봉암을 빨갱이로 몰아 처형시킬 정도로 광적이었다. 반공은 더욱 철저히 그들의 정권 안보 이데올로기로 기능해 갔다.

전쟁이 민족에게 안겨 준 생채기는 너무도 깊었다. 이제 분단은 38도선 위뿐만 아니라 사람들 마음속에도 자리 잡아 갔다. 그렇게 남북 민족 분단은 고착되었고 지우기 힘든 적대감과 증오가 뿌리내렸다. 남한에서는 반공만이 유일한 구호가 되었고 이것을 부정하는 것은 결국 자기 삶 자체를 박탈당함을 뜻했다. 나라 전체가 반공의 요새요, 국민 모두는 반공의 전사가 되어 갔다. 이제 '혈육'으로서의 민족은 죽었다.

전쟁을 통해 무신론을 극복하겠다는 교회의 목적은 빗나갈 대로 빗나가, 되레 패인 골을 더욱 깊게 만들고 말았다. 북한은 "지난 3년 동안 조선 전쟁과 오늘 남조선에서 '하나님'의 이름을 걸고 미제가 감행한 무고한 인민에 대한 학살, 약탈, 방화 등 비인간적이고 야수적인 만행은 제국주의자들의 침략과 약탈에 이용되는 종교의 추악하고 반동적인 본질을 말하여 주고도 남음이 있다."고 비난하였다. 군종으로 참전한 선교사, 한국인 목사나 신부들이 북한 주민에 대한 만행이나 학살 사건에 직간접으로 가담했다는 믿음이 북한 주민들 사이에 널리 퍼졌다. 이로 인해 '반그리스도교'적 사회 풍조가 만연하였다. 이를 잘 보여 주는 사례가 해외에 나가 있던 북한 전쟁고아들의 태도였다. 부쿠레슈티, 소피아, 바르샤바 시 교외의 김일성 학원에는 7~12세의 어린이들이 분산 수용되었는데 그들이 인근 교회당의 건물을 파손하고 교직자를 모욕하는 일이 자주 발생했던 것이다.[220]

전쟁의 결과로 그리스도교에 대한 엄청난 불신이 '반미주의'와 더불어 북한 주민들 속을 파고들었다. 결국 무신론자들을 절멸시키기는커녕 더 많이 양산하는 결과가 되었다. 외세를 끌어들이고, 파괴와 살육을 명령하며 그 위에 축복을 내리는 하느님이란 대체 무엇인가? 그런 하느님, 종교는 필요치 않다는 반그리스도교 사상이 그들 마음에 널리 자리 잡게 된 것이다. 또 "전후의 피해와 잿더미로부터 전적으로 새로운 사회를 건설하지 않으면 안 되었다. 살아남기 위해서 우리에게는 무엇보다도 하나로 뭉친 국민들의 헌신과 힘이 필요"[221]했기에 전쟁 뒤 북한에서 종교는 더더욱 도외시될 수밖에 없었다. 더욱이 아래 내용처럼 그리스도교는 어느 종교보다 그들 눈 밖에 나 버렸다.

남조선에서 가장 지배적인 반동사상은 종교적 관념론이다. 종교 특히 기독교와 천주교는 남조선 인민들을 우매화하는 데 가장 '유력한' 도구로 이용되고 있다. …바티칸을 중앙으로 하는 가톨릭교는 제2차 세계 대전

---

220 정하철, '우리는 왜 종교를 반대하는가?', 김흥수 엮음, 앞의 책, 352-353쪽.
221 필자가 1989년 6월에 방북했을 때 안내원에게 '북한의 종교 탄압'에 관한 질문을 하자 그 안내원이 해 준 답변이다(문규현, 「분단의 장벽을 넘어서」 하, 두리, 1990, 191쪽).

전에 서반아의 프랑코, 이탈리아의 무솔리니, 독일의 히틀러 등 파시스트의 지지를 받으면서 그들을 적극 도왔다. 그리고 제2차 세계 대전 후에는 미제의 충복으로서 복무하고 있다. 그들은 가톨릭교도들을 동원하여 평화, 민주주의 및 사회주의를 반대하여 비방 중상하는 데 광분하고 있다. 그리고 미제의 침략 전쟁을 지지하고 그를 정당화하기에 열중하고 있다.[222]

그처럼 무력에 의한 통일과 무신론 극복이란 게 얼마나 가당찮은 희망 사항이었는지, 전쟁이란 게 얼마나 가증스러운 것인지 지긋지긋하게 체험했건만 교회가 얻은 교훈이란 지독히 편협했다. 반공과 무력 통일 의지의 강화만이 교회가 전쟁 속에서 겪은 결론이었다. "그들은 칼을 쳐서 보습을 만들고 창을 쳐서 낫을 만들리라. 한 민족이 다른 민족을 거슬러 칼을 쳐들지도 않고 다시는 전쟁을 배워 익히지도 않으리라."(이사 2,4)는 결심은 아무데도 없었다.

결국 6·25는 전화위복의 계기가 되어 준 것이다. 그동안 성직자와 교우들의 희생은 예상치 못한 교회의 발전을 가져왔고, 예기치 않았던 막대한 원조를 우방 국가들로부터 받게 되었고, 휴전선의 긴장이 해소되지 않은 지금, 우리로 하여금 철저한 반공을 하게 하는 계기를 만들어 주었고, 한편 순교자의 피는 결코 헛되지 않다는 산 교훈을 주었다. …따라서 천주님의 오묘한 섭리는 우리의 신앙심을 더욱 견고하게 해 주신 것이다.

---

[222] 변진흥, '북한의 종교 탄압 배경과 과정', 앞의 책, 812-813쪽.

6·25를 통한 이러한 산 교훈을 우연의 힘으로 돌리지 않고 신비로운 천주님의 힘으로 나는 확신한다.[223]

오늘날 한국 교회 일각에서는 전쟁 속에서 희생된 성직자들을 '순교자'로 받들어야 할 뿐더러, 이들에 대한 시성 시복 운동을 전개해야 한다는 주장이 대두되고 있다. '민족 복음화'와 '통일'을 위해 그 숭고한 정신을 받들자는 논리이다. 그러나 그것은 여전한 극우 반공 논리의 연장선이며 교회의 이해관계에만 집착하는 태도에 다름 아니다. 친일과 민족 분단 과정 속에서 교회가 보여 준 모습을 먼저 참회하여야 할 것이고, 성직자들이 죽어 간 것도 평시가 아닌 전쟁이라는 특수 상황이 먼저 고려되어야 할 것이다. 이를 인정치 않고 오직 '성직자가 죽었다'는 이유 하나만으로 과연 '순교자' 혹은 '성인' 호칭을 부여할 수 있는 것인가는 심각하게 질문하지 않을 수 없다. 헤아릴 수조차 없이 많은 이 나라 민중이 전쟁 중에 죽어 갔으니 이를 더 아프게 기억해야 할 것이다. 또 민족의 분단을 막고, 광기의 전쟁을 증오하여 제 몸을 던져 총구를 막고자 했던 그런 희생정신, '사랑과 평화, 정의를 위하여' 죽어 간 이들이 진정 순교자의 이름을 차지해야 할 것이다.

---

[223] 노기남, 앞의 책, 378쪽.

08 정교분리는 낡은 틀, '행동의 시대'를 선언한 교회

힘과 인물이 닿는 데까지…, 교회의 총체적 정치 참여

교회는 종교와 정치를 따로 구분하지 않았다. 남한 단독 정부가 수립되기까지 천주교가 보인 열정적인 활동을 결산하면서 〈가톨릭청년〉은 완벽한 멸공 통일의 길에 매진하기 위해 종교의 적극적 사회 참여와 활약을 다시금 촉구하였다.

일반은 종교라면 고색창연한 관념을 그대로 가지고 그 관념에서 일보의 전진도 없이 태반이 다 그러한 인상을 남기게 된 것은 첫째, 사가史家의 부족한 인식과 종교 자체가 너무나 명상과 반성의 상아탑 속에 들어 있었기 때문이다. 그러나 그것은 과거사이고 지금 종교는 행동을 개시하였다. 무장한 신앙의 위대성을 발휘할 새로운 세대는 도래하였다. 특히 한국과 같이 공산주의 사상으로 인하여 적지 않은 고통을 당하고 있는 나라에서의 종교의 힘은 유물론적 사상을 배격한다는 소극적 이유보다 반공의 제일선에 출전한다는 적극적 이유가 있는 것이다. 요약하면 통일 전야의 조국은 모든 것이 통일 일점一點에 응결되어야 할 것이며 민심의 귀일歸一을 꾀하기 위하여서는 무엇보다도 종교가 가지고 있는 저력을 발휘해야 할 시대임을 강조하는 바이다.[224]

이렇게 교회는 개입할 수 있는 만큼 최대한 정치에 개입하고자 하였다. 힘과 인물이 모자라 '가톨릭적 한국 정치'를 못 만들고 있을 뿐이었다.[225] 이런 교회의 수준은 다음과 같은 평가에서 단적으로 볼 수 있다.

"이때까지 한국 교회는 '애국심'을 더욱 주장했고 정치에 대한 아무런 지식이 있을 수 없었다. 교인이 국회 의원으로 선출되면 좋고 또 대통령, 부통령, 국무총리, 시장, 누구나 교인이면 좋았다."[226]

천주교는 반공을 기치로 이승만 대통령에게 전폭적 지지를 보냈다. 그러나 이승만 대통령과 천주교 신자인 국무총리 장면이 정치적 갈등을 빚자 천주교회 또한 어려움을 겪게 되었다. 이승만은 1952년 8월에 치러진 2대 대통령 선거에서 75%의 압도적 지지로 재선되었다. 이 선거에서 개신교 세력은 개신교도인 이승만을 당선시키기 위해 모든 노력을

---

[224] '머리말-종교의 저력', 〈가톨릭청년〉, 1949년 6·7월 합병 호, 1쪽.
[225] 최종고, '제1공화국과 한국 천주교회', 「한국 교회사 논문집」 1, 한국교회사연구소, 1984, 862쪽.
[226] 엄요섭, 앞의 글.

경주하였다. 개신교는 한국기독교연합회^KNCC를 중심으로 '기독교 선거 대책 위원회'를 도·군·교회 단위까지 구성했다. 또 선거 직전 주일을 '선거 기도일'로 지키는 등 조직적인 이승만 지지 운동을 벌였다.

이승만은 국무총리 장면이 자신을 몰아내고 대통령이 되려 한다며 격노하였다. 이것은 곧 천주교회와의 균열을 의미했다. 천주교 신문인 경향신문을 비롯한 천주교 전체가 장면을 드러내놓고 지지해 왔기 때문이다. 또 개신교 세력이 천주교인이라 하여 장면을 적대시하는 태도를 취하였기 때문에 개신교 세력에게 절대적으로 의지하는 이승만은 더더욱 장면을 멀리하게 되었다. 반공 전선에서는 일치단결하는 그리스도인 형제들이 권력 다툼 속에서는 갈라선 것이다.

천주교는 이승만 정권 아래 벌어진 온갖 부정부패와 억압에 대해 침묵하였다. 그러나 장면이 '본의 아니게' 이승만의 정적政敵이 되어 야당 생활을 하게 되자 천주교회도 그를 따라 움직였다. 경향신문의 논조는 점점 이승만 정권에게 비판적으로 되어 갔다. 이승만은 노기남 주교를 야당 '정치 주교'로 낙인찍었다. 심지어 경향신문에 이승만에 대한 비판적 기사가 나가면 노 주교를 불러다 호통을 치기까지 하였다. 그 절정은 1957년 10월의 만남에서 이승만이 노발대발 하며 호통을 친 데서 이루어졌다. 그는 노 주교에게 경향신문에 대한 책임을 추궁했다. "비숍 로, 요즈음 경향신문이 왜 그 모양이야? 대통령이나 행정부의 시책을 헐뜯기만 하니 웬일이야? 비숍 로가 어찌 그런 것을 그대로 두고 있는 거요?" 이승만은 제 입맛에 딱히 맞는 대답이 나오지 않자 "잘 알았다."며 그대로 나가 버렸다. 그 후로 경향신문에 대한 정부 당국의 감시와 견제는 더 심해졌다.

민중의 고통을
외면한 권력 다툼

1954년 11월 29일 이승만은 종신 집권이 가능하도록 국회에서 개헌안을 통과시켰다. 개헌에 반대하는 세력은 1955년 9월에 민주당을 창당했다. 민주당 인사들은 이승만의 자유당이나 별다를 것 없는 인물들과 이념으로 채워졌음에도 호헌과 민주주의의 명분을 독점하며 국민의 커다란 지지를 받았다.[227] 국민들은 그만큼 이승만 체제에 시달리고 있었던 것이다. 장면은 이때부터 '진정한 야당 인사'가 되었다. 1956년 5월 대통령 선거에 장면이 민주당 부통령 후보로 나서자 천주교회는 장면 당선에 공개적으로 총력을 기울였다. "교회의 관심이 전연 영적 교화에만 열중하여 지상적 현세적 생활에 관련된 것을 소홀히 여긴다고 생각해서는 안 된다."고 한 교황 레오 13세의 말도 인용되었다. 천주교인이 정치에 관심을 기울이고 유효한 영향을 주기 위해서는 "그리스도를 믿는 자들이 그리스도교적 정당을 결성하는 것도 불가능한 일이 아니다." 하는 것과, 또 한편으로는 "큰 정당에 영향을 주어 거기에 그리스도교적 이념을 주입하는 것이 극히 중요한 일"이라고도 주장되었다.

"병든 민주주의를 바로잡기 위하여 신앙 깊고 학식 넓은 장면 박사를 부통령으로!" 하는 구호가 내걸렸다. 장면은 교우들에게 출마 인사와 더불어 '약속'하는 바를 내걸었는데, '약속' 가운데는 "외국과 외교를 잘하여 국제 친선을 도모하고 많은 경제 원조와 군사 원조를 받아 남북통일

---

227 백운선, '민주당과 자유당의 정치 이념 논쟁', 「1950년대의 인식」, 95-96쪽

을 하루 바삐 성취하도록 대비하겠다."는 것도 있었다. 이런 기사들과 함께 가톨릭시보는 신문 맨 아래에 "투표하실 때는 부통령 후보자 여덟 명 중에 첫 번째로 적혀 있는 두 자 이름 '장면' 밑에 표를 찍으시기 바랍니다." 하는 친절도 베풀었다.[228]

선거 결과, 대통령에 이승만, 부통령으로는 장면이 당선되었다. 자유당 대통령, 민주당 부통령의 어색한 정권이 창출된 것이다. 교회는 장면의 당선이 '민족의 장래를 맡길 곳은 양심과 정의를 생명으로 아는 가톨릭밖에 없다고 인정'한 결과라며 기뻐했지만 이승만과의 공존과 대립에 대한 우려도 컸다. 교회는 교인들더러 민주당에 입당하여 '가톨릭 정신으로 움직이는 정당'을 만들자고 호소하였다.

들리는 바에 의하면 부산, 대구, 전주, 목포 같은 도시에서는 유능한 양심적 교우들 상당이 민주당에 입당하여 활동하므로 주민들의 기대를 받고 있다 한다. 도처에서 이렇게 양심적 교우들이 입당하여 세력을 잡는다면 가톨릭 정신으로 움직이는 정당을 만들 수 있을 것이니 유지 교우들의 생각 있기를 바라는 동시 제1차 평신도 사도직 아시아 대회의 결의 중 정치 조목을 다시 회상하자. 즉, "모든 교우는 필요한 훈련을 통하여 정치 생활에 적극 참여하되, 그리스도의 원리를 실현할 가능성이 있는 정당에 참가하여 그 실현을 촉진시킬 것…."[229]

---

228 가톨릭시보, 1956년 5월 6일 자.
229 〈경향잡지〉, 1956년 6월 호, 197-199쪽.

우려는 현실로 나타났다. 장면은 부통령에 당선된 이후 이승만으로부터 구박과 설움을 톡톡히 받아야 했다. 이는 8월 15일의 정·부통령 취임식에서부터 노골적으로 드러났다. 이승만이 내외 귀빈석의 말단에 이르기까지 참석자 모두를 소개하면서도 부통령인 장면은 빼버린 것이다. 이 같은 탄압은 계속되어 부통령 장면의 생활은 결국 유배 생활이요, '요시찰 1호'나 다름없게 되었다.

참으로 정치적인 교회

마치 대리전을 치르듯 천주교와 개신교가 정·부통령 선거에서 격돌하고, 이후 장면과 천주교회에 대한 이승만의 박대와 탄압이 노골적으로 행해지자 교회 장상들은 일정하게 노선 수정을 시도하였다. 58년부터는 민주당에 대한 공개적 지지도 철회하고 성직자들과 신자들의 공식적 선거 운동을 엄금한 것이다.

선거는 양심의 명령대로

말을 맺으려 함에 다다라, 형제자매에게 단단히 일러둘 말이 또 있다. 뭇사람을, 특히 다른 신앙을 지닌 이를 사랑과 인내로 포용하기를 바란다. 특별히 명년의 선거에 있어서는 끝까지 침착 냉정한 태도를 견지하기를 간절히 바란다. 거듭 부탁하거니와, 과격한 언행을 삼가야 하며, 아예 흥분된 감정에 좌우되지 말기를 바란다. 아무쪼록 선거법을 엄수하며, 끝까지 선거권 피선거권을 양심의 명령에 따라 행하기를 권한다.

선거에의 참여는 국민으로서의 정당한 의무이며 권리이니까, 교회로서는 어느 모로든지 이에 간섭하지 않는다. 가톨릭 신자는 국민으로서 어느 정당에든지 참가할 수 있으나, 가톨릭교회로서는 어느 정당에든지 가담하는 법이 없다. 교회는 언제든지 교회로서 국민의 공동선을 위하여 진심으로 노력할 뿐이다. 우리는 모든 성직자들의 선거 운동을 엄금하며, 또 누구라든지 교회 대표로서의 선거 운동을 엄금한다.[230]

그래도 이승만과 장면, 자유당과 민주당, 개신교와 천주교의 골은 깊어만 갔다. 1958년 9월 문교부는 서울대학교 종교학과 교수로 내정된 박양운 신부의 임명을 거절했다. 천주교 신부는 국립대학의 교수가 될 수 없다는 것이었다. 다음 해인 1959년 4월에는 경향신문 폐간 결정이 내려졌다가 국내외의 비난 여론이 일자 무기정간 처분으로 바뀌었다. 이해 9월에는 전라도의 소록도에서 나환자를 고쳐 주던 의사가 천주교인이라는 이유로 파면되었다. 천주교인에 대한 탄압 정책은 차차 자유당원을 통해 전국에 퍼지게 되었다. 이 때문에 지방에 따라 공무원이던 교우들은 혹 좌천되고 혹은 파면되기도 해 성당에 다니길 꺼려 하는 신자도 생겨났다.[231]

교황청에서까지 노 주교에게 많은 경고와 질책이 날아들었다. "경향신문을 타인에게 매도하고 신문에서 손을 떼는 것이 어떠냐?" "어찌하여 주교로서 정치에 참여하느냐?" "어찌하여 경향신문이 반정부 신문이

---

230 〈경향잡지〉, 1957년 11월 호, 390-393쪽.
231 유홍렬, 「한국 천주교회사」 下, 가톨릭 출판사, 1962, 467-468쪽.

되었느냐?" 하는 지적들이었고, 끝내는 노 주교를 '정치 주교'라고 못 박았다. 본시 정부와의 대결을 아주 싫어하고, 가능하면 그런 일을 피한다는 것이 전통적 철칙처럼 되어 있는 교황청이었다. 그러니 노기남 주교와 경향신문이 반정부 투쟁을 하고 있는 것으로 보이는 사태에 교황청은 당혹감을 느꼈을 것이다.

이승만은 교황청에 법무부 장관을 파견했다. 정치 주교 노기남을 교체해 달라고 요구하기 위해서였다. 그러자 그의 진위 여부를 조사하기 위해 포교성성 장관 아가지안 추기경이 한국에 오기에 이르렀다. 아가지안 추기경과 노기남 주교와의 면담이 이루어졌다.

"신문에서 손을 뗄 수 없겠소? 왜 가톨릭 주교가 정치에 깊이 간여하나요?"

"정치에 개입한 일은 한 번도 없습니다."

"신문으로 정부에서 하는 일들을 공격하는 것도 일종의 정치 행위요."

"어째서 그렇게만 생각하십니까. 지금 우리나라 정부에서 하는 처사들은 국민 한 사람으로 도저히 묵과할 수 없는 일입니다. …나라를 이 지경으로 만든 최종 책임은 집권자가 져야 합니다. 그러나 권력을 잡고 있는 자들이 반성하기는커녕 더욱 국민을 속이고 억압하고 횡포를 부립니다. 그들을 누가 제지하고 깨우쳐 줍니까. 오늘의 한국에서는 그 역할을 할 수 있는 것이 오로지 신문밖에 없습니다. 신문마저 침묵한다면 우리나라의 민주주의는 장송곡을 울리게 될 것이고, 절망한 국민들 속으로 공산주의의 독소가 파고들 것입니다. 그때는 자유도 종교도 전부 파멸되어 암흑의 시대로 바뀔 것이 너무나 명약관화한 일입니다. …신문이 정부를 비판하는 것은 정치라기보다 국민의 기본적인 권리를 정당하게 대변하는 것입니다. 이를 지키기 위해서라도 저는 신문에서 손을 뗄 수가 없습니다."

오랜 시간에 걸친 대화에서 아무런 결론을 얻을 수 없자, 추기경은 중얼거리듯 말했다.

"어쨌거나 교회가 반정부 단체 취급을 받아서야 되겠소." 추기경은 한국에 머무는 동안 교회의 여러 곳을 시찰했으나, 끝내 경향신문사 방문은 사절한 채 떠날 정도로 못마땅해했다.[232]

추기경이 떠나간 뒤에도 경향신문의 반정부적 논조는 변함없었다. 권력 다툼이 본질이긴 했지만, 경향신문·천주교회가 이승만과 벌이는 갈등이 국민에게는 어느 정도 신선한 자극제로 작용했음은 분명하다. 그러다 주요한이 '대통령이 잘못하면 국민이 갈아 치울 수 있다.'고 강경한 주장을 펼친 것이 결정적으로 정부의 감정을 폭발시켰다. 정부는 군정법령 88호를 적용시켜 1959년 4월 30일 경향신문을 폐간시켜 버렸다. 그러나 경향신문 폐간에 대한 다른 언론의 비난 화살과 천주교 측의 저항이 강하게 이어지고 법정에서는 폐간 무효화 조치가 내려졌다. 이에 정부는 한발 물러서 무기 정간 처분을 내렸다.

교회가 '야당'이 된 것은 권력의 주변부로 밀렸기 때문이지 이승만 독재 정치에 대한 분노와 정의감이 앞선 때문은 아니었다. 장면이라는 인물이 없었고, 설사 있었다 할지라도 권력을 장악할 만한 위치에 있지 않았다면, 아마도 교회는 어떡하든 이승만과의 협력, 친분 관계를 유지하려 했을 것이다. 교회가 외친 '민주주의', '국민의 지지에 의한 정부', '정

---

[232] 「노기남 대주교」, 370-371쪽.

의'며 '양심'이니 하는 것들은 허울 좋은 말이었다. 1961년 군부가 쿠데타를 감행하여 정권을 장악하자 교회는 이 불의한 권력을 누구보다 앞서 승인했던 것이다.

1960년 4월, 이승만과 자유당 정권에 항거하는 시위가 청년 학생층을 중심으로 전국적으로 일어났다. 결국 이승만과 자유당 정권은 몰락하였다. 부통령 이기붕은 식구들과 함께 자살의 길을 택했고, 하야한 이승만은 하와이로 망명했다. 교회 지도층들은 자유당 정권의 붕괴를 교회의 승리로 받아들였다. 총선을 통해 민주당이 압승하고 장면이 내각 책임제하 국무총리로 입각한 뒤로 교회와 국가 권력과의 유착은 매우 깊어갔다.[233]

사실 장면의 민주당과 이승만의 자유당 두 정권은 본질적으로 크게 다르지 않았다. 그들 모두는 권력 기반을 자본가, 친일 경력 소유자, 지주, 보수적 종교인, 월남인들에 두고 있었다. 그들은 단독 정부 수립 운동을 같이 벌여 분단을 촉진시킨, 분단 체제에 뿌리를 둔 극우 반공 세력이었던 것이다. 때문에, 민주당은 민주주의와 사회 개혁에 대한 국민의 열망을 채우기에는 근본적으로 한계가 있었다. 장면 내각은 친일파 관료 출신들이 대거 등용된 탓에 '친일 내각'이라는 말까지 돌았다.

장면 정권이 4·19 이후 첫 총선에서 내세운 공약에는 미국과의 군사 동맹 강화와 경제적 대미 의존 정책이 들어 있었다. 또 그들은 부정 선거 주범 처벌과 부정 축재 처리 문제를 형식적으로 처리했다. 장면 정권은 무능하고 반민중적으로 이들 문제를 처리하여 국민을 실망시켰다.

---

[233] 조광, '휴전 이후의 한국 천주교회상(1953-1962)', 〈교회와 역사〉, 제172호, 12-13쪽.

결국 장면 정권이 들어서고 4개월도 채 안 되어 실시되었던 지방 의회 선거에서 대부분의 민주당 후보들이 낙선하고 말았다.

학생들을 중심으로 민족 통일의 열기도 한껏 고조되어 반공을 생명으로 여기는 장면 정권은 위기감을 느꼈다. 장면 정권은 '반공법'과 '데모 규제법'을 제정코자 했으나 강력한 반발에 부딪혀 이루지 못했다. 장면 정권에 대한 불신이 깊어 가자 노기남 주교는 이를 방어하고자 노력하였다.

> 오늘날 우리의 궁핍한 모든 현상은 어디나 혁명 이후에는 자연히 따라오는 현상이라고 생각한다. 이러한 곤란은 정부의 탓도 아니고 국민의 탓도 아니다. 과거 자유당 정권하에서 곪고 병들었던 국가적 병세가 수술을 받고 파종을 하고 있기 때문이다. 바로 수술이 되고 깨끗이 파종이 되면 병이 나을 때가 있을 것이니 우리 국민들은 이 파종 기간에 이를 악물고 참아 나가는 수밖에 다른 도리가 없다.
>
> 제2공화국의 중책, 정권을 인계한 현 정부라든가 입법부와 사법부의 모든 책임자들이 최선을 다하여 국리민복에 힘쓰고 있는 줄로 믿고 기다리자. 전기가 안 오고 수돗물이 안 나온다고 정부를 욕하고 탓한들 갑자기 그 사정이 좋아질 리가 만무하다. 공연히 우리 마음만 불안하고 민심만 소동되기 쉬울 뿐이다. 참고 견디는 것이 오히려 어려운 이 난국을 회복시키는 데 도움이 될 수 있을지언정 불만 불평을 외치는 것은 난국 타개에 백해무익할 것 같다. 특히 우리 천주교 신자들은 이 모든 가난과 궁핍을 국가 민족을 위하여 천주께 희생으로 바치며 감수하자.[234]

이승만 정권의 독재와 부정부패에 항거한 4월 혁명의 주체는 학생들이었다. 그들은 이 위대한 혁명의 봉기자였고 추진력이었다. 4월 18일에는 고려대 학생들의 시위가 정치권이 동원한 깡패들에 의해 무참히 짓밟혔다. 다음 날인 4월 19일, 서울대 문리대를 필두로 3만여 명이 참가하는 대규모 반정부 시위가 벌어졌다. 시위대가 경무대 광장에 이르자 경찰은 학생 대열을 향해 무차별 발포를 하였다. 시민이고 어린이고 가릴 것 없이 피를 흘리며 쓰러져 갔다. 학생들이 푹푹 거꾸러지고 분수와 같이 뿜어지는 붉은 피가 이 사람 저 사람의 얼굴이며 옷을 붉게 물들였다. 현장을 목격한 한 기자는 "나는 나도 모르게 울었다. 너무나 경무대 앞 광경이 비참하여 울었다. …4월 19일 하오 1시 경, 피를 흘리며 죽어 가는 학생들의 장면을 보고는 분통과 전율 속에서 전신경이 마비되어 가는 듯해 맥없이 속으로 울었다."고 증언했다.[235]

4·19 시위 속에 천주교 신자 노두희 시몬(동국대 법대 3년)이 희생되었다. 노두희 시몬의 장례 미사에 참석한 동국대학 교학과장 이근삼 씨는 "이렇게 많은 사람이 모일 줄은 몰랐다. 그리고 이와 같이 성대한 장례식을 거행해 주니 노 군은 그래도 행복한 셈이다. 지금 서울 시내에서만도 학부형으로부터 행방불명을 호소해 오는 학생의 수는 무려 200여 명이나 되며 각 지방에서 장거리 전화로 전보로 문의해 오는 수는 헤아릴 수도 없으니…" 하고 증언하며 눈물을 흘렸다.

마산에서는 16명이 죽고 72명의 부상자가 생기는 일대 참극이 있었다.

---

234 〈가톨릭청년〉, 1961년 1월 호, 2-3쪽.
235 고영복, '4월 혁명의 의식 구조', 「4월 혁명론」, 한길사, 1983, 106쪽.

4월 10일, 제2차 마산 시위가 터져 경찰에 의한 재발포, 희생이 이어졌다. 4월 11일에는 행방불명된 학생 김주열이 마산 앞바다에서 눈에 최루탄이 박힌 시체로 떠올라 독재 정권의 포악함과 잔인함이 여지없이 폭로되기도 했다. 4월 18일, 19일…, 4월 26일 이승만의 하야에 이르기까지 독재 집단의 광기로 온 나라가 피에 잠겨 가는 동안 교회는 말이 없었다. 숨차게 돌아가는 역사의 대전환기에 교회가 그 불의를 공식적으로 고발하고 항거한 흔적은 없다. 양심과 정의를 생명으로 안다는 교회가 학생들의 행위를 격려하고 함께한 흔적은 없다. 있었다면 앞서와 같이 교회의 속내를 짐작할 수 있는 부분적인 일들이 있었을 뿐이다. "4월 혁명을 보내며 그때 우리 교회는 무엇을 하였는가. 그때 교회가 어떤 입장을 표명했는지 불행하게도 우리는 듣지 못하였다." 하는 탄식을 듣게 되었다.[236]

천주교회는 4·19가 민주 혁명으로 끝날 때까지 입을 굳게 다물고 있었다. 개신교의 경우는 더욱 충격이 커서 최후 순간까지 이승만에 대한 동정이 끊이지 않았다. 4월 26일 이승만이 하야 성명을 발표했다. 그러기까지 186명의 죽음과 6천 26명의 부상자가 발생하였다. 4월 혁명이 성공했을 때 시민 사회에는 기쁨이 넘쳤지만, 개신교회 안에는 자괴감이 넘쳐흘렀다. 천주교는 마치 제가 다한 일인 양 그 결실에 취했다.

1961년 5월 16일 박정희를 중심으로 한 일단의 군인들이 쿠데타를 감행, 정권을 장악했다. 이를 흔히 5·16이라 한다. 쿠데타의 주역들은 이

---

[236] 김승오, '민중의 부활에 동참하는 공동체', 〈생활성서〉, 1987년 4월 호, 28쪽.

를 '혁명'이라 했다. 이 쿠데타는 4월 혁명의 의의와 희망을 전면적으로 부정하며 성립했다. 쿠데타 발생 이틀 뒤, 장면은 국무총리직에서 사임한다는 성명을 냈다. 쿠데타 군인들은 자기들 행위의 정당성을 반공에서 확보하고자 하였다. 이들은 소위 '혁명 공약'에 반공을 전면적으로 내걸었다.

1) 반공을 국시의 제일의第一義로 삼고, 지금까지 형식적이고 구호에만 그친 반공 태세를 재정비 강화한다. …5) 민족의 숙원인 국토 통일을 위하여 공산주의와 대결할 수 있는 실력 배양에 전력을 집중한다.[237]

장면 정권이 집권한 지 9개월여 만에 무너지자 교회로서도 참으로 허무하고 통분할 일이었다. 과거 행적은 결국 자충수를 둔 셈이 되어 교회는 여러 가지로 위기감에 사로잡혔다. 노기남 주교는 "그러는 중 5·16 군사 혁명이 일어났다. 여당지 취급을 받아 온 경향신문의 입장은 극히 불리하게 되고 그 운명도 한층 난관에 부딪히게 되었다."[238]고 토로했다. 그래서 다른 어떤 집단보다 먼저 쿠데타 세력을 인정하고 군부에게 접근하고자 노력했다. 이럼으로써 교회는 쿠데타 세력과의 충돌이나 압력을 피해 갈 수 있었다.[239]

합법적인 정부를 판단할 유일한 기준이란 국민의 지지 여부에 있다며

---

[237] 「광복 30년 중요 자료집」, 〈월간 중앙〉, 1975년 1월 호 부록, 185쪽.
[238] 노기남, 앞의 책, 340쪽.
[239] 조광, '휴전 이후의 한국 천주교회상'(1953-1962), 앞의 책, 13쪽.

국민에 의한, 국민을 위한, 국민의 정부를 소리 높여 주창하던 교회의 그 기세는 간 데 없었다. '양심과 정의를 생명으로 안다.'던 외침도, '죽음을 두려워 않는 순교 정신'을 시위했던 것도 언제 그랬냐 하는 식이었다. '민주주의'라는 용어도 교회에서 사라졌다. 반공 때문에 '혁명'을 일으켰다는 군부를 기다렸다는 듯 다시금 반공의 기치만 높아졌다. 쿠데타를 옹호하듯, 그 입맛에 맞추듯 교회는 반독재가 아닌 반공 교육에 다시금 열을 올렸다. '반공'이라는 이 전통적 안전판은 여전히 그 가치를 발휘하여 진퇴양난 암초에 부딪힌 교회를 건져 주었다. 교회는 반공 지상주의를 다시금 전면에 내걸며 군사 쿠데타 앞에 발 빠르게 변모하고 무릎을 꿇었다. 가톨릭시보는 5월 28일 자 '군사 혁명과 반공 정책－반공은 국토 통일보다 중요하다'는 기사를 통해 쿠데타 세력을 전적으로 지원해 나섰다.

우리가 통일을 원하는 것은 국민 모두가 잘 살기 위해서인데 공산 치하에서는 잘 살 수 없으므로 군사 혁명 정부가 국시를 반공으로 삼을 것은 현명한 정책이었다. …또 이 땅이 공산화되더라도 통일이 되어야 한다든가 공산당의 음모를 알면서도 민주주의에 충실하기 위하여 언론 집회의 자유를 주어야 한다는 것은 본말이 전도된 것이다.

게다가 4월 혁명 속에 메아리친 민족 통일 운동이 공산화 음모의 일환이었다며 그를 진압한 군부 쿠데타를 치하하기조차 하였다. 뿐만 아니라 반공 국시 정책이 현명한 정책이며 그를 고무 격려한다고 했다. 나아가 쿠데타에 대한 저항이나 반발을 의식한 듯 한국 실정에서 서구식 민주주의는 의미가 없는 것으로 '경박한 생각'이라고 비난하기까지 했다.

그럼에도 불구하고 작년 4월의 반독재 혁명으로 이룩된 장 정권하에 있어서는 정치 태세의 미비와 혼란을 틈타 독재에 대한 백성의 증오심과 승리감을 교묘히 이용하여 과거의 반공 정책을 독재와 결부시켜 감정에 민감한 나이 어린 학생들과 사리 판단이 분명치 못한 일부 백성을 앞세워 공산화 운동의 무대를 확대시켜 나왔으며 결국은 국토 통일이란 국민의 열광적인 욕망에 호소하여 남북 정치 협상, 국민 협상, 언론인 협상, 심지어는 학생 협상 운동까지 이끌어 나와 공산화 운동을 실현시켜 보려던 찰나에 이번 군사 혁명이 일어난 것이다. …군사 혁명 정부는 목표의 하나로써 철저한 반공을 내세웠을 뿐 아니라 장 의장張議長이 반공을 국시의 제일로 삼겠다고 성명한 데 대하여 우리는 그 현명한 정책을 고무 격려하는 동시에, 백성은 우리나라의 실정을 돌보지 않고 선진국의 민주 정체를 그대로 도입하려는 경박한 생각을 지양해 주기 바란다.

이는 군부가 포고령을 발동하여 모든 사회단체와 정당을 해산시키고 집회 및 출판의 자유 등 국민의 기본권을 박탈하고 있음을 합리화시켜 주는 행위였다. 〈경향잡지〉는 7, 8월 호에 연이어 '공산주의의 정체를 알자', '가톨릭과 공산주의' 등의 기사를 게재했다. 그리고 쿠데타 세력의 혁명 공약이 책 지면의 한쪽을 차지하고 홍보되기 시작했다.

교회는 박정희 군사 정권을 승인했을 뿐 아니라 시책에도 적극 협조하고 나섰다. 1961년 9월 10일 간담회를 갖고 쿠데타 정권이 추진하던

'재건 국민운동 본부'에 가입, 노기남 주교를 총재로 하여 '재건 국민 동 천주교 서울교구 추진회'를 결성한 것이다. '재건 국민운동'이란 군부가 혁명 공약 제3항에 내걸었던 "이 나라 사회의 모든 부패와 구악舊惡을 일소하고 퇴폐頹廢한 국민 도의와 민족정기를 다시 바로잡기 위하여 청신한 기풍을 진작한다."는 방침을 실천하자는 것이었다. 군부는 이를 통해 쿠데타의 도덕적 정당성을 확보하고자 했다. 교회는 그해 11월에 개최된 주교회의에서 '군사 혁명 정부'의 재건 사업에 적극적으로 협력하라는 교서를 발표하였다.

…오늘날 우리 혁명 정부는 재건 국민운동을 부르짖고 국민 각자의 부정과 부패를 일소하는 정신적 혁명을 모든 국민에게 호소하고 있다. 당연한 운동이며 호소인 것이다. 재건 국민운동이 소기의 목적을 달하고 국민 각자의 진정한 정신적 혁명이 이루어지는 데는 무엇보다 신앙의 힘이 크다고 사료하는 바이다.

우리 신자들은 신앙의 정신으로 재건 국민운동에 적극 협력하라!

혹자는 왜 교회가 국민운동이나 사회사업 운동에 참가하기를 권하는가 하는 의아심을 가질지 모르나, 그러나 완전한 신앙생활은 국가사업과 사회사업에 무관할 수 없다. 사람은 영혼과 육신이 결합하여 한 인간이 되었고 완전한 인간 생활은 육체적 생활과 영신적 생활이 같이 완전한 것이 되어야만 비로소 이루어지는 것이다. …거듭 강조하노니 모든 성직자와 신자들은 영신 생활 뿐 아니라 육신 생활과 사회생활에 있어서도 어떻게 하면 우리의 각 가정생활과 사회생활이 안전하여지고 발전될 수 있을까, 연구와 노력을 게을리하지 말 것이며 상호 협조의 정신과 자력갱생의 정신을 발휘하여 이 나라 이 사회를 안전하고 윤택한 사회로 개조해 나가는 데 다 같이 나서기를 요망하는 바이다. 특히 신자 지도를 맡은 모든 본당 신부들은 주일 강론 중에서도 신자들에게 이러한 정신과 실천을 강조해 주기 요망하는 바이다.[240]

---

[240] 〈경향잡지〉, 1961년 12월 호, 642-644쪽

09 변혁의 한가운데 선 교회, 민족 통일에 대한 생각

민족 통일 운동의 새 물결, 그에 맞선 교회

북한은 전쟁 직후 열린 1953년 8월 5일 조선 노동당 제6차 전원회의에서 '평화 통일론'을 공식 선언했다. 이후에도 남한 당국이 정신을 못 차릴 정도로 지속적으로 '평화 통일' 공세를 펼쳤다. 북한 정부는 1950년대만 해도 무려 60여 회에 걸쳐 다양한 평화 통일 협상과 교류 제안을 내놓았다. 1960년 8월 15일에도 김일성은 '어떠한 외국의 간섭도 없는 민주주의적 기반하에서 자유로운 남북 총선거를 실시함으로써 조선인 자신에 의하여 완수'할 통일 방안을 내놓았다. 그것이 당장 어렵다면 남북한 연방제를 실시하자고 하였다. 이에 대하여 장면 정부는 "정부는 유엔 결의를 존중하여 한국 전역에서 유엔 감시하에 자유선거를 실시함으로써 한국 통일을 이룩하는 원칙을 고수한다."고 발표했다. 또 "과거 자유당이 주장한 무력에 의한 한국 통일 같

은 무모한 정책은 이제 폐기되어야 한다."고 선언하기도 했다.[241]

이런 상황에서 반독재 민주주의 운동으로 출발한 4월 혁명은 장면 정권이 일단 성립하고 나자 민족 통일 운동으로 방향이 급격히 옮겨졌다. 이것은 4월 혁명의 가장 큰 특질의 하나가 되었다. 남북이 분단된 지 12년, 한국 전쟁이 끝난 지 7년이 안 된 때여서 민족 통일 문제는 일단 감성적 호소력을 갖고 있었다. 4월 혁명은 분단의 영속화와 이승만의 '북진 통일론'을 거부하며 새로운 통일 방안 논의를 꽃피운 통일 운동의 새로운 전환기가 되었다.

이승만의 '북진 통일론'은 4월 혁명이 있기 전까지 남한 최고의 가치를 누렸다. 한반도를 다시금 전쟁의 불바다로 만들겠다는 이 통일론은 현실적으로 전혀 불가능한 반통일 정책이었다. 북진 통일론은 또 다양한 통일 논의와 통일 운동을 원천적으로 봉쇄하며 극우 반공 체제와 정권 유지를 꾀하기 위한 중요 수단일 뿐이었다. 휴전 이후 이승만 정권이 북진 통일론의 대안으로 내놓았던 것은 대한민국 헌법 체제하의 남북한 총선거론이었다. 자유당과 대한민국 헌법 체제하의 남북한 총선거는 북한이 응할 수 없는 억지 주장이었으므로 이는 통일 정책이 아닌 분단 영구화 정책이었다.

그에 반해 조봉암과 진보당은 '평화 통일론'을 주장했다. 한국 전쟁의 교훈과 핵의 등장, 미소 간의 세력 균형으로 남침 통일이나 북진 통일은 완전히 막혀버렸으니 통일을 안 하겠다고 하거나 방해한다면 몰라도, 민족적 지상 과업이라는 통일을 하겠다면 평화적인 조국 통일을 반대해

---

241 최봉윤, 「민족 통일 운동사」, 한백사, 1988, 120-121쪽.

서는 안 된다고 주장한 것이다. 이승만 정권은 이 평화 통일론을 트집 잡아 1958년 2월 25일 창당 15개월밖에 안된 진보당을 불법화시키고 당수 조봉암을 처형하였다.

　1960년 9월 이후 미·소·중·일의 세력 균형에 기반한 오스트리아식 중립화 통일론을 중심으로 대학가에서는 통일 논의가 활발히 진행됐다. 11월 1일에는 서울대학교 민족 통일 연맹의 발기 대회가 있었는데 당시로서는 참으로 혁명적이었고 기성세대에게 충격적 놀라움을 주기에 족했다. 그들은 발기문에서 "기성세대는 남북 양단의 도의적 책임을 통감하고 통일에 대한 젊은 세대의 정당한 발언을 묵살 또는 억압할 자격이 없음을 시인하라."고 질타했다.[242]

　우리는 제국주의자와 독재주의자에게 물려받은 유일한 유산인 소라 껍질 속의 안일을 과감히 내던지고 영원한 민족의 공생을 이념으로 하는 민족의 광장으로 – 언젠가 사랑으로 가득 찬 사람들이 환희의 함성을 하늘 높이 부르짖을 기적이 탄생할 민족의 광장으로 – 가는 길에서 우리는 만난 것이다. 우리의 조국은 완전무결한 자주독립 민주 공화국이어야 한다. 우리의 조국은 여하한 국가나, 여하한 형태의 외세에 의해서도 지배·간섭 받아서는 안 된다.

　다양한 논의와 준비를 거쳐 61년 2월에는 혁신계 정당, 학생 조직, 민주 청년 단체들, 그리고 노동조합 등에 의해 '민족 자주 통일 중앙 협의

242　서울대학교 민족 통일 연맹 발기 대회의 '대정부 사회 건의문' 1항, 「광복 30년 중요 자료집」, 181쪽.

회'(민자통)가 결성되었다. 중립화 통일론은 외세 의존적이라 하여 혁신 세력에게 비판을 받았다. 민자통은 '민족 자주 평화 통일론'을 주장했다. 민자통이 주장하는 평화 통일이란 '남북 협상의 방법으로 통일을 달성하는 것'을 말했다. "평화 통일이란 남북 협상을 떠나서는 생각할 수 없으며 협상은 상대방의 존재적 가치를 인정함으로써만 성립"되며, 민족 자주적 통일 원칙이란 "통일을 논의하는 과정에 있어서나 통일의 실현 과정에서 또는 통일 후에 있어서 여하한 형태를 막론하고 일체의 외부 세력의 개입을 배격하고 우리 민족의 운명은 우리 민족 전체의 힘으로써 해결한다는 것"을 의미했다.[243]

1961년 5월 들어 민족 통일 연맹은 판문점에서의 남북 학생 회담을 제의했다. 이를 계기로 그간 논의 수준에 머물렀던 통일 문제가 이제 운동 차원으로 한 단계 발전해 갔다. 민자통은 이 회담을 지지하여 5월 13일 '남북 학생 회담 민족 통일 촉진 궐기 대회'를 열었다. "가자 북으로, 오라 남으로, 만나자 판문점에서!" 하는 함성이 온통 들끓었다.

그 같은 학생들의 통일 논의에 대해 장면 정권이 보여 준 대응도 이승만 치하와 다를 게 없었다. 장면 정권은 유엔 감시하의 총선거만이 있을 뿐이라고 천명하고 그 외 일체의 통일 논의를 배격하였다. 심지어 오스트리아식 중립화 안조차 거부하였다. 이 같은 중립화 통일론은 공산 세력이 벌이는 침략 음모의 우회적 표현이라고 받아들였기 때문이다. 국회는 "대한민국 헌법 절차에 의하여 유엔 감시하 인구 비례에 따라 자유 선거를 한다."는 통일안을 통과시켰다. 이승만 노선이 되살아난 것이다.

---

[243] 한국역사연구회 현대사 연구반, 「한국 현대사」 2, 풀빛, 1991, 249-250쪽.

극우 반공 분단 체제의 단물에 젖어 있던 세력에게 자유로운 통일 논의란 자기들 체제의 붕괴를 의미하는 것이나 다름없었다. 천주교회 또한 반공이라는 우상과 경직된 사고에서 한 치도 벗어나지 못한 채 조건반사적으로 반통일적 태도를 보였다. '가톨릭 신자는 반공 투사'라고 주교단은 기회가 있을 때마다 강조했던 것이다.

세기의 대적 공산주의자들은 38도선 너머에 엄연히 버티고 있지 않는가. 아니! 몰래 우리 사이에 숨어서 갖은 모략을 부리고 있지 않는가. 보라! 그들은 그들 일류의 교묘 무쌍한 선전 방법과 이른바 공수표(허위 약속)로써 우리를 패망의 구렁으로 호려 가지 않는가. 가톨릭 신자는 아예 그들과는 사귀지도 말라고 가톨릭교회는 쉬지 않고 경고한다. 교황 성하께서 수차 말씀하신 바, 가톨릭 신자이면서 동시에 공산주의자가 될 수는 없는 법이다. 물이면서 동시에 불이 될 수 없듯이 가톨릭과 공산주의는 워낙 불공대천의 원수이다. 가톨릭과 공산주의는 그 사상에 있어서 정반대의 방향을 걷고 있다. 보라! 가톨릭 신자는 천주의 존재를 믿고 천주의 축복을 받아 천국에서 영원히 천주를 사랑하는 기쁨을 누릴 수 있다는 희망을 지녔지마는, 공산주의자는 천주를 믿지 않고 따라서 그들에겐 천주께 대한 사랑도 희망도 없다. 그들이 일단 권력을 잡게 되면 그들의 생리로서는 도저히 천주를 사랑하라고 또는 천주를 섬기라고 허락할 수 없게 되기 때문이다.[244]

---

[244] 〈경향잡지〉, 1957년 10월 호.

개방·쇄신의 이 신선한 바람, 제2차 바티칸 공의회

어떻게 하면 자유를 얻고, 인권을 보장받고, 물질적·경제적으로 풍요하면서, 어떻게 하면 평등을 누릴 수 있는가. 그뿐 아니라 어떻게 하면 대화를 통해 평화를 추구할 수 있는가. 이것이 제2차 세계 대전 이후 세상이 안고 있던 고민이었다. 그러나 교회는 그 같은 세상의 급속한 변화를 감지하지 못한 채, 냉전이라는 망령과 자기 담 안에 갇혀 불감의 세월을 보내고 있을 뿐이었다. 반공이라는 한마디 말 외에는 욀 줄 모르는 중증 환자 같기도 했다. 또 가톨릭교회만이 무류의 '진리'임을 여전히 고수하고 있었다.

그러나 교회가 따라오든 말든 세상은 거침없이 변해 갔다. 세상과의 사이에 세워진 높디높은 교회 담벼락 가까이 그 변화의 바람은 속삭였다. 그 굳은 벽을 허물고 이제 세상을 향해 문을 활짝 열어젖히라고. 세상 한복판에 들어와 인간 세상의 숱한 고뇌와 움직임, 그에 귀 기울이고 적응해야 할 때라고. 자신의 묵은 죄를 고백하고 더불어 쇄신되지 않으면, 교회는 한낱 화석으로 남게 될 것이라고…. 교회에게는 분명 위기의 시대이기도 했다. 칼 라너 K. Rahner는 제2차 바티칸 공의회 준비 위원회가 마련한 제안문을 검토한 뒤 다음과 같이 말했다.

이들(예안)은 모두 옹색한 스콜라 신학의 결과였다. …현대인의 마음과 정신을 읽는, 밝고 빛나는 선포의 카리스마는 보이지 않았다. 예안을 작성한 사람은 이를 전혀 느끼지 못하고 있었다. 아니, 그들은 이를 느낄 수 없었다. 어떻게 이를 느낄 수 있었겠는가? 그들은 현대인의 실제 어려움으로부터 수만 마일 떨어져 살고 있었던 것이다. …그들은 '고민하는' 무신론자들의 곤경과 신앙하기를 원하나 신앙할 수 없다고 생각하는 비그리스도인과 비가톨릭인의 고민을 한 번도 앓아 본 적이 없었다. 그들은 다만 그들이 어렸을 때 익힌 상투적 형식을 반복하고 있었다. …이렇게 옳은 상투적 형식을 반복하는 것이 무슨 큰 의미가 있는가? 도대체 누구를 위해서? 이런 형식을 어차피 이해하지 못하게 될 비그리스도인을 위해서? 도대체 무엇 때문에 이런 세목들을 반복하고 있는가![245]

라너는 준비 위원회의 제안이 90년 전 제1차 바티칸 공의회 시절을 반복하고 있다고 보았다. 그것은 현대인의 신앙과 곤경을 나누기를 거부하는 교수들의 작품, 현대 성서학과 현대 철학의 문제 때문에 불안을 느끼는 인간들의 작품, 성실하고 열심하고 개인적으로 겸손하고 헌신적이지만 현대의 상황을 모르는 게토 정신을 지닌 인간의 작품이라고 라너는 비판했다.

요한 23세는 '바티칸의 포로'로서 바티칸 구역을 벗어나지 않던 88년 동안의 교황청 전통을 깨트린 교황이었다. 그는 교황직에 오른 날부터 교황청 바깥나들이를 시작했다. 로마와 여러 도시를 거닐며 일반 시민들과 담소하거나 교도소와 병원을 방문하고 옛 친구들을 식사에 초대하기도 했다. 일반인들의 삶을 이해하려 하고 그들에게 사랑을 보여 주기를 꺼리지 않는 교황의 모습, 사실 너무도 당연해야 할 이 행동은 가히

---

[245] 이제민, '제2차 바티칸 공의회 정신에 비추어 본 한국 천주교회의 토착화 현황', 가톨릭정의평화연구소, 「제2차 바티칸 공의회 개최 30주년 심포지엄 자료집」, 1992, 17쪽.

'혁명적'으로 받아들여졌다. 사람들은 이제까지 교황이 인간이라는 사실을 잊고 있었던 것이다. 일반 대중은 자애로운 할아버지로 다가온 이 교황에게 놀라움과 함께 따스한 정까지 느꼈다.

요한 23세는 자신을 사목적 의미의 전통적 교황 명칭인 '하느님의 종들의 종'이라고 자주 강조했다. 또 세계의 주교들을 '형제'라고 불렀다. 그는 비가톨릭계 그리스도인들에게 일치와 우호적 태도를 보이며 바티칸에서 많은 종교 지도자들을 영접하였으며 그들 또한 형제라 불렀다. 더욱이 한정적이나마 공산 세계와의 대화와 관계 개선을 조심스럽게 모색해 보기도 했다. 이렇듯 요한 23세는 세상을 향해 교회의 문을 열려 하고 대화하려 하며, 교회가 변화하는 현대 사회에 적응할 수 있도록 개혁하려는 의지가 강한 교황이었다.

아주 뜻밖의 소식이었다. 요한 23세가 1959년 1월 25일에 제2차 바티칸 공의회를 소집하겠다고 공고한 것은. 정말 놀라운 소식이었다. 요한 23세의 나이가 81세로 많았고 한편으로는 대단히 보수적 인상을 주기도 했기 때문이다. 또 사실 교회로서는 공의회 소집 필요성을 별반 느끼고 있지 못했기 때문이다. 역대의 공의회가 교회 내에 어떤 큰 사건이 터졌다든지, 교리상의 중대한 도전을 받고 있다든지 할 때 그를 방어하기 위해 소집되곤 했기 때문이다. 뒷날 요한 23세조차 "누군가 나에게 넌지시 일러 준 바도 없고 보면, 나의 결정에 가장 놀란 것은 나 자신이었다."라고 술회할 정도로 놀라운 사건이었다. 공의회 소집 소식은 교황청 고위 성직자들에게는 청천벽력과도 같았고, 거의 혁명으로 들렸다. 더욱이 교황이 공의회에 동방 정교회, 영국 성공회, 개신교의 대표들을 초청하겠다고 한 발표는 보수주의자들에게 공의회 자체에 대한 의구심마저 불러일으켰다.

　요한 23세는 공의회가 교의적이 아닌 사목적 공의회가 되어야 한다고 강조하며 공의회 소집의 사목적 이유 두 가지를 밝혔다. 하나는 '교회의 재일치'(동방 교회 및 개신교회와의 일치)이고, 다른 하나는 '교회의 아조르나멘토'AGGIORNAMENTO 즉, 교회를 오늘날에 적응시킨다는 '현대화'였다. '아조르나멘토', 이는 현세에 대한 단순한 적응이 아닌 교회의 '완전한 의식 변화', 즉 쇄신을 전제로 한 것이었다. 시대에 뒤진 낡은 과거에서 벗어나 현재, 그리고 완전히 변한 주변 세계에 자신을 열어젖히고 그의 요구에 응답해야 함을 의미했다.

　공의회를 통해 너무도 큰 변화들이 이루어졌다. 그중 공의회의 기본 정신이나 고뇌가 역력히 반영되었던 것은 무엇보다 「현대 세계의 사목 헌장」(사목 헌장, Gaudium et spes)이었다. 「사목 헌장」은 교회가 진정 세상의 빛과 소금이기 위해서는 어떤 복음적 태도를 지녀야 하는가, 과거의 교회와 어떻게 달라져야 하는가를 명료하게 담았다. 교회가 지닌 인간과 세상만사에 대한 애정과 관심을 유난히 표현했고, 오직 성교회만이 불변의 진리라는 견해도 일정하게 수정했기에 공의회가 '대지진'이었던 것처럼 「사목 헌장」도 가히 충격이었다.

　「사목 헌장」은 교회가 전 인류 가족과 깊은 결합을 가지고 있다며 "기쁨과 희망, 슬픔과 고뇌, 현대인들 특히 가난하고 고통받는 모든 사람의 그것은 바로 그리스도 제자들의 기쁨과 희망이며 슬픔과 고뇌"(1항)라고 선언했다. 교황 레오 13세나 비오 11세의 사회 회칙이 다소 온정적인 태도로서 교회를 세계 '위'에 두고자 했던 반면, 바티칸 공의회는 교회를 세계 '안'에 두고자 했다. 이는 세상과 인간에 대한, 그 속의 모든 정치·

경제·사회·문화의 구조, 체제, 현상에 대한 교회의 사랑과 관심을 반영한 것이었다. 특히나 '가난한 이들'에 대한 관심은 아주 중요하게 취급되었다.

「사목 헌장」은 내세의 삶이 현세의 삶보다 상대적으로 더 중요한 것이라 했던 지난날의 사회 교리에 반해 '지금 이 세상'의 변혁에 대한 중요성을 크게 강조했다. 새로운 종말론이었다. 정의가 실현될 곳이 더 이상 하늘에만 있는 것이 아니라 '바로 이 지상에서도' 이루어져야 한다는 것이었다. 따라서 교회는 언제나 '시대의 징표'를 읽고 그에 응답하기 위해 노력할 것이 요구되었다. 신자들의 정의로운 사회 참여, 공동선을 향해 교회가 정치 질서에 대해 윤리적 판단을 내리는 것도 당연하다 했다(76항).

공산주의자들을 포함한 무신론자들, 교회의 반대자들이 왜 반교회적 태도를 취하는지 주의 깊게 경청해야 하고 대화 또한 나누어야 한다고 이야기되었다. 심지어 교회가 "교회를 반대하거나 박해하는 사람들의 반대 그 자체에서도 많은 이익을 얻었고 또 얻을 수 있다고 공언한다."(44항)라고 했으니, 불과 얼마 전만 해도 상상할 수 없었던 충격적 고백이었다. 공의회의 이 같은 메시지들은 이후 몇 해 동안 정의롭고 새로운 사회 질서를 세우는 것이 교회의 주요한 관심사가 되어야 함을 가톨릭 신자들에게 확신시키는 데 많은 도움이 되었다.[246] 교회의 현대화, 쇄신, 개방, 일치, 평등…. 그것은 결산이 아닌, 분명코 긴 여정의 서막이었다. 이제 교회는 세상 한복판에 서서, "모든 시대에 걸쳐 시대의 징표를 탐구하고 이를 복음의 빛으로 해석하여야 할 의무"(4항)에 충실해야 했다.

---

246 A. F. 맥거번, 앞의 책, 165쪽.

그를 결의했던 공의회가 각 지역 교회에 미친 영향은 이래저래 참으로 컸다.

라틴 아메리카 주교단은 1968년에 제2차 주교단 총회를 갖고 최종 결의 사항으로 '메델린 문헌'을 발표했다. 그것은 라틴 아메리카 주교단이 전적으로 라틴 아메리카의 억압받는 민중을 향해 선포한 해방의 메시지였다. 교황 바오로 6세는 주교단의 이런 결의를 찬사해 마지않았다. 라틴 아메리카 주교들은 교회가 라틴 아메리카 사람들이며 라틴 아메리카 민중의 역사에 동참하고 있으며, 그 역사를 함께 나누고 있다고 했다. '메델린 문헌'은 이미 밑바닥에서 민중과 고락을 나누며 해방 투쟁의 과정에 있던 많은 가톨릭 신앙인들에게 깊은 감동과 영감을 안겨 주었다. 로마의 아성이라 불렸던 미국 교회나 네덜란드 교회도 공의회 폐막 수년 뒤 다음과 같은 변화들을 맛보고 있었다.

…예를 들면 20년 전에는 전연 상상도 못했을 것이며, 불과 7, 8년 전만 해도 비밀에 붙여졌을 성질의 문제들이 오늘날에는 공공연한 정책 논쟁에 붙여지는 경우가 비일비재하다. 성직을 포기한 사제들의 숫자 등 통계 자료라든지 산아 제한, 성직자 독신 문제, 교황의 무류지권, 고해성사 등에 관한 여론 조사의 결과를 보면, 교회에 관한 미국 가톨릭 신자들의 이해에 대한 신속하고 광범위한 재교육의 필요성을 느끼게 된다.

…전통주의적 가톨릭 신자들은 공의회 이후의 여러 가지 변화 특히 예절상의 변화가 마땅치 않아서 노하고 있다. 그러나 무엇보다도 그들이 노여워하는 점은, 주교들이 교리나 징계 문제에 있어서 자신들의 권위를 확립하지 못함으로써 스스로의 체통을 잃어버렸다는 것이다. 그들은 생각

하기를, 누구나 제멋대로 지껄여도, 아무리 정통을 침해해도, 주교들은 거의 예외 없이 그러한 탈선을 묵묵히 참아 내고 있다는 것이다.

한편, 미국의 가톨릭 신자들 가운데는 자유에 대한 인식이 점점 제고되고 있다. 자유주의자들은 주교들이 관대하다는 말에 이견을 갖고 있다. 그들은 개인 또는 집단에 대한 주교들의 빈번한 전제적인 탄압을 상기한다. …자신의 처지를 따분하게 생각하는 신부 수녀들은 자신이 말한 서원에 구애됨이 없이 홀가분하게, 그리고 아무런 양심의 가책 없이 성직을 떠나 평신도의 생활로 들어간다. 평신도, 성직자 할 것 없이 주교의 승락 같은 것은 아예 안주에도 없이 그룹을 조직한다. 그룹을 조직하는 목적은 솔직히 정치적이다. 어떤 사람은 압력을 가하기 위해, 어떤 사람은 그들이 찬성하는 정책이나 개혁을 추진하기 위해, 어떤 사람은 성직자 독신제의 철폐를 위해, 어떤 사람들은 교회의 구조를 민주화하기 위해, 또 어떤 사람들은 미국의 월남 정책을 신중히 평가하기 위해 각각 그룹을 만든다.

이와 같이 자유스러운 발언, 자유스러운 그룹 형성에도 불구하고, 진보주의자들 역시 보수주의자들 못지않게 '불안과 불만과 노여움'을 품고 있다. 그 까닭은 그들이 주창하는 개혁이나 정책이 채택되지 않기 때문이 아니라, (아무리 정중하고 '현명한' 것이어도) 그들의 주장이 대화적인 응답을 받지 못하기 때문이다. 극히 보수적인 주교들은, 대답은 하되, 그들의 비판자들과의 대화를 통해서 대답하지는 않는다. 반대로 그들은 (논쟁조의 서간을 통해서) 신자들에게 불순명자들의 오만하고 파괴적이며, 자만에 가득한 말을 듣지 말고 '교회'와 합법적인 당국의 지도를 신뢰하라고 경고한다.

…미국의 가톨릭교회는 구원의 조직이었다. 그 신학자들은 결의론決疑

論이나 호교론을 전공했으며, 미국의 가톨릭 사상은 엄격히 스콜라적, 로마 편향적, 수세적, 반현대적인 것으로서, 거의 전적으로 미국적 현실을 외면한 것이었다. …개혁을 시사하는 사람들은 에드워드 쉴레벡스 신부의 추산에 의하면 12명의 주교 정도이고, 헬리난 대주교에 의하면 267명 중 30~40명 정도이다.

미국 교회의 가장 현저한 문제점은 그 전문가, 즉 성직자의 위기다. …153개 교구 중 110개 교구에서 지난 2년 동안 최소한 711명의 신부들이 성직과 인연을 끊어 버렸다. 현재 미국 성직자 수는 5만 9천 803명이다. 미국 가톨릭 중 수녀들은 개혁의 정신을 가장 잘 이해하여 제일 큰 발전을 이룩한 집단이다. 공의회 전부터 '수녀 자질 향상 운동'을 벌여 공의회의 변화를 잘 수용할 수 있었다.[247]

화란(네덜란드) 교회는 현대 가톨릭교회의 소세계로 주목을 받고 있다. 이곳 교회에서는 다른 어느 곳에서보다도 빨리 일이 발생하는 것 같다. …예를 들면, 화란 신학자들은 독일과 프랑스 신학자들이 동정녀 마리아의 동정성과 사실성史實性이나, 혹은 동성애의 윤리성을 다만 생각하는 데 비해서 이를 공개적으로 말한다. …제2차 바티칸 공의회 5년을 맞는 화란을 이해하기 위해서 화란이 공의회의 아이디어에 얼마나 신속히 응답했는가를 이해함으로 충분한 것은 아니다. 그들은 많은 분야에서 공의회의 이념을 선취했었다. "공의회의 문헌이 공포됐을 때 우리에게는 그것이 이미 옛 자료였다."고 프란치스코회 신부 A. J 보세는 말했는데, 그는

---

[247] '미국 교회의 고민', 〈사목〉, 7호(1968년 11월 호), 76-86쪽.

할렘 교구에서 사제들을 위한 진보 교육을 맡아 보고 있었다. "우리는 공의회 문헌에서 이미 오래전부터 우리가 계속하고 있는 전례, 선교, 에큐메니즘을 가끔 발견했다. 교회를 하느님의 백성이라고 하는 것은 우리에게는 이미 공통사였다." 이것은 많은 화란 가톨릭 신자들이 공의회 규정을 실천하는 데 왜 만족치 않았는가를 설명하는 데 도움이 된다. …그들은 신학을 그들 생활에 진지하게 반영한다. 화란의 신학화는 종종 생활의 반성인 것이다.

화란 본당 신부가 어느 부류의 사람인가를 가장 확실히 알아보는 방법은 그 본당에서 사용되는 미사 경본의 종류를 보면 아마 알 수 있을 것이다. 만일 로마에서 규정한 미사 경본을 사용한다면 그는 보수주의자이다. 아무리 현대 음악을 사용하고 엉뚱한 제의祭衣를 착용한다 하더라도 미사 경본이 로마 교황청에서 발행한 것이라면 그는 보수주의자이다. 그러나 만일 미사 경본이 국산이라면 그는 진보주의자이다. 로마의 규정을 따라 미사를 드리는 한 노인 사제는 교황의 역할에 관한 화란의 우세한 느낌을 이렇게 말했다. "화란에서는 교황의 수위권을 별로 믿지 않고 있다. 나는 그것을 믿는다."[248]

사실상 교회 개혁은 절박했다. 어떤 이들은 제2차 바티칸 공의회의 성과나 의의에 대해 다음과 같은 평가를 내리기도 한다.

공의회는 교회 내에 신속한 변화의 현상을 초래한 것이 아니라 단순히

---

[248] 파트리치오 라일리, '제2차 바티칸 공의회 5년 후 화란 교회', 〈사목〉, 17호, 45-46호.

그것과 일치하고 그것을 확인하고 거기에 일정한 자극을 주고 또 일정한 정신적·사목적 품위를 제공한 것이다. 신속한 변화는 공의회와 더불어 혹은 공의회가 없었어도 교회에 닥쳐왔을 것이다. 그러나 여기엔 큰 차이가 있다. 즉 공의회가 없었다면, 그 변화는 가톨릭 사상과 사목 실시의 현실적 혹은 주장하는 부적당성에 대한 반항으로서 대규모로 왔을 것이고, 신학적·성서적 근원을 규칙적으로 연구함과 교회의 필요와 기회를 체계적으로 재검토함에 대한 대답으로 오지는 않았을 것이다. 바꾸어 말하면, 공의회는 교회 생활에 비참한 폭발을 예방할 수 있는 - 많은 옵서버들이 생각한 바와 같이 - 심리적 안전판이었다.[249]

공의회 이후 민족 통일에 대한 교회의 생각

초기 박해기 이후 한국 천주교회는 민족과 민중의 교회랄 수 없었다. 민족의 운명과 민중의 삶의 질에 무관심했거니와, 되레 그를 질곡에 빠트리고 돌을 던지는 행위를 번번이 저질러 왔기 때문이다. 교회 전체가 예언적 소명에 투철했던 때는 사실 초기 교회가 끝이었다. 교회가 민족과 민중 앞에 제시한 복음은 봉건 왕조, 일제, 미군정, 이승만, 전쟁, 군부 쿠데타를 옹호하고 승인하는 데 쓰인 '관제 이데올로기'라고 할 수밖에 없는 그런 것이었다. 성경 구절은 그런 것들의 정당성을 확보하는 데 이용되었다. 교회의 거짓 권위와 반

---

[249] 히긴스 G, '제2차 바티칸 공의회 5년 후 미국 교회', 〈사목〉, 18호, 75-77쪽.

복음적 태도를 합리화하는 데 쓰였다. 이를 교회를 보호하고 신앙을 지키고 세를 확장시키기 위해서라고 옹호하였다.

그러나 이제 제2차 바티칸 공의회를 통해 한국 천주교회는 민족과 민중의 눈으로 자신을 성찰하고 재조명할 수 있게 되었다. 참회와 쇄신의 길을 갈 수 있는 절호의 기회를 선물로 받은 것이다. 이제 교회는 분명 제 스스로 "결점을 드러내어 하느님과 종교의 참모습을 보여 주는 것이 아니라 오히려 가려 버린"(「사목 헌장」 19항) 역사를 깊은 자성 속에 돌아보아야 했다.

제2차 바티칸 공의회를 통해 가톨릭교회는 '절대 악'이라며 그토록 증오하던 무신론자들, 반대자들과도 대화하겠다고, 믿는 사람이나 믿지 않는 사람이나 모든 사람이 더불어 살고 있는 이 세상을 올바로 건설하는 데 함께 노력한다고 '진심으로' 선언했다. 또한 겸허한 마음으로 무신론자들이 하느님을 부정하는 숨은 이유를 '그들의 마음속에서' 발견하려고 노력해야 하며, 또 그들이 제기하는 문제를 진지하게 또 깊이 검토해야 한다고 했다(「사목 헌장」 19, 21항). 이 선언들은 그 누구보다 분단 체제로 인해 고통받고 있는 한국의 천주교회에 더 진지한 울림으로 다가와야 했다. 인과 관계를 배제하고 자기 피해와 경험만을 극대화하는 형식 논리, 종교의 자유를 절대화하고, 자기 이익과 호교론 속에 갇혀 있는 교회의 모습을 진정 벗어나야 할 때였다.

한국 교회는 1962년 3월에 정식 교구로 승격되었다. 교황청의 근본 태도가 변한 것은 아니었다. 북한 체제는 여전히 부정되었다. 대한민국의 주권과 그 판도가 남북 분단 이전 상태인 한반도 전역임을 상정하고 교역을 구별하여 정했던 것이다. 이는 또 한번 "대한민국의 국제적 지위를 선양한 것"으로 바티칸이 대한민국에 대한 외교적 존경을 표시한 것이라 평가되었다. 이로 인해 '남한에 있는 북한 교회 사람들'도 새로운 기운과 활력을 얻게 되었다.[250]

평양교구장 서리 캐롤 안 주교는 이를 "크게 다행한 일"이라 했다. 또 이북에 선교와 교회 활동이 새로 열릴 날을 위해 "평양교구는 현재 17명의 신부와 60명의 수녀들이 언제고 이북으로 들어갈 수 있는 준비를 갖추고 있다."고 밝혔다. 또 함흥교구장 서리 이성도(Timothy, Bitterli) 몬시뇰도 "교황께서 종교적 생활이 흥왕하는 남한에만 제한치 않으시고 박해 중에 주교와 신부가 전혀 없는 북한의 교회에까지 미치게 하신 것은 얼른 보기에 이상해 보이나 영원한 로마는 하루살이 우리들처럼 현시 순간적으로만 생각하는 것이 아니고 오직 먼 장래까지를 내려다보고 계신 좋은 표"라며 "교황의 이 선포에 감사하는 가장 좋은 방법은 북한 교회가 아무쪼록 다시 회복되어 북한 교우들의 영혼을 구제해 줄 수 있는 시기가 속히 오기를 열심히 기구하는 것"이라고 했다.[251]

한국 천주교 주교회의는 1965년 2월에 열린 주교회의를 통해 한국 전쟁 발발일인 6월 25일 다음 주일을 전국적인 '침묵의 교회를 위한 기구의 날'로 제정했다. 이어 6월에 열린 주교회의에서는 '침묵의 교회를 위한 기도문'도 채택하였다. '침묵의 교회'라는 표현이 쓰이기 시작한 것은 1953년으로 거슬러 올라간다. 이때는 동구와 중국의 공산화 과정에서

---

[250] '사설 – 북한 교우들의 지위, 한국 가톨릭 교계 제도 확립은 국토 통일의 의욕을 주고 있다', 가톨릭시보, 1962년 6월 17일 자.
[251] 가톨릭시보, 1962년 7월 1일 자.

교회가 수난을 겪고, 스탈린 시대 말기 소련은 다시 새로운 종교 박해의 징후가 표출되던 시기였다. 이를 우려한 교황 비오 12세가 원죄 없으신 잉태 교리 규정 100주년을 기념하여 반포한 회칙 「Fulgens Corona」(영광의 빛나는 화관)에서 '침묵의 교회'를 처음 언급하고 전 세계 교회에 그것을 위한 기도를 당부하였다. '침묵의 교회'란 '철의 장막'에 갇힌 수난의 교회라는 의미를 담고 있다. 이와 함께 교황 자신이 '침묵의 교회를 위한 기도'를 제정하기도 했는데 1957년부터 한국 교회에서도 권장되었다. 그리고 한국에서는 1965년에 구체적으로 북한 교회를 대상으로 새로이 기도문을 만들었다.

침묵의 교회를 위한 기도문

순교자의 왕이신 예수여, 신앙의 자유를 잃은 침묵의 교회, 더구나 북한의 형제들이 주의 이름과 성교회에서의 사랑과 충성으로 말미암아 극심한 박해를 받으며 신음하고 있나이다. 우리가 오늘날 저 시달리고 굶주리는 형제들을 위하여 간절한 기도와 희생을 바치오니 어여삐 여기시고 저들에게 빛과 힘을 주시어, 모든 유혹과 시련을 이겨 나가게 하소서.

은총의 샘이신 예수여, 저 형제들이 미사에 참여하지 못하고 성사의 혜택을 받지 못함을 애통이 여기나이다. 주여 비오니, 저들을 위하여 친히 성전과 제단이 되시어, 주의 은총으로 저들의 영혼이 굶주리지 않게 하시며, 상처 입은 마음을 위로하여 주소서.

사랑의 왕이신 예수여, 저 형제들과 우리를 믿음과 사랑으로 맺으시어 모든 고난 속에서 서로 돕고 사랑하는 마음을 가지게 하시며 주의 은총

안에 하나가 되게 하소서.

　평화의 주이신 예수여, 견디기 어려운 저 시련의 날을 하루 속히 끝나게 하시고, 주를 핍박하는 자들도 바른 길로 돌아오게 하시어, 모든 이가 자유로이 주를 섬기며 주의 이름을 찬미하며 다 함께 모여 살 수 있는 행복을 누리게 하소서. 아멘.

　○ 순교자의 모후여
　◎ 침묵의 교회를 위하여 빌으소서.
　○ 천상의 모든 성인 성녀여
　◎ 침묵의 교회를 위하여 빌으소서.
　○ 순교하신 우리 선열들이여
　◎ 침묵의 교회를 위하여 빌으소서.[252]

　제2차 바티칸 공의회의 가르침에 따라 교회는 이제 정부 당국이나 교회 자신에게 북한과의 진지한 대화, 민족 통일에 관한 진지한 사색을 해야 할 때라고 권고했어야지 않을까? 38도선을 사이에 둔 팽팽한 긴장과 적의를 풀고 화해와 평화, 일치의 한길로 새 걸음을 내딛어야 할 때라고 성찰했어야지 않을까? 이 시기 한국 교회 공동체가 읽어 내야 할 '시대의 징표'는 과연 무엇이었고, 예언적 소명은 무엇이었을까? 바로 분단 체제와 불의한 권력을 거부하고, 그로 인해 희생을 당하고 있는 민중의 고통에 마음과 몸을 담그는 일이었을 것이다. 교회는 형제적 사랑이 아니고서는 결코 무신론을 없앨 수도 없고 고칠 수도 없다(「사목 헌장」 21항)

---

[252] 〈경향잡지〉, 1965년 8월 호, 383-385쪽.

는 것을, "성령께서 하느님만이 아시는 방법으로 모든 사람에게 이 파스카 신비에 동참할 가능성을 주신다고 믿어야 한다."(22항) 한 것을 깊은 이해와 실천으로 옮겼어야 했다.

쿠데타로 정권을 장악한 박정희 군부는 '선건설 후통일'의 논리를 펼쳤다. 정치·경제·군사·사상 등 모든 방면에서 남한이 우월해져야 하고, 그를 바탕으로 한 '남한식 흡수 통일'만이 온전한 통일이라는 주장이었다. 그런데 교회는 반공 정권이라며 초반부터 군부에 대한 지지를 명확히 했었다. 이런 교회가 제2차 바티칸 공의회의 정신을 한국 교회와 민족 공동체에 조금이라도 구현하기 위해서는 군부 정권과 일정한 긴장 관계를 가지지 않을 수 없었을 것이다. 군사 정권은 아주 소박한 제안조차 반정부며 용공 좌경으로 몰아붙이고 있었기 때문이다. 「사목 헌장」에서는 "분명히 수많은 환난 가운데에서 악을 거슬러 싸우고 죽음까지도 겪어야 할 필요와 의무가 그리스도인을 재촉하고 있다."(22항)고까지 하였다. 교회는 이 가르침을 어떻게 받아들였을까? 안타깝게도 한국 천주교회가 이 가르침에 진지하게 다가간 흔적은 없다.

공의회 이후에도 한국 천주교회는 민족 통일을 적에게 점령당한 땅덩이의 재탈환 정도로 인식했다. 그날을 위해 교회가 할 일이란 정권의 방침과 구호를 열심히 따라가는 것이었고, 잃어버린 교구를 재복구하기 위해 성직자와 수도자들을 부지런히 양성하는 것이었다. 또 '어둠의 세력'이 하루 속히 몰락하기 위해 부지런히 기도하는 일이기도 했다. 1966년 9월에 함흥·덕원교구 서리 이성도 몬시뇰이 보인 견해는 교회가 가진 그런 식의 통일관을 뚜렷이 보여 주었다.

북한 수복의 준비를 서두르자

…그러기에 남북통일의 민족적 소망을 고무하고 통일의 민족적 권리를 재강조하면서 해마다 뉴욕에서 열리는 유엔 총회도 언제나 남북한의 통일 문제를 중대한 의제로 삼고 있는 것입니다. 우리나라 정부 고위층에서도 최근에 정일권 국무총리와 이동원 외무부 장관이 국회에서 두 개의 한국이란 개념을 다시금 부정하는 한편, 먼저 남한의 경제 부흥을 성취한 후 1970년대에 새로운 힘으로 강력히 통일 운동을 전개해야 할 것이라고 설명하였습니다. 우리 가톨릭 신자들은 동족으로서만이 아니라 가톨릭 신자로서 북한에서 박해를 당하는 형제들에게 참된 신앙의 자유를 가져다줄 남북통일의 날을 학수고대하는 것입니다. 그날을 위해서 우리는 오늘부터 준비를 서둘러야 하겠습니다. 준비의 한 가지 구체적인 방법은 두말할 나위도 없이 북한을 위한 성직자 양성입니다. 북한이 해방되는 날 우리는 북한에 남아서 박해를 당하던 형제들을 다시 불러 모으는 일 외에 공산주의 때문에 온전히 신앙을 잃어버린 동족 대중에게 그리스도의 복음을 새로이 전해 주는 포교 사명을 책임져야 하겠습니다.[253]

1969년에 박정희는 3선 개헌을 실시, 장기 집권 체제의 발판을 확고히 구축했다. 한편 1960년대 말부터 세계는 냉전에서 풀려 가고 있었다. 베트남전의 늪에서 허우적대던 미국이 결국 위신에 중대한 손상을 입은 채 손을 뗄 것을 선언했다. 70년 2월에 닉슨은 중국과의 화해와 수교를 목표로 한 서신을 모택동에게 보냈고, 71년 7월에는 키신저를 북경에 보

---

[253] 「한국 천주교 통일 사목 자료집」 1, 사람과사람, 1992, 77-78쪽.

냈다고 발표해 세계를 놀라게 했다. 이런 국외의 흐름은 남북한 또한 평화 공존을 위한 대화의 필요성을 갖게 했다.

대한 적십자사는 북한 적십자사에게 이산가족 재결합을 위한 회담 개최를 제의하였다. 드디어 1971년 9월 20일 판문점에서 회담이 성사되었다. 휴전 이후 남북 양측이 만난 것은 처음이었다. 양측은 이산가족과 친지들의 생사 확인 및 주소 파악 등 실질적인 문제에 대한 토의를 하자는 데까지 합의하였다. 그러나 북측이 제안한 남한의 '법률적·사회적 장애 제거' 즉, 반공법과 국가 보안법 철폐와 반공 기관 해체 및 그 활동의 중지 등에 대한 견해 차이로 결렬되고 말았다. 남측은 그런 문제는 정치적인 것이고 내정 간섭이라고 반박하며 거부했다.

1971년 12월 6일 박정희는 비상사태를 선포했다. 대내외 위기에 봉착한 정권을 무조건의 탄압과 족쇄로 안정시키려는 시도였다. 그 와중에 1972년 5월 2일부터 5일의 3일 동안 중앙정보부장 이후락이 비밀리에 판문점을 넘어 평양을 방문했다. 또 북한의 박성철 제2부수상 또한 비밀리에 5월 29일부터 6월 1일까지 서울을 방문했다고 이후락은 밝혔다.[254] 이 같은 상호 방문의 결과, 남북한 정부는 1972년 7월 4일 서울과 평양에서 역사적인 7·4 남북 공동 성명을 발표하기에 이르렀다. 아래와 같은 '자주·평화·민족 대단결!'이라는 조국 통일 원칙이 합의된 것이다.

첫째, 통일은 외세에 의존하거나 외세의 간섭을 받음이 없이 자주적으로 해결하여야 한다.

---

254 최봉윤, 「민족 통일 운동사 : 민중적 통일 운동의 전개를 위하여」, 한백사, 1988, 136-138쪽.

둘째, 통일은 서로 상대방을 반대하는 무력행사에 의거하지 않고 평화적 방법으로 실현하여야 한다.

셋째, 사상과 이념, 제도의 차이를 초월하여 우선 하나의 민족으로서 민족적 대단결을 도모하여야 한다.

이야말로 민족사에서 큰 사건이요 경사였다. 위 민족 통일 3대 원칙은 오늘날까지도 남북 모두 조국 통일의 원칙으로 수없이 언급되고 있다. 이를 계기로 '북괴'라는 호칭이 '북한'으로 바뀌는 등 남한에서는 전반적으로 반공 이데올로기가 약화되는 듯도 했다. 7·4 남북 공동 성명은 민족 통일에 대한 열망으로 가득해 있던 한국 국민뿐만 아니라 전 세계로부터도 환영을 받았다. 놀라움과 기쁨, 탄성이 그칠 줄 모르고 거의 모든 각계각층이 남북 공동 성명을 지지했다. 일본·미국 등지의 해외 동포들의 기쁨도 마찬가지였다.

그러나 온 민족이 환호하는 이 뜻깊은 사건에 주교단은 침묵했다. 주교단은 끝내 교회의 공식 입장을 밝히지 않았다. 안동교구의 두봉 주교 홀로 "기쁘고 고맙다."며 그에 관한 자신의 심정을 밝혔을 뿐이다. 두봉 주교는 민족의 통일을 위해 먼저 우리 자신의 내적인 쇄신을 위해 노력하자고 강조했다.

남북 공동 성명을 듣고 우리 모두는 놀랐습니다. 이것은 잘 믿어지지가 않을 정도로 충격적인 사실이었습니다. 몇 년 안에는 통일이 되지 않겠는가 하고 큰 희망을 품는 낙관적인 사람이 있는가 하면, 우리가 속고 있다고 비판적인 견해를 갖는 사람도 있습니다. 이런 기회에 나는 정치적인 면을 떠나 한 사람의 종교인으로서 종교 지도자의 한 사람으로 생각나는 몇 가지를 밝힐까 합니다.

첫째, 기쁘고 고맙다는 것입니다. 서로 한 형제들임을 절감하고 대화를 갖는다는 것은 하느님 대전에 좋은 일이라 생각합니다. 남북 어느 쪽이든 사상이 어떻든 간에 우리로서는 한 형제들임엔 틀림없습니다. 한 겨레이며 한 하느님 백성이니까 말입니다. 예수 그리스도께서는 원수까지도 사랑하라고 하셨습니다. 그것은 원수에 대한 따뜻한 애정을 느껴 보자는 것보다 악을 악으로 이기려는 생각은 말아야 된다는 것입니다. 왜냐하면 악에서 선이 나올 수 없기 때문입니다. 악을 이길 수 있는 것은 선밖에 없습니다. 남북통일 문제도 어떻든 간에 악으로는 해결할 수 없음을 우리가 분명히 알고 있습니다. 하여튼 평화적 방법에 의해 통일하겠다는 것을 기쁘게 생각하고 전적으로 찬성하며 환영하는 바입니다.

둘째, 그러나 북한에서는 정치의 자유, 사상의 자유, 종교의 자유 등이 없다는 것을 우리가 잊어선 안 될 것입니다. 그것은 슬프기 짝이 없는 북한의 실정인 것입니다. 통일한다고 해서 우리 생명보다 더 귀중한 우리의 자유, 이념, 이상을 희생시킬 수는 없습니다. 북한에서는 교회나 사찰, 종교 행사나 의식은 찾아볼 수가 없습니다. 이유는 종교인들이 후세만을 이야기하며 현세의 물질적인 발전을 반대하고 있다고 칼 마르크스는 주장하였기 때문입니다. 이북 동포들로 하여금 보다 넓은 시야를 갖고 인간으로서의 근본적인 자유를 누리고 살도록 해 주는 것이 우리의 책임이라고 생각합니다.

셋째, 그러나 또한 남북이 가까워질수록 우선 우리부터 고쳐야 할 점이 많다는 것을 잊어서는 안 됩니다. 우리가 상대편의 사상이라든가 사회 제도까지 바꾸어야 할 것이라고 생각한다면 먼저 우리 스스로가 우리 자신을 재검토하여 불순한 요소를 제거해야 되겠습니다. 즉, 바꿀 것은 바꾸고 고칠 것은 고쳐서 그들로 하여금 아무 말 못하고 승복하도록 해야 할 것입니다. 한마디로 표현한다면 우리부터 쇄신하지 않으면 통일이 되지 않을 것입니다.

우리 한국에서 손대야 할 것은 너무나 많습니다. 소위 부정부패는 뿌리째 뽑지 않으면 안 될 것입니다. 우리 사회의 평가 기준을 계속 돈으로만 한다면 통일은 이루어지지 않습니다. 뿐만 아니라 만일 빈부의 극심한 차이를 없애지 않으면 자칫 적화가 될 위험도 있다는 것입니다. 공산당의 역사를 보더라도 부정부패, 금전만능, 빈부 차이가 있는 데서 공산주의가 싹튼다는 것을 알 수 있습니다. 자칫 잘못하면 우리 사회가 공산 사상이 번질 온실이 될지도 모릅니다.

남북 공동 성명을 계기로 해서 우리는 한층 양심적이며 정직하게 살기로 다짐해야 하겠습니다. 그것은 인간적인 도리와 본질을 바탕으로 하여 서로 대화하고 노력해 간다면 통일에의 길은 한층 우리들 가까이 다가올 것이기 때문입니다. 이러한 것이 통일할 수 있는 유일한 길이라 믿습니다. 정의 없이는 평화가 없습니다.[255]

가톨릭시보는 이례적으로 7·4 공동 성명이 그리스도 정신에 합치된다고 지지하면서 침묵하는 교회 당국을 강력히 비판했다. 1972년을 '정의와 평화의 해'로 설정한 교회이건만 그에 합당한 경이적 사건이 민족

---

[255] 1972년 7월 12일, 「한국 천주교 통일 사목 자료집」 1, 81-83쪽.

에게 다가왔음에도 묵묵부답으로 일관하고 있음에 대한 질타였다.

7·4 남북 공동 성명을 우리는 진심으로 환영한다고 본란은 명백하게 말한 바 있지만 우리는 이 환영의 뜻을 재확인하는 바이다. …7·4 성명이 발표된 지 거의 스무날이 지난 오늘까지도 안동 두 주교의 메시지 외에는 교회 당국의 공식적인 발언이 전혀 없다. …참된 평화와 일치는 희생과 인내와 사랑이 필요하고 올바른 대화는 자기 인격의 완성과 상대 인격의 존중을 전제하는데 어찌 교회의 사명이 중요하지 않겠는가? 하물며 한국 주교단에서는 금년을 '정의와 평화의 해'로 설정하고 교회의 사회 참여를 실천하기로 했다. 그런데 지금에 와서 실질적으로 행동화해야 할 순간이 왔을 때 막상 퇴각해 버리는 격이 아닌가 심히 우려되는 바이다. 과거 36년의 왜정 때 우리나라의 해방과 독립을 위해 가톨릭은 소극적인 태도를 취해 왔던 그 타성이 아직도 남아 있는 것이 아닌가 하고도 생각하는 바이다. …이럴 때 한국 주교단은 긴급회의라도 소집할 수 있지 않았을까? 비록 이 회의에서 아무런 성명이나 아무런 메시지가 발표되지 않았다 하더라도 그것은 바로 국가 운명에 대한 교회의 관심을 표명하는 좋은 계기가 되지 않았을까 생각되는 것이다. 이러한 행동이 교회의 사회 참여의 첩경이라 우리는 생각하고 있는 것이다.[256]

그러나 온 국민의 설렘과 희망도 잠깐이었다. 가까스로 희망이 보였던 평화 통일의 길은 산산이 짓밟혔다. 박정희는 곧 유신 체제를 선포하

---

[256] '7·4 성명과 교회', 가톨릭시보 1972년 7월 23일 자.

였다. 2개월 동안 헌법 일부 조항의 효력까지 정지시키는 비상계엄을 선포하였다. 명분은 '조국의 평화 통일을 위해서'였다. 그는 1972년 10월 17일 발표한 '특별 선언문'에서 "나는 평화 통일이라는 민족의 염원을 구현하기 위하여 우리 민족진영의 대동단결을 촉구하면서, 오늘의 이 역사적 과업을 강력히 뒷받침해 주고 민족 주체 세력의 형성을 촉성하는 전기를 마련하기 위해" 비상조치를 내린다고 했다. 그리고 "조국의 평화 통일을 지향하는 헌법 개정안을 공고한다."고 했다. 허나 평화 통일을 소리 높였음에도 '북괴'라는 표현이 재등장하고 북한에 대한 공격적 표현이 집중적으로 강화되었다. 참으로 가증스런 노릇이었다. 조국 통일에 대한 민족의 간절한 염원을 산산이 짓밟으며, 그를 역이용해 종신 집권 체제를 구축하려는 시도였다. 박정희는 그해 말에 단독으로 대통령 후보에 출마하여 제8대 대통령에 당선되었다.

10
고난 속에 새롭게 탄생하는 교회

암울한 시대, 눈물과 희망

"나는 이집트에 있는 내 백성이 겪는 고난을 똑똑히 보았고, 작업 감독들 때문에 울부짖는 그들의 소리를 들었다. 정녕 나는 그들의 고통을 알고 있다. 그래서 내가 그들을 이집트인들의 손에서 구하여, 그 땅에서 저 좋고 넓은 땅, 젖과 꿀이 흐르는 땅, 곧 가나안족과 히타이트족과 아모리족과 프리즈족과 히위족과 여부스족이 사는 곳으로 데리고 올라가려고 내려왔다." (탈출 3,7-8)

1960~70년대에 치러진 경제 개발 계획은 경제 성장률을 한껏 높이며 소위 '한강의 기적'을 이루었다. 그러나 이것은 '선성장 후분배'의 논리가 관철된, 철저히 저곡가와 저임금 정책에 기반을 둔 것이었다. '고도성장'만을 앞세우며 정부가 노동자·농민·빈민에게 가한 희생은 너무 컸다.

1960년에서 1975년까지 약 700만에 이르는 농촌 인구가 도시로 흘러들어 왔다. 이 엄청난 인구 이동은 농촌 경제가 파탄했기 때문이다. 그들은 도시 변두리 지역에 광범위한 '달동네'를 형성했다. 이제 도시 빈민이 된 이들은 비참하고 불안정한 상태에서 저임금 노동자층을 형성하였다. 정부는 또 저임금, 고성장을 유지하기 위해 노동자들의 불만이 폭발되지 못하도록 극도로 통제했다.

1970년 11월에는 평화시장 노동자 전태일이 노동자의 기본권 보장을 요구하며 분신자살하는 사건이 터졌다. 이 사건은 많은 사람들에게 지울 수 없는 충격을 안겨 주었다. 전태일이 죽기 전에 자신이 일하던 평화시장 노동자들을 대상으로 조사한 노동 조건에 따르면, 재단사의 96%가 하루 13시간에서 16시간까지의 과중한 노동을 하고 있었다. 또 상당수가 기관지 계통의 질환과 신경성 위장병에 걸려 있는 것으로도 나타났다. 그들 대부분은 나이 어린 여성 노동자들이었다. 자신 역시 가난한 노동자였으나 전태일은 그들 노동자들의 비참함에 한없이 안타까워하며 그들과 함께하려 애썼다. 노동청을 상대로 작업 환경 개선을 요구하는 진정서도 제출했으나 아무 반응이 없었다. 그에 항의하고 사회에 알리기 위해 전태일은 혼자 농성을 시작했다. 경찰이 그를 제지하자 전태일은 "근로 조건 개선하라." "내 죽음을 헛되이 하지 말라."라고 외치며 휘발유를 온몸에 끼얹고 불을 그었다. 참으로 기막힌 이 죽음 앞에서, 세상의 빛과 소금이라는 교회는 역시 아무 말이 없었다.

또 하나의 충격적 사건은 1971년 8월의 경기도 광주대단지 사건이었다. 광주대단지 주민들은 서울 청계천 일대 등의 도시 재개발 사업에 밀려 그곳에 이주촌을 형성한 도시 빈민들이었다. 거의 강제적으로 쫓겨나 허허벌판인 광주에 천막을 친 주민들은 그곳에서 굶주림과 실업에 허덕여야 했다. 1971년 8월 정부의 천대와 무관심에 응어리진 분노가 결국 폭발하여 3만여 주민들이 '대폭동'을 일으켰다. 토지 불하 가격 인하, 세금 면제 등을 내건 시위는 경찰차를 방화하기까지 이르렀다.

 비록 빙산의 일각 같은 두 가지 실례이긴 하지만, 전태일 분신자살 사건과 광주대단지 사건은 강요당한 벼랑 끝 삶과 생존권에 대한 민중의 요구가 얼마나 처절한 것인가를 상징적으로 보여 주었다. 경제 성장의 현란한 구호 뒤에 가려진 가난과 희생, 억압의 그늘이 대단히 넓고 깊은 것임을 일깨워 주었다. 또 '성장과 안보'라는 딱지만 갖다 붙이면 무슨 일이든 합리화되고 정당화되던 당시 사회의 가치관에 심각한 의문을 던져 주기도 했다. 인권과 정의, 민주주의의 실현이 더욱 절실하고 절박한 과제로 되었다.

 벼랑으로 내몰리는 절박함만큼 생존권과 기본권이나마 확보하려는 민중 운동이 격렬하게 터져 나왔다. 노동 운동도 활발해졌다. 여기에는 종교계의 지원과 노력도 가세했다. 특히 개신교의 도시산업선교회의 활동이나 크리스천 아카데미 활동은 노동 운동에 많은 지원과 격려가 되었다. 가톨릭노동청년회(JOC, 가노청)의 활동 또한 억압받는 노동자의 편에서 불씨를 지피고 힘이 되어 주었다.[257]

 경제적 파탄을 가장 크게 겪고 있음에도 그저 감수해야 했던 농민들도 70년대 들어 자기 목소리를 내기 시작했다. 무엇보다 가톨릭농민회

---

257 천주교정의구현전국사제단(사제단), 「한국 천주교회의 위상 - 70년대 정의 구현 활동에 대한 종합과 평가」, 분도출판사, 1985, 197-245쪽 참조

(가농)의 구실이 컸다. 1972년 새롭게 운동 방향을 정립하고 조직을 정비한 가농은 1970년대의 농민 운동을 주도적으로 이끌면서 농민 운동의 고양에 커다란 영향을 미쳤다. 또한 크리스천 아카데미의 농민 교육 프로그램도 1974년부터 1979년에 이르기까지 거의 1천여 명에 이르는 농민 운동을 위한 인적 자원을 육성하여 농민 운동의 역량을 강화하는 데 이바지하였다. 이 시기 대부분의 농민 운동은 거의 이들 종교 단체에 의해 이뤄졌다.[258]

제2차 바티칸 공의회는 인간의 존엄과 현세에 대한 깊은 관심을 촉구했다. 그러나 이후 한국 교회는 이 같은 시대 상황을 능동적이고 진지하게 수용하고 있지는 못했다. 그럼에도 이 '코페르니쿠스적 전환'에 버금간다는 바티칸 공의회 정신을 개별적으로나마 공부하고 수용, 실천하는 주교·신부·수도자·신자들은 있었다. 1968년의 '강화도 심도 직물 사건'은 교회 안의 그런 움직임들이 처음으로 사회 현실과 맞부딪힌 사건이었다.

천주교 인천교구 강화도 본당 주임이며 가노청 지도 신부였던 선교사 전 미카엘 신부는 가노청 회원들에게 공의회 문헌을 설명하고 격려했다. 가노청 회원들은 1967년 5월 14일 심도 직물에서 노조를 결성했으나 회사 측은 계속해서 노조 활동을 방해했다. 노조 분회장이 해고되고 노조원들이 연행되었다. 연행된 노조원들은 대부분이 천주교 신자들이었다. 강화도 성당은 노조원들의 집회 장소로 제공되었다. 사건은 강화도 지역 전체로 번져 강화도 21개 직물업자협회는 "우리 업자는 천주교

---

[258] 한국역사연구회 현대사 연구반, 「한국 현대사」 3, 풀빛, 1991, 215쪽.

JOC 회원은 누구든 앞으로는 고용하지 아니한다." 등의 결의를 했다. 경찰과 업자들은 전 미카엘 신부를 공산주의 사상의 소유자로 몰아붙였다. 천주교 신자인 노조원들에 대한 사용자 측의 탄압은 가중되어 각서를 받는가 하면 13명을 해고하기까지 했다.

천주교에 대한 노골적인 탄압과 거부에 직면한 교회는 강화도 천주교 신자 고용 거부 수습 대책 위원회를 구성했다. 주교단은 두 차례의 성명서를 통해 이 사건에 대한 견해를 발표했다. 투쟁 기간 중 각 교구에서 많은 기도와 헌금이 보내졌다. 여론의 관심도 지대해서 69회나 크게 보도되었다. 교황 바오로 6세는 국무성 장관을 통해 한국 주교단에게 격려와 치하의 서한을 보내기까지 하였다.[259] 교회의 총체적 대응에 의해 결국 강화도 직물업자협회가 해명서를 발표하며 사과하였다. 또 노조도 외형상 원상회복됨으로써 사태는 수습되었다. 교회의 승리였다. 사건은 비록 호교론적 차원에서 진행된 것이긴 했지만, 교회가 사회 현실의 내면을 조금이나마 들여다볼 수 있었고 고통받는 민중과 함께한 '최초'의 사건이었다. 사회와 민중과 함께하려는 교회 한쪽의 고뇌와 노력이 조금씩 드러나는 계기이기도 했다.

1971년 10월 5일부터 연사흘 동안 전개된 원주교구 신자들의 부정부패 추방 운동은 교회 안팎에 커다란 충격을 불러일으켰다. 여전히 자기 울타리 안에서 안일과 불감의 세월을 보내고 있던 교회에 각성과 자각의 화살을 꽂은 사건이었다. 원주교구와 5·16 장학회가 공동 투자하여 설립한 원주 문화방송 내부가 부정과 부패로 얼룩져 있음에 항의한 것

---

259 「한국가톨릭인권운동사」, 명동천주교회, 1984, 55-56쪽.

이다. '부정부패 뿌리 뽑자', '사회 정의 이룩하자'는 게 이 운동의 구호였다. 더구나 시위와 농성에 원주교구장 지학순 주교가 앞장섰기에 파문이 컸다. 원주교구는 이 농성 끝에 상설 기구인 '사회 정의를 위한 투쟁 위원회'를 결성하기도 했다.

이 운동에 대해 평가가 엇갈렸다. 세상의 빛과 소금으로 자처하는 교회의 사회 비판 기능이기에 당연한 행동이라는 반응이 있는가 하면, 성직자의 본분을 넘어선 비현실적 태도라는 여론도 있었다. 그러나 어찌되었든 사회 각계에서 이를 지지하고 호응하였다. '한국 크리스천 사회 행동 협의회' 소속 신부와 목사들이 부정부패 추방을 위한 침묵시위를 벌이기도 했고, 개신교 새문안 교회, 광주 대건신학대생들도 규탄 대회와 시위를 가졌다. 신부, 목사와 신·구교 활동 단체 50여 명은 10월 15일에 부정부패를 추방하고 사회 정의를 구현하는 데 교회가 해야 할 일을 찾는 '사회 정의 실현 연구 세미나'를 열었다. 이 세미나는 원주교구 신자들의 부정부패 추방 운동에 맞추어 사회 정의 구현에 교회가 할 수 있는 예언자적 몫을 찾아보려는 것이었다.

원주교구는 일약 정의 평화 운동의 중심이 되고 뉴스의 초점이 되었다. 보수와 소극의 상징으로 여겨 온 천주교에서 벌인 이 움직임을 온 사회가 놀라운 눈으로 지켜보았다. 지 주교가 가는 곳에는 언제나 관심과 감시의 눈길이 동시에 따랐다. 지 주교는 '법의 질서'가 있고 '조직적인 악의 질서'가 있다며 당시 사회상을 통렬히 비판했다. 그는 "이런 악의 조직이 도사리고 앉아 권력자에게 이유 있고 정당한 항의를 하여도 이것을 반정부니 반국가니 하며 면직, 처벌 등 생존의 위협을 주니 민중은 점점 비굴해져서 옳은 말 한마디도 못하고 있을 뿐 아니라 권력자의 말이라면 번연히 틀린 것인 줄 알면서 '옳습니다.' '지당합니다.' 하는 비열한 민족을 만들고 있다."고 질타했다. 그렇기 때문에 그는 권력의 들러리가 된 야당에 기대서는 안 된다고 주장했다. 나아가 "민중의 올바른 힘을 모아 떳떳한 민주적 힘의 집단체로서 필요시에는 민중의 힘을 과시하며 정치인들이나 기업인들의 횡포를 최대한도로 막고 이 나라의 주권을 보호하는 견제 세력이 있어야 하겠다."고 주장했다.

지 주교는 부정부패 추방 운동 이후에도 지속적으로 반유신 운동에 관심을 기울였다. 교회 안팎의 민감한 반응이 당연히 예상됨에도 불구하고, 주교인 그가 왜 그토록 적극적이고 헌신적으로 사회 참여에 뛰어들었을까? 그 신학적 배경은 무엇일까? 사람들은 이 점을 궁금해했다. 지 주교는 자기 행위의 신학적 근거를 다음과 같이 얘기했다.

종교란 원래 인간에게 악을 제거하고 행복하게 해 주려는 데 근본 목적이 있다. 물론 그리스도교에 있어서는 이것이 종말론적 의미에서야 그 완성을 볼 수 있다고 한다. 그러나 현세에서도 상대적으로 이 과업을 수행해 나가야 할 중대한 의무가 있다는 것을 교회는 늘 강조하고 있다. 특히 우리 가톨릭교회에서는 근년에 와서 사회 정의, 인간의 기본 권리, 인간의 생존권, 인류 공동 유대 관계 등 직접적 사회 문제를 취급하며 교회는 이런 것을 인류에게 올바로 가르쳐야 하며 교회는 자기의 이러한 사명을 다하기 위하여 사회에 침투해야 하며 위정자들은 교회의 이 올바른 가르침을 들어야 한다고 호소하고 있다. 제2차 바티칸 공의회의 「현대 세계의 사목 헌장」이라든가 그를 전후해서 나온 교황들의 모든 교서는 모두 이런 내용들이다. 지금도 바로 로마 교황청에서는 세계 주교 대표자 회의에서 사회 정의 문제를 토의하고 있다.

…세계적으로 인정받는 가톨릭 주교라는 지위에 있는 내가 이렇게 노골적으로 부패 분자들이 자행하는 불의를 당했는데 일반 서민들이야 오죽하겠는가. 억울한 무수한 서민들을 대표해서 교회가 힘 있게 일어서야 할 때가 왔다고 생각했다. 이것이 교회가 자기 사명을 다하는 길이다. 도시 주변의 하수구와 같이 권력층에 썩은 물이 범람하는 꼴을 보고도 말 못하는 교회라면 교회는 죽은 교회라고 생각했다. 정의가 완전히 무시되고 조직적 악의 세력으로 조금도 주저 없이 선민을 밟아 버리는 그들 앞에 행동만이 있을 뿐이다.[260]

1971년 8월의 광주대단지 사건 뒤 10월에는 서울 일대 대학가에 위수령이 발동되었고, 시위 주동 학생 174명이 제적되었다. 12월 6일에는 '국가 비상사태'가 선포되었다. 살얼음 정국이 내뿜는 한파는 교회에도 불어닥쳤다. 서울대교구가 발행하는 월간 잡지 〈창조創造〉 1972년 4월 호가 중앙정보부와 경찰에 의해 판매 금지되고, 편집 인쇄인인 유봉준 신부를 비롯한 관계자들은 중앙정보부에 연행되어 심문을 받는 사건이 터진 것이다. 〈창조〉 4월 호는 담시譚詩 '오적五賊'으로 유명해진 시인 김지하의 장시 '비어蜚語'를 25쪽에 걸쳐 게재했는데, 그 내용이 '상부'에서 크게 문제가 됐다는 것이다.

시판된 〈창조〉 4월 호는 경찰에 의해 창조사와 전국 각 서점에서 일

---

[260] 원주교구 부정부패 추방 운동에 대해 지학순 주교가 〈창조〉, 1971년 12월 호에 '부패의 실상과 사회 정의'라는 제목으로 실은 글, 「한국가톨릭인권운동사」, 67-74쪽.

제히 압류되었다. 또 창조사의 발송 대장에 따라 전국 독자들에게 우편 발송된 것과 증정된 것도 모두 회수하도록 조치되었다. 이 같은 조치가 있자 선의의 많은 독자들은 책을 돌려주기도 하고, 혹은 돌려줄 근거가 없다며 회수를 거부하기도 했다. 이 사태 이후 유봉준 신부가 사표를 냈고, 김지하와 친분 관계가 있던 각계 인사 및 학생들이 연행, 심문을 받는 등 교회 안팎을 착잡하게 하였다. 그중 박상래 신부(가톨릭대학 신학부 교수)도 4월 4일 피정 지도 중 모 기관에 연행돼 심문을 받았다. 또 4일 밤 9시경에는 학교 안에 김지하가 숨어 있다며 경찰이 가톨릭대학 신학부의 교내 수색을 요구, 학교 측과 실랑이를 벌인 끝에 박상래 신부 방만을 수색하는 지경까지 이르렀다.[261]

군사 독재 정권의 혹독한 억압은 날이 갈수록 극악해졌다. 교회 자체가 무언가 변하지 않으면, 일대 쇄신의 계기를 갖지 않으면 도태되고 말 것이라는 위기감도 팽배했다. 신자 증가율이 그를 웅변했다. 1950년대의 연평균 신자 증가율은 16.5%였다. 57년에는 17.59%였고 58년도에는 24.18%였다. 그러나 60년대에 들어와서는 그 증가율이 급속하게 떨어졌으니, 연평균 신자 증가율이 6.2%에 지나지 않았다. 특히 1970년에는 신자 증가율이 1.17%에 지나지 않아 형편없었다. 1971년에는 0.29%로 인구 자연 증가율에도 미치지 못했다.[262] 이렇게 천주교회는 '매력'과 '호감'을 주는 종교이지 못했다. 어떤 의미에서건 사람들에게 '구원의 교회'로 다가가고 있지 못했다. 마치 일제 시대를 방불케 하는 상황이었다.

---

[261] "창조 '비어' 파동 – 각계 인사들 연행", 가톨릭시보, 1972년 4월 16일 자.
[262] 조광, 「한국 천주교 200년」, 햇빛출판사, 1989, 106쪽.

교회가 친일의 길을 걸으며 민족의 고통을 외면하던 시기, 민중도 교회를 외면했던 그런 상황이 다시 벌어지고 있었다.

현세에 대한 교황청의 관심은 급속도로 진전하였다. 레오 13세의 「새로운 사태」 이래 요한 23세의 회칙 「어머니요 스승」, 「지상의 평화」와 특히 「현대 세계의 교회에 관한 사목 헌장」, 바오로 6세의 회칙 「민족들의 발전」은 '사회 교리'에 새로운 전환점을 안겨 주었다. 더욱이 1971년에 열린 세계주교대의원회의 제2차 총회에서 발표한 문헌 「세계 정의」는 하나의 이정표가 되었다.

1967년에 발표된 「민족들의 발전」에서 교황은 민족들의 발전은 교회의 중대한 관심사라고 했다. 특히 기아와 빈곤, 질병과 무학無學에서 해방되려고 노력하는 민족들, 인간의 자질을 보다 적극적으로 향상시키고 좀 더 문명의 혜택을 입기 바라는 민족들, 굳은 결의로서 완전한 발전을 성취하려고 노력하는 민족들의 발전에 관해 교회는 깊은 관심을 가진다 하였다(1항). 교황 바오로 6세는 빈곤한 약소민족들의 불균등과 지위 향상을 위해 형제애와 보편적 사랑의 실천을 촉구하면서, 그가 이런 문제에 관심과 애정을 기울이게 된 동기를 다음과 같이 말했다(4항).

본인은 교황이 되기 전, 1960년의 남미 여행과 1962년의 아프리카 여행을 통하여 육체와 정신의 힘이 풍부한 그들 대륙이 겪고 있는 심한 곤경을 직접 볼 수 있었다. 교황에 선출되어 모든 이의 아버지로서 팔레스티나와 인도에 갔을 때, 옛 문화를 지니고 있는 그들이 스스로의 발전을 위해서 얼마나 무거운 짐을 지고 얼마나 어려운 일을 하는지 내 눈으로 보고 내 손으로 만지듯 느낄 수 있었다. 그뿐 아니라 제2차 바티칸 공의회가 끝날 무렵에, 하느님께서 환경을 마련해 주시어, 유엔 총회를 방문할 수 있었으며 거기서 본인은 빈곤한 민족들의 실정을 공적으로 탄원할 수 있었다.

나아가 바오로 6세는 공의회의 요청도 실천하며, "하느님의 백성 전체를 움직여 시대적 사명감을 체득케 하여 빈곤한 사람들의 발전을 증진시키며 국가 간에 사회 정의를 고취시키는 한편, 저개발 국가에 원조를 제공하여 그들 자신이 스스로의 발전을 촉진할 수 있도록" 노력하는 임무를 맡기기 위해 '정의평화위원회'를 교황 직속 기구로 두었다(5항).

「세계 정의」에서 주교들은 "폭력에 짓밟히고 불의한 조직과 기구에 희생당하는 사람들의 울부짖는 소리를 들으며, 동시에 스스로의 부패로 창조주의 계획을 거역하는 세계의 호소를 듣고, 세상 한가운데서 가난한 이들에게 복음을 전하고 억압받는 사람들에게 자유를 주며 고민하는 사람들에게 기쁨을 주어야 할 교회의 사명을 우리는 다 함께 자각하였다."고 고백했다. 이 자각은 "세계를 근본적으로 뒤흔들어 놓는 희망과 충동"이거니와, "복음의 역동적인 힘과 무관한 것이 아니다."라고 하였다. 더욱이 "정의를 위한 행동과 세계 개혁 활동에의 참여는 복음 선포의 본질적 구성 요소임이 명백하다!"고 선포했다. '본질적 구성 요소'란 과연 무엇인가 하는 해석을 둘러싼 논란이 지속적으로 일긴 했으나, 현대 사회 교리에서 가장 적극적인 진보를 이루는 대목이었다. 특히 이 가르침은 개발 도상국에 강력한 충격을 끼쳤다. 이 문구를 통해 제3세계의 구조 악과 투쟁하는 교회들은 자신들 행위와 신념의 정당함을 확인했다. '본질적 구성 요소'란 표현은 교회의 변화에 중요한 공헌을 하였다. 즉 교회의 사회 참여에 대한 관점을 크게 바꿔 놓은 것이다. 처음에 자선하는 마음에서 정의 분야에 뛰어든 교회는 이제 "이웃에 대한 그리스도인의 사랑과 정의는 서로 분리될 수 없다. 사랑은 이웃의 존엄성과 권리를 인정하라는 정의의 절대적 요청을 내포하기 때문"이라고 하기 시작했다. 나아가 "오늘날 이 세상에 살고 있는 인간의 전인적 해방을 위하여 몸 바칠 것"이 복음을 전해야 할 교회의 사명이라고 선언했다. 진실로 교회의 구원 사업은 사회 정의와 사회 참여를 떼어 놓고 생각할 수 없다는 깨달음이 보다 철저해지고 있었던 것이다.

한국 교회 안팎의 흐름은 보다 치열한 방향에서 사회 정의 구현을 향해 나아가고 있었다. 암울한 시대에 교회가 사회 정의 활동에 활발하게 참여해야 한다는 교감과 정서가 물 밑에서 뚜렷하게 만들어지고 있었던 것이다. 수녀들이 그를 단적으로 보여 주어 주목을 끌었다. 전국의 젊은 수녀들은 한국 교회가 모름지기 사회의 정신적인 지도자로서 하느님 나라의 역사를 위해 잘못되어 가는 현상들을 과감하게 지적하고 비판할 수 있는 적극적인 자세가 필요하다고 주장하였다. 소극적이고 은둔적이던 수녀들의 종래 이미지와는 달리 진취적인 면을 보여 준 것이다. 이 같은 사실은 1972년 8월 수녀 연합회가 교황청의 요청을 받고 전국 각 수녀회 수련자들과 젊은 수녀(서원한 지 2년 이내 해당자) 약 200명을 대상으로 실시한 설문에 나타난 결과들이었다. 질문 내용은 교황청 수도회 및 재속 단체 성성에서 현대의 수도자 양성을 위해 직접 작성해 보낸 것으로, 1) 예수 그리스도, 신앙과 교회 2) 사회 3) 수도회 4) 인격 5) 양성 등 5개 부분이었다.

실태 조사를 종합한 결과 먼저 수녀들은 그리스도는 '기도와 사랑을 실천할 때' 만난다고 말하고 "한국 교회는 강한 조직력을 갖고서도 지도층과 평신도들이 소극적이고 개척 정신이 희박하여 사회에 그 영향력을 미치지 못하고 있다."고 지적하였다. 그들은 사회 정의 구현 운동에 교회 전체가 움직이지 못하는 교회 실정을 안타까이 생각하고 있었다. 또한 이들은 몇몇 사목자들에 대해 "애덕보다는 법적인 면에 치중해 있어 다분히 직업적"이고 심한 경우는 "신비체 의식을 망각한 본당 왕국의 분쟁을 초래하고 있다."고 교회의 각성을 요구하였다. 이어 그들은 물질 만능주의로 인한 정신적 결핍과 윤리관의 타락, 지나친 현실주의 등이 수도 생활에 방해가 되는 요인이라고 지적하였으나, 반면에 이러한 현상들이 수도자의 성숙을 강화하는 요인이 되기도 한다고 주장했다. 수녀들은 전례 쇄신이 가장 시급한 문제이며, 교회 내 지도자와 평신도의 재교육을 실시하여 보다 적극적이고 과감하게 사회 정의 실현에 교회 전체가 솔선수범해야 한다고 지적했다. 결론적으로 수녀들은 수도자들의 복음 증언의 가장 효과적인 방법은 사회 정의 참여라고 역설하였다.[263]

1972년 선포된 박정희 유신 체제는 가공할 폭력과 공포 정치를 확대 재생산해 갔다. 1973년에는 야당의 주목받는 지도자였던 김대중이 도쿄의 한 호텔에서 납치되어 죽음 직전 구출된 사건이 터졌다. 서울 법대 최종길 교수는 중앙정보부에 끌려가 의문의 죽음을 당하였다. 고문치사임이 명백했지만 정부는 그가 자살했다고 발표하였다. 국회는 권력의 들러리에 불과했다. 이렇게 숨 막히는 탄압에도 불구하고 저항의 대열은 끊이지 않고 살아났다. 이에 동참하려는 교회 내적 요구도 팽배해 갔다.

1973년 2월 25일부터 27일까지 전국 19개 수녀회의 장상들이 '사회의

---

[263] '정의 구현 과감해야 - 각 회 수녀들 촉구', 가톨릭시보, 1972년 9월 4일 자.

식 계발 세미나'를 가졌다. 세미나에서 장상 수녀들은 현 한국 사회의 교회·정치·경제·근로자의 실태를 올바로 파악, 사회의식을 높이고 복음 정신에 입각한 사회 정의 실현에 적극 참여할 것을 다짐하였다. 또 "복음 정신에 입각한 참다운 수도자로서의 기도 생활과 함께 사회 정의 구현을 위해 수녀들에게 부여된 시대적 사명을 재확인"하기도 했다.[264] 지학순 주교와 김지하 등은 '민주 수호 국민 협의회'를 구성, 활동을 벌였다. 12월에는 김수환 추기경을 비롯한 재야인사 30여 명이 시국 수습 건의문을 채택하면서 '개헌 청원 100만 인 서명 운동'을 정식으로 전개하기 시작했다. 박정희 정권은 더욱 위기감을 느낄 수밖에 없었다. 특히 이 시기에는 개신교의 인권, 민주화 운동이 활발히 전개되었다.

제적과 투옥의 십자가를 지면서도 유신 체제 철폐를 위한 대학가의 항거 또한 계속되었다. 광주 대건신학생들도 11월 18일 사회 정의를 강력히 요구하고 교회 내의 혁신을 촉구하였다. 학생들은 동시에 오늘날 이 같은 상황은 신학생 자신들에게도 책임이 있다고 자성했다. 그래서 신학생 자신들의 회개와 속죄의 뜻으로 전교생 164명이 삭발하며 교회 내외의 불의를 고발하고 부정 타파에 앞장설 것을 다짐하기도 했다. 그러자 학교 당국은 학생들의 이 같은 '사태'가 가라앉을 때까지 임시 휴교키로 하고 학생들 전원을 귀가 조치시켰다.[265] 11월 22일에는 신·구교 학생회 지도 성직자 공동 주최 '구국 기도회'가 서울에서 열렸다. 그들은 구속 학생 석방과 학원 사태 정상화 및 민주주의 실현을 기원했다.[266]

---

264 '정의 구현에 적극 참여, 수녀 장상 사회의식 계발 세미나서 다짐', 가톨릭시보, 1973년 3월 4일 자.
265 '대건신학생들 삭발', 가톨릭시보, 1973년 11월 25일 자.

12월 3일 서울 가톨릭대학 신학부는 최근의 학원 사태에 대비하여 학기말 시험을 무기 연기한다고 공고했다.[267]

더 극단의 처방이 필요하자 박정희는 1974년 들어 긴급 조치를 무려 1호부터 9호까지 선포해 댔다. 긴급 조치 9호는 '긴급'이라는 말에 걸맞지 않게 4년이나 지속되었다. 이른바 '긴급 조치 시대'였다. 반대자들에 대한 투옥과 고문이 일상화되었고, 긴급 조치 1, 4호 위반자 203명 거의 전원이 5년 이상의 중형을 선고받았다. 무기·사형도 쏟아져 나왔다. 203명 중 대부분의 사람들이 긴급 조치 발효 이전의 행위가 소급되어 처벌을 받았다. 이 과정에서 인간의 존엄이니 인권이니 하는 개념은 아예 발붙일 자리가 없었다.

정의구현사제단의 결성,
이제 민족·민중과 함께 기쁨과 슬픔을

"주님께서 나를 보내시어 가난한 이들에게 기쁜 소식을 전하고 잡혀간 이들에게 해방을 선포하며 눈먼 이들을 다시 보게 하고 억압받는 이들을 해방시켜 내보내며 주님의 은혜로운 해를 선포하게 하셨다."(루카 4,18-19)

1974년 7월 6일, 이날은 한국 천주교회가 크나큰 고뇌와 전환점에 선

---

266 '신·구교 합동 기도회', 가톨릭시보, 1973년 12월 2일 자.
267 가톨릭시보, 1973년 12월 9일 자.

날이다. 해외에서 돌아오던 지학순 주교가 공항에서 중앙정보부로 바로 연행되는 사건이 일어난 것이다. 교회가 지학순 주교의 연행을 공식으로 확인한 것은 김수환 추기경이 7월 8일에 중정에 가서 지 주교와 면담을 하면서였다. 7월 10일 주교회의가 열렸다. 중앙정보부에서 주교회의 중지를 요구하고 박정희가 추기경을 면담하고 싶어 한다는 뜻을 전해 왔다. 김수환 추기경은 주교회의를 강행한 뒤 청와대로 가 박정희를 만났다. 1시간 반가량 계속된 대화에서 박정희는 정치 사회 문제에 대한 교회의 관여를 못마땅해했고, 김 추기경은 그러한 관여는 교회가 신앙상 당연히 해야 할 일이라는 취지로 교회의 사회 참여를 설명했다.[268]

성직자와 수도자, 신자들은 정의 평화를 위한 기도회를 밤낮으로 곳곳에서 개최하였다. 정부는 지학순 주교가 반정부 용공 학생 조직인 '민청학련'에 자금을 제공하고 내란을 선동하였으며 정부 전복을 도모했다며 기소하였다. 일단 석방된 지학순 주교는 강론을 통해 독재 권력을 향해 죽음을 각오한 결연한 투쟁을 선언했다. 그러나 지학순 주교는 8월 12일 1심에서 징역 15년을 선고받아 법정에서 구속되었다. 각 교구별로 지학순 주교를 위한 기도회가 개최되었다. 지학순 주교는 아래와 같은 양심선언을 통해 유신 체제가 얼마나 폭력적인 군사 독재 정권인지를 드러냈다. 그리고 그러한 체제하에서 '그리스도인으로 산다는 것이 과연 무엇인가'를 웅변하기도 하였다.

1) 소위 유신 헌법이라는 것은 1972년 1월 17일에 민주 헌정을 배신적

---

268 「김수환 추기경, 로마에서 명동까지」, 규장각, 1987, 252쪽.

으로 파괴하고 국민의 의도와는 아무런 관계없이 폭력과 공갈과 국민 투표라는 사기극에 의하여 조작된 것이기 때문에 무효이고 진리에 반대되는 것이다.

2) 소위 유신 헌법이라는 것은 국민의 불가 양도의 기본 인권과 기본적인 인간의 품위를 집권자 한 사람의 긴급 명령이라는 단순한 형식만 가지고 짓밟는 것이다. 이래서는 인간의 양심이 여지없이 파괴될 것이다.

3) 본인이 위반했다고 기소된 소위 대통령 긴급 조치 제1호, 4호는 우리나라의 오랜 역사상 가장 참혹한 기본권 유린의 하나이다. 이것들은 소위 유신 헌법의 개정을 청원하거나 건의하는 것을 금지하고 그러한 청원이 있었다는 보도도 금지하며 대통령 긴급 조치 그 자체에 대한 불만이나 반대 의사조차 말 못하게 하며 이러한 금지 조항을 위반하면 종신 징역 또는 사형에 처할 수 있다는 것이다.

4) 그들이 본인이 범했다고 기소한 또 하나의 죄목인 내란 선동은 본인이 그리스도교 정신을 올바로 가졌기 때문에 억압받는 청년에게 그리스도교적 정의와 사랑의 운동을 하라고 돈을 준 사실에 대하여 갖다 붙인 조작된 죄목이다.

5) 본인을 재판하겠다고 하는 소위 비상 군법 회의는 그 스스로 법과 양심에 따라 독립하여 재판할 수 없는 꼭두각시이다. 저들은 지금 수많은 정직한 사람들을 투옥하고 처형하는 데 있어서 비상 군법 회의라 불리는 형사 절차의 이름을 빌리고 있는 것이다. 울부짖는 피고인들의 목소리는 밖으로 알려지지 않는 반면 통제된 신문들, 통제된 방송들, 통제된 텔레비전들에서는 소위 검찰관의 증거 없는 주장

만이 사실로 나타나고 있다.²⁶⁹

　원주교구 내 성골롬반외방선교회 소속 선교사들은 지학순 주교가 석방될 때까지 이발과 면도를 하지 않기로 결의하였다. 이들 선교사들은 1975년 2월 17일 지학순 주교가 석방될 때 히피처럼 덥수룩해져 지 주교를 맞기도 했다.²⁷⁰ 김수환 추기경은 지 주교와 고통 중에 있는 정의로운 사람들을 위한 미사 강론을 통해 지 주교 사건이 "오늘날 우리 교회의 쇄신을 위해 큰 반성의 계기"가 되었다고 하였다. 그는 덧붙여 "이는 특히 교황 성하의 성년 선포 교서에서 오늘날의 교회가 가장 긴급한 관심사로 지적한 사회의식을 우리는 정말로 가졌는가, 우리는 이웃에 대한 관심과 사회의식을 정말로 가졌는가를 반성하는 계기가 되었습니다. 또한 우리는 사회에 대한 우리의 책임을 다했는가를 반성하고 우리 주교들과 성직자, 평신자 모두가 이 기회에 자신의 신앙생활을 깊이 반성해 보도록 촉구하는 계기가 되었습니다."고 하였다.

　지학순 주교 구속 당시 주교를 잃은 원주교구 사제, 신자들이 지학순 주교의 행방과 재판 진행, 건강을 알아보기 위해 서울로 분주하게 다녔으나 어느 누구 한 명, 어느 단체 하나 책임 있게 답해 주지 못했다. 때문에 효율적인 대응의 필요성과 그러한 대응 활동을 적극적으로 전개해 나갈 주체의 필요성이 갈수록 높아졌다. 각 교구별로 기도회가 있을 때마다 깊이 대화를 나누었던 사제들은 지 주교 사건을 종합한 뒤 이를 '1)

---

269 「한국가톨릭인권운동사」, 119-120쪽.
270 '뜨거운 환성 속에 힘찬 포옹', 가톨릭시보, 1975년 2월 23일 자.

지학순 주교의 문제는 교회 전체의 공동 과제로 삼아야 한다. 2) 주교단의 공식 태도 표명이 있어야 하고 우리의 갈 길이 제시되어야 한다.'는 식으로 의견을 모았다. 1974년 8월 26일 인천교구 사제단 주최의 '지 주교를 위한 기도회'에서 '기도하는 전국 사제단'의 이름으로 첫 성명이 발표되었다.

성명서에서 사제들은 지 주교의 양심선언을 적극 지지한다는 것과, 대통령 긴급 조치 제2호(비상 군법 회의 설치)를 즉각 해제하고, 투옥 중인 지학순 주교를 비롯해 목사, 교수, 변호사, 학생 등을 즉각 석방하라는 것과, 이 땅 위에 민주주의가 회복되고 인간 존엄성과 기본권이 보장될 때까지 사제단은 주교단 사목교서 내용을 준수하며 사태의 진전을 예의 주시하면서 기도회를 계속한다는 내용을 발표하였다.

뒤이어 9월 23일 '정의구현사제단' 결성을 구체적으로 논의하기 위해 처음으로 원주에서 자리를 같이하였다. 교구를 초월하여 자발적으로 참여한 이 원주 모임에는 참여 사제가 무려 300여 명이나 되었다. 당시 한국인 평사제가 639명이었고, 외국인 성직자가 285명이었던 데 비추어 보면 외국에 나가 있거나 기타 직무상의 문제로 참석치 못한 사제들을 제외하고 거의 대부분의 성직자들이 참여했다 해도 과언이 아니었다. 지 주교 사건에 대한 분노의 표시이기도 하고, 사회 정의 활동에 대한 교회의 갈증이 그만큼 강렬했다는 것을 반증하는 것이기도 했다. 주교 구속이라는 사태 앞에서야 한국의 사제들이 움직일 수 있었다는 것은 사제들의 정의 구현 활동의 한계로 늘 지적되는 문제이다. 그러나 지학순 주교 구속 사건과 정의구현사제단의 결성은 이후에도 계속 한국 천주교회가 반유신 저항의 대열에 서게 했다는 점에서 의미 깊은 것이었다.

1974년 9월 26일 명동 성당에서 '순교 찬미 기도회'가 열렸다. 이날 기도회를 준비한 성직자들은 "조국을 위하여, 정의와 민주 회복을 위하여, 옥중에 계신 지 주교님과 고통받는 이들을 위하여 이 기도회를 바칩니다."라고 하였다. 바로 이날 '천주교정의구현전국사제단'(정의구현사제단)이라는 이름이 처음 모습을 드러냈다. 정의구현사제단의 이름으로 제1차 시국 선언문이 발표되었던 것이다. 이 시국 선언문은 '유신 헌법 철폐와 민주 헌정 회복'을 전면에 내걸었다. 기도회가 끝난 후 40여 명의 한국인 성직자와 20여 명의 외국인 성직자, 300여 명의 수녀, 200여 명의 신자들은 명동 번화가에서 가두시위를 전개했다. 급히 출동한 경찰에 밀리자 시위대는 성당으로 되돌아와 기도회를 계속 가졌다.

9월 26일의 시위는 성직자들에 의한 최초의 가두시위였던 만큼 물의도 적지 않았다. 비록 지학순 주교의 구속 사태를 계기로 마음과 힘이 모아졌으나, 이는 단순히 지 주교의 석방이라는 차원을 넘어서고 있었기 때문이다. 정의구현사제단은 사회 현실에 대한 고발과 투신의 의지를 분명히 하고 출발했기에 당연히 유신 정권과의 전면적 갈등을 예고하고 있었다. 시대 상황에 새로이 눈을 뜨며 기꺼이 고난과 십자가의 물결에 스스로 몸을 실으려는 뜻들이 정의구현사제단으로 모아졌다. 그동안 지 주교의 연행과 구속에도 불구하고 마땅한 주체 없이 그냥 황망히 대처해야 했던 시간도 끝을 내렸다. 지 주교 구속 사태 전후 교회 내에 일치된 견해가 없었다고 해도 과언이 아니었던 상황은 이제 정의구현사제단을 중심으로 가까스로 일치된 모습을 보이기 시작했다.[271] '어둠 속에 갇힌 진실'을 빛의 자리에 놓기 위해 정의구현사제단은 각 교구별로 동시에 기도회를 열거나 돌아가며 개최하였다.[272]

10월 9일 교회 행사를 마친 성직자와 수도자, 신자 5천여 명은 민주 헌정 회복, 지학순 주교 석방, 유신 헌법 철폐, 인권 탄압 금지를 요구하는 구호를 외치며 가두시위를 시도하였다. 정의구현사제단이 앞장섰다. 시위가 경찰에 의해 저지되자 연좌 농성을 벌였다. 농성이 시작되자 김재덕, 황민성, 나길모, 두봉, 박 토마스 주교 등이 주교로선 처음으로 농성에 참가하여 신자들의 뜨거운 환호를 받았다. 이들 다섯 주교들은 미사 후 제의 차림으로 행렬을 따라오다 농성이 시작되자 선두에 나서 대열을 정리하는 한편, 갈 길이 먼 지방 신자들이 빠져나갈 수 있도록 길을 터 주는 등 배려하였다. 농성 신자들은 차례로 다섯 주교의 이름과 함께 만세를 부르기도 했다.[273]

10월 26일 가톨릭대학 신학부 전교생 300여 명은 ① 국민의 생존권과 기본권 존중, ② 언론 집회 결사의 자유 보장, ③ 유신 헌법 철폐 및 민주 헌정 회복, 교회와 학원의 신성성 보장 및 사찰 중지, ④ 지학순 주교 등 성직자와 교수, 학생의 즉각 석방을 요구하는 4개 항을 결의하고 가두시위를 벌였다. 경찰의 최루탄과 페퍼 포그에 학교 안으로 밀려들어 간 학생들은 학교 안에서 구국 기도를 바쳤다. 그러자 가톨릭대학 신학부는 10월 28일부터 11월 3일까지 휴강, 학생들을 모두 귀가 조치시켰다.[274]

박정희 정권이 자신들에 대한 그 어떤 건전하고 소박한 비판도 철저하게 봉쇄하고 불법·불온시하던 시절이었기에, 교회는 민주 민권 운동

---

[271] 사제단, 앞의 책, 109쪽.
[272] 사제단, 앞의 책, 107-108쪽.
[273] 가톨릭시보, 1974년 10월 29일 자.
[274] '가톨릭대 신학부 휴강, 기본권 보장 등 가두시위로', 가톨릭시보, 1974년 11월 3일 자.

을 위한 합법적이고 공개적인 대안 영역이 되어 주었다. 보호막이요 울타리가 되어 주었다. 특히 정의구현사제단은 결성 시기부터 1976년까지의 전체 민주 민권 운동을 주도하였다. 정의구현사제단이 주최하는 명동 성당 기도회에는 신자 비신자를 막론하고 수천 명, 때로는 1만 명이 넘는 '정의에 목마른 사람들'이 성당 안팎을 가득 채웠다. 또 정의구현사제단이 발표하는 선언과 성명에는 내외 민주 국민의 열렬한 지지와 성원이 뒤따랐다. 명동 성당은 정의와 양심의 횃불이 밝혀지는 성소로 국민들에게 인식되었다. 불의한 희생을 당하고도 어디 호소할 데 없는 사람들에게 이렇게 교회는 '어머니요 스승'이었으며 요람으로 다가갔다.[275]

교회 내 평신도 단체는 주로 신심 위주의 단체로 교회 내 모임과 활동으로 늘 만족했기에 사회 문제나 활동에 무능력했을 뿐 아니라 엄두도 내지 못하는 실정이었다. 교회의 여러 문헌들이 평신도들을 통해 교회의 사명이 현세에 침투한다며, 사제직과 왕직, 예언직을 부여했음에도 교회가 그에 관한 적절한 교육을 외면해 온 결과였다. 그러나 간헐적으로 전국 평협이나 지역 평협이 성명서를 내기도 하였다. 또 대부분의 평신도들은 일선에서 직접 뛰지는 못해도 정의구현사제단의 활동과 증언에 성원과 지원을 보냄으로써 교회의 저력을 뒷받침한 것도 사실이다.

이 당시 빼놓을 수 없는 것은 수도자들의 적극적 자세이다. 사회 정의에 대한 수녀들의 진취적 관심과 적극성은 이미 여러모로 드러나고 있었다. 그렇듯 수도자들은 한국에서 제2차 바티칸 공의회의 정신을 가장

---

[275] 함세웅, '천주교정의구현전국사제단의 역사와 증언', 「멍에와 십자가」, 1993, 빛두레, 202쪽(「종교신학연구」 제1집, 서강대 종교신학연구소, 1988. 11월 호 발표).

먼저 각성한 층이었다고 할 수 있다. 또 많은 문제의식을 지녔으며, 교육과 강연회 등을 통해 사회적 책임감을 갖는 등, 일정한 기반을 닦고 있었다. 정의구현사제단의 활동은 특히 수도자 장상연합회를 주축으로 거의 모든 수도회 회원들의 공동 노력이 뒷받침된 덕택에 교회 전체의 것으로 표출될 수 있었다.[276]

가톨릭, 그 가운데서도 주로 젊은 사제들이 중심이 된 정의구현사제단은 박정희 정권에게는 최대의 위협적 존재가 되었다. 정권은 기회가 있을 때마다 협박도 하고 회유도 했다. 정의구현사제단이 중심이 된 기도회가 절정을 이루고 있던 1974년 10월 1일 박정희는 국군의 날 치사를 통해 자유와 기본권을 이야기하는 인사들은 "환상적 낭만주의자"라고 비난하였다. 또 1974년 11월 19일 국무총리 김종필은 로마서 13장을 인용, 신·구교의 반정부 운동을 향해 경고하였다. 한국 기독교 실업인회에서 주최한 '국무총리를 위한 기도회'에서였다. 그는 "교회는 정부에 순종해야 하며 정부는 하느님이 인정한 것"이라고 주장하였다. 그는 유신 체제 철폐를 주장하는 종교인들을 서구식 민주주의의 모방자로 간주하고, 정부를 비판하는 그리스도 신앙인을 하느님의 이름으로 심판하겠다고 하였다.

이어 12월 16일 '통일주체국민회의' 안보 보고회 치사에서 박정희는 "소수 인사가 국민 총화를 해치고 있으며 국민을 속이고 오도하고 있다."고 비난했다. 1975년 2월 6일 정의구현사제단이 '제3 시국 선언'을 발표하자 그 다음 날엔 이원경 문공부 장관이 담화문을 발표하였다. 담화문은 "최근 일부 종교인들이 종교 본연의 위치를 벗어나 정치 활동에

---

[276] 함세웅, 앞의 책, 190쪽.

까지 지나치게 관여하고 법질서를 혼란시켜 사회 혼란을 조장하는 언행을 거듭하고 있다."며 '자숙'을 요청하였다. 이런 상황에서 11월 11일 정의구현사제단은 '사회 정의 실천 선언'을 발표하였다. 정권의 비난과 압력에 대응하여, 왜 종교인이 인권 회복 운동에 과감히 뛰어들 수밖에 없는가 하는 자기 견해를 다시 밝힌 것이다.

하느님 나라는 인간의 영혼만을 위한 것이 아니라 묵은 세상과 구질서의 모든 구조를 뒤엎고, 새 세상과 새 질서를 마련하는 결정적 전기요, 하나의 위력이다. 그러기에 하느님 나라는 가난한 서민들에게는 복음 즉 기쁜 소식이요, 눈먼 장님에게는 빛이요, 반신 불구자에게는 병의 치료와 완쾌를 의미한다. 그러기에 하느님 나라는 다가올 내세만이 아니고 철저하게 인간화된 현세, 그 구조가 변혁되고 그 면모가 일신된 현세까지를 포함한다.

가난이 제 탓만이 아니고 우리 사회의 구조와 체제의 모순이라면 이 가난한 사람들에게 하느님 나라의 기쁜 소식을 말로만이 아닌 행동으로 선포할 때 우리의 행동이 정치적 여파를 몰고 온다는 것은 불가피한 결과일 뿐 아니라 우리의 행동이 복음에 입각한 것임을 오히려 입증한다. 정치와 종교를 분리한다는 원칙을 구실로 가난을 제거하고 인간의 존엄을 회복하기 위한 행동을 포기한다면 그것은 그리스도인으로서 자기모순이요, 자기 배신일 것이다.[277]

---

[277] 사제단, 앞의 책, 116-117쪽.

1974년 10월 24일, 검열로 인해 제대로 된 보도를 하지 못하던 동아일보 기자들이 자유 언론 실천 선언을 한 뒤 '자유 언론 실천 운동'이 들불처럼 번져나갔다. 그러자 박정희 정권은 동아일보 광고주들에게 압력을 넣어 광고 게재를 못하게 하였다. 동아일보와 조선일보의 많은 기자들이 자유 언론 운동을 했다는 이유로 직장에서 쫓겨났다. 정의구현사제단은 성명서 발표, 기도회 개최, 성금 전달 등을 통해 그들과 함께했다. 동아일보에 대한 광고 탄압이 심해지자 정의구현사제단은 1975년 1월 4일 최초로 '암흑 속의 햇불'이라는 제목의 사제단 유인물을 전면 광고로 동아일보에 게재했다.

정의구현사제단이 보인 이 선도적 행위에 자극받아 동아일보에 광고 내기 운동이 국민 속에 파고들었다. 정의구현사제단은 개별 혹은 전체 이름으로 인권, 민권, 민주 회복을 열망하는 광고를 실었다. 이를 따라 교회 여러 단체·신자·성직자들도 해직된 기자들이나 교회의 사회의 민주화 운동을 지지하는 격려 광고를 쉼 없이 게재하였다. 정권의 영향력 아래 놓인 기업 광고가 사라진 자리를 민주화를 간절히 염원하는 자잘하고 소박한 광고들이 차지하였다. 이것은 이 나라 국민들이 민주주의에 얼마나 목말라 있는지, 의로운 일을 행하는 이들에 대한 국민들의 성원이 얼마나 큰지 확인시켜 주는 감격적인 소통 공간이었다. 서로서로 뜨거운 연대 의식과 사랑을 나누는 광장이었다. 다음 제목들은 그 작은 광고들 가운데 일부이다.

- 인권 회복과 근로자의 권익 보호를 위한 기도회를 마치고 – 천주교 대전교구 정의구현사제단

- 조국의 정의 구현을 위하여 애쓰는 동료 신부님들의 장한 용기에 박수를 보내며 착한 사마리아 사람을 본받고자 우리 사목 위원들과 함께 억울하게 고통을 당하고 있는 동아일보를 돕는 영광스러운 대열에 우리도 함께 참여합니다. - 캐나다 토론토 한인 천주교회
- 여러분 감사합니다. - 지학순 주교
- 천주교정의구현전국사제단에게 마음으로부터 격려를 보냅니다. - 화양동 꾸르실리스타 일동
- 여러분들이 우리의 주인이 되는 데는 여러분에게 이익이 있겠으나 우리는 여러분의 노예가 되면 우리에게 어떤 이익이 있겠습니까(희랍 고전 투기치데스에서). - 시노트 신부(철학 박사)
- 석방된 여러분 그리고 아직 석방 안 된 많은 분들을 생각하면서 - 인천교구 10차 꾸르실리스타
- 형제애로 동아에 빨랑카를 - 부평지구 울뜨레아
- 정의를 위해 박해를 받을 이는 복되다. 그들은 천국을 차지하리라. 지 주교님과 민주 투사 여러분의 옥중 고초를 위문 드리고, 아울러 영광된 지위를 찬양하기 위해… - 샌프란시스코 한인 천주교회 신자 일동
- 비록 위협을 당할지라도 나의 지식을 인도주의에 어긋나게 쓰지는 않겠노라(히포크라테스 선서 중에서). - 가톨릭 의대 4년생 일동
- 무조건 굽실거리는 것이 총화란 말인가? - 여산 천주교회 어린 양들
- 그대들이여, 부정부패를 일소하라, 노동자들을 짓밟지 마라. - 마산 천주교 노동절 기도회에서
- 눈물로 씨 뿌린 사람들이 곡식 단 들고 올 제 춤추며 돌아오리다(시

편 126,5-6 참조). - 대건신학대학 부제 일동

- 우리는 두려움 없이 되풀이해서 말한다. 부정과 불의는 억압된 자들이나 혹은 보다 공정하고 인간적인 세계를 건설하기로 결심한 젊은 이들의 폭동을 야기시킨다고(카마라 대주교). - 지학순 주교님의 석방에 즈음하여 논산 천주교회[278]

    1974년 12월 25일 재야인사들이 결집하여 '민주회복국민회의'가 발족되었다. 윤형중 신부가 상임대표에, 함세웅 신부가 대변인이 되었다. 그러니 정권의 눈에는 천주교회가 반정부 활동의 온상으로 비쳐지는 것이 당연했다. 정의구현사제단은 또 지방에서 민주회복국민회의의 지부 결성과 활동 전개에 주도적인 역할을 하기도 했다. 예컨대, 청주 지역 민주회복국민회의에서는 신부 11명이 참여했고, 이밖에도 도청 소재지 및 시·군청 소재지에서의 민주회복국민회의 대표위원으로 신부들이 추대되곤 했다.[279]

    소위 북한 공산 집단의 사주를 받은 빨갱이 조직이라고 정부가 발표한 '인민혁명당'(인혁당) 사건은 국내외에 큰 충격을 던졌다.[280] 이 사건은 위기 상황을 모면하기 위해 박정희 정권이 조작해 낸 것이 틀림없었다. 구속자 가족들은 진상을 밝히고자 하였으나 정보기관의 치밀한 감시와 제약을 받아야 했다. 그러자 가족들은 천주교회로 몰려왔다. 조작된 사

---

[278] 「한국가톨릭인권운동사」, 323-324쪽.
[279] 사제단, 앞의 책, 130쪽.
[280] 반정부 용공 청년 학생 조직인 '민청학련'을 지원했다는 혐의로 적발된 조직 사건이다. 그 어떤 사건보다 조작 여부에 대해 논란이 많았다.

건의 진상을 밝혀줄 것과 자신들의 억울한 처지를 호소했다. 이 사건에 특별히 관심을 갖고 그 가족들의 고통과 아픔을 함께한 사람은 메리놀 외방선교회의 시노트 신부와 최 분도 신부, 개신교의 오글 목사 등이었다. 1974년 12월 9일 인혁당 사건의 재조사를 요구하는 탄원서가 발표되었다. 천주교에서 김수환 추기경을 비롯하여 문정현, 신현봉 신부가 서명했다. 대통령과 대법원장에게는 이 사건의 공개 재판을 요구하는 탄원서가 계속해서 제출되었다. 정의구현사제단은 인권 회복 기도회 등을 통해 인혁당 사건의 공개 재조사와 공개 재판, 그 가족들에 행해지는 당국의 부당한 탄압 행위를 중지할 것 등을 촉구했다.

갖은 탄압과 제약을 무릅쓰고 행한 많은 노력에도 불구하고 1975년 4월 8일 대법원에서 인혁당 사건 관계자들 가운데 8명에 대한 사형이 확정되었다. 그들에 대한 공판 조서까지 날조되고 사형 확정을 받은 바로 다음 날, 그들은 전격 처형되었다. 있을 수 없는 '사법 살인'이었다. 시신은 가족들에게 인수되지도 않은 채 경찰에 의해 화장터로 직행하려 했다. 그를 저지하기 위해 몇몇이 영구차 밑에 엎드리고 드러눕는 필사적이고 처절한 상황이 벌어졌다. 그러나 200여 경찰 병력에 의해 모두 옷이 뜯기고 로만 칼라가 찢기면서 문정현, 김택암 신부 등이 부상을 입기도 했다.[281]

1974년 11월 8일 외무부 장관 김동조는 유엔에서 "외국인 선교사들의 범법 행위가 계속될 때 이들에 대한 추방령을 내릴 수 있다."고 발언하였다. 그 다음 날 김종필 국무총리는 "외국인 선교사들이 신자를 선동하

---

[281] 가톨릭시보, 1975년 4월 20일 자. 사제단, 앞의 책, 135쪽.

여 가두데모에 나서는 등 입국 목적에 어긋나는 탈선행위를 하고 있다."고 발언하였다. 이는 선교사들에 대한 탄압의 시작을 알리는 신호였다. 이에 대해 신·구교 선교사들이 항의하였다. 원주교구 내 성골롬반회 선교사들은 11월 12일에 "외국인 선교사들은 반정부 운동을 한 적이 없으며, 보편적인 인권 옹호 문제에 관해 행동했을 뿐"이라는 내용의 성명을 발표했다. 이 성명은 "교회는 인권 옹호의 의무와 책임이 있다. 이는 그리스도의 가르침이며 바티칸 공의회의 가르침이고, 또한 교회의 가르침이다. 외국인 신부들은 한국 주교들과 인권 옹호 운동을 하는 신부들을 따라 참석했을 뿐"이라는 내용도 담았다. 1975년 3월 18일 정부는 외국인의 반국가 언동을 규제하는 형법 개정안을 국회에서 날치기 통과시켰다.[282]

시노트 신부는 긴급 조치 위반 구속자 가족 협의회 후원회 회장이 되는 등, 깊은 애정과 열성으로 박해받는 이들의 편에 서 왔다. 그런 시노트 신부에게 정권의 출국 명령이 떨어졌다. 그에 대해 시노트 신부는 "인권 운동은 죄가 될 수 없으며, 따라서 나는 죄가 없다. 무슨 죄인지 가르쳐 주지도 않고, 그저 정치 활동을 했다는 이유로 출국하라는 것은 내가 15년 동안 같이 살아온 한국인을 무시하는 것으로 본다. 인혁당 문제를 큰 소리로 말한 것이 추방 이유일 것으로 본다. 그러나 나 하나만 쫓아내면 잘될 것이라는 생각은 위험천만한 생각이다. 정부는 선교사가 선동한다고 보지 말고, 그가 있는 나라와 국민을 위해 일한다는 사실을 알아야 할 것이다. 15년간 휴가도 잊으면서 일하다 보니 한국 사람과 너

---

[282] 「한국가톨릭인권운동사」, 267쪽.

무 정이 들었고, 그들과 보람 있는 일도 했기에 다시 돌아와 일할 수 있게 되기를 바란다."고 했다. 그는 고별 미사에서 '사도 베드로와 요한이 가만있었으면 우리는 그리스도에 대해 아무것도 알 수 없었을 것'이라는 의미 깊은 인사를 남겼다. 결국 시노트 신부는 1975년 4월 30일에 미국으로 추방되었고, 개신교의 오글 목사 또한 같은 수난을 겪어야 했다.[283]

고난의 현장, 그곳의 하느님 백성들, 그 위에 세워지는 교회

"보라, 하느님의 나라는 너희 가운데에 있다."(루카 17,21)

1975년 들어서자 박정희 정권은 더욱 노골적으로 교회의 정의 구현 활동을 봉쇄해 갔다. 서울시경은 그리스도인들이 집회를 갖지 못하도록 조치하고, 주동 인물은 격리하며, 성직자들을 순화시키라는 긴급 지시를 관할 경찰서에 내렸다. 2월 5일 정의구현사제단은 성명을 통해 이 조치가 그리스도교 신앙을 정면으로 탄압하는 것이며, 이제 신앙의 자유마저 위기에 처했음을 증명하는 처사라고 비난하였다.[284]

국내외에서 군사 정권의 폭압에 대한 항의가 빗발쳤다. 그러자 박정희 정권은 1975년 2월 17일에 긴급 조치를 해제하고 지학순 주교를 비

---

[283] 사제단, 앞의 책, 139-140쪽.
[284] '직접 종교 탄압', 가톨릭시보, 1975년 2월 9일 자.

롯하여, 일부 양심수를 석방했다. 석방된 지 주교는 정의구현사제단의 활동에 대해 "자세히는 모르지만 수감 중에 소식을 듣고 훌륭하다고 생각하였다."고 하면서 "젊은 사제들이 씩씩하게 사회 정의 운동을 벌이는 것은 칭송할 만한 좋은 일이라고 생각한다. 앞으로 좋은 결과를 내길 바란다."고 하였다.

3월 10일 '근로자의 날'에 정의구현사제단은 '민주 민생을 위한 복음 운동을 선포한다.'는 선언문을 발표했다. 선언문은, 진리의 길이 그를 거부하는 사람과 집단에 의하여 제도적으로 봉쇄되어 있다고 밝혔다. 또한 인간이 저지를 수 있는 악이 얼마나 깊고 끔찍한지를 알게 되었으며, 수많은 생명들이 인간적인 모든 것을 박탈당하고 있다고 비판했다. 때문에 교회는 억압에 찌든 근로자와 농민에게 중요한 동반자가 되어야 하며, 그들의 권익을 압살하는 모든 악법의 철폐에 앞장서야 한다고 촉구했다. 또 "민중의 인간다운 삶을 저해하고 있는 근본 원인은 민중의 게으름이나 경제 성장의 불충분에 있는 것이 아니라 억압과 착취에 있다."는 것을 분명히 깨달아야 한다고 했다. 이 선언문은 그 뒤 신·구교의 민중 신학 논의에 불을 댕기는 역할을 하기도 하였다.[285]

1976년 3월 1일 일제하 독립운동의 분수령이 되었던 3·1절 기념 미사가 명동 성당에서 거행됐다. 미사 후 7명의 천주교 신부와 문익환, 김대중 등 개신교 성직자, 재야인사들이 서명한 '민주구국선언'이 낭독되었다. 유신 체제가 중반에 접어드는 시점에서 터져 나온 이 반정부 선언은 국내외에 큰 반향을 불러일으켰고 박 정권은 크게 놀랐다. 특히 이 선언

---

[285] 「한국가톨릭인권운동사」, 293-296쪽.

이 명동 성당에서 이뤄지고 7명의 사제가 연루된 탓에 교회에서는 지학순 주교 사건 못지않은 큰 파문이 일었다. 결국 이 '명동 기도회 사건'으로 함세웅, 문정현, 신현봉 신부가 구속되었고, 김승훈, 김택암, 안충석, 장덕필 신부가 불구속되었다. 정권은 공소장에서 서명자들이 "정의구현사제단, 갈릴리 교회 등 반정부 선동을 위한 단체를 만들어 기도회, 수련회 등 각종 종교적 의식을 빙자하여 수시로 민주 회복, 긴급 조치 해제, 경제적 부조리 제거 등의 온갖 구호를 동원, 국민 여론의 반정부화를 기도하였다."고 하였다. 또 "은밀한 방법으로 외신을 조종, 종교와 양심의 자유가 압살당하고 있다는 등의 허무맹랑한 허구 사실을 조작하였다."고도 했다.[286]

그 같은 정권의 주장에 각계의 항의와 반박이 잇따랐다. 4월 12일에는 신·구교 성직자와 선교사들, 구속자 가족 등 500여 명이 기독교 회관에 모여 '고난받는 인권을 위한 공동 기도문'을 발표했다. 이 사건 이후 3·1절만 되면 제2, 제3의 구국 선언이 이어졌다. 또 이때부터 명동 성당은 그칠 줄 모르고 계속되는 시국 기도회 장이 되었다.

다음 해인 1977년 3월 1일 '명동 기도회 사건' 1주년 기념 미사가 명동 성당에서 지학순 주교를 비롯하여 67명의 사제단 공동 집전으로 열렸다. 박 정권은 이날 미사 참석을 막기 위해 전국 곳곳에서 사제들의 길을 막아섰다. 안동교구는 다음과 같이 이 사실을 폭로하였다.

지난 3월 1일은 인권과 자주독립의 함성을 온 세계에 부르짖었던 삼일

---

[286] 「한국가톨릭인권운동사」, 362쪽.

절 쉰여덟 돌이자 인권과 정의를 기도하고 외쳤던 삼일절, 명동 기도회 사건 한 돌이 되는 뜻깊은 날이었습니다. 한국 천주교 정의평화위원회와 천주교정의구현전국사제단 주최로 명동 대성당에서 전국적인 규모로 함께 모여 하느님이 베푸신 인권의 현실을 성찰하고 삼일 운동의 고귀한 일을 되새기며, 이 땅에 참된 정의와 사랑의 구현을 위해, 그리고 감옥에서 고생하는 수많은 성직자, 학자, 학생들을 기억하는 특별 미사를 바치기로 했던 것입니다.

그런데 이게 웬일입니까? 전국 곳곳에서 48시간이나 신부들의 문밖출입이 통제되고 특히 안동, 전주, 원주, 청주 등지에서는 거의 모든 경찰 병력이 총동원되어 신부들이 완전히 범인 취급을 받을 수밖에 없었던 사건이 일어났습니다. 안동만 해도 몇 겹의 포위망을 치고 신부들을 에워싸고 작전을 벌였습니다. 2월 28일 밤차를 타러 기차역에 나갔습니다. 여기저기서 미행과 동행을 일삼더니 급기야는 역전에 30여 명의 사복 경관과 어디서 동원했는지 여러 대의 승용차가 밀어닥쳤고 신분증을 빼앗아 조사할 게 있다고 억지로 차에 태우려고 했고, 어떤 수사관은 욕질을 하며 협박을 서슴지 않았습니다. 할 수 없이 3월 1일 아침 차로 상경할 생각으로 돌아왔지만 우울하기 짝이 없었습니다. 그 이튿날 몇몇 신부는 강제로 차에 실려 엉뚱한 장소로 연행되었고, 어떤 신부는 주교관에 연금되어야 했습니다.

한편 대전에 피정 지도차 가셨던 주교님도 여러 차례 기분 나쁜 검문을 받아야 했습니다. 어떻게 생각하면 밤잠도 식사도 제대로 못하고 작전 지휘를 따르고 있는 말단 형사들의 입장이 안타깝기도 했습니다. 국민의 세금을 받고 치안 유지에 적극 헌신해야 할 경관들이 온통 신부 잡기에 이

틀 이상을 꼬박 바친 현실을 아무리 좋게 생각하려 해도 슬프고 불안한 오늘의 한 단면을 보는 것 같아 괴롭기만 합니다.

"주여! 이런 불행이 언제까지 계속되어야 합니까. 어떤 수난이라도 좋습니다. 무엇이나 당신 뜻대로만 이루어지게 하소서."[287]

가톨릭 출판물인 '노동자의 길'은 용공성이 있다 해서 판매가 금지되었다. 가톨릭 노동 운동뿐만 아니라 농민 운동도 탄압을 받았다. 농민회를 소개하는 유인물을 제작·배포했다 해서 농민회 간부들을 긴급 조치 위반죄로 구속한 사건이 일어나기도 했다. 심지어 유인물을 받아 봤다는 이유로 공무원 및 교사들이 직장에서 파면 또는 자퇴를 강요당하는 사태가 속출했다.

1978년 2월 참으로 비인간적이며 상상하기 힘든 폭거가 노동자들에게 자행됐다. 동일방직 노조원들에 대한 똥물 세례가 그것이다. 기존 노조가 회사 측 입장만 대변하자 이에 대항해 자주적 노조를 결성하려던 동일방직 여성 노조원들에게 깡패들이 폭력을 행사하고 똥물 세례를 퍼부은 것이다. 경찰에 연행되지 않은 노동자들은 명동 성당 사제관 3층에서 농성을 시작했다. 농성 노동자들은 과연 가톨릭노동청년회나 개신교의 도시산업선교회가 용공 불순 단체인지 교회가 해명해 달라고 절규했다. 그만큼 이 두 단체의 영향력은 컸을 뿐더러 당국의 공격 초점이 되어 있었다. 동일방직 이총각 노조 지부장은 가노청 회원이면서 도시산업선교회와 연관해 활동을 벌여왔던 것이다. 경찰은 노동자들에 대한

---

[287] 「한국가톨릭인권운동사」, 412-413쪽.

신변 안전 약속을 위반하고 이총각 노조 지부장을 연행하였다.

교회 단체에 대한 정권의 음해와 모략이 계속되고 동일방직 여성 노동자들이 당한 참상이 알려지면서, 또 그들이 성당에서 농성을 하게 되면서 교회는 다시 이 땅의 가난하고 억압받는 이들에게 눈을 돌리게 되었다. 3월 20일 '교권 수호를 위한 기도회'가 명동 성당에서 열렸다. 김수환 추기경은 강론을 통해 "힘없고 약한 여성 근로자들을 울리고, 그들로 하여금 극한적인 단식 투쟁에 들어가게끔 몰아붙이지 않고서도 문제 해결의 길을 찾을 수 있었을 터인데 왜 이렇게까지 사람을 짓밟고 울리는가 생각할 때 실로 슬픈 마음을 금치 못하겠다."고 했다.

김 추기경의 강론은 아픔과 비통 속에 이어졌다. 도대체 '가톨릭노동청년회나 산업선교회는 무엇을 노리는가.'라고 물을 것이 아니라, 거꾸로 '노동청년회나 산업선교회를 친공적으로 몰아붙이는 그런 소행은 무엇을 노리는가.' 하는 역질문을 해야겠다고 그는 말했다. 김 추기경은 당국의 그런 처사는 참으로 무서운 종교 탄압의 음모가 아닌가 생각된다며, "지금까지도 이 땅에 정말 온전한 의미로 종교 자유가 있는가에 대해서 회의를 지녔지만 이제야말로 이 땅에 신교信敎 자유가 있다고 말할 수 있는가." 묻지 않을 수 없다 했다.[288]

3월 10일에 광주대교구 남동 성당에서 열린 신·구교 합동 기도회에서 원주교구 신현봉 신부는 '짓밟힌 근로자들의 인권'이란 제목의 강론을 했다.

---

[288] 「한국가톨릭인권운동사」, 484-491쪽.

이 나라에는 전체 인구의 0.3%밖에 안 되는 사람이 전 국민 소득의 절반가량을 차지하고 있습니다. 77년 6월 11일 노동청의 발표에 의하면 3만 원 미만의 월급을 받는 근로자가 전체의 60.6%라고 합니다. 현재 정부는 3만 원 미만의 저임금을 일소하겠다고 말하고 있습니다. 3만 원 이하의 근로자가 전체의 60.6%나 되는데 그것이 쉽게 일소되리라고 믿는 사람은 별로 없습니다. 정부는 1인당 국민 소득 1천 불이 되는 대망의 80년대를 기다려 달라고 했습니다. 허리띠를 더 졸라매자고 했습니다. 국민 소득이 높아야 민주주의도 할 수 있는 것이라고 하면서 기다리라고 했습니다. 금년이면 국민 소득도 1인당 1천 달러를 달성한다고 합니다. 그런데 여러분들의 생활이나 우리의 주변이 달라진 게 무엇이 있습니까. 결국 우리더러 꿈이나 먹고 살라는 것입니다. 하기는 똥도 먹고 사는 처지에 꿈이라고 못 먹고 살란 법은 없을 것입니다.····종교의 사명이란 "마음속 생각이 교만한 자들을 흩으며, 통치자들을 왕좌에서 끌어내리고, 비천한 이들을 들어 높이며, 굶주린 이들을 좋은 것으로 배불리고, 부유한 자들을 빈손으로 내치는"(루카 1,51-53) 힘인 것입니다. 그러한 사명에 입각하여 민중 스스로 그들 자신의 운명의 주인공이 되도록 하는 데 우리의 신학적 목적이 있습니다. 우리는 이제 다 같이 목소리를 높여 우리를 덮고 있는 거짓을 빛 속에 드러내야 하겠습니다.[289]

1978년 전주교구에서 '7·6 사태'가 일어났다. 이는 사제들에 대한 정권의 탄압이 극에 달하고 이에 대한 교회 측의 항의가 격렬했다는 점에

---

[289] 「한국가톨릭인권운동사」, 475-477쪽.

서 기록적인 사건이었다. 이해에도 3월 1일을 전후해서 전주교구 내 신부들은 기관원으로부터 감시와 불법 연금, 감금 등의 탄압을 겪어야 했다. 3·1절 행사를 통해 신부들이 결집하는 것을 막기 위한 방해 공작이었다. 6월 26일을 전후해서도 같은 양상이 벌어졌다. 7월 6일 발표될 '민주구국선언'과 관련해서 신부들의 회합과 상경을 막기 위함이었다. 특히 7월 5일에는 전라북도 각 경찰서의 정보과 형사들이 교구 내 모든 신부들을 미행, 감시에 들어갔고 전주교구 가톨릭 센터 앞에 30여 명의 형사 및 기동대가 차량을 대기시킨 채 감시를 계속하는 등 공포 분위기를 조성했다. 경찰은 고속버스 및 일반 버스 터미널에 대형 차량을 대기시켜 놓고 신부들의 여행을 차단했다. 삼엄한 공포 분위기가 계속되자, 오후 6시 50분경 전주교구 사제들은 가톨릭센터 옥상에서 시위를 벌였다. 사제들은 "1) 천주교 신부에 대한 감시와 미행, 연금을 중단 해제하라, 2) 대통령을 우리가 뽑자, 3) 통일주체국민회의 대의원에 의한 대통령 선거는 무효"라고 외쳤다.

   사건은 확대되었다. 7월 6일 문정현 신부를 연행하기 위해 경찰은 파티마 성당의 창문을 부수고 사제관 문을 열었다. 경찰은 문정현 신부와 함께 있던 박종상 신부를 끌어내어 구둣발과 주먹 등으로 한참이나 무차별로 짓밟았다. 이를 막으려는 와중에 문규현 신부가 구타를 당했고, 박종상 신부는 중상을 입었다. 경찰은 고통으로 신음하고 있는 박종상 신부를 차에 태워 가다 얼마 뒤 아스팔트 위에 버리고 갔다. 문정현 신부의 연행을 저지하기 위해 성당에 와 있던 이수현 신부는 문정현 신부와 함께 중앙정보부에 끌려가 전날의 옥상 시위에 대한 조사를 받았다. 박종상 신부는 4시간 동안 혼수상태에 빠졌다. 7월 11일 전주교구 사제단과 전주교구 정의평화위원회는 7·6 사태에 대한 성명서와 요구 사항을 발표했다. 동시에 전주교구 사제단은 "우리는 어둡고 어지러운 난국을 타개하고, 이 땅 위에 다시 바른 사회 정의와 민주 헌정의 구현을 기원하면서 경찰의 폭력, 구타, 유기 등 만행으로 신음하고 있는 동료 박종상 신부와 그 외의 양심수들의 고통에 동참할 것을 다짐하고 오늘부터 단식에 돌입한다."고 선언했다. 사제단의 단식기도는 8일 동안 계속되었다.

경찰은 7월 10일 밤에 대책을 논의하던 강덕행 신부를 구타했고, 다섯 수녀들의 머릿수건을 벗기는 따위의 만행을 계속 자행했다. 성직자와 수도자, 신자들의 기도와 항의가 계속 이어졌다. 7월 14일 중앙정보부 전북 지부장과 도지사가 박종상 신부 문병과 교회와의 대화를 제의하였다. 전주교구의 투쟁을 지원하기 위해 개신교 목사들을 비롯한 많은 인사들이 찾아와 격려했다. 7월 20일 사제단은 8일 동안의 단식을 끝냈다. "7월 18일 오후 8시경 치안 책임자로부터 신부에 대한 구타와 유기 사건에 대한 공개 사과가 있었고, 앞으로 신부에 대한 감시와 미행을 중지하겠다는 약속과 폭행 사건에 관련된 자들을 철저히 조사하여 처벌하겠다는 확약이 있었다. …김수환 추기경의 단식 중지에 대한 간곡한 권고에 순명키로 하고… 그러나 해결되지 못한 나머지 문제에 대한 우리의 노력은 계속될 것임을 분명히 밝힌다."고 사제단은 발표하였다.[290]

1978년 7월 문정현 신부가 정당한 사유도 없이 재수감되었고, 8월 말에 함세웅 신부 또한 설명 없이 재수감되었다. 1979년 9월 10일 전주교구 사제단과 교회 단체들은 전주 중앙 성당에서 기도회를 개최했다. 지

---

[290] 사제단, 앞의 책, 143-147쪽.

학순 주교를 비롯한 150여 명의 사제가 집전했고 근 1만여 명이 참석한 이날의 기도회에서, 김재덕 주교는 강론을 통해 '현 정권의 직무 집행 정지 가처분 신청'을 주장했다. 김재덕 주교의 이날 강론은 주교의 강론으로서는 가장 강경한 것이기도 했다. 박 정권은 김재덕 주교의 구속을 구체적으로 검토하기까지 했다. 김 주교의 구속이 집행되지는 않았지만 유신 정권 몰락 1개월 전에 일어난, 교회와 정권과의 갈등이 심각하게 드러난 사건이었다.

정의구현사제단은 1979년 3월 1일 그동안의 체험과 실천을 총괄하고 유신 체제의 철폐를 촉구하는 선언문을 발표했다. 정의구현사제단은 '민주, 민족, 민생의 민중 복음을 선포한다'는 제목의 이 선언문에서 "우리는 가난한 사람들과 억압받는 사람들, 착취를 당하고 있는 사람들, 노동자와 농민과 도시 빈민의 인간다운 삶을 실현케 하는 것이 우리에게 주어진 사명임을 믿는다. 우리는 그들의 생존권의 주장과 권익 옹호 운동이 복음을 실천하는 것이며 그리스도의 복음이 민생의 복음임을 선포한다."고 거듭 밝혔다.

정의구현사제단이 생각하는 민족 통일

1979년 7월 15일 7·4 남북 공동 성명에 대한 기독교인의 자세를 논하기 위해 신·구교 지도자 세미나가 개최되었다. 남북문제와 대공對共 선교 등 광범위한 토론을 전개한 이날 모임은 남북 공동 성명을 원칙적인 면에서 긍정한다는 전제 아래, 민족사와 선교사적 문제를 다루었다. 참가자들은 민족사적으로 볼 때 통일은 '자유 민주' 원칙에 맞도록 이루어져야 하며 이를 위해 우리의 민주 역량을 먼저 길러야 한다고 결론 내렸다. 대북 선교를 위해선 북한의 '지하 교회' 지원, 교계 지도자의 남북 교류, 전파에 의한 선교와 이를 뒷받침하는 범교파적 북한 선교 상설 기구를 설치해야 한다는 데 의견을 같이했다.291 가톨릭시보도 아래와 같이 7·4 남북 공동 성명과 '우리의 자세'를 논했다.

…둘째로, 성명에 대한 우리의 기쁨과 놀라움은 일종의 두려움을 수반하는 것도 사실이다. 북한 형제를 만난 것 같은 기쁨의 감격이 있는가 하면 적을 대하는 듯한 긴장도 있는 것이다. 한편 북한의 공산당들의 무도한 기만을 염려하지 않을 수 없고 또 한편 그들 앞에 드러날 우리들의 역량을 걱정하지 않을 수 없는 것이다. 지금까지의 대화 없는 대결은 장막으로 가린 채 무력의 대치였다면 지금부터의 대화 있는 대결은 서로 쳐다보며 모든 면의 우열을 견줄 총력전이요 우리 전체를 걸어 놓고 싸울 존재론적인 투쟁인 것이다.

…(북한의 형제들이) 미구에 우리를 보고 자유세계를 알고 스스로 공산주의를 말살하고 자유세계를 넓힐 수 있도록 우리는 서슴없이 그들에게 보여 줄 무엇이 준비되어 있어야 한다. …지금 이 국민에게 필요한 것이 협심 단결하는 것이라면 모든 형제와 사랑의 공동체를 이루려 하는 교회 정신으로 우리는 단합에 앞장서야 할 것이다. 지금 이 국민에게 건전한 자

---

291 '남북 성명 세미나, 크리스천의 자세 논의', 가톨릭시보, 1972년 7월 23일 자.

유 사회를 이루는 것만이 공산주의와의 대결에서 이기는 길이라면 교회가 용납하지 않는 공산주의의 잘못된 이론을 배격하기 위해 헌신해야 하는 것이다. 북한 공산 치하의 많은 순교자들을 생각하며 치명 정신으로 헌신해야 하는 것이다.

우리의 손으로 통일을 해야 하고 우리의 힘으로 공산주의를 말살해야 하는 이때에 교회의 사명은 실로 중대한 것이다. 온 국민의 정신의 바탕이 되고 이끌어 나가야 하는 것이 우리 교회인 것이다. 교회는 더욱 내실을 기해 지도력을 발휘하고 통일을 주도할 젊은 세대에 바른 정신을 심기 위해 있는 힘을 다해야 할 것이다.[292]

위의 논의를 보자면 기독교계야말로 여전히 반공의 아성이요, 분단 체제 유지의 선봉장임을 다시 한 번 확인하게 된다. 7·4 공동 성명에서 밝힌 평화와 민족 대단결 정신이란, 어느 일방에 의한 흡수 통일이 아닌 민족의 공존과 공영을 보장하는 통일 원칙이었음에도 불구하고 교회는 결코 이를 받아들이지 않았다. 대화보다는 대결을, 공존이 아닌 말살을, 공영이 아닌 힘으로써 상대방을 제압하겠다는 기존 태도를 완강하게 고수했다. 민족 통일에 관한 태도가 근본적으로 그러했기 때문에 7·4 공동 성명이 발표되었을 때도 침묵과 우려로 답할 수밖에 없었을 것이다.

정의 구현 운동의 선각자인 지학순 주교도 언제나 언급하길, 부정부패가 만연하여 사회가 썩어들어 가면 북한 공산 집단과의 싸움에서 이길 수 없다 하였다. 그의 사회 정의 운동은 반공과 승공을 향한 것이었

---

[292] '사설 - 7·4 공동 성명과 우리의 자세', 가톨릭시보, 1972년 7월 16일 자.

다. 또 김수환 추기경은 73년 8월 29일 외신 기자와의 인터뷰에서 자신은 남한 정부 관리들이나 타 교파 지도자들의 일반적인 견해인, "북한에는 유기적 교회가 없다."는 데 동의한다고 하였다. 그러나 그는 "북한에 지하 교회가 틀림없이 존속하고 있음을 믿는다."고 말하고, 통일되는 그날에는 "남한에서보다 오히려 북한에서 신앙이 더욱 번성할 것"을 확신한다고 덧붙였다.[293]

한편 교황청은 공산 국가와 관계 개선을 하고자 하는 의도에서 소련 및 동구권 국가들에 대한 격렬한 비난을 삼가하고 있었다. 교황 바오로 6세는 1974년 2월 5일 반공 투쟁의 상징 인물이던 헝가리의 민첸티 추기경을 직위에서 해임했다. 이 같은 조치는 당시 활발히 진행 중이던 바티칸과 동유럽 공산 국가들과의 외교 노력의 하나로, 교황청과 헝가리 정부 관계를 개선하려는 움직임에서 취해진 것으로 알려졌다.[294] 또 교황 바오로 6세는 이탈리아를 공식 방문 중이던 소련 외상 그로미코와 바티칸에서 회담을 갖기도 했다.[295]

이미 「현대 세계의 사목 헌장」이나 회칙 「민족들의 발전」 등에서는 무신론자들과의 대화, 화해를 촉구하였다. 뿐만 아니라 교황청은 실제로 공산 국가와의 평화와 공존을 모색하였다. 그럼에도 반공과 총력안보 소리 드높은 한국 땅 한국 교회는 요지부동이었다. 이 땅에 만연한 '레드 콤플렉스'의 위력은 좀체 씻어 내기 힘든 것이었다. 한국 주교단은 1975

---

293 '북한에 교회 없어', 가톨릭시보, 1973년 9월 2일 자.
294 '교황 민첸티 추기경 해임, 대공산권 관계 개선 위한 조처', 가톨릭시보, 1974년 2월 17일 자.
295 '소 국내 포교 등 논의 – 그로미코, 바오로 6세 예방', 가톨릭시보, 1974년 3월 3일 자.

년 5월 5일에 '공산주의에 대한 결의문'을 다음과 같이 발표하였다. 이어 주교단이 직접 나서서 정부와 대화로 사회 정의 문제를 해결하겠다는 견해를 천명했다. 이것은 독재 정권과 대결하며 각을 세우고 있는 정의구현사제단의 활동을 중단시키기 위한 시도였고, 실질적으로 그렇게 되었다.

격동하는 국제 정세는 급기야 양단되었던 월남과 크메르의 공산화를 가져오고 말았습니다. 공산 침략의 제물이 된 우방의 비운을 통탄해 마지 않는 우리는 특히 반공 투쟁 제1선에 서 있던 그곳 천주교회가 오늘 심각한 시련을 겪고 있을 것을 생각하면 마음이 찢어지는 형제적 슬픔을 금할 길이 없습니다. 이 두 지역에서 공산 세력에 패배하게 된 원인을 분석해 보면, 공산 세력이 월등하게 강했었기 때문이라기보다는 모름지기 자유 지역 안에서의 정부의 부정부패와 사회의 부조리로 말미암은 국력의 분열로 국가의 안보 능력을 극도로 약화시켰기 때문이라고 판단됩니다. … 우리는 가톨릭 신앙을 가진 국민이기에 그 누구보다도 반공정신에 투철하며, 따라서 어떠한 공산 세력도 막아 낼 수 있는 정의롭고 강력한 정부를 필요로 합니다.[296]

교회의 공식 태도나 정의 구현 운동의 정신적 지주이기도 했던 지학순 주교를 비롯한 몇몇 주교들 또한 반공과 승공의 테두리에서 거의 벗어나지 않았다. 정의구현사제단의 민족 통일에 대한 인식 수준 또한 그

---

[296] 「한국가톨릭인권운동사」, 326-327쪽.

러했다. 이들에게도 반공과 승공은 불가침의 성역이었다. 교회의 사회 참여가 정당한 의미를 부여 받기 위해서도 반공은 강조되어야 했다.

정의구현사제단 1974. 9. 26. 제1 시국 선언

…우리는 묻는다! 소득의 불균형 등의 분배에서 결과하는 격심한 빈부의 차가 과연 반공을 위한 국민 총화와 국력 배양의 정도요 첩경인가. …빈곤을 타파하고 사회 정의를 구현하며 진정한 민주 복지 국가로서 대공 투쟁에 자신과 긍지를 가지고 우방 열국들과 대열을 함께하면서 인류의 문화 발전과 세계 평화에 이바지할 수 있는 길이라는 것을 우리는 확신한다.

정의구현사제단 1975. 4. 8 시국 선언

① 남베트남과 크메르의 상황은 우리에게 중요한 교훈을 주었다. 어느 누구도 부패한 독재 정권하에서의 진정한 국민 일치와 평화를 기대할 수가 없다. 그러한 상황에서 국가와 민족은 오직 멸망할 뿐이다. 우리는 민주 회복과 인간성 회복만이 우리 국민을 일치시키고 또한 북한 공산주의자들의 위협에 대항하는 유일한 길이라고 믿는다.

정의구현사제단 1977. 2. 8 시국 선언

…⑤ 진정한 국민 총화와 안보의 길은 공산주의와 공존할 수 없는 크리스천 신앙과 구원 사상을 온 국민 안에 심은 것이기에 우리는 순교자적 애국 애족의 신념으로 임하고 있음을 재천명한다.

1977년 카터 미국 대통령은 북한을 포함한 모든 공산국가들과의 관계를 정상화하겠다고 언명했다. 미국과 외교 관계가 없는 나라들에 대한 미국인의 여행 금지 조치도 철폐하겠다고 천명했다. 게다가 한국에서 주한 미지상군을 단계적으로 철수시키겠다고까지 발표했다. 5월 22일 김수환 추기경은 주한 미 지상군 철수에 대해 언급하며 "대한민국은 점진적인 철수까지도 원하지 않는다. …우리는 현재 매우 심각한 상황에 처해 있어 대부분의 한국 국민들은 카터 대통령이 철군 계획을 재고해 줄 것을 바라고 있다."고 했다.[297] 7월 5일에는 8개 교구와 3개 수도회 소속 한국인 사제 107명이 카터에게 공개서한을 보내 한국이 스스로를 방위할 수 있는 충분한 준비가 완료될 때까지 철군을 기다려 줄 것을 요청했다. 이들은 한국에 와 있는 몇몇 선교사들의 정의 구현 활동을 비난하는 내용도 함께 발표했다.[298]

한편 "오늘날 한국의 대중가요는 멸공 통일이요, 그 반주는 국민 총화이다."[299]라는 자조감과 비난이 일었다. 과연 반공과 총력안보가 무엇을 위해 쓰이고 있는가에 대한 문제의식이 생겼던 것이다. 독재 정권과 같은 목소리로 반공을 외치고 있음에 대한 회의와 의구심도 자리 잡아 갔다. 반공 때문에 정의 구현 활동이 매도를 당하고 발목을 잡혔으며 민중의 생존권 투쟁이 번번이 짓밟히곤 했다. 정의구현사제단 활동은 반공을 바탕에 깔긴 했으나, 실제로는 그 반공 논리의 피해자가 되었다. 그

---

297 '한국민은 철군을 반대', 가톨릭시보, 1977년 8월 19일 자.
298 가톨릭시보, 1977년 7월 24일 자.
299 전주교구 정평위의 1978년 7·6 사태에 대한 성명서, 「한국가톨릭인권운동사」, 494쪽.

리하여 정의구현사제단도 승공 통일이나 흡수 통일, 총력안보 따위의 오랜 대결 논리에서 점점 깨어났다. 1970년대 말부터 나온 정의구현사제단의 성명서들은 남북 민족 간 화해와 평화 통일을 강조하고, 독재 정권이 주도하는 통일이 아니라 민중에 의한 민중을 위한 통일을 강조하기 시작한 것이다.

민주, 민족, 민생의 민중 복음을 선포한다(1979. 3. 1)

…② 그리스도의 신비는 우리 모두를 위하여 강생한 신비이므로, 모든 시대와 지역에서 자기의 것으로 받아들여져야 한다. 민족의 존엄은 오직 세계와 인류의 공동선을 실현하는 방향으로서만 지켜지고 발휘될 수 있다. 민족의 염원인 통일 문제는 권력의 특수 이익을 위해서 이용되어서는 안 된다. 우리는 화해와 통일의 그리스도 복음에 입각하여, 한반도의 평화와 통일은 하느님 사업의 일환임과 세계의 정의로운 평화의 중요한 바탕을 직시하면서 우리는 그리스도의 복음이 곧 민족의 복음임을 선포한다.

시국에 대한 우리의 견해(1979. 7. 17)

…③ 한국 국민 개개인의 안전과 인권을 유린하여 국민 상호 간의 평화와 일치를 스스로 거부하는 현 정권이 어떻게 한반도의 통일과 민족의 화해를 말할 수 있는가. 그들은 남북 대결을 내세워 분열과 위기의식을 고취시켜 왔고 그것을 정권 유지의 명분으로 삼아 왔다.

우리는 적어도 현 정권이 한반도의 평화와 민족의 화해와 통일을 말할 자격도, 의사도, 능력도 없음을 잘 알고 있다. 평화를 달성하려거든 먼저 모두가 하나 되게 하는 사회 정의를 구현하라. 민족의 화해를 말하려거든 먼저 모두가 하나 되게 하는 사회 정의를 구현하라. 민족의 화해를 말하려거든 먼저 국민 내부의 화해를 위하여 당국이 즐겨 쓰는 제반 억압의 장치와 제도를 철폐하라. 통일을 달성하려거든 먼저 모든 양심범을 무조건 석방하고, 그들을 복직, 복교, 복권시키며 민중의 창의와 비판이 수용되는 자유 언론을 보장하라. 그리하여 국민이 일치되고 하나 되게 하라. 우리는 민족에 의한, 민족의 통일을 열망한다.

한국에 있어서 통일로 가는 길은 통일을 진실로 염원하는 민중에 의한, 민중을 위한, 그리하여 민중의 통일 노력으로서만 열려질 것이다. … 뿐만 아니라 민족의 염원이며, 세계 평화의 초석인 국토의 통일과 민족의 화해를 정권의 안보를 위해 이용해 왔다.[300]

이처럼 정의구현사제단은 반공이나 멸공 통일이 정권 안보 이데올로기로서 기능하고 있는 점을 강력하게 비판하였다. 그러나 불의한 정권이 반공을 악용하고 있는 것은 비난했으되, 남북 민족이 겪고 있는 비극의 뿌리로서 민족 분단 체제를 직시하고 도전하지 못했다. 북한은 '적'이나 '반국가 단체'가 아닌 명백한 민족 공동체의 구성원이라고 말하지 못하였다. 또한 반공이 국시가 아니고 통일이 국시가 되어야 한다고 선언하기에는 아직 시간이 더 필요했다. 때문에 대결이 아닌 대화를, 대립이 아닌 화해를, 긴장이 아닌 평화를, 원수가 아닌 형제애를, 그리고 진정

---

300 「한국가톨릭인권운동사」, 544쪽.

민족의 하나 됨을 향해 나아가야 한다고 외치지 못했다. 이 당시 정의구현사제단이 안고 있는 한계였지만 희망적이기도 했다. 그들은 민족과 민중 속에 함께할 것을 맹세했기 때문이다.

성찰, 진리 안에서 자유로움을

어떤 이는 "한국 교회가 박해 시대에 민중과 역사와 만난 이래 오랜 침체 끝에 비로소 1970년대에 제2의 만남"이 이루어졌다고 평가하였다.[301] 과연 1970년대가 그렇게 획기적인 연대로 평가될 수 있는지는 겸손하게 다시 돌아봐야 할 것이다. 그러나 그 시기에 교회가 사회 정의와 인권에 대한 교회와 사회의 관심을 고양시켰다는 것은 분명하다. 이 때문에 교회와 정치권력 간의 긴장과 대립 관계가 형성되기도 했다. 박해 시대 이후 권력과의 거리가 가장 멀어진 때였다.

1970년대 한국 교회의 사회 참여 활동은 한국 교회 발전은 물론, 한국 사회 발전에 지대한 공헌을 했다. 우선, 교회 내적으로는 이러한 활동을 통해 신자들에게 교회의 존재 목적과 복음 선교의 의미를 일깨워 주었다. 또한 사회적으로는 인권 신장과 정의 구현에 선도적 역할을 수행했

---

[301] 1984년 3월 31일과 4월 1일에 걸쳐, 서강대학교에서 있었던 한국가톨릭사회과학연구회 주최의 '한국 가톨릭교회와 사회 정의'라는 주제의 세미나에서 한 언론계 중진이 표현한 말(사제단, 앞의 책, 58쪽).

으며 유신 독재 체제의 붕괴에도 일정한 역할을 했다고 볼 수 있다. 특히 정의구현사제단의 활동은 한국 천주교회에 대한 국민의 신뢰와 지지를 한껏 높였다. 정의구현사제단은 주교들이 공식적으로 인정한 단체는 아니었다. 그러나 정의와 양심적 지향으로 가득 찬 '익명의 그리스도인들'로부터도 교회에 대한 지지와 호감을 불러일으키기에 충분했다.[302]

1970년대는 교회의 '대부흥기'였다. 지학순 주교의 구속과 김수환 추기경의 민권 지지 발언, 혹은 정의구현사제단의 활동 등을 지켜보던 많은 이들이 천주교에 입교했다. 1969년까지의 한국 교회 신자는 78만 명가량이었다. 그런데 1979년의 신자 수는 125만 명으로 늘어났으니 교세가 폭발적으로 증가한 것이다. 주로 도시인이, 교육 수준이 높은 젊은 층이, 또 남자도 여자 못지않게 많이 들어온 것이 이 시기 특징이었다.[303] 교회가 독재에 시달리는 자신들의 할 말을 대변하고 민주주의에 대한 갈증을 풀어 주는 데서 신앙의 힘을 본 것이다. 예수 믿으라고 굳이 말하지 않아도 신앙인이 신앙인다움을 삶으로 증거할 때 사람들은 예수 그리스도를 알아보는 것이었다.

그리스도의 복음을 받아들이지 못하거나 알지 못하는 이들, 하느님을 아직 명백히 인정하지는 못할지라도 그분의 은총으로 올바로 살아 보려고 노력하는 사람들(「교회에 관한 교의 헌장」 16항)이 있었다. 노동 현장에서, 농촌 현장에서, 대학가에서, 이들 '익명의 그리스도인들'은 이미 선

---

[302] 한용희, '1970년대의 한국 교회와 정치', 한국가톨릭사회과학연구회, 「한국가톨릭사회과학연구」 제4집, 1987, 127쪽.
[303] 「한국가톨릭사회과학연구」 제4집, 171쪽.

뜻 고난의 현장에서 나서 변혁과 해방의 복음을 일구고 있었다. 교회의 정의 구현 활동은 또한 갈라진 형제, 개신교인들의 헌신적인 투신의 삶 속에서 영향을 많이 받기도 했다. 변혁과 진보를 갈망하는 개신교 신학을 통해 해방 신학에 대한 자극과 영감을 촉진받곤 한 것이다.

또한 그 자신 가난하고 소외받는 이였던 가톨릭 평신도들도 삶의 한복판에서 노동자 농민들과 더불어 고락을 함께하며 눈에 보이지 않는 교회 공동체를 세워 가고 있었다. 평신도들을 통해서만 교회는 세상의 빛과 소금이 될 수 있고 그 환경 속에서만 교회는 현존하며 활동할 수 있다고 했다(「교회 헌장」 33항). 평신도들의 활동을 통해서 이 세상은 하느님의 말씀의 씨를 받아들이기에 보다 좋은 밭으로 준비된다 하였고, 동시에 교회의 문도 넓게 열려 이 문을 통해 평화의 메시지가 세상으로 널리 퍼져 들어가게 된다 했다(「교회 헌장」 36항). 많은 평신도들이 교회의 가르침을 몰라도 온몸으로 그리스도를 증거하며 살고 있었다. 이들 모두 '하느님의 백성'들이었다. 교회가 뛰어든 사회 정의 활동은 바로 이 모든 '하느님의 백성'들의 움직임과 투신이 일궈 놓은 힘으로부터 영향을 받고 동기를 부여받았다. 정의구현사제단의 활동도 그랬고, 제도 교회가 보인 일련의 활동도 다 그렇게 비롯되었다. 교회 안팎에서 반독재 사건, 반교회적인 사건이 터질 때 그를 수습하기 위해 황망히 달려들었던 데서 대부분의 참여 계기가 만들어졌다.

나아가 제도 교회를 뛰어넘어 진실한 그리스도의 복음과 사랑을 보여 주고, 현실 속에 살아 숨 쉬는 교회의 모습을 보여 준 것은 주교단이나 그들의 교도권 행사에 의한 것도 아니었다. 자각하고 실천한 일부 주교와 사제, 수도사와 평신도들의 자발적인 활동이 그를 가능케 한 것이다.

이들은 제도 교회와 주교단이 보여 주지 못한 것을 대신하여 교회를 현실 가운데 있게 하고, 교회가 시대의 징표를 읽고 소명을 다하도록 하였다. 민족과 함께하는 교회, 민중 속의 교회를 지향하게 하였다. 정의구현사제단의 산파 역할을 하고 줄곧 앞장서 활동해 온 함세웅 신부는 다음과 같이 증언한다.

지학순 주교의 구속은 잠든 교회, 노예의 상황도 감지하지 못한 마비된 우리 사제들을 그 병든 잠에서 깨어나게 한 사건이었다. 구속된 지학순 주교를 통해서 우리는 억울하게 감옥에 갇힌 수백여 명의 학생들을 만나게 되었고 민주 인사, 해직 교수, 해직 교사, 해직 언론인, 문인, 변호사, 정치인, 그리고 참으로 생의 바닥에서 수탈당했던 숱한 노동자, 농어민, 빈민들을 아주 가깝게 만나게 되었다. 그리고 특히 아무도 관심을 두지 않는, 아니, 아무도 관심과 눈길을 둘 수 없었던 이른바 국가 보안법의 위반자들, 특히 인민 혁명당의 관계자들과 그 가족들을 만나게 되었다.

서대문 구치소를 오갈 때 우리는 모두 온몸이 저려 오는 아픔과, 불의와 맞서 싸우라는 심장의 피 끓는 솟구침을 감지하곤 했다. 이루 헤아릴 수 없는 야만적 고문의 내용을 듣노라면 참으로 우리의 온몸은 전기가 통하는 듯한 의분의 아픔을 느끼기도 했다. 그래서 우리는 성당으로 모였다. 그리고 함께 기도했다. 가족들의 억울한 하소연을 듣고 묵묵히 손만 잡아 줄 뿐이었다. 우리는 또 모였다. 그리고 미사를 올렸고, 이 억울함을 호소했다. 야만적 고문을 고발했다. 그리고 거리로 나섰다. 십자가를 앞세우고 제의를 입은 채, 수도자들과 함께 명동 거리로 나섰고 수백 수천의 신자들이 뒤를 이어 주었다. 그리고 구경거리 같았던 우리를 보고 의

아해하던 시민들이 우리가 높이 쳐든 구호를 읽고 외치는 소리를 들었다.
…시민들은 가던 길을 멈추고 힘껏 박수를 치며 격려했다. 참으로 감격스러운 체험의 현장, 체험의 시간이었다. 그리고 그 이후에 우리 사제들은 더러는 감옥에 갇히고 또 더러는 보안사에 끌려가 고문도 당했다. 더구나 한 사제는 군인들에게 칼로 찔리는 끔찍한 테러도 당했다. 그리고 많은 사제들은 늘 감시, 미행, 도청, 연금, 협박 등 말할 수 없는 수모와 고통을 당했다.

그래도 우리는 고통을 마다 않고 모여 기도하고 소식을 나누고 가족들과 함께 밤을 지새우며 긴박한 경우에는 여러 차례 단식기도를 통해 저항 운동을 펼치기도 했다. 우리는 성당에서 늘 바쳤던 십자가의 길의 깊은 뜻을 시대적 삶, 세상의 고통 한복판에서 더욱 실감 있게 깨달았다. 십자가의 길, 그것은 결코 성당 내부의 장식이 아닌 민중들의 고통의 삶, 바로 그것임을 분명히 인식했다. 우리보다 앞서 고난의 길을 걸었던 수많은 의인, 순교자들의 길이 바로 이것임을 깨닫고 사제적 투신과 헌신을 더욱 다짐하게 되었다.[304]

고난의 현장과 고통받는 민중의 삶, 그 터 위에 바로 정의와 사랑의 하느님 나라가 건설됨을, 하느님의 백성이란 천주교인들만을 가리키는 개념이 아님을 정의구현사제단은 체험으로 확신할 수 있었다. 순교자란 신앙인 속에서 나오는 것만이 아닌, 하느님을 모르면서도 이웃과 벗을 위해 제 몸을 내어 놓는 그런 이들이야말로 참된 순교자임도 깨달았다.

---

[304] 함세웅, 앞의 책, 2-3쪽.

우리가 모르는 가운데 우리를 위하여 희생하고 있는, 누룩과 같은 삶을 살고 있는 형제자매들이 참으로 많음도 알았다. 그들이 뿌리고 있는 피와 땀이 분명 세상의 빛과 소금이었다. 투신과 실천 속에서 갈라진 형제들과의 일치와 연대감이 만들어짐도 확인했다.

주로 정의구현사제단의 활동으로 인해 과연 교회다운 사회 참여가 무엇인가, 복음적인 태도란 무엇인가에 대한 논란이 계속 일었다. 교회의 활동은 복음적이어야 한다거나 교회적이어야 한다거나 하는 주장은 명확한 근거나 기준 없이, 사실상 활동하는 사람들을 제약하기 위한 추상적인 개념이었을 뿐이다.[305] 이 같은 논란의 결과로 정의구현사제단을 비롯한 가톨릭노동청년회와 가톨릭농민회, 정의평화위원회 등 교회 내 여러 단체의 활동이 실질적으로 교도권에 의해 제한을 받기도 했다.

일제 때 항일 운동을 했다는 이유로 안중근이나 안명근, 이기당이나 윤예원 신부 등도 교도권에 의해 파문되고 단죄되었다. 이제 독재 정권 아래서 인권과 민주주의를 발전시키려는 활동도 그리스도인답지 못하다며 제약을 받아야 했다. 더구나 정의구현사제단은 자신들로 인해 교회가 분열된 듯한 인상을 준다는 부정적 평가까지 받기도 했다. 그러나 앞서 살펴보았듯이 정의구현사제단은 지학순 주교의 구속으로 교회가 분열과 혼란의 와중에 있을 때 교회의 일치된 대응을 위해 결성되었으며, 또 적잖은 성과를 거두었다. 그들은 주교단의 지침을 거스르지 않았고, 주교단의 활동을 밑받침하고 보완하면서 주교단의 대사회 문제에 대한 가르침을 전 교회에 확산시키는 구실을 담당했던 것이다.[306]

---

305 사제단, 앞의 책, 64쪽.

과연 무엇이 예수 그리스도의 삶을 진정으로 사는 것인가 하는 물음은 그 누구보다 그러한 활동에 몸담고 있는 사람들이 자기 자신에게 끊임없이 던져야만 했던 물음이다. 성직자답지 않다거나 교인답지 않다거나 하는 비난과 화살 속에 그들은 기도하고 고뇌했다. 어둠 속에 감춰진 진실을 빛 속에 드러내는 일, 그를 찾기에 두려워하지 않는 것이 복음의 가르침에 순명하는 것임을 확신해야 했다. 민족·민중과 어우러져 기쁨과 슬픔을 나누는 예수 그리스도를 만난 것, 이것이 이 시대의 신앙 고백임을 마음속 깊숙한 곳에서부터 인정해야 했다.

교회의 사회 정의 활동이 복음 선교의 참된 일면이었다는 것은 더 말할 나위가 없다. 그로써 정체된 교회는 생기를 되찾았고, 많은 이들이 그를 보고 교회를 찾았다. 또 양심과 정의, 사랑의 교회로 인식됨으로써 사회에 대한 교회의 도덕적 권위와 신뢰를 한층 높이면서 두고두고 지워지지 않을 역사적 인상을 새겨 주었다. 정의구현사제단이나 평신도 단체들이, 또 교회가 이 시대 사회 정의 활동을 다한 것은 아니다. 행한 것들이 다 잘한 것도 아니었으며, 오히려 부족하고 부끄러운 자신을 더 확인하는 과정이기도 했다. 그러나 때론 벽에 부딪치고 더러는 물러서면서도 걸음걸음 내디딜 때마다 가슴에 넘쳐나는 주님의 소리가 있었다. 그 소리는 결코 흔들리지 않는 신념이 되어 주었다. "진리가 너희를 자유롭게 할 것이다."(요한 8,32)

---

306 한용희, 앞의 글, 127쪽.

11
멈출 수 없는 길, 정의와 해방을 향하여

어느 누구도 공동선이 위협받고 인간에게 대한 존경이 모욕을 당하며 모든 사람이 본질적으로 평등하다는 사회 정의가 흔들리는 이러한 사태가 생겨난 상황에 무관심하거나 비겁한 나머지, 순전히 개인주의적 윤리로 머물러서는 안 된다. 이는 사회 상황에서 나타나는 하느님의 강력한 요구다. 공동체로 불림받은 우리가 개인주의적인 윤리로 떨어진다면 이는 명백히 하느님의 뜻을 거스르는 죄악인 것이다. 각 사람이 자신의 능력과 이웃의 필요를 따라 공동선에 기여하고 사적이거나 공적인 제도들을 촉진하고 원조하여 생활 조건 개선에 이바지할 때 정의와 사랑의 의무는 더욱더 잘 수행될 수 있다. 그런데 이를 외면하고 개인주의적 윤리로 살아가는 사람들이 우리 사회에는 얼마나 많은가!(「사목 헌장」 30항 참조)

불일치의 싹

1970년대에 교회가 참여했던 사회 정의 활동은 능동적인 것이라 할 수는 없는 것이었다. 다시 말해 당시 한국 사회가 요구하는 '시대의 징표'를 읽고 복음의 빛으로 그것을 해명해 주기 위해 스스로 나선 일은 아니라는 것이다. 아직도 한국 교회는 공의회의 정신이나 세계 교회의 흐름을 정확히 읽고 있지 못하고 있었기 때문이다. 한국 교회가 현실 문제에 대해 발언하기 시작한 것은 권력이 교회에 가하는 압박 때문이었다. 따라서 역설적으로 교회가 위기에 노출되는 일이 없었다면 현실 상황과 자신을 연결시키지 않았을지 모른다. 강화도 심도 직물 사건에 대한 주교단의 담화는 그런 교회 모습을 잘 보여 준다.

강화도 사건에 대한 주교단 공동 성명

이들 노동자들과 본당 신부는 그리스도적 사회 정의를 가르치던 중 중상中傷을 받게 되었으며 JOC 회원들은 해고를 당하였습니다. 이들은 서면으로 앞으로는 천주교 신자인 노동청년회원들은 공장에 채용치 않겠다는 통고를 하였습니다. 이러한 사건은 중대한 일로서 우리들 한국 주교단은 한국 교회가 이러한 옳지 못한 일을 당하면서도 침묵을 지킨다면 큰 잘못을 하는 것이라고 생각합니다.[307]

그렇기 때문에 1970년대 천주교회는 인권과 정의 구현 활동을 하면서

---

[307] 「한국가톨릭인권운동사」, 53쪽.

도 "운동을 전개함에 있어서 성직자 사이, 평신도 사이, 성직자와 평신도 사이의 의견 불일치"[308]가 있기도 했다.

박정희는 일련의 종교 정책을 시행했다. 기독교계 학교에서 성경을 학과목으로 사용하지 못하게 하였고 불교를 부각시키는 정책을 썼다. 불교계는 이승만 정권하에서 상대적 소외와 박탈감을 맛보았기 때문에 이제 기독교계와 불교계는 미묘한 처지에 놓이게 되었다. 이는 종교계에 대한 '분할 통치술'로 기독교계의 영향력을 약화시키려는 의도였고, 결국에는 모든 종교를 제 손 안에 넣고 좌지우지하려는 술책이었다.

한편 박정희는 친정부적 기독교 세력을 육성하는 일에도 관심을 소홀히 하지 않았다. 보수적 개신교 목사들은 1968년부터 '대통령 조찬 기도회'를 열었다. 이 기도회는 1974년까지 매년 5월 초에 정기 행사로 진행되다, 1976년부터는 '국가 조찬 기도회'로 이름을 바꿔서 행해졌다. 참석자들은 무려 500~600명가량 되었다. 이에 반대하는 개신교인들은 이 모임이 사회 정의와 윤리적 책임 의식이 결여되어 있으며 참회의 태도는커녕 마치 호화로운 쇼를 방불케 한다고 비판했다. 또 이 모임이 계획과 출발부터 정치적일 뿐 아니라 모임의 방법 또한 정치적이며, 이는 정치적 배려와 정치적 결과를 노린 것이라고 주장했다.

대통령 조찬 기도회는 박정희 군사 독재 정권에 종교적 정당성을 부여하는 역할을 하였다. 1974년의 기도회에서 대한예수교장로회 총회장을 역임한 바 있는 이상로 목사는 설교를 통해 "종교와 정치가 서로 돕

---

[308] 한용희, '한국가톨릭의 민주인권운동사', 「한국가톨릭인권운동사」, 17쪽.

고 협조하여 조화를 이룩한 때에는 종교도 신성하고 국가는 불안 없이 번영한다."고 말하였다. 그에 박정희는 이상로 목사에게 "북한 공산주의자들이 통일 전선 형성의 일환으로 종교계에 접근을 기도하고 있으니 종교계 지도자들은 유의하라."고 답해, 기독교 보수 세력과 독재 정권이 서로 협조하는 모습을 보여 주었다.

그러나 반독재 민주화 투쟁의 길에 선 종교인들의 행로는 명백하게 정해져 있었다. 빨갱이라는 누명이나 연행, 투옥, 활동에 대한 숱한 제약과 박해 따위들이다. 반면, 정치권력과 유착한 종교인들은 놀라운 세 확장과 성장의 기적을 맛보았다. 개신교는 70년대에 대규모 부흥 집회를 통해 그 성장의 기적을 이루었는데, 빌리 그레이엄과 같은 외국 부흥사에 의존한 '군중 몰입적' 방법이 시도되었다. 또 나라를 위한 백만 기독인 집회, 민족 복음화 성회 대집회 등 종파 세력 확장을 목표로 총력을 기울인 대규모 전도 집회가 성행했다.

그렇다면 천주교회는 어땠는가. 이제 정교 유착의 단맛과는 정녕 거리가 멀어진 것일까? 70년대 민주 민권 운동사에 지울 수 없는 흔적을 새긴 그 빛나는 역사가 전부일까? 그로써 지난날 반민족, 반민중의 죄과를 조금이나마 씻어낼 수 있었던 것일까?

박정희 정권은 영남과 호남을 지속적으로 대립시키며 지역감정을 철저히 정략에 이용했다. 이는 민족사에 있어 남과 북이 갈린 이래 또 하나의 비극이었다. 반공이라는 외눈박이 의식 구조에 지역감정까지 편승하였으니, 지역감정은 이성과 상식에 근거한 판단 능력을 상실케 만들었던 '망국병'이었다.[309]

쿠데타로 박정희가 정권을 장악했을 때 천주교회 전체는 그 앞에 순응한 바 있다. 나아가 대구대교구는 서정길 대주교가 중심이 되어 군사 정권과의 새로운 관계 정립에 나섰다. 과거에 교회가 일치단결하여 장면을 정계에 내보내고 그를 통해 교회의 지위 상승과 보존을 꾀했듯, 대구대교구는 이제 이효상[310]을 그런 식으로 밀기 시작했다. 교회가 장면과 교회를 거의 동일시하면서 권력의 흥망성쇠를 맛보았듯이, 이제 대구대교구는 친親영남 정권의 신화에 갇히고 이효상과 함께하면서 권력과의 밀월에 들어갔다. 앞서 언급했던 70년대 교회의 민주 민권 운동에 대한 교회 내 불일치의 싹은 여기서부터 자라기 시작했다. 박 정권은 남한 지역 간 대립 구도를 강화하고, 종교계를 갈라놓고, 또 보편과 일치, 연대성을 커다란 자긍심으로 여겨 온 천주교회까지 교묘히 분열시키는 데 성공한 것이다. 대구대교구에만 한정된 것은 아니겠으나, 특히나 대구대교구는 박정희 정권의 이익과 견해를 교회 안에서 옹호하고 관철시키는 구심이 되어 갔다. 나아가 사목과 행정을 자기 교구 중심으로 하는 방식이 갈수록 한국 교회의 경향이 되어 가고 말았다.

이효상이 정계에 발을 처음 디딘 것은 1960년 제2 공화국 장면 정권 아래서 참의원 의원으로 당선된 뒤였다. 5·16 쿠데타 뒤에는 박정희의 친영남 정책으로 계속해서 정치적 상승세를 탔는데, 1963년 국회 의장에 피선된 이래 6~7대를 지켰다. 또 1972년에는 민주공화당 의장으로

---

[309] 역대 대통령이 지역감정을 어떻게 이용했는지에 대해 훗날 한 언론은 다음과 같이 표현하였다. "이승만 대통령은 대한민국의 반인 남쪽만 통치했고, 박정희 대통령은 그 반쪽을 다시 동서로 나눠 통치했으며, 전두환 대통령은 그중 동쪽을 다시 남북으로 나누어 경북만 통치했고, 노태우 대통령은 마침내 경북마저도 대구와 경북으로 갈라놓았다."(한겨레신문, 1992년 2월 16일 자 사설)

[310] 이효상은 1966년에 바티칸으로부터 대십자가 훈장을 수여받았다. 이승만 시대에는 장면이 천주교회를 대표하는 인물이었다면 이효상은 박정희 시대에 천주교회가 자랑하는 인물이었다.

피선되기까지 했으니, 이효상은 철두철미 군사 정권 사람이었다.

이효상은 교회와 정권의 친화 관계를 깨지 않기 위해 중요한 역할을 수행하였다. 실제로 천주교회와 정권의 갈등이 싹트기 시작한 1960년대 말이나 70년대에 그는 몇 번이나 김수환 추기경과 대통령이 만나도록 주선한 바 있었다.[311] 강화도 심도 직물 사건이 해결된 다음 해 1969년 7월 1일에는 박정희가 청와대로 주교단 일동을 초청, 만찬을 같이하며 환담을 나누기도 했다. 이날 만찬에는 김 추기경을 비롯하여 여덟 명의 주교가 자리를 같이했는데[312] 아마도 이효상의 노력과 무관하지 않을 것이다. 박 정권이 교회에 보내는 일련의 호의도 계속되어 김수환 추기경은 1970년 8월 15일 광복 25주년 행사에서 국민 훈장을 받았다.

1971년 4월 27일에는 제7대 대통령 선거가 있었고, 5월 27일에는 국회 의원 선거가 치러졌다. 이효상은 이 선거전에서 지역감정과 지역 대결을 유도하고 그에 호소했다. 실상 그는 이 망국병을 공개적 정치 무대에 끌어들여 공식화한 장본인이기도 했다. 이때 국회 의장이었던 이효상은 경상도 사람들이 똘똘 뭉쳐 박정희를 당선시키자고 공공연하게 연설하였다. 지역감정을 부채질한 그의 발언에 5·25 국회 의원 선거를 앞둔 공화당 내부에서도 규탄의 소리가 흘러나왔다.[313] 결과적으로 이 선거는 총체적인 부정 선거로 규탄을 받았고 대구 시민들은 뒷날 선거에서 이효상을 낙선시켰다.

---

311 〈교회와 역사〉, 1990년 8월 호, 8쪽.
312 가톨릭시보, 1969년 7월 6일 자.
313 조선일보, 1971년 5월 23일 자.

공동선과 사회 정의,
그리고 교회

한국 천주교 주교들 가운데 어떤 이들은 정의구현사제단 등의 민주 민권 운동을 지원·격려하였다. 또한 불의를 고발하고, 정권을 향해 각성과 시정을 촉구하기도 했다. 이런 행위는 참으로 많은 이들에게 큰 힘과 용기와 감동을 안겨 주었다. 교회의 최고 책임자들이기에 영향력이 더 크기도 하였다. 그러나 그것은 어디까지나 주교들 개별 차원에서 행해진 일이지 한국 천주교회의 공식 태도라 할 수도, 일치된 의견이랄 수도 없는 것이었다. '일치'라는 단어는 종종 한편이 다른 한편을 통제하기 위한 수단으로 이용되어 왔다. 왜냐하면 정의구현사제단이나 여타 평신도 사도직 단체들의 사회 정의 활동이 교회의 일치를 깨고 분열시키는 행위라고 비난하는 사람들도 있었기 때문이다.

학정으로 인해 백성들의 고통과 신음이 온 하늘땅에 가득하던 때 불의가 만연하여 '예, 아니요'의 분명한 선택과 결단이 요구되던 때에 주교단이 어떤 견해를 취했는가는 중요한 문제이다. 70년대 천주교회가 받고 있는 긍정적인 평가와 찬사, 또 정의를 위하여 일하는 이들에게 교도권이 실제 어떤 태도를 취했고 어떤 영향력을 미쳤는지는 중요하다. 구체적으로 누가 무엇을 쇄신해야 하는지가 분명해지기 때문이다. '진정한 일치'란 무엇을 중심으로 해야 하는지도 알 수 있기 때문이다.

1971년 11월 14일 제4회 평신도의 날을 맞아 주교단은 '오늘의 부조리를 극복하자'는 공동 교서를 발표했다. 1961년 박정희 군부 정권이 들어선 이래 주교단이 한국 사회 문제에 관해 총체적 견해를 발표한 것은 처음이었다. 또한 대통령 선거와 국회 의원 선거를 마친 뒤였고, 경기도 광주로 이주한 도시 빈민들이 대규모로 격렬한 항의 시위를 일으킨 후였다. 교서는 한국 사회 구석구석에 독소처럼 자라고 있는 부정과 부패, 악의 요소들을 고발한 장문의 '종합 진단서'였다. 70년대를 어떻게 살아가야 하는지에 대해 예언적 소명을 담은 교서였으며, 주교들 사이 시국관의 불일치를 극복하고 나온 합의문이었다. 교서는 "우리 교회는 예수 그리스도로부터 유산 받은 정의와 사랑을 실천하고 전달해야 할 사명을 받았다. '가서 만민에게 복음을 전하라.'고 하신 예수님의 명령은 2천 년 전이나 지금이나 한결같이 우리를 재촉한다. 이제 급변하는 국내외 정세와 부정부패로 혼미한 우리의 사회 실정을 직시하고 모든 크리스천과 선의의 국민들이 각성하여 올바른 사회 건설에 헌신할 것을 촉구하며 이 교서를 발표한다."고 하였다. 주요 내용만 간추려 보면 다음과 같다.

한국의 현실성 경제 발전과는 달리 우리 사회는 더욱 도탄에 빠지고 있다. 광주대단지 사건으로부터 불행한 학원 사태에 이르기까지 신문 사회면은 매일같이 사회 병폐로 메워지고 있다. 정의와 사랑의 교회는 예수 그리스도의 이름으로 진정한 사회 정의를 가르쳐야 할 사명을 절감하게 되었다.

공동선 교회는 좌경 사회주의자들이나 자유주의적 자본주의자들을 다 배격하고 단죄한다. 교회는 공동선 즉 공익을 목적으로 전진해야 한다.

인간의 존엄성 사회 정의 구현을 위한 기본 요소는 인간의 존엄성이다. 어떤 사회 체제나 경제 구조가 만일에 인간의 존엄성을 무시한다면 그것은 마땅히 단죄를 받아야 한다. 인간 생명은 태어날 때부터 존중받아야 한다. 따라서 낙태법이란 어느 나라에서 허용되든지 인간의 존엄성을 무시하는 법이므로 그 자체가 악법이다.

정치에 대하여 위정자는 위정자이기에 더욱 법을 지키는 데에 앞장서야 할 것이다. 그들의 권한이 질서를 유지하기 위한 것이기에 그들은 법과 질서를 남보다 먼저 지켜야 하는 것이다. 국민은 국가의 제반 직무에 적극 참여하며 국민으로서의 의무를 다해야 한다.

기업에 대하여 기업은 기업주를 포함해서 거기에 종사하는 모든 사람에게 자기와 자기 가족에게 필요한 생산 수단을 제공해야 한다. 양심적 기업주라면 기업 운영에 있어서 기업보다 인간이 더 중요하므로 만사를 제쳐 놓고 노임 지불을 선행시켜야 한다는 것을 잊지 말아야 하겠다.

상업에 대하여 특히 부정 식품이나 부정 의약품을 생산 내지 판매하는 행위는 국민들의 생명을 위협하는 민족 반역 행위로 규탄하지 않을 수 없다. 정당한 상품을 소비자들에게 공급하고 양심이 허락하는 한도 내에서 봉사의 대가를 받는 것이 인간다운 상인들의 행위인 것이다.

농어민의 처지 개선 교회는 가난하고 억압받는 이들의 대변인이라야 한다. 우리나라의 경제 수준이 아무리 높아져도 농어민들에게 그 혜택이

넉넉히 분배되지 않는다면 이 사회는 불의를 범하는 사회이다. 농어촌 개발을 구호로만 외치지 말고 실제로는 그들에게 경제 성장의 혜택을 분배해 주어야 하겠다.

특권과 특혜를 버리자 평등을 신조로 삼는 민주 사회 내에 특권이 있을 수 없다. 우리에게 한 가지 특권이 있다면 그것은 바로 자기 의무를 완수할 특권뿐일 것이다.

뇌물의 근절 만사가 뇌물로 처리되는 오늘의 현실은 극도로 슬픈 일이다. 금전보다 높은 이상을 우리는 되찾아야 한다.

신앙의 위력 우리는 순수한 마음으로 하느님을 섬김으로써만이 사회를 정화할 수 있다는 사실과 신앙이 이 세상을 정화해야 한다는 사실을 잠시도 잊을 수 없다.

양심의 소리 이 사회가 정화되기 위해서는 폭동이나 혁명보다 인간 혁명이 마음의 회심을 바탕 삼아 국민 각자가 양심의 소리를 따라 생활해야 할 것이다. 한 사회의 정의는 그 사회에 살고 있는 사람들의 양심이 어느 정도로 존중되는가에 달려 있는 것이다.

젊은이들에게 기대한다 기성세대의 양심은 이미 굳어졌고 무디어졌기 때문에 개선될 희망이 적지만 젊은이들의 양심은 아직 얼마든지 아름답게 피어날 수 있는 것이다. 젊었을 때의 순수한 정신을 고수하면서 사회의 압력과 유혹이 아무리 가혹하다 하더라도 끝까지 순수한 양심을 지켜 준다면 내일의 우리 사회는 명랑한 사회가 될 것이 분명하다.

마지막 호소 순수한 양심을 지키고 따르기 위해서는 온갖 고통과 희생을 각오해야 하겠다. 다소의 현세적인 손실이 있더라도 때로는 부당한 간섭과 모욕을 당하더라도 교회가 먼저 솔선해서 양심적 생활을 보여 주고 모든 특혜를 버리고 뇌물 및 유혹을 용감히 물리쳐야 하겠다.[314]

교서는 공동선과 사회 정의는 교회가 가르쳐야 할 진정한 사명이라 하였다. 이를 위해 교회와 신자는 고통과 희생을 각오해야 하며 현세에서 누리는 일정한 기득권까지 포기할 줄 알아야 한다 했다. 그러나 "사회의 병폐는 이제 너무도 보편화되어 우리에게 위기감마저 안겨 주고 있다."고 교서에서 밝혔듯이, 교회 자신조차 느끼게 된 암담한 사회적 위기감이 아니었다면 이 같은 교서는 나오지 않았을지도 모른다. 또 사회 문제에 관한 기본 태도를 원리적으로 제시하고 있으나 구체적 활동 방향을 수립하는 데서는 "국민 각자가 양심의 소리를 따라 생활해야 한다."는 소극성을 띠고 있기도 했다.

그러나 주교들 사이의 불일치는 곧이어 공개적으로 드러났다. 대구대교구가 발행하는 가톨릭시보가 교회 내 사회 정의 활동에 대해 비판의 화살을 돌렸는데, 1971년 말에 지학순 주교가 발표한 성탄 교서까지 문제로 삼을 정도였다.

---

[314] 「한국가톨릭인권운동사」, 75-83쪽.

원주교구장 지학순 주교는 1971년 12월 5일 성탄 교서를 발표, 교회의 사회적 책임을 강조하고 불의와 과감히 투쟁할 것을 선포했다. 지 주교는 이 교서에서 현재의 한국 실정이 극도의 불평등과 억압, 빈곤으로 절망 상태라며, 소수 특권층의 부정부패는 인간 양심과 도덕을 짓밟았다고 지적하였다. 그러므로 하느님의 파견을 받은 목자로서 책임을 느낀다고 했다. 교서는 또 한국 사회가 안고 있는 위기의 원인을 '정보 통치', '부정부패 특권', '외세 의존'으로 분석하며, 이로부터 사회 정의를 구현시키기 위해 국민의 기본적 자유권과 생존권을 쟁취하자고 역설했다. 지 주교는 오늘날 우리 사회의 불의와 부정의 책임이 근본적으로 현 정권에 있다고 지적하면서 정권이 솔선해서 위기의 원인을 과감히 제거할 것을 촉구하기도 했다. 또한 투쟁 목표를 '공산주의와 부정부패 배격'이라고 명시, 이 기본 목표를 구현키 위해 어떠한 권력에도 굴복이나 타협이 있을 수 없다고 선언했다.[315]

주교가 자기 교구민들에게 별도의 성탄 메시지를 내는 것은 통상의 권한이었으련만, 유독 지 주교의 교서만을, 또 '감히' 주교의 교서를, 그것도 교회 언론이 '사설'을 통해 조목조목 신랄하게 비판하였다. 지 주교의 교서는 교서가 아니라 격문이며, 가르침이 아니라 정치적 언사라는 것이었다. 사설은 지 주교를 비판하기 위해서가 아니라 한국 교회에 대한 지 주교의 참사랑을 이해하기 위해서라는 전제를 달기 했지만, 지 주교가 교회 일치를 해치고 있다며 비난하였는데 가히 그 내용은 정권의 대리인이 발언하는 것과 같았다.

---

[315] '불의와 투쟁 선포', 가톨릭시보, 1971년 12월 12일 자.

사설 - 원주교구 교서에 붙여

(중략) 교서 전체로 보아서 상당히 많은 교황들의 회칙이 인용돼 있고 또 한국의 현실에 대해서도 많이 언급되었다. 그 예로 10·2 사태, 10·15 학원 탄압, 외화 차관, 저곡가 저임금 정책 등등이다. 그래서 이 교서가 주는 인상은 상당히 현실적이며 구체적이라는 인식과 함께 대단히 적극적이라는 것이다. 그러나 이번 지학순 주교의 교서에는 몇 가지 문제점들이 있다. 우리가 이것을 지적하는 이유는 지 주교를 비판하기 위해서보다 한국 교회를 위한 지 주교의 사목자로서의 사랑을 올바로 인식하기 위한 것이라는 것을 미리 말해 두고 싶다.

첫째로는 이번 교서의 시효時效 문제이다. 주교단 공동 교서가 11월 14일부로 발표되었는데도 불구하고 1개월도 못 되어서 주교단의 엄연한 멤버인 주교가 내용에 있어 비록 약간의 차이가 있다 하드래도 같은 사회 문제에 대한 교서를 발표한다는 것은 주교단 내에 의견 일치가 되고 있지 않는 표시가 아닌가 하는 느낌이 들어 지적하기 어려운 어떤 모순을 발견하게 된다. 물론 교회 내에서는 반드시 의견 일치가 이루어져야 한다는 법은 없지만 그래도 공동으로 행동하거나 발언할 때에는 개인적인 것은 양보할 줄 아는 미덕을 발휘할 수 있어야 할 것 같다.

둘째로는 교서의 성격 문제이다. 교서란 본래는 사목 교서司牧敎書라 표현된다. 말하자면 교회를 신앙과 도덕으로 가르치기 위해서 발표하는 글이다. 교서는 신앙과 도덕에 대해서 가르치고 그리고 신앙과 도덕에 입각해서 활동하고 생활하도록 가르치는 데 그 목적을 두고 있다. 그런 면으로 볼 때 이번 지 주교의 교서는 교서라기보다 격문으로 느껴진다. 어딘가 선의善意가 결핍돼 있고 양순하고 겸손함이 결핍돼 있으며 정치적인 요소가 다분히 섞여 있다. 교서가 지녀야 할 품위보다 행동을 위한 선동이 앞서는 것이 지 주교의 교서인 것 같다. 교회의 사회 참여의 필요성은 교회를 한 개의 정치 단체나 사회단체로 만드는 데 있지 않고 사회의 밑거름이 되어 예수 그리스도의 가르침대로 밀가루 속의 누룩의 역할을 해야 할 것이다. 교회는 사회를 인도하기 위해 앞장서야 하는 사명을 받지 않고 사회가 올바로 서기 위해 뒤에서 밀어주는 역할을 갖고 있다고 우리는 보고 있다. 지 주교의 결론에 '우리 뒤를 따르라.'는 말은 좀 과격한 발언이다.

셋째로는 지 주교의 교서에 구체적인 문제들이 많이 취급돼 있는데 구체적인 문제들을 구체적으로 표현하면 비현실적이 될 수 있다는 것이다. 구체적인 사실을 있는 그대로 표현하기란 불가능한 일이며 구체적인 사건이 포함하고 있는 의도와 내용은 완전히 파악될 수 없기 때문이다. 결과적으로 지 주교는 구체적인 사건들을 취급함으로써 전체적인 의견을 대표하기보다 일부 층의 의견을 대표하는 것에 지나지 않는다. 따라서 지 주교의 교서는 모든 사람을 설득시킬 수 있는 힘을 상실한 것 같다. 더구나 신앙 면에서 볼 때 인간이 구체적으로 믿는 것은 모두 다 지나가는 것이고 하느님과 정신세계에 속하는 것만이 참으로 실재적이란 것을 믿고 있는 것이다. 교회는 구체적인 사물을 통해서 시간과 공간을 초월하는 세계로 향하게 하여야 한다고 생각되며 현실을 현실로서 만족할 수 없다는 것을 잊지 말아야 할 것이다.

넷째로 지 주교는 현 정부가 종교의 자유를 박탈하고 있다고 말하는데 이것은 적어도 표면상으로는 과격한 것 같다. 물론 종교 자유의 한계에 대해서는 서로 의견이 다를 수 있으나 현 대한민국에서 종교 자유가 없다는 것을 우리는 부정하지 않을 수 없다. 지 주교는 교서에서 종교의 자유를 교회의 사회 참여까지 포함한다고 말하고 현 정부는 교회의 사회 참여를 저해하고 있다고 전제해서 말한다. 10·5 데모를 주역한 지 주교가 이렇게 발언하게 된 동기를 우리는 충분히 이해하고 있지만 이러한 발언을 공공연하게 한다는 것은 교회 지도자로서는 삼가야 할 일이 아닐까 생각한다.

대한민국에서 살고 있는 우리 가톨릭 신자들은 이 사회를 위해서 해야 할 일이 너무도 많다. 교회는 이 사명을 완성하기 위해 현재 모든 노력을 다하고 있다. 차제에 다시 한 번 모든 신자들의 각성을 촉구한다.[316]

이를 보면 교회와 현세와의 관계, 교회가 사회 정의 활동에 참여하는 방법, 정권과 시국을 바라보는 시선에 거리감이 큰 것을 확연히 알 수 있다. 그를 이해하는 신학적 배경도 물론 달랐다. 가톨릭시보나 대구대교구로 대표되는 이런 견해가 극적으로 전환되지 않는 한, 사회 정의를 향한 교회의 일치된 행보를 기대하긴 어려울 것이며 제약마저 따를 것임을 예고하는 것이기도 했다.

1972년 10월 박정희 정권의 장기 집권 극약 처방인 유신 체제가 선포된 뒤에도 저항의 대열은 끊이지 않았다. 그리고 제2차 바티칸 공의회의 자양분을 흡수한 개별적인 성직자와 수도자, 평신도들도 그 대열에 들어서고 있었다. 하지만 그런 사회 참여나 정의 구현 활동이 싫은 이들도 있었다. 1973년 7월 28일부터 30일까지 개최된 '한국 천주교 평신도 사도직 협의회'(평협) 제6차 정기 총회에서 김남수 지도 신부[317]는 아래와

---

[316] 가톨릭시보, 1971년 12월 19일 자.

같은 내용으로 강의를 했다. 가톨릭노동청년회나 가톨릭농민회 등의 활동을 부정하고, 사실상 평신도 사도직도 성직에 대한 협조와 보완 정도로만 제한시키려는 발언이었다.

평신도 사도직의 본질과 성격과 다양성을 밝히는 「평신도 사도직 교령」이 공포(1965. 11. 18)된 지 근 10년이 다 되도록 아직도 별 성과를 못 얻고 있다. 제2차 바티칸 공의회는 성직자, 수도자, 평신도들에게 현대의 교회로서 총동원하자고 외쳤다. 그러나 이 총동원령은 잘못 인식되어 사제 동원령은 주교와 싸우는 모습으로 동원되었고, 평신도 동원령은 본당 신부와 싸우는 모습으로 동원되었다.

평신도 사도직 운동은 결코 민권 운동이나 주주 총회 또는 노동 쟁의 같은 모습으로 나타나서는 안 된다. 평신도 사도직이란 세속에 살면서 세속 일에 파묻혀 있는 신분을 가진 평신도들이 교회의 창립 목적인 '하느님의 영광을 위해 그리스도 왕국을 전 세계에 펴고, 모든 사람을 구원 사업에 참여케 하고, 또한 그들을 통해 전 세계를 그리스도께로 향하게 하는 일'을 수행하는 데 있다. 성직자와 평신도는 서로 다른 신분으로 고유의 임무가 따로 있다. 간섭하거나 혼돈되는 입장을 취하는 일 없이 서로 보완하는 입장을 취해야 한다.

이와 같이 일을 잘 수행하기 위해서는 평신도 사도직을 바로 알아듣고 성직계와 협력하여 스스로 복음을 전하여 남들도 복음을 전할 수 있도록 이끌 수 있는 인재 양성이 시급하다. 한마디로 평신도 사도직의 진로는

---

317 1974년 10월 제2대 수원교구장이 되었고, 같은 해 11월에 주교로 서임되었다.

대립이 아닌 협력을 목표로 평신도 활동을 일으킬 수 있는 지도자를 양성하는 데 있다.[318]

주교단이 가장 활발하게 움직인 것은 정부가 출산율을 낮추기 위해 '모자 보건법'을 시행하려는 것에 항의한 것이다. 1973년 6월 25일에 주교단은 '국법과 양심'이라는 제목의 공동 교서를 발표했다. 교서는 "신앙에 바탕을 둔 크리스천 양심과 국법이 대립되는 경우가 있다면 국법에 규정된 처벌을 각오하고서라도 우리는 크리스천의 양심에 순종해야 한다."고 천명했다. '양심이 국법에 앞서기 때문'이었다. 따라서 신자들은 국법에 어긋나는 일이라 하더라도, 신앙과 윤리, 양심을 거스르는 인공 임신 중절과 불임 따위를 해서는 안 된다는 것이다.[319]

1973년 11월 19일~23일까지 주교 연찬회가 열렸다. 주교들은 마지막 날 평가회에서 지금까지 교회가 현 사회를 너무나 모르고 있었다며 교회가 사회 참여를 해야 할 절실한 필요성이 있다고 인정했다. 이를 위해 교회 자체 정비를 시급하게 하기로 하고 그 차원에서 주교 연찬회도 매년 갖기로 하였다.[320] 12월부터는 재야인사 30명이 '시국 수습 건의문'을 채택하면서 정식으로 개헌 청원 서명 운동이 전개되기 시작했는데 김수환 추기경도 이에 참여하였다.

---

[318] 「한국천주교평협이십년사」, 한국천주교평신도사도직협의회, 1988, 127-128쪽.
[319] 「주교회의 결의 사항 수록집」(1857-1980), 주교회의 사무처, 1981, 175-176쪽.
[320] '사회 참여 필요성 절감, 연찬회 평가회', 가톨릭시보, 1973년 12월 2일 자.

주교단의 침묵,
빗발치는 탄원

1974년 1월 1일 서정길 대구대교구 대주교는 교구 사목 협의회 주최 신년 교례회에서 "현 시국은 온 겨레가 하나로 뭉쳐도 난국을 헤쳐 나가기가 어려운 때"라고 하였다. 그러므로 최근 일부에서 주장하는 반체제 개헌 논의 등은 결국 혼란을 초래할 뿐이고, "정부와 국민이 서로 믿고 합심 협력할 때 이 나라에 안정과 번영이 온다."고 말했다. 이어 서 대주교는 유신 체제가 출범한 지 얼마 안 되는 짧은 기간에 이에 대한 공과를 논란하는 것은 시기상조라고도 하였다. 그러니 좀 더 시일을 두고 정부가 하는 일을 뒷받침해 주고 잘못하거나 부족한 점이 있으면 건전한 방법으로 시정토록 건의해야 한다고 하였다. 또 정부도 이러한 요구를 충분히 받아들여야 한다고 주장했다.[321]

이때는 군부가 들어선 지 13년이나 된 해였다. 4월 혁명을 짓밟고 들어선 그들이었고, 안보와 경제 개발을 볼모로 무소불위의 권세를 휘두르고 있는 그들이었다. 이미 1971년도 주교단 공동 교서에서도 지적했듯 사회는 '위기'였다. 시간이 흐를수록 민주화나 인권, 정의와 평등의 개념은 더 아득하게 멀어 갔다. 그도 모자라 장기 집권을 획책하고, 대학에 군인들이 진을 치고, 언론과 국민의 입과 귀에 재갈을 채우면서 성립된 게 유신 체제였다. 수많은 사람을 체포·구금하면서 박정희와 공화당의 종신 집권 체제를 구축한 게 유신 체제였다. 그럼에도 서정길 대주교는 더 기다려 주자고 말하고 있었다.

---

[321] '정부 국민 협력해야', 가톨릭시보, 1974년 1월 13일 자.

사회가 혼란한 근원은 박정희 군사 정권에 있었다. 그 같은 불의한 정권이 무한 권력을 추구하며 악의 체제를 강화하는 데 있었지, 그를 지적하고 정의로운 사회 질서를 세우려는 이들에게 있지 않았다. '건전한 방법'에 의한 '건의'조차 혹독하게 탄압을 받고 있다는 것을 서정길 대주교는 이제껏 모르는 모양이었다.

1974년 7월 5일 주교단은 '1975년 성년 반포에 즈음하여'라는 교서를 발표했다. '하느님의 해, 인간의 해, 세계의 해, 가난한 자의 해'가 될 성년을 앞두고, 교서는 사회 정의와 인권에 대한 일반적 원칙을 표명했다. 주교들은 "사회 정의를 가르치고, 사회 문제 각성에 대한 필요성을 사람들에게 일깨워 주며, 모든 인간의 기본권을 거듭 강조함은 교회의 의무와 책임이요, 특히 교회의 지도자들인 주교들과 성직자들의 책무"이며 더욱이 "교회 안에서부터 이 같은 사회의식과 인간의 기본권을 가르치고, 실천에 옮겨야 함은 더 말할 나위 없다."고 했다.[322]

지학순 주교가 중앙정보부에 연행되자 7월 10일 주교단은 '지학순 주교에 대하여'라는 이름의 성명서를 발표했다. 주교단은 "지 주교님의 양심적 술회를 의심할 수 없다."고 했다. 또 "지 주교님과 같이 우리나라가 참으로 훌륭한 국가 민족이 되기 위해서는 이 나라가 정의로운 나라가 되어야 한다는 데 완전히 뜻을 같이하며 이를 가르치고 증진하는 것은 바로 주교들의 의무로 자각하고 있다."고 하기도 했다. 더욱이 "교회가 사회 정의를 가르치고 실천할 자유는 바로 종교 자유의 본질적 요소"라

---

322 「주교회의 결의 사항 수록집」, 188쪽.

고 하며, 지 주교를 비롯한 사건 관계자들의 석방을 촉구하기도 했다.[323] 또 8월 6일에는 주교단 상임 위원회가 '지학순 씨 사건에 대한 해명서'를 대내외에 발표했다.

이토록 충격적이고 긴박한 상황과 주교단의 행보를 가톨릭시보는 보도하지 않았다. 지 주교의 귀국 소식과 중정에서 나온 뒤 입원했던 사실만 짤막하게 전했다. 지 주교가 이 사건에 대해 밝힌 성명서며, 양심선언이며, 주교단의 '지학순 주교에 대하여'라는 성명서도, 교회 안팎의 걱정스런 움직임과 시국 기도회 등도 모두 묵살했다. 당시 가톨릭시보의 보도는 아래와 같이 아주 간단했다.

> 아시아 주교회의에 참석하기 위해 지난 4월 20일 출국했던 지학순 주교가 6일 오후 4시 43분 CPA편으로 김포 공항에 도착, 귀국했다. 지 주교는 약 2개월 반 동안 자유 중국, 필리핀, 독일, 오스트리아, 프랑스, 이탈리아, 일본 등지의 교회를 순방하면서 각종 국제회의에 참석했는데 16일 현재 서울 성모 병원 621호실에 입원 중인 것으로 알려졌다.[324]

지 주교의 연행 사실은 이렇게 짧게 단신 처리했으면서도 8월 12일 비상 군법 회의가 지 주교에게 내린 15년 선고 판결문은 크게 보도하였다. 그러나 지 주교를 비롯한 민청학련 관계자들의 주장은 보도하지 않았다. '지학순 주교에 징역 15년 선고—비상 군법 회의 제3 심판부, 민청학

---

323 「한국가톨릭인권운동사」, 115-117쪽.
324 '지 주교 귀국', 가톨릭시보, 1974년 7월 21일 자.

련 자금 지원 이유로. 유신 체제에 불만 현 정부 타도 획책, 재판부 판시' 라는 제목이 걸린 이 보도는 재판부와 검찰의 주장만을 일방적으로 전했다. 재판부의 판결문은 "피고인 등은… 유신 체제에 불만을 품고 유신 체제를 부정… 학생들의 현실 참여를 명분으로 한 학원 소요를 이용해 현 정부의 타도를 획책해 오던 자들로서… 자유 민주주의적 기본권과 민주주의의 회복을 구실로 삼아 거사 자금을 지원하는 등 민청학련에 주도된 국가 변란 기도 사건에 결정적인 역할을 담당하고도 당연히 할 일을 다 한 양 조금도 부끄러워하지 않는 망상에 사로잡혀 있다."고 되어 있었다. 지 주교가 무슨 반정부 단체의 수괴인 양 기정사실화하는 보도였다.

프랑스와 벨기에 대사가 김동조 외무부 장관을 만나 지 주교와 민청학련 관계자들의 선처를 바란다는 자국의 견해를 전했다. 교황청도 침묵을 깨고 8월 6일 "이 재판이 공정한 해결에 도달하기 바란다."는 견해를 밝혔다. 교황청은 또 지 주교의 구속이 많은 나라를 경악케 했으며 한국의 주교들과 가톨릭계에 우려를 야기했다고 지적했다. 헌데 정작 사건의 진실을 알리고 신자들의 관심을 촉구해야 할 한국의 교회 언론은 사실 보도조차 거부하고 있었다. 앞의 판결문 보도 기사 옆에는 국무총리 김종필이 민청학련 사건에 관계된 지 주교와 윤보선 전 대통령, 김지하 시인과 몇몇 목사들이 "공산주의자가 아니며 공산주의자가 될 분들도 아니다." 하며 '사상 보증'을 한 국회 답변 내용을 실었다. 그들이 군사 재판에 회부된 것은 공산주의자여서가 아니라 '반정부 활동'을 했기 때문이라는 것이다. 또 김종필은 지 주교가 성모 병원에서 양심선언을 할 당시 지 주교를 지키던 기관원을 신자들이 인사불성이 되도록 폭행했어도 그들에게 아무런 조치도 취하지 않았다며 정부의 '관용'을 설명했다. 정말 그랬는지, 어떤 상황이었는지 '가해자'인 신자들의 주장은 보도하지 않았다.

이렇게 가톨릭시보는 사건의 진실과 교회 안팎의 대응은 묵살하고 독재 정권의 발표만을 일방적으로 보도하였다. 그러자 8월 27일 자발적인 모임이라 할 '가톨릭청년회'가 이를 규탄하는 선언문과 결의문을 교회 내에 광범위하게 배포했다.

1) 가톨릭시보는 사탄을 멀리하고 그리스도의 정의를 따르라. 현실을 핑계로 교활한 이유를 내세워 자신의 비겁함을 변명하지 말고 불의에 대해 옳은 것을, 거짓에 대해 진실을 과감히 알리는 언론의 정도를 지켜라.
2) 가톨릭시보는 교만하지 말라. 가톨릭시보는 한국 가톨릭의 신문이다. 운영자인 대구대교구 주교나 주간은 사건私見을 배제하고 한국 가톨릭의 의견과 특히 주교회의의 참뜻을 보도하는 데 충실하고, 교회에 대해서 겸손하라. 한국 교회의 기관지 역할을 망각하지 말고 명실 공히 가톨릭신문으로서 행동하라.
3) 지학순 주교 사건에 대한 그릇된 보도를 공개 사과하라. 가톨릭의 참목자이신 지 주교를 큰 죄인이나 되듯 보도한 그릇된 기사에 책임을 지고 사과와 아울러 지 주교의 명예 회복을 시도하고 한국 천주교 상임 위원회의 지 주교 경위서를 원문대로 기재하라.[325]

---

[325] 사제단, 앞의 책, 110쪽.

교회 장상이 15년이라는 엄청난 형을 선고 받았고 가톨릭시보는 밑도 끝도 없이 정권의 주장만을 전달하고 있으니 신자들의 혼란은 가중되었다. 사건 초반 두 차례 성명서를 발표한 이래 주교단은 이 사태에 침묵하고 있었다. 그 침묵에 명확한 태도 표명을 요구하는 교회 안의 항의와 지적이 터져 나왔다. 1974년 9월 전국 평협은 3일에 걸친 제7차 정기 총회 끝에 주교회의 의장 앞으로 다음과 같은 건의문을 올렸다.

…더욱이 민주 시민으로서 자기의 직분을 양심적으로 수행하고 정의의 목소리로 부정과 불의를 규탄했기 때문에 죄인으로 몰려야 했고, 정부의 비정을 비판한 탓으로 정권 자체의 온존만을 노리는 정치권력에 의하여 체포되었고, 이 땅에 참된 민주주의와 인간의 기본권이 보장되는 민주 사회의 건설을 위해서 민주 국민의 정당한 주장을 거론한 것이 국가 변란의 음모로 날조, 수감되어 있는 분들을 위하여 주교단에서는 어떠한 의사 표시를 하였습니까? 역사적으로 한국 가톨릭의 초기 박해 시대에 핍박하는 악의 세력에 대하여 어떻게 항거하고 외쳐 왔고, 국가 전체를 날강도에게 빼앗겼던 일제 치하에서는 어떻게 행동했고 무슨 일을 해 왔습니까. 가까이 자유당 독재하에서는 무엇을 하였고 현 사태에서는 어떠한 태도, 어떠한 발언, 어떠한 행동을 하고 있습니까.

가톨릭 공동체는 그리스도를 머리로 하는 지체들로 구성되어 있음을 알고 있습니다. 생명과 사랑이 넘쳐흐르는 공동체라면 그 공동체의 지체인 지학순 주교나 모든 양심적인 인사가 부당한 누명으로 생사의 기로에서 헤매고 있고 고문을 다하고 있는 차제에, 무엇을 어떻게 생각하고 행동하고 무슨 말을 하여야 되겠습니까.

많은 수의 사제들이 고문받는 분들을 위하여 불의한 권력에 대항하여 하느님의 진리를 수호하고 그리스도의 정의를 구현하기 위하여 기도회를 열고 진실을 전파하고 사랑의 불꽃을 튀기고 있습니다. 역사의 흐름 속에서 하느님을 증거하고 인간 사회 속에서 그리스도를 증언해야 할 중대한 사명을 망각하고, 이 역사, 이 사회에서 절대 다수의 국민과 평신도들이 정의의 증언을 갈구하고 열망하는 이 엄청난 역사적 기대와 열망과 요청을 배신하고서 어떻게 그리스도의 공동체가 되겠습니까. 한국 가톨릭의 역사에서 수많은 순교자를 내면서도 시대가 변할 때마다 해야 할 말을 하지 못하고 해야 할 행동을 못하였기 때문에 사회가 비뚤어지고 죄악이 만연하여 지금은 방대한 조직적 악이 공동체를 압살해 오고 있습니다.

1) 현 사태에 대하여 주교단의 일치된 의사 표시의 천명을 바랍니다.
2) 가톨릭 공동체로서 조직적이고 지능적이고 방대한 악의 세력에 대항해서, 그리스도의 진리와 정의와 사랑을 수호하고 이 땅에 실현시키기 위하여 공동체의 조직과 대오를 재정비하여 주시기 바랍니다.
3) 전국 가톨릭 평신도들이 구체적 상황에서 현실 참여의 그리스도 사도의 본분을 다할 수 있도록 방향과 지침을 제시하여 주시기 바랍니다.
4) 이와 같은 우리의 의사가 관철되지 않을 때는 우리 교회 안에 걷잡을 수 없는 혼란과 분열을 초래할 우려가 있음을 통찰하여 주시기 바랍니다.

건의문이라 했지만 민족사 안에서 주교단이 그간 취해 온 행태에 대한 통렬한 비판이었고 참회를 촉구하는 내용이었다. 또한 주교단이 "현 사태에서는 어떠한 태도, 어떠한 발언, 어떠한 행동을 하고 있는가." 하고 물었다. 주교단의 공식 견해를 촉구하는 평신도들의 호소는 계속 이어졌다. 10월 3일 대전에서 개최된 전국 울뜨레아 대회에서는 6천여 꾸르실리스타의 이름으로 다음과 같은 선언문이 발표되었다.

> …우리들 꾸르실리스타는 무엇보다도 우선 구금 중에 있는 원주교구장 지학순 주교와 고통을 받고 있는 모든 이들이 하루빨리 자유의 몸이 되기를 간곡히 호소한다. 또 한국 주교단은 일치하여 이 사태에 대한 주교단의 공식 견해를 발표해 줄 것을 건의한다.
> 3) 한국 교회는 주교단 공동 사목 교서 및 기타 메시지 등을 통해 사회 정의의 구현과 양심의 자유에 대한 교회의 소신을 거듭 강조해 왔다. 우리는 이 엄숙한 호소에 적극 호응하여 부정과 불의의 그늘 밑에서 신음하고, 압박받고, 고통을 당하는 이들을 위해 가톨릭 정신에 위배되는 모든 행위를 거부하고 자유와 정의에 바탕을 둔 의로운 민주 사회의 수호자로서의 사명을 다할 것을 다시 한 번 다짐한다.

광주 대건신학대학 학생회도 10월 8일에 '우리의 태도'라는 성명에서 주교단의 분명한 자세를 촉구했다.

> …오늘날처럼 비인도적 사회 현실 안에서 교회는 연대적 책임을 더욱 새롭게 인식해야 한다. 그러나 한국 교회는 그리스도교적 자세에 입각한 솔직한 태도보다는 자기중심의 합리적 해결과 책임 회피로 오히려 이해타산을 일삼고 무관심에 머물러 있을 뿐이다. 가장 뚜렷한 예로서 교회는 원주교구 지학순 주교의 투옥 사건에 대한 공적인 태도를 밝히지 않음으

로써 현 사회와 마찬가지로 불신과 반목을 표면화시켰다. 또한 대건신학대학의 일부 휴교 조치로 학생들의 일방적인 희생을 요구한 결과도 그 불일치의 한 예이다. 이는 본 대학을 책임진 8개 교구의 교구장들이 교회의 심장인 신학교의 교육을 외면하고 각 교구의 이익에만 집착한 처사라 아니할 수 없다.

2. 교회의 장상들에게

1) 한국 교회의 주교단은 자기 교구의 근시안적인 이익에 급급하지 말고 교회 전체의 발전을 위한 초교구적 협력 관계를 도모하라.

2) 주교단은 현 시국에 대한 공식 태도를 확실히 밝히고 모든 신자들에게 현실 참여에 대한 구체적인 지침을 제시하라.[326]

지 주교 사건에 대해 대다수의 성직자와 수도자들, 신자들은 교구를 초월한 범교회 차원의 대응이 이루어지길 바랐다. 그러나 그것은 주교단 내부의 불일치로 인해 불가능했다. 주교회의가 주교단 메시지를 통해 공식 태도를 분명히 한 것은 지 주교의 1, 2심 판결이 종결되고 난 뒤였다. 10월 18일 추계 주교회의 정기 총회에서 주교단은 "지학순 주교 구속 사건 이래 사태를 주시해 오던 주교단은 지 주교에 대한 언도에 관하여 심각한 유감과 우려를 표시하면서, 교회의 사회 참여에 선구적 역할을 한 지 주교께 깊은 존경과 양심적인 지지를 보내 마지않는다."[327]고 하였다. 지 주교 구속 뒤 3개월여 만의 일이었다.

---

326 사제단, 앞의 책, 111-113쪽

327 「한국가톨릭인권운동사」, 180쪽.

주교단이 제 역할에 침묵하고 있는 상황에서 정의구현사제단이 결성되었던 것이다. 정의구현사제단이 표면에 등장함으로써 지 주교 사건을 두고 설왕설래하던 교회는 이제 가까스로 일치되어 대응할 수 있었다. 1975년 2월 15일 긴급 조치 위반자에 대한 석방 조치로 지학순 주교와 일부 양심수들이 풀려 나왔다. 지 주교가 석방되자 주교단은 이제 권위와 질서, 제도를 앞세워 사제단의 활동을 제약하였다. 또 어떤 주교들의 개인적 성향은 이미 정의구현사제단의 활동을 우려하고 있기도 했다. 이 문제에 대해 정의구현사제단 창립에 큰 역할을 하였으며 박정희 정권에 의해 두 차례나 투옥되었던 함세웅 신부는 다음과 같이 말하고 있다.

사제단의 활동은 교회 안팎에 나름대로 긍정적인 반응을 보였고 교회 쇄신에도 한몫을 담당한 새로운 운동이기도 했다. 그러나 몇몇 주교들은 사제단의 구성을 매우 못마땅해했다는 것이다. 특히 어느 주교는 지금은 사회 정치적 불의를 언급하겠지만, 사회의 안녕과 질서가 잡힐 때 사제단의 이 운동은 꼭 교회 내에 자리 잡아, 교회의 쇄신 운동, 교회 내의 정화 운동으로 뿌리를 내릴 것이기에 지금부터 제동을 걸어야 한다는 의견을 개진했다는 것이다. 이것이 사실이 아니기를 바라는 마음 간절하다.

그동안 지난 16년간 주교회의에서 정의구현사제단에 대하여 취한 개별 주교들의 입장을 나름대로 종합해 본다면 상당한 근거가 있는 설이라 생각된다. 사제단의 활동 영역이 결국 교회의 쇄신, 교회 내의 문제로 초점이 맞추어질 것을 염려하여 제동을 걸었던 그 주교는 일면 미래를 예견한 통찰력이 있다고 하겠으나 그것은 결국은 자신의 능력을 악용한 시대 착오적인 발상, 형제애를 거부한 독선과 아집으로 교회의 발걸음을 멈추

게 한 아니, 퇴행시킨 큰 우를 범한 것이다.[328]

1975년 2월 28일 주교단은 "…이제 정부가 긴급 조치법을 폐지하고 구속 인사들을 석방하고 폭넓은 대화를 모색하고 있습니다. 이 기회에 교회도 교회 나름대로 그동안의 행동을 반성하고 앞으로 유사한 사태에 대처할 자세를 정립함으로써 교회 안의 일치를 도모하고 외부로부터의 오해를 제거해야 할 필요가 있다고 판단되어 몇 가지 행동 지침을 제시" 한다는 메시지를 발표했다.

…② 부정부패, 사회 부조리, 인권 유린 등을 고발하는 교회의 발언권은 계속 행사되어야 합니다. 교회는 정치 질서에 대한 윤리적 판단을 내려야 합니다. 이런 사명을 다하기 위하여 교황청과 각국 주교회의 안에 정의평화위원회(정평위)가 조직되어 있습니다. 그러므로 성직자, 수도자, 평신자들은 이 공식 기구에 가입하여 교회의 가르침에 입각하여 정치 활동과 엄격히 구별되는 교회 고유의 사명을 다해야 하겠습니다. ③ 고통받는 형제들을 도와주며, 사회 질서를 개선하는 교회의 사명 수행은 모든 선의의 사람들과 제휴하며, 최대의 효과를 거두어야 하겠으나, 정치 질서나 정치 분야에 관한 윤리적 판단을 내리고, 그에 따른 구체적 행동에 있어서는 외부의 정치 세력과 제휴하는 일이 없어야 하겠습니다. 교회가 정치 문제에 관하여 윤리적 판단을 내리는 것은 모든 정치 세력에 관계되는 것이며, 정권의 형태나 지역이나 시대에 구애받지 않는 불변의 진리입

---

328 함세웅, 「교회 쇄신을 위한 근원적 성찰」, 앞의 책, 148-149쪽; 〈사목〉, 1990년 1월 호 발표.

니다. 따라서 교회는 언제나 모든 정치 세력에서 초연한 입장에 서 있어야 합니다. ④ 다수 정치 단체가 허용되는 지역에 있어서 신자 각자는 자기 양심에 따라 어떤 정치 단체든지 자유로이 선택하여 시민의 자격으로 정치 활동을 할 수 있습니다. 그러나 교회의 공식 기구로서는 평신자 단체도 특정 정치 단체에 가입하지 못합니다. 이상 지침을 준수함으로써 일치된 교회의 모습을 보여 주며 교회 고유의 사명인 인간 구원에 헌신하는 한편 현세 질서에도 복음 정신을 침투시켜 국가와 민족의 진정한 행복을 도모해야 합니다.[329]

주교단은 여전히 박정희와 공화당 정권의 근본적 속성에 대한 판단을 미루고 있었다. 또한 "교회는 언제나 모든 정치 세력에서 초연한 입장에 서 있어야" 한다고 말한 것도 모순되는 일이다. 출산율 저하를 위한 '모자 보건법' 반대 투쟁에서는 양심을 위해서는 국법도 거슬러야 한다고 신자들을 촉구했기 때문이다. 그 어떤 성격의 권력이든 권력과의 관계를 우선시해 온 주교단의 체질이 변치 않고 있음을 보여 주는 것이기도 했다.

위 지침의 목적은 명백했다. 정의구현사제단의 활동에 견제를 가하려는 데 있었던 것이다. 주교단의 이 행동 지침은 사제단 활동의 계속적인 전개에 교회 교도권의 이름으로 실망과 단절을 맛보게 한 것이었다. '그동안의 행동을 반성한다'거나 '외부로부터의 오해를 제거해야 한다'거나 하는 구절은 또 정의구현사제단의 그간 활동이 뭔가 그릇돼 있었다

---

[329] 「한국가톨릭인권운동사」, 321-322쪽.

는 인상을 심어 주기에 충분했다. 이제 정의구현사제단 주최의 기도회는 열릴 수 없게 되었다. 그동안 정의구현사제단이 행했던 활동은 정의평화위원회에 일임되었다. 그러나 전국 정의평화위원회는 아직 엉성한 기구였고, 각 교구 조직은 채 만들어지지도 않은 상태였다. 이때부터 정의구현사제단이 발표한 성명서나 선언문은 서울에서의 경우 정평위 주최의 기도회에서 발표되거나 지방 교구의 사제단이 주최하는 기도회에서 발표되어야 했다. 혹은 사제단 피정 모임에서 결의 채택되었다.

주교단의 지침은 정의구현사제단의 활동이 교회 내에서 정통성이 없는 것으로 비쳐지게 되어 정의구현사제단의 발언을 사실상 약화시키는 결과를 초래했다. 또 이 지침은 교회가 마치 분열되어 있는 것 같은 인상을 대내외에 던져 주었거니와, 만약 사제단이 주교단의 이러한 행동 지침을 무시하고 활동을 계속한다면 사제단이 교회를 분열시키고 있다는 인상을 더욱 분명하게 만들 수 있었다. 이런 우려 때문에 사제단은 공식 활동을 자제해야 했고 활동은 연속성을 갖지 못한 채 단절되어야 했다. 더욱이 베트남과 크메르가 공산화되자 주교단은 '공산주의에 대한 결의문'을 발표하고 주교단 스스로가 정부 당국과 대화를 통해 문제를 해결하겠다고 선언하여, 사제단 활동은 사실상 중단되어야 했다. 주교들은 다음과 같이 말하였다.

…목전에 임박한 공산 위협을 물리쳐야 할 현 시점에서 국가 안보에 해로운 온갖 사회 부조리와 불안을 제거하고 건전한 비판 세력인 성직자, 지식인, 언론인들의 투옥, 연행, 추방 등의 희생을 막기 위하여 한국 주교단은 그동안 사제들이 중심이 되어 자발적으로 전개하던 현실 비판과 인

권옹호 운동을 주교단이 책임지고 차원을 높여 정부와 직접 대화로써 해결할 수 있기를 소망합니다.[330]

이제부터라도 과연 주교단이 민족의 십자가를 질 것인가. 건전한 비판 세력의 희생을 대신하고 그를 보호하기 위해 주교단은 진정 어떤 노력을 기울일 것인가. 그러나 주교단 성명의 진정한 의도는 정의구현사제단의 활동을 통제하고 정권과의 갈등을 해소하려는 데 있었다. 가톨릭시보는 즉각 주교단의 성명을 지지하고 나섰다. 정의구현사제단의 활동이 그간 '불행'한 일이었다는 듯, 못마땅했던 심사를 그대로 드러내 보였다.

사설 - 교회와 국가 안보

…이와 같은 국가와 교회 간의 가치 판단 견해차는 특히 어떤 국가의 안보 문제에서 크게 드러난다. 작금에 우리나라에서 일어난 정의구현사제단과 정부와의 갈등이 바로 그 예이다. 정의구현사제단은 국가의 안보보다 인권 유린과 부정부패와 불신 사조의 규탄에 열을 올렸고, 정부는 국가 안보를 인권이나 부정부패보다 앞세웠다. 이와 같은 견해 대립이 극도에 달하고 있는 이 시점에서 주교회의 상임 위원회가 정부와의 대화를 통한 시정을 가로맡고 나섰다는 것은 불행 중 다행한 일이라고 아니할 수 없다.[331]

---

[330] 「한국가톨릭인권운동사」, 327쪽.
[331] 가톨릭시보, 1975년 5월 18일 자.

자발성의 상실,
위계와 규율은 강화되고

교황 바오로 6세는 1975년 12월 8일에 사도적 권고 「현대의 복음 선교」Evangelii nuntiandi를 발표했다. 「현대의 복음 선교」는 교회 안에서 광범위하고 우호적인 지지를 받았다. 이 문헌은 교회와 사회 정의 활동에 관한 관계를 전보다 명확하게 규정짓는 데 기여했다. 문헌은 교회의 사회 정의 활동이 나자렛 예수의 가르침과 교회의 가르침이라고 분명히 명시하였다. 그러므로 이제 교회는 더욱 신념을 가지고 정의와 해방, 개발과 평화를 구현하기 위해 앞으로 나아가야 할 것이었다. 빈곤과 착취에 시달리는 제3세계 수백만 신자들을 대표한 주교들의 고뇌, 그를 접한 교황은 교회가 이들의 "해방을 선포하고, 이러한 해방이 시작될 수 있게 도와주며, 해방을 증거하고, 해방이 성취될 수 있게 해 주어야 할 의무가 있습니다."(30항)라고 하였다.

정의와 평화 안에서 참되고 진정한 인간 발전을 증진시키지 못한다면 어떻게 사랑의 새 계명을 선포할 수 있겠습니까? 저는 이점을 강조하면서, '복음화에서는 현대 세계에서 논의되고 있는 정의, 해방, 개발, 평화와 같은 여러 문제의 중요성을 무시할 수 있거나 무시하여야 한다.'는 주장을 받아들일 수 없음을 상기시켰습니다. '만일 그렇게 된다면, 고통과 궁핍 가운데 있는 이웃을 사랑하라는 복음의 가르침을 무시하는 것이 되고 말 것입니다.' 다행히도 지난 세계주교대의원회의에서는 열의와 지혜와 용기를 가지고 이 중요한 문제를 논의하였으며, 나자렛 예수님께서 선포하시고 성취하신 대로, 또 교회가 가르치는 대로, 해방의 중요성과 그 깊은 의미를 올바르게 이해할 수 있는 명확한 원칙을 제시하였습니다(31항).

반면에 교황은 "교회의 사명을 단순히 현세적 계획의 차원에만 국한"시키려는 한편의 경향도 우려했다. 그렇게 되면 교회가 가르치고 있는 해방의 소식은 독자성을 잃을 것이고 이데올로기나 정치 단체에 의해 쉽게 굴복되고 조작될 것이며, 교회는 하느님의 이름으로 해방을 선포할 권위를 잃고 말리라는 것이다. 따라서 교황은 "복음화의 목적은 명백히 종교적이라는 것을 재확인할 필요"가 있다 하였다(32항).

이 가르침은 특히 1974년 이후부터 정권과 긴장 관계에 있던 한국 교회에는 더욱 의미심장하였다. 불의 앞에서 또는 정의 앞에서 '예, 아니요'가 분명히 요구되는 치열한 상황이 전개되고 있었기 때문이다. 박정희 정권이 반정부 활동을 하는 선교사들을 출국시키겠다고 위협적인 비난 발언을 하고, 골롬반 선교회와 한국에서 활동하는 신·구교 선교사들이 항의 성명을 발표하는 등 최선을 다하고 있을 때에도 한국 주교단은 침묵하였다. 사실 시노트 신부와 오글 목사의 추방은 교회가 강력하게 대응하지 않았기 때문에 이뤄질 수 있었다 해도 과언이 아니다. 1975년 4월 28일에 주교단은 진정서를 당국에 제출했지만 이미 때는 늦었고, 또 진정서라는 이름으로 구걸할 성질의 것도 아니었다. 결국 4월 30일 시노트 신부는 출국해야 했다. 정부에 대해 결연한 대응을 주장했던 안동교구의 두봉 주교는 "사태가 발생한 지금 이 순간 방법론 따위의 논쟁을 할 시간이 아니다. 불이 났을 때는 먼저 불을 끄고 봐야 한다. 불이 났을 때 불을 끄려 하지 않는다면 그것은 앉아 죽음에 다름 아니다."[332] 고 촉구하기도 했으나 상황은 개선되지 않았던 것이다.

1976년 들어 3·1절 명동 구국 기도회 사건에 연루되어 7명의 신부가 구속된 뒤 이 사건에 대해 주교단은 3월 15일에 성명을 발표했다. "…우리는 이 신부들이 재작년 이래 기도회를 통하여 사회 정의와 인권 수호를 거듭 제창하면서 정부에 대하여 비판적 태도를 취해 왔음을 알고 있으며, 아울러 이런 행동이 그들로서는 크리스천 신앙과 애국심에 입각한 판단의 발로였을 것으로 믿는다. 그러나 그들이 어떠한 의미로든 현 정부의 전복을 기도한 일은 결코 없었고, 또한 이번 3·1절 기도회에서도 그런 의도는 없었다. 따라서 이 사건에 연루된 신부들이 마치 현 정권의 전복을 모의한 양 발표된 데 대하여 우리는 실로 경악을 금치 못한다."라고 하며 앞으로의 시국 기도회는 1975년 2월 28일 자 주교단의 행동 지침을 따라야 한다고 못 박았다.

　주교단은 사건 관련 신부들을 지칭하며 교회의 뜻과는 상관없이 그들이 별개의 행동을 한 것이라는 태도를 분명히 했다. 75년 2월의 행동 지침이 교회 구성원들의 사회 참여 활동을 교회 공식 기구의 테두리 안으로 끌어들이려는 조치였다면, 이번 성명은 교회의 사회 참여는 반정부 운동이어서는 안 된다는 것과 또 외부 세력과 연대해서는 안 된다는 점을 명백히 요구한 것이다. 이후 정의구현전국사제단 주최의 시국 기도회는 거의 이루어지지 못했다.

　수원교구 김남수 주교는 3월 29일 자 교구 공문을 통해 3·1절 명동 사건으로 구속된 사제들을 위하여 교구 모든 신자들의 기도를 당부하였다. 그는 공문에서 대다수 국민은 시국의 안정을 희구하고 있으므로 그

332　사제단, 앞의 책. 56쪽.

여망에 호응하고, 동시에 제2의 유사한 불행을 미연에 방지하기 위해 앞으로의 사회 참여와 시국에 관한 기도회 개최는 지난해 2월 28일 자 주교단의 행동 지침에 따를 것과 반드시 교구장의 사전 허가를 받도록 당부했다. 명동 사건의 파문이 교회 안팎으로, 국내외적으로 확산되자 기자들은 은퇴 뒤 나자로 마을에서 생활하고 있던 노기남 대주교도 찾았다. 명동 사건에 대한 그의 견해를 묻자 노 주교는 기자들에게 서슴없이 교회는 사회 참여를 삼가야 한다고 말하였다.

성당이나 교회에서 정치 집회를 열어서는 안 됩니다. 다시 말해서 성토대회를 갖고 특정인이나 정권을 물러가라고 단죄하는 극단적인 행위를 삼가야 합니다. 종교라고 해서 사회 문제에 전혀 무관심할 수는 없겠지만 복음 정신을 너무 이탈해서는 안 된다는 뜻입니다. 성직자는 어디까지나 기도와 대화로 불의를 바로잡고, 강론을 통한 비판 정도에 그쳐야 합니다. 감화와 선도를 통한 주권 의식 고취나 정치 계몽은 있을 수 있어도, 교회 울타리를 넘어 종교인으로 일선의 정치 지역까지 뛰어드는 일이 있어서는 안 됩니다. …교회는 예수님의 말씀을 통해 사랑을 전파하고 사회에 봉사하는 구원의 역할만 맡아야 정치성을 띤 사회 참여는 바람직한 일이 못되는 것입니다.[333]

노기남 대주교가 누군가. 지난날 교회로 하여금 권력과 거의 한솥밥을 먹으며 지내게 했던 장본인이다. 일제하와 해방 후 정국, 이승만 정

---

[333] 「노기남 대주교」, 445-447쪽.

권하 가장 활발히 정치적으로 행동한 종교인이었다. 그에 대해 한마디 성찰의 변도 없었건만, 노기남 대주교는 이제 그와는 정반대의 말을 아무렇지도 않게 쉬이 주장했다. 실상 정반대의 말도 아니었다. 그의 주장에 의하면 권력과 가까운 거리를 유지하는 행위는 정치 행위가 아니지만, 권력으로부터 미움을 받고 멀어지면서 교회에 '손해'를 입히는 행동은 정치 행위였던 것이다. 그러나 정의구현사제단 등의 사회 참여는 세상에 위세를 펴기 위해 권력과 가까운 곳에서 행한 것이 아니라, 가난하고 박해받는 이들과 함께하고자 했기에 있을 수 없는 일이었다. 그 열정에 찬물을 끼얹고 상처를 주는 발언이었다. 「세계 정의」 '3장 정의의 실천'에서는 다음과 같이 가르치고 있지 않았던가.

많은 신자들은 정의를 위한 여러 가지 행동으로써 정의를 실질적으로 증거하도록 요청받고 있다. 이런 행동은 하느님께 받은 은총에 기인되는 사랑의 행동이다. 어떤 신자들은 사회적 내지 정치적 투쟁 분야에서 이런 행동을 전개하게 된다. 이런 투쟁 속에서도 신자들은 역사적으로 보면 투쟁 그 자체보다 사랑과 정의라는 발전의 원동력이 있다는 사실을 보여줌으로써 복음의 위력을 입증한다. 이런 사랑의 우위성을 인정하였기에 다른 신자들도 비폭력적 행동을 앞세우고 정의를 여론에 호소하는 분야에서 활약하는 것이다. 교회가 정의를 증거해야 한다면, 교회는 먼저 사람들 앞에서 감히 정의에 대해서 말하는 사람은 누구나 다른 사람 눈에 정의로운 사람으로 여겨져야 한다는 사실을 알고 있다. …교회 안에서도 권리는 존중되어야 한다. 누가 어떠한 모양으로 교회에 속하든 교회에 속했다고 해서 정당한 권리를 빼앗길 수는 없다. …교회는 모든 사람에게 사상과 표현의 정당한 자유의 권리를 인정한다. 여기에는 또한 대화의 정신으로 각자의 의견이 충분히 청취된다는 권리도 포함되어 있으며, 이로써 교회 안에는 의견의 다양성과 상위성이 있을 수 있음을 인정한다.

1975년 2월 주교회의 춘계 총회는 정의구현사제단의 활동을 정지시키고 정의평화위원회를 통해 교회의 정의 구현 활동을 전개할 것을 결정한 바 있다. 그러나 정평위 주최의 기도회조차 주교들의 지원을 제대로 받지 못했다. 그조차 불안하고 걱정스러웠던 주교들이 이를 제약했기 때문이다. 1977년 4월 7일 정평위는 춘계 주교회의 정기 총회를 앞두고 아래와 같은 내용으로 '주교회의에 올리는 건의문'을 올렸다.

① 3·1 사건 유죄 선고의 중대성에 비추어 어떠한 형태로든 주교회의 자체로서 능동적 견해 표명이 곧 뒤따랐어야 했을 것이라고 생각됩니다.
② 외람된 말씀이오나 주교단의 불일치 현실은 교회 내에서 빈번히 신자와 평사제들의 불만을 야기하고 있으며 실제로 교회의 대對사회적 사명 수행을 어렵게 하며, 특히 정의구현전국사제단의 현실 참여 운동은 불가피한 것으로 보입니다.
③ 교황청 정평위를 정점으로 하여 한국 주교회의가 그 직속 기구로 본위원회를 설치하였고, 위원들을 직접 위촉하여 구성된 정평위가 회칙에 규정된 교구별 정평위 조직 단계에서 일부 교구청으로부터 협조를 받지 못하여 1년이 넘도록 그 조직을 완료하지 못하고 있는 모순된 현실에 대하여, 미조직 교구 주교님들이 앞으로 어떻게 조처하

시겠는지 의향을 듣고 싶습니다.

④ 주교회의가 인준한 정평위 사업 계획에 따른 예산을 활동 진행에 지장이 없도록 적시에 영달해 주시기 바랍니다.

⑤ 지금 이 시점에서 교회의 사회 정의 운동이 중단되거나 지리멸렬 상태에 들어간다면 우리 가톨릭교회는 이 땅에서 설 자리를 잃게 된다고 하여도 과언이 아닐 것입니다.[334]

정의구현사제단의 활동을 제약하고 정권의 견해와 궤를 같이하는 교회 내 여러 움직임들이 다양하게 표출되었다. 1977년 7월 14일 8개 교구(서울, 대전, 전주, 춘천, 광주, 부산, 수원, 대구)와 3개 수도회 소속 사제 107명이 선언문 하나를 발표했다. 선언은 "우리 민족이 직면한 현실을 망각하는 일부 선교사들의 언동은 용납되지 않는다."고 비난하였다.[335] 이어 7월 22일에 열린 주교회의 상임 위원회에는 대부분 노장 신부들로 구성된 이른바 '천주교 구국 위원회'의 건의서가 제출되었다. 소위 '구국 위원회' 신부들은 이 건의서에서 ① 외국 선교사들의 행동 지침을 규정하고, ② 선의의 외국 선교사들에게 누가 끼쳐지지 않으리라는 사실의 주지와, ③ 일부 선교사들의 과격한 반한 활동으로 야기된 문제의 해결을 위한 폭넓은 대화를 주선하고, ④ 구속 사제들의 석방을 위한 방법을 적극적으로 강구할 것 등 4개 항을 건의하였다. 이는 전 미카엘 신부의 노동 사목 등을 염두에 둔 것이기도 했고, 정의구현사제단에 대한 완곡한 반

---

334 사제단, 앞의 책, 45-447쪽.
335 '시국 기도회 등 안건 다뤄', 가톨릭시보, 1977년 8월 7일 자.

대 의사 표현이기도 했다. 주교회의 추계 정기 총회는 이러한 흐름을 반영하여 다음과 같은 담화문을 발표하였다.

우리 주교들은, 근년에 우리나라의 시국 문제에 관하여 일부 선교사들이 비판적 견해를 표시한 것에 대하여 다시 일부 한국 신부들이 비판적 반응을 보임으로써, 이러한 대립적 상황이 혹시라도 점차 양극화되지 않을까 염려하는 바이다. 교회 내에서도 시대의 과도적 상황으로 시국에 대처하는 방법에 관하여 의견 차이가 있을 수 있다. 그러나 우리는 근본적으로 그리스도 안에 일치되어 있으므로 어디까지나 형제적이어야 한다. 때문에 견해의 차이는 있더라도 서로의 의견을 존중하여야 하고 형제적 사랑을 해치는 행위는 없어야 하겠다. 따라서 성직자, 수도자, 평신도들은 자신들의 견해를 관철하기 위하여 개인적으로든 집단적으로든 말이나 행동이나 유인물을 통해 형제적 사랑을 해치며 교회의 분열을 초래하는 일이 없도록 자중할 것을 요망한다. "더더욱 사제들은 주교들과 교황의 지도 아래에서 모든 힘과 노력을 모아 온갖 분열의 구실을 없애고 온 인류를 하느님 가족의 일치로 인도하여야 한다."(「교회 헌장」 28항)[336]

1978년 1월에 열린 주교회의 상임 위원회에서는 평협과 가농, 가노청, 꾸르실료, 가톨릭대 학생회 등 5개 단체의 전국 단체를 해체하고 전국 기구 중심이 아닌 교구 단위로 환원시킬 것을 결정했다. 아울러 전국 기구로서의 명칭과 운영 방법을 폐지할 것도 결정했다. 한마디로 위 5개

---

[336] 〈경향잡지〉, 1977년 11월 호, 12-13쪽.

전국 기구는 전국이 아닌 교구 단위 중심으로 운영한다는 방침이었다. 이 같은 결정은 아직 주교회의에서 최종 확정된 것은 아니었으나, 해당 5개 전국 단체가 받은 충격과 파문은 실로 컸다.

한편, 전국 평협 총재 김재덕 주교는 문제가 된 주교회의 상임 위원회의 결정에 반대 의사를 표명하고 해당 5개 전국 단체 임원들은 동요하지 말고 종전대로 활동해 줄 것을 당부했다. 전국 평협 임시 총회는 이 같은 결정이 '현대 교회의 사명과 평신도의 지위 향상 및 이로 인한 교회 발전에 도움이 되기보다는 오히려 제2차 바티칸 공의회의 정신을 역행하는 것'이라는 데 인식을 같이하고 이를 전면 백지화할 것을 촉구하는 건의문을 채택했다. 이 같은 위 5개 기구의 전국 조직 해체 시도는 이들 조직이 사회 정의 활동을 선구적으로 해 왔다는 점에서, 사실상 조직 해체 내지는 약화를 의도한 것이었다.

박 정권의 말기적 증세는 1979년에 극에 달하였다. 5월에는 안동교구 천주교 신자요 가톨릭농민회 간부인 오원춘이 납치되었다가 15일 만에 돌아온 사건이 터졌다. 8월에는 신민당사에서 농성하던 Y·H 섬유 노조 여공들이 강제 해산을 당했고 이 과정에서 노동자 김경숙이 사망하였다. 10월에는 부산, 마산에서 대규모 반정부 시위가 발생했다. 박 정권은 계엄령을 선포하고 군인과 장갑차를 동원하여 이를 진압하였다.

오원춘 사건은 박정희 정권이 농민 운동과 인권 운동에 가한 탄압의 결정판이었다.[337] 납치되어 돌아온 오원춘은 다음과 같은 양심선언을 하였다.

본인은 79년 5월 5일 영양 버스 정류장에서 정체불명의 두 사람으로부터 납치를 당해 안동을 거쳐 포항 모 건물(포항제철 부근 잿빛 건물) 안에서 이유 모를 폭행을 당하고(체제에 반항하는 놈은 그냥 둘 수 없다며 폭행하였음) 울릉도까지 15일 동안 강제 격리된 상태에서 불안한 날들을 보낸 사실이 있어, 이를 교구 정의평화위원회에서 구성한 조사단과 농민회 조사단, 본당 신부님께 하느님께 받은 양심에 의해 진술한 바 있습니다. 이 사실은 차후에 어떠한 일이 있어도 '사실'이며, 만약 번복된다면 이는 외부적 압력이나 위협에 의한 강제적 결과일 것입니다. 가난하고 억압받는 농민들과 함께 일하려는 나의 동료 형제들에게 또 다시 쏟아질지도 모르는 폭력과 압력 밑에서 주여! 작은 저희들을 지켜 주소서. 영양 천주교회 십자가에 달리신 주님 아래서. 1979년 7월 5일.

전국 사목국장 회의는 이 사건이 농민 운동을 선구적으로 진행하고 있는 '가톨릭농민회에 대한 전면적인 탄압'이라고 결론지었다. 오원춘은 그동안 농민들의 권익을 찾기 위해 헌신해 왔기 때문이다. 천주교 안동교구는 이를 덮어 두는 것은 농민 사목과 농민 운동을 포기하는 것이라고 판단하여, 이 사건의 진실을 알리기 위해 '짓밟히는 농민 운동'이라는 문건을 제작하여 정의구현전국사제단 조직을 통해 전국에 일제히 폭로

---

337 '오원춘 사건'과 관련, 가톨릭시보는 유재두 편집부장과 고국상 서울 분실 차장, 그리고 운전기사 박용선 등이 현지 조사를 실시한 후 '오원춘 사건 현지 조사 보고서'를 발간했다. 이 보고서는 '오원춘 사건'의 진상을 "결론적으로 평소 허풍이 세고 우쭐대기를 좋아하던 오원춘이 꾸며 낸 납치 소문을 사제단의 조사 위임을 받고 나온 정재돈 씨가 부인이나 공소 회장 등의 진술을 통해 충분히 그 허구성을 인지할 수 있었는데도 최초의 오원춘 진술만을 토대로 유인물을 만들게 됨으로써 사건을 확대시킨 것으로 보임."이라고 밝혔다. 이는 정의구현사제단의 활동을 왜곡, 폄하하고 수사 기관과 정권의 조작된 발표 내용을 뒷받침하려는 의도가 명백한 조사였다.

했다. 이로 인해 정호경, 함세웅 신부 및 오원춘을 비롯한 농민회 간부들에 대한 구속 사태가 벌어졌다. 또한 가톨릭농민회 및 교회에 대한 비방 탄압과 온갖 음해가 대대적으로 자행되었다. 가톨릭농민회와 Y·H 섬유 노조 배후로 지목된 도시산업선교회 등에 대해서는 심지어 대통령 특별 조사령까지 내려졌다.

8월 6일 안동 목성동 성당에서는 김수환 추기경을 비롯한 120여 명의 사제와 600여 명의 농민회원 등이 참석한 가운데 기도회가 열렸다. 기도회가 끝난 후 참가자들은 '순교자 찬가'를 부르며 성당에서 나와 안동 시청 분수대까지 구속자 석방, 농민 운동 탄압 중지, 긴급 조치·유신 헌법 철폐 등의 구호를 외치며 가두 촛불 시위를 감행했다. 이는 안동 최초의 일이었다.

목성동 성당으로 돌아온 사제단과 농민회원 80여 명이 무기한 항의 농성에 들어갔다. 이를 두고 당시 언론들은 죽창으로 무장한 폭도들이라고 보도했다. 그러나 경찰의 포위망을 뚫고 농성장을 격려 방문하는 사람이 끊이지 않았을 정도로 '오원춘 사건'과 천주교인들의 대응은 전 사회적 관심을 불러일으켰다. 8월 20일에는 명동 성당에서 주교회의 정의평화위원회 주최로 1만여 명에 가까운 인파가 운집하여 대규모 기도회를 열었다. 전국 평협은 주교단에 드리는 건의문을 통해 "현재 정부 당국이 가톨릭농민회, 가톨릭노동청년회 등 노동 운동을 통한 복음 선교를 불순 세력시하고 평신도 사도직 수행의 영역을 제도적으로 억압 또는 말살코자 추진 중인 어떠한 입법 조치도 중지되도록 적극 노력하여 주실 것을 바란다."고 요청하였다.

그러나 주교단은 계속해서 침묵하였다. 깊은 주의를 기울이지 않아도 박정희 정권 말기의 사회 상황은 너무도 암담했다. 가톨릭농민회와 정의구현사제단 등이 오원춘 사건의 진실을 밝히고 알리려고 혼신의 노력을 기울이고 있을 때, 중요 고비마다 튀어나와 그에 제약을 가하고 발목을 잡으려 했던 교회 내 흐름이 이때도 여지없이 표출되었다. 그들은 '정교분리'와 '일치'의 문제를 여지없이 들고나왔다. 이야말로 교회의 일치를 갉아먹고, 진실을 왜곡하고, 중세기적 교회상에 교회를 막무가내로 가둬 두려는 시도였다. 이럴 때 들먹여지는 정교분리나 일치란 게 거의 예외 없이 불의한 정권을 옹호하는 속성을 발휘해 왔건만 이른바 '교회 현실을 우려하는 연장年長 사제'들이 그런 주장을 하고 나온 것이다.

그들은 1979년 10월 추계 주교회의에 '주교단에 드리는 호소문'을 올렸다. 호소문은 사회 정의 활동이 한국 교회의 '위기'를 불러일으켰다고 진단했다. 아울러 정의구현사제단을 주로 겨냥하여 '탈선 단체' 운운하며 일방적 매도로 일관했다. 호소문의 내용은 정권이 늘 종교계에 요구해 왔고, 그 방향으로 유도했던 바와 다를 것이 하나도 없는 성속 이원론의 주장들로 가득 채워져 있었다. '연장 사제'들이라면 적어도 이승만 시대 이후 그야말로 '정치권력과 자기 이익에 찌든' 교회의 모습을 목격해 왔을 것이다. 순명과 일치를 말하며 대개는 그에 보조를 맞춰 왔을 연배들이었다. 그런데 당면의 정치 질서에 관한 윤리적 판단은 고사하더라도 지난날의 교회상과 거기에 자신들은 어떤 모습으로 몸담아 왔었는지에 대한 일말의 성찰도 없었다. 그리곤 이제 사회 정의 구현 노력을 '세속화'된 교회의 타락한 모습이라며 억지를 부리는 것이었다. 그러나 그 같은 문제 제기를 한 근본 원인은 사실 교회가 권력으로부터 미움받는 현실이 싫은 데 있었던 것이다. 그들 말에 의하면 '서로(정권과 교회)에게 고통을 안겨다 주는 것뿐 아니라 교회를 기피하기에' 이른 현실이 두려웠던 것이다. 아래 내용은 그들이 주교회의에 보낸 호소문 전문이다.

주교단에 드리는 호소문

우리는 '하나요 거룩하고 공번되고 사도로부터 이어 오는 교회를 믿습니다.' 우리는 이러한 교회를 믿기에 주교님들의 협력자들로서 사제가 되었고, 우리의 봉사직이 보람된 것이라고 생각해 왔습니다. 그러나 오늘의 한국 교회의 실정은 교회 본연의 순수성을 상실해 가고 있다고 보아 우리의 우려를 금할 수 없습니다. 더 나아가서 이러한 우려는 우리의 사명 달성을 위해서 또 한국 교회 자체를 위해서 중대한 위기라는 생각마저 갖게 하고 있습니다. 그 이유는 다음과 같습니다.

'하나인 교회' 교회의 단일성 및 그 일치성은 교의敎義나 제도에만 국한된 것이 아니고 신비체적 생활과 복음적 애덕의 충일에 있다고 확신합니다. 그러나 오늘의 현실은 다양성의 명분에서 발로된 다양한 주견이 교회 내에서 의견과 행동의 대립을 초래하였고, 그 결과는 사랑을 미움으로 치닫게 하는 현상에까지 이르렀다고 우리는 분석하고 있습니다.

'거룩한 교회' 교회의 신성성은 비록 죄인들이 모인 교회라 할지라도 하느님의 신성성이 투영된 교회로서 세속에 대하여 거룩한 교회의 품위를 지시해 주는 것이라고 확신합니다. 그러나 오늘의 현실은 교회마저 세속화에 합세하여 거룩한 교회의 품위 있고 고상한 교회의 모습을 잃어 가고 있는 실정에 있습니다. 실로 개탄을 금치 못하는 바입니다.

'공번된 교회' 교회의 보편성은 선인 악인 차별 없이 고루 대하시고 사랑과 구원의 은총을 베푸시는 하느님의 보편성을 구현하는 데 있다고 확신합니다. 그러나 우리는 교회 내부에 있어서 남을 판단하고 단죄하고 배척하는 현상을 보게 됩니다. 편파적 자세로 교회의 보편성은 저해되고 있으며 그 결과는 서로에게 고통을 안겨 주는 것뿐만 아니라 교회를 기피에 이르게 하고 있습니다.

'사도적 교회' 사도 전래적 교회의 특성은 수좌 베드로 사도와 일치하는 사도단의 후계자들로서 주교님들을 교회의 구심점으로 하는 데 있다고 확신합니다. 그러기에 우리는 교회 교도권을 수락하며, 이에 대한 존경과 순종을 우리의 긍지로 알고 있습니다. 그러나 오늘의 교회 풍토는 주교님들에게서 그 시범이 흐려지고 있고, 사제들에게 있어서는 존경과 순종보다 비판과 저항이 앞서고 있음을 목도하고 있는 바입니다. 이러한 교도권의 권위 하락상을 마음 아프게 생각하는 바입니다. 오늘의 상황을 이상과 같이 진단하면서 이러한 현실이 바로 한국 가톨릭의 위기이며 우리 자신들의 위기라고 판단하기에 이르렀습니다. 이에 우리는 하나요 거룩하고 공번되고 사도로부터 이어 오는 교회의 순수성의 보전과 회복을 위해서, 그리고 일치와 사랑과 평화 안에서 우리의 아낌없는 여생을 바칠 수 있기를 염원하여 우리는 아래와 같은 충정의 호소를 드리고자 합니다.

1. 일치의 교회 구현을 위하여 주교님들부터 일치의 시범을 주시도록 청원합니다. 교회 내의 불일치가, 특히 시국에 관하여 주교단의 불일치에서 연유되었음을 통감하여 왔기에 드리는 호소입니다.

2. 주교 공동성에 따른 주교단의 결속으로 한국 가톨릭의 질서와 규율을 우선적으로 확립시켜 주십시오. 특히 성전과 거룩한 전례의 속화, 일치를 저해하는 교회 내의 탈선 단체, 교도권의 인준 없이 임의 남발되는 모든 성명서를 조절시켜 주십시오.

3. 교회 교도권에 대한 존경과 순종의 정신 풍토를 회복시켜 주십시오. 특히 상하 위계질서가 분명하고 품위 있는 교회 풍토를 확립시켜 주십시오.

4. 사회 참여의 교회적 한계, 교회적인 방법에 관한 교회 최고 교도권의 지침을 공개 명시하고 윤리적 가치 차원에 한하여 대화의 방법을 견지하여 주시기 바라며, 성직자들은 평신도 교육이라는 제2선에 머물러 있게 하여 주시고, 사회 제일선에서는 평신도들 스스로가 복음을 증거하도록 하여 주십시오. 특히 외국 선교사들은 내정 간섭의 오해나 마찰을 초래하지 않도록 한국인 사제 이상으로 지혜로운 처신을 하도록 하여 주십시오.

5. 목적을 위해서는 수단과 방법을 가리지 않는 정신 풍토와, 인간의 윤리적 행위에 있어서 하느님의 법이 최후의 기준임에도 불구하고 개인의 양심만을 최후 유일의 기준으로 하려는 윤리 판단 기준의 오류를 시정하도록 하여 주시기 바랍니다. 끝으로 이 호소를 드리는 우리 사제들은 지속성을 띤 단체가 아니고 오로지 뜻을 같이하는 것뿐임을 밝혀 두는 바입니다.[338]

1979년 10월 26일 박정희는 그의 부하에게 살해되었다. 언제까지나 계속될 줄 알았던 그의 권력·체제도 결국 붕괴한 것이다. 공동선·인간의 존엄성·사회 정의·평등…. 그를 얻기 위해 수난과 죽음의 십자가를 기꺼이 지고 나섰던 수없는 사람들의 피땀과 눈물이 이룬 승리였다.

---

338 가톨릭시보, 1979년 10월 21일 자.

거룩하고 품위 있고 고상한 교회는 저 혼자 선포한다고 만들어지지 않는다. 그것은 거짓 권위이다. 교회가 얻고 싶어 하는 그런 가치를 인정할 이들은 세속의 사람들이다. 그럼에도 그 세속 사람들의 공동선이 파괴당하고 존엄성이 짓밟힐 때 침묵하는 교회란 은둔과 폐쇄 공동체에 다름 아니다. 자기 보호, 자기 방어를 최대의 가치로 두는 이익 집단에 불과할 뿐이다. 교회는 자신이 이익 집단인지, 진정 예수 추종자들의 모임인지 분명한 선을 그어야 한다. 예수 추종자들이란 예수가 뜻을 두었던 하느님 나라와 그를 위해 살았던 삶 그대로를 오늘 이 자리에 부활시키려는 열정으로 가득한 이들을 의미한다.

민족과 민중의 역사 속에 투영된 교도권은 어떤 의미였는지 분명하게 짚어 내야 한다. 선교사들에 의해 교도권이 행해지던 교회 초기와 성장기, 일제 때와 해방 이후, 이승만과 자유당 때, 군사 정권 시절, 그리고 지금에 이르기까지 과연 교도권이 읽은 그 시대의 징표는 무엇이었는가. 교도권은 과연 이 민족에게 진정으로 '복음의 빛'이었고 예언자의 역할을 하였는지 묻지 않으면 안 된다. 원치 않아도 교회가 세속 안에 존재하는 관계로 민족과 민중에게 커다란 책임과 영향력을 지니고 있기 때문이다. 끊임없는 쇄신, 변화를 통해 진정 교회의 일치를 이루고 세상의 누룩이 될 수 있어야 하기 때문이다.

한국 천주교 주교단은 번번이 "우리는 형제들의 고통과 사회 현실을 너무 몰랐다."고 고백하였다. 그 참회는 겸손이 아닌 사실이었다. 주교단 교서는 언제나 사회 정의 활동이 교회의 사명이라 했건만, 실제 현실은 그를 구현하는 교회 사람들의 의지와 희망을 꺾는 데로 두어졌다. 정의 구현 활동을 하는 이들에게는 단호하고 비판적인 그들이 불의한 권력에겐 한없는 이해와 관용, 인내심을 보여 주었다. 사회적 폭력과 구조악을 제거하려는 조그마한 움직임도 그들은 예민하게 반응하며 신중한 처신과 종교인다운 품위를 요구했다. 순종과 위계, 규율의 틀 안에 제약하려는 시도 또한 신속했다. 권력과 질서, 법은 변호할 줄 알았으되 살해당하고, 똥물을 뒤집어쓰고, 굶주리고, 고문당하고 죽어 가는 민중의 아우성은 들을 줄 몰랐다. 말로는 더러 있었으되, 행동은 죽어 있었다.

가족계획이나 낙태, 피임 문제 등 정부의 인구 억제 정책에 대해 제도 교회는 인간 존엄성을 근본적으로 파괴하는 처사라며 큰 분노와 반대를 표명했다. 입법화를 막기 위해 많은 노력도 기울였다. 그러나 불의한 권력과 제도에 의한 인간 존엄성 상실과 희생에는 소극적이었다. 예수 그리스도는 십자가를 지고 자신을 따르라 했다. 가진 것을 다 버리고 자신처럼 죽음과 박해를 각오하고 따르라 했다(루카 14,26-27.33). 참된 제자다움의 기준은 그에 있었고 가난하고, 묶이고, 억눌린 이들의 해방을 선포하는 데 있었다. 제2차 바티칸 공의회의 교부들은 교회를 향하여 촉구하길 세상 한복판에서 인간과 더불어 기쁨과 슬픔, 희망과 번뇌를 함께하라 했다.

한국 주교단도 71년의 교서에서 교회를 일컬어 '정의와 사랑의 교회'라고, 교회는 예수 그리스도의 이름으로 진정한 사회 정의를 가르쳐야 할 사명을 절감하게 되었다고 분명 밝힌 바 있다. 교회는 '정의를 실질적으로 입증'해야만 하는 것이다. 이런 행동은 하느님께 받은 사랑의 은총이라 했다. 그러기[339] 위해 교회가 필요로 하는 것은 행정 관료나 조직 관리자가 아니다. 교회는 진정 참된 목자요 섬기는 지도자여야 하는 것이다.

교회를 방어하는 것보다 인간의 권리를 보호하는 것이 선결 문제이다. 교회는 보호를 필요로 하지 않는다. 사람들은 교회를 공격하지는 않는다. 교회를 하느님의 백성이라고 하는 뜻은 정말로 한 백성임을 전제로 하는 것이다. 주일 미사에 나가는 사람뿐 아니라 모든 사람이 교회의 구성원이다.

군부에 의한 광주 학살과 교회

1979년 10월 26일 박정희 군사 정권이 무너졌다. 폭압과 수난의 긴 터널을 벗어나 이제 국민들은 민주주의 봄을 만끽하고자 하였다. 그러나 그것도 아주 잠시였다. 전두환을 위시한 '신군부'가 1979년 12월 12일에 군부 쿠데타를 일으킨 것이다. 그들은 비상계엄을 선포하고 정권을 장악했다. 그들은 역사의 수레바퀴를 거꾸로 돌리고자 하였다. 1980년 5월 8일 한국 천주교 주교단은 춘계 주교회의 결의로서 '시국 담화문'을 발표했다. 주교단은 비상계엄 해제와 언론의 자유 등을 요구하였지만 '신군부'의 반란을 물리기에는 너무 늦은 것이었다.

1980년 5월 17일 신군부는 비상계엄을 전국으로 확대하였다. 그러자 전라남도 광주에서는 이에 맞서 치열한 항쟁을 시작하였다. 학생과 시

---

339 1979년 2월 교황 요한 바오로 2세가 참석한 중남미 주교회의에서 남미 주교단 대표 아른스 추기경이 한 말. 「한국가톨릭인권운동사」, 531쪽 참조.

민들은 비상계엄 해제와 전두환 퇴진을 외쳤다. 신군부가 장악한 언론은 광주 항쟁을 '폭동', '폭도'라고 매도하였다. 또는 빨갱이들과 불순·극렬분자들의 사주에 의한 '국가 전복 음모'로 몰아붙여 탄압을 정당화하였다. 그렇게 고립된 광주는 민족의 십자가를 온통 홀로 맨 채 처절하게 싸웠다. 수많은 사람들이 군인의 총칼에 쓰러지고 죽어 갔다. 광주는 피로 물들었다. 한 시인은 하느님도 새 떼들도 광주에서 떠났다고 통곡하였다.

아 아 광주여, 이 나라의 십자가여
김준태

아 아, 광주여 무등산이여
죽음과 죽음 사이에
피눈물을 흘리는
우리들의 영원한 청춘의 도시여

우리들의 아버지는 어디로 갔나
우리들의 어머니는 어디서 쓰러졌나
우리들의 아들은
어디에서 죽어서 어디에 파묻혔나
우리들의 귀여운 딸은
또 어디에서 입을 벌린 채 누워 있나
우리들의 혼백은 또 어디에서

찢어져 산산이 조각나 버렸나

하느님도 새 떼들도
떠나가 버린 광주여
그러나 사람다운 사람들만이
아침저녁으로 살아남아
쓰러지고 엎어지고, 다시 일어서는
우리들의 피투성이 도시여
죽음으로써 죽음을 물리치고
죽음으로써 삶을 찾으려 했던
아 아, 통곡뿐인 남도의
불사조여, 불사조여, 불사조여
…

아, 아 광주여 무등산이여
죽음과 죽음을 뚫고 나아가
백의의 옷자락을 펄럭이는
우리들의 영원한 청춘의 도시여
불사조여, 불사조여, 불사조여
이 나라의 십자가를 짊어지고
골고다 언덕을 다시 넘어오는
이 나라의 하느님의 아들이여

예수는 한 번 죽고

한 번 부활하여

오늘까지 아니 언제까지 산다던가

그러나 우리들은 몇 백 번 죽고도

몇 백 번을 부활할 우리 몸의 참사랑이여

우리들의 빛이여, 영광이여, 아픔이여

지금 우리들은 더욱 살아나는구나.

…

군인들 총칼에 수백 명이 죽었다고 하였다. 이런 상황에서 5월 25일 광주교구 김성룡 신부는 처절한 내용의 강론을 하였다.

- 이제 우리는 네 발로 기어 다녀야 하며 개나 돼지와 같이 입을 먹이 그릇에 처 박아 먹어야 하며, 짐승과 같이 살아가야만 한다. 폭력과 살인을 일삼는 유신 잔당이 우리를 짐승같이 취급, 때리고, 개를 죽이듯이 끌고 가고, 찌르고, 쏘았기 때문이다.
- 두 다리로 걷고 인간답게 살려고 하면 생명을 걸고 민주화 투쟁에 몸을 던져야 한다. 과거의 침묵, 비굴했던 침묵의 대가를 지금 우리들은 지불하고 있는 것이다.
- 부산·마산 사건에서 죽은 사람들은 유신 괴수의 죽음으로 피의 값을 받았다. 그리고 유신 괴수도 김재규 일당의 죽음으로 보상된 이 때에 자유와 인권을 위하여 죽어 간 많은 시민의 피도 보상되어야 한다.

― 이제야말로 우리는 결단의 때를 맞이하였다. 비굴해져서 짐승같이 천한 생명을 유지할 것인가. 그렇지 않으면 인간다운 민주 시민으로서 살기 위하여 생명을 걸고 싸워야 할 것이다.[340]

김성룡 신부를 비롯해 광주교구 신부들은 시민 수습 대책위에 들어가는 등 상황을 타개하기 위해 적극적으로 나섰다. 5월 24일 전남대학교 교수들이 '대한민국 모든 지성인에게' 보내는 호소문을 발표했다. 가까운 곳에 있는 내 나라 사람들이 이렇게 비인간적인 상황에서 죽어 가고 있는 것을 방관만 하고 있다면 도대체 학문이, 교육이, 양식이, 지식이 다 무슨 소용이겠느냐고 그들은 절규했다. 이 나라의 운명이, 이 나라의 장래가 어떻게 더 존재할 수 있겠느냐고 그들은 피맺힌 호소를 했다.

고립된 채 싸우고 죽어 가고 있는 광주의 비극, 광주의 진실을 누군가 광주 밖으로 알려야 한다는 절박감에 김성룡 신부가 그 짐을 떠맡았다. 그는 '지금 이 순간 이 장소를 뜨면 도망하는 것이 아닌가. 시민이 어떻게 생각할까. 비겁한 신부, 아무것도 하지 못하는 무력한 교회라고 비판받을지도 모른다.'고 고뇌하였다. 그러나 누군가는 광주 밖으로 탈출해야 했다. '무장 폭도, 난동 분자, 불순분자라는 오명을 씻고 자랑스러운 민주 시민임이 인정되어야 한다. 서울에 가자. 추기경에게 알려야 한다.'는 결단 속에 김 신부는 비극의 도시 광주 탈출을 결행했다. 5월 26일 출발 9번이나 엄한 검문을 통과한 끝에 다음 날 27일 밤 10시 무사히

---

[340] 김성룡 신부의 광주 민중 항쟁 기록. 천주교 광주교구 정의평화위원회, 「광주의거 자료집 ― 천주교회의 활동을 중심으로」, 1987, 100쪽.

서울 명동에 도착하였다. 김 신부는 일부러 '탈출'이라는 말을 쓰고자 했다. 죄를 범하고 도망한 것이 아니고 살아나려고 빠져나온 것도 아니며, 옛날 이스라엘 백성이 야훼의 능력과 섭리에 의해서 굴욕적인 이집트 생활에서 탈출했던 것과 같은 의미를 부여하고 싶었던 탓에.

전주교구는 광주와 가까이 맞닿은 지역이어서 여느 교구보다 광주 상황에 예민했다. 5월 21일 김재덕 주교와 김봉희 신부가 광주에 들어가기 위해 길을 떠났다가 장성에서 되돌아 와야 했다. 광주로 들어가는 길목을 탱크들이 진을 친 채 막아선 때문이었다. 5월 23일 전주교구 긴급 사제 총회가 열렸다. 광주 항쟁에서 희생된 민주 시민들을 위해 위령 미사를 바치며, 광주의 진실을 알리는 데 주력하기로 결의하였다. 광주의 진실을 알리기 위해서 '전두환 광주 살육 작전'이라는 유인물을 교구 산하 본당을 통해 신자들에게 배포하고, 될 수 있으면 강론 때 옥외 마이크를 설치해 전두환의 광주 시민 학살 만행을 모든 도민에게 폭로하기로 하는 등의 구체적 지침이 마련되었다.

대부분의 사람들이 공포에 짓눌려 숨조차 제대로 쉬지 못하고 있던 때에 죽음의 십자가를 함께 짊어지겠노라 했던, 한 지체의 고통에 일치와 연대성으로 답하고자 했던 결연한 결단이요 실천이었다. 전주교구 사제들은 전주의 시민들과 더불어 국가의 안녕과 민족의 생존을 위해 투쟁하다 다 함께 죽겠노라 선언했다. "지금의 침묵과 방관은 배달겨레 최후의 죄악이 될 것이다. 우리를 위해 기도해 달라. 참으로 지금 기도보다 간절한 것이 또 무엇이겠는가. 우리의 죽음을 듣게 되거든 여러분의 마지막 사랑의 기도도 아울러 올려 달라."며, 그들은 서울을 비롯한 전국 곳곳에 광주의 진실과 그들의 결의를 알리는 유인물을 보냈다. 5월

23일 주교단은 전국의 신자들에게 특별 기도를 요청했다.

"여러분 가운데에 고통을 겪는 사람이 있습니까? 그런 사람은 기도하십시오."(야고 5,13)라는 말씀을 우리는 들어 알고 있습니다. 지금이 바로 그때입니다. 우리 민족 전체가 고난을 당하고 있기 때문입니다. 여러분은 이미 보도를 통하여 광주 지역에서 일어나고 있는 불행한 사태에 대해 들으셨을 것입니다. 사랑하는 같은 민족이 신체적으로 정신적으로 엄청난 상처를 입고 있습니다. 그 상처는 우리 민족이 근래에 당해 보지 못한 시련을 동반하고 있습니다. 정확한 숫자를 알 수 없는 사상자를 낸 유혈 사태가 광주시를 비롯한 인근 전역에 확대되었고 이로 인하여 전 국민이 참으로 긴장과 불안과 슬픔 속에 내일을 걱정하게 되었습니다. 정치적 견해차로 빚어진 이러한 불행에 물리적 힘과 힘이 정면충돌하여 같은 형제끼리의 비이성적 투쟁은 시시각각 가속화하고 나라의 기틀이 흔들리는 심각한 상황에 이르고 있습니다. 지금은 누구의 책임을 따지기에 앞서 우리 모두가 조용히 이성을 되찾고 한 인간의 본연의 자세를 회복해야 하겠습니다. 남을 추궁하고 몰아세우기에 앞서 형제의 입장을 이해하려는 마음의 여유를 되찾아야 하겠습니다.[341]

주교단은 광주 사태의 원인과 배경, 사태의 증폭 과정에서 빚어지고 있는 참상, 그리고 그에 대한 평가를 유보했다. 또 광주 사태가 '정치적 견해차로 빚어진 불행', 양자 간의 '비이성적 투쟁'이라며 본질을 흐렸고

---

[341] 광주교구 정평위, 앞의 자료집, 8-9쪽.

이 참극과 거리를 두고자 하였다.

  5월 30일에는 서강대 학생 김의기 군이 기독교 회관에서 광주 항쟁의 진실을 알리는 유인물을 살포하다 추락 사망했다. 광주가 겪고 있는 고통에 동참하고자 무언가 했다는 이유로 거의 모든 교구의 사제들이 수난을 겪었다. 서울에서는 국제가톨릭형제회AFI 회원인 정양숙, 그리고 오태순, 장덕필 신부가 옥고를 치렀다. 김택암, 안충석, 양홍 신부 등은 보안사에서 구타와 고문을 당해야 했다. 또 6월 25일에는 전주교구 박창신 신부가 군인들이 자행한 테러에 중상을 입었다. 광주 학살에 투입됐던 7공수 부대가 성당 근처로 이동해 오자 박 신부는 "공수 대원은 민족의 배반자다. 공수 대원에게는 집도 세주지 말고, 쌀도 팔지 말라."는 등의 강론을 하였는데, 그에 대해 보복성 테러였던 것이다.

  광주교구 사제단은 '광주 사태에 대한 진상'이라는 성명서를 발표했다. 성명서는 광주 항쟁의 진상을 온 교회에 알리는 데 큰 구실을 했다. 정의구현전국사제단을 비롯하여 대구와 제주를 제외한 각 교구별 정의구현사제단은 '광주 사태의 비극적 원인이 현 정부와 일부 군부의 광적인 살인 행위에서 기인한 것임을 천명'하는 성명서를 발표했다. 로마에 있는 한국인 성직자와 수도자들도 6월 10일 자로 광주 사태에 대한 자신들의 기본 태도를 밝히는 서한을 광주교구에 보내왔다.

  …그 엄청난 비극의 현장에서 광주 시민의 한 사람으로서 시민들과 함께 시련과 고통과 상처를 같이 받아 오신 존경하올 윤 대주교님, 교구 내 성직자 수도자, 교형 자매 여러분, 그리고 용기 있는 애국 시민들에게서 말로써 다 표현할 수 없는 형제애를 느끼며, 저희들도 그 아픔을 함께 나

누고 싶어 이 글을 드리고 있습니다. 조국에서 멀리 떨어져 있다는 사실 그 자체가 오히려 저희들의 마음을 조국에 더 가깝게 밀착시키고 더 깊은 연대 의식을 느끼도록 촉구하고 있습니다. 그동안 저희들은 단체적으로 그리고 개인적으로 미사와 기도 중 우리나라와 특히 광주 시민들을 위해 하느님께 매달려 빌고 있습니다. 죄 많고 부족한 저희들을 보지 마시고, 우리를 죽기까지 사랑하신 당신 아들 예수 그리스도를 보시어, 주께서 생명을 걸고 외치신 그 복음 정신이 우리나라에서도 활짝 꽃피도록, 그리고 진리와 정의를 외치다 죽어 간 우리 동포들의 고귀한 피가 헛되지 않고 바로 그 밑거름이 되기를 간절히 기도하고 있습니다.[342]

1980년 7월 16일에 광주교구 신부 8명과 서울대교구 신부 5명이 구금 연행되었다. 7월 17일 광주교구 사제단은 침묵하고 있는 주교들 개개인 앞으로 편지를 보냈다. 광주교구 사제와 타 교구 사제들이 계속 구금 연행되어 가고 있는 긴박한 상황에서 속히 주교단의 공식 태도가 있어야 함을 촉구하는 건의문이었다.

- 그리스도의 몸인 교회의 지체가 수난을 받음은 바로 모든 이의 고통이기에, 이런 난국에 주교님들의 자부적인 지침서라 할 수 있는 교회의 입장을 밝혀 주시기를 기원합니다.
- 1980년 5월 8일 자 한국 천주교 주교단의 시국 담화문에서 지적하신 일련의 가르침을 시국의 사태가 일변된 현 시점에서 어떤 의사 표현

---

[342] 광주교구 정평위, 앞의 자료집, 16-17쪽.

이 있어야 본 교구 사제단은 복음 정신과 범교회적인 의지로 헌신하고자 합니다.

- 본 교구는 현금, 인간 존엄성과 국민의 기본권마저도 무시된 채 구금 연행되어 목자 없는 수많은 양들의 아픔과 시민들의 소외 현장에서 하소연할 길 없어 광야의 외침 마냥 주교님들에게 비상 주교회의를 소집하여 교회 박해라고 판단되는 이 난국에 대처해 주시기를 앙망하나이다.

- 앞서 말씀드린 시국 담화문에서 '국민적 단합이 무엇보다 필요하다'고 여러 번 천명하셨습니다. 주님의 몸인 교회와 그 주춧돌인 주교님들의 단합된 모습을 보여 주실 때라 사료됩니다. 하나요 거룩하고 공번된 가톨릭의 불신의 씨가 먼저 제거되어야 한다고 감히 겸허한 자식들의 하소연 드리는 바입니다.

- 미국 주교단이 서한을 통해 관심을 보여 준 것은 광주교구의 사제단과 신자들에게 커다란 감격과 용기를 주었습니다. 그럼에도 불구하고 한국 교회는 일체 함구함으로써 이 땅 위에 복음의 씨앗을 뿌릴 밭을 묵힐 수는 없다고 생각합니다.[343]

전두환만이 '대통령에 오를 혈통'을 지녔다고 공공연한 주장을 펴는 미국인들이 있었다. 주한 미 사령관 존 위컴이 그 대표적인 인물이었다. 그는 "국민의 광범한 지지를 받고 한국의 안보가 유지된다면 이를 한국민의 뜻으로 받아들여 전 장군을 지지할 것"이라고 했다. 미국의 적극적

---

[343] 광주교구 정평위, 앞의 자료집, 30쪽.

지원을 확인한 전두환은 자신의 최고 권력 장악을 기정사실화했다. 8월 27일에 그는 통일 주체 국민회의에 의한 선거에서 총 2천 525표 가운데 무효표 하나를 뺀 2천 524표라는 기록적인 찬성을 얻어 제5 공화국 대통령에 선출되었다.

신군부는 박정희 시대에 존재했던 모든 사회단체에게 명칭 바꾸기를 종용했고 대부분의 단체가 이에 따랐다. 정의구현사제단에도 마찬가지의 압력이 가해졌다. 모두 바꾸고 있는데 사제단만 이름이 그대로 유지되는 것은 곤란하다는 거였다. 그러나 끝내 '천주교정의구현전국사제단'이라는 이름은 완강하게 고수되었다.

광주의 '밀사' 김성룡 신부는 반응 없는 교회의 냉대와 침묵에 눈물을 흘려야 했다. 그는 구속되었고, 교회는 자선 사업가마냥 조심스레 구호금과 구호품을 보내며 숨죽여 자기 위안을 삼았다. 1975년 2월에 정의구현사제단의 활동을 정지시키면서 주교단이 직접 정부와 대화하겠다고 나선 이후에도 뚜렷한 행보를 보인 적은 없다. 정의와 평화의 사도, 순교자의 후손임을 그처럼 나날이 고하는 교회였지만, 교회는 이 희대의 학살 집단 앞에서 더욱 움츠러들 뿐이었다.

광주를 찾은 종교인, 의료진, 자원봉사자들에게 광주 사람들은 말했다. 자신들을 위해 긴급히 요구되는 것은 수혈할 피와 의약품이 아니라, 광주의 진실, 광주의 참혹함과 군인들의 만행이 만천하에 알려지는 것이며, 불의한 독재 정권이 종지부를 찍는 일이라고. 그러나 교회는 헌혈과 의약품으로 형제들에 대한 사랑의 의무를 다한 것인 양 생각했고 광주의 아픔을 외면했다. 더욱더 슬프고 부끄러운 일은 교회 스스로 광주에 대한 언급을 의도적으로 회피하거나 거절한 사실이었다. 어느 주교는 오히려 광주의 희생과 의미를 축소시켜 세상에는 고통과 십자가가 있게 마련이다. 광주는 스스로 비극을 자초했다. 교회는 현실 문제에 관심을 갖지 말고 내세에 관심과 희망을 가져야 한다는 식의 전근대적인 반복음적 주장까지 서슴지 않았다. 강도를 만나 피투성이가 되어 죽어가는 이웃을 보고도 모른 체 지나간 사제나 레위인과 무엇이 달랐던가? 참으로 묻지 않을 수 없다.

예수를 배반했던 베드로는 자신을 응시한 예수의 눈빛 앞에서 부끄러움을 견디지 못해, 밖에 나가 참회의 눈물을 흘렸다. 그러나 이해 11월 17일부터 20일까지 있은 주교회의 추계 총회는 온통 '한국 천주교 200주년 기념사업'에 관한 이야기만 하고 끝났다. 그 시간 광주교구의 김성룡 신부는 여전히 감옥에 있었다.

"어떤 사람이 예루살렘에서 예리코로 내려가다가 강도들을 만났다. 강도들은 그의 옷을 벗기고 그를 때려 초주검으로 만들어 놓고 가 버렸다. 마침 어떤 사제가 그 길로 내려가다가 그를 보고서는, 길 반대쪽으로 지나가 버렸다. 레위인도 마찬가지로 그곳에 이르러 그를 보고서는, 길 반대쪽으로 지나가 버렸다. 그런데 여행을 하던 어떤 사마리아인은 그가 있는 곳에 이르러 그를 보고서는, 가엾은 마음이 들었다. 그래서 그에게 다가가 상처에 기름과 포도주를 붓고 싸맨 다음, 자기 노새에 태워 여관으로 데리고 가서 돌보아 주었다." (루카 10,30-34)

정권과의 밀월·저항이
교차하는 교회

"나는 너희의 축제들을 싫어한다. 배척한다. 너희의 그 거룩한 집회를 반길 수 없다. 너희가 나에게 번제물과 곡식 제물을 바친다 하여도 받지 않고 살진 짐승들을 바치는 너희의 그 친교 제물도 거들떠보지 않으리라. 너희의 시끄러운 노래를 내 앞에서 집어치워라. 너희의 수금 소리도 나는 듣지 못하겠다. 다만 공정을 물처럼 흐르게 하고 정의를 강물처럼 흐르게 하여라."(아모 5,21-24)

강요된 침묵과 절망감이 모두를 짓눌렀다. 허나 골고타 언덕 외로운 십자가의 죽음이 온 인류의 부활과 구원을 예고했듯이, 광주는 자신의 죽음 속에서 온 민족의 부활을 잉태했다. 광주의 비극을 겪으며 사람들은 이 나라의 민주주의를 가로막고 있는 진짜 실체가 무엇인지 치열하게 묻기 시작했다. 사람들은 미국에 대해 회의하기 시작했다. 한국군의 작전 지휘권을 갖고 있는 미국이야말로 군사 정권의 보이지 않는 주인이라고 지목한 것이다.

가톨릭농민회 전남 연합회 회원들은 미국이 전두환 군부를 지원하고 광주 학살을 방조한 원흉이라고 규탄하면서 1980년 겨울에 광주 미국문화원 방화를 기도했다. 1982년 3월 18일에는 부산 미문화원 방화 사건이 일어났다. 대학생들은 이를 통해 광주 학살의 진상 규명과 미국의 책임을 요구하였다. 이 사건은 그간 숨죽이며 지내던 민족의 숨통을 틔워 주었고, 다시 변혁의 대열로 힘 있게 나설 용기를 심어 주었다.

교회 또한 부산 미문화원 방화 사건에 연루되었다. 이 사건의 주동자들이 원주교구에 은신했고 이로 인해 4월 5일 최기식 신부가 범인 은닉 혐의로 연행 구속된 것이다. 교회는 어쩔 수 없이 다시금 현실이 안고 있는 고통의 한복판, 소용돌이 속으로 빠져들어 갔다. 어쩌면 자기만의 성채를 쌓아 올리기에 여념이 없었던 교회로 하여금, 세상과의 합일에 대해 늘 각성하고 깨우칠 기회를 마련해 준 은총이었을지도 모른다. 최기식 신부는 다음과 같이 자신의 행위가 정당함을 주장했다.

"나는 광주 사태에 대해 80년 5월 27일에 서울에서 광주로부터 탈출해 온 김성룡 신부에게 처음 들었다. 그리고 녹음과 유인물을 듣고 또 읽었다. 그 뒤 부산 명상의 집에서 이틀 밤 사제들과 함께 같이하면서 자세히 들을 수 있었다. 적어도 내가 알기로는 정부 발표보다는 유언비어가 더 정확하다고 생각했다. 81년 2월, 충북 수안보에서 신부들의 모임이 있었는데, 광주 사태 얘기가 나오자 광주 신부들이 그 얘기는 하지 말자면서 울었다. 독일에 있을 때, 당시 40분짜리 광주 사태 필름이 방영된 적이 있었다. 독일 사람들이 말하기를 "나치스 정권이 잔혹했으나 제 민족을 죽이지는 않았다. 그런데 한국의 군사 정권은 제 민족을 어떻게 저렇게 잔인한 방법으로 죽일 수 있단 말인가"라고 했다. 그런데 그 책임을 져야 할 계엄 사령관이나 보안 사령관은 책임을 지기는커녕 오히려 정권을 잡고 대통령이 되었다. 내가 광주 사태 관련자인 김현장을 데리고 있었던 것은 당연하고 또 떳떳한 것이다."

그러나 서슬이 시퍼렇던 정권은 여론을 총동원해 방화범들이 북한의 사주를 받았다고 난리를 펴 댔다. 또 천주교와 원주교구, 가톨릭농민회 등이 마치 범죄자들의 온상인 양 여론 재판을 해 댔다. 이 사건으로 다른 교구 사제 10여 명도 조사를 받는 등 교회는 벌집 쑤신 듯 수난을 겪어야 했다. 이참에 천주교의 도덕성이나 사회 정의 활동에 치명적인 흠집을 내어 운신 폭을 좁게 하려는 술책이었다. 정권은 방화범 은닉이라는 실정법을 들어 교회를 몰아붙였고, 교회는 최 신부의 행위가 '사제의 정당한 직무 수행'이라며 양심법으로 그에 맞섰다.

정의구현사제단과 각 교구 사제단은 최기식 신부의 행위를 옹호하고 나섰다. 사제들은 정부 당국에게 이 사건에 연루된 근원적 문제인 광주사태와 현 정부의 도덕성에서 해결의 실마리를 풀어야 할 것이라고 촉구했다. 4월 15일에는 주교회의 상임 위원회가 '최기식 신부 구속에 대한 담화문'을 발표하며 그의 정당성을 인증했다. 6월 14일에는 정의구현사제단이 '현 시국에 대한 우리의 견해'를 발표, 현 정권이 통치 능력의 한계에 와 있다며 퇴진의 용단을 내리라고 촉구했다. 정평위는 이 사건 구속자들의 변호인단을 꾸리는 등 교회를 대표해 이 사건 관련자들에 대한 총체적 지원에 들어갔다. 방화범들은 양심범이며 교회를 찾아온 이들, 피신해 온 이들을 감싸 안는 것은 교회의 옳은 행위에 속한다는 것이 교회의 주장이었다. 이런 논지를 통해 교회는 방화 사건의 원인이 궁극적으로 광주 사태에 있으니 정권에게 광주 사태의 진상을 밝힐 것과 그의 책임을 물었다. 교회를 모략하는 행위를 중단할 것도 재차 촉구했다.

교회가 이 사건에 보인 단결력은 대단한 것이었다. 당시 교회의 일치된 저항이 가능했던 원인은, 최기식 신부의 행위가 적극적이었다기보다는 소극적 저항의 성격을 띠었고, 사제로서의 양심에 충실한 행위라는 공감대가 폭넓게 자리 잡고 있었기 때문이었다. 실제로 최기식 신부는 자신에게 도움을 요청해 온 방화범들에게 자수를 권유하였고, 정의구현 사제단과 긴밀히 연락하며 당국과 이 문제를 합리적으로 해결하기 위해 노력했음에도 구속되었기 때문이다. 또 5공화국 정권의 비정통성과 폭력성에 대한 불신이 광범위하게 자리 잡고 있었던 터에, 이 사건이 그를 표출시킬 수 있는 하나의 계기요 통로가 되어 주었기 때문이다.

김수환 추기경은 "교회는 교회 자체에 문제가 닥쳐오면 그때 비로소 자기 방어를 위한 활동을 전개한다. 교회 밖의 문제에 대해서는 관심을 갖지 않으려는 속성을 갖고 있다."고 스스로 고백한 바 있다. 70년대 민주 민권 운동이 그러했듯이, 부산 미문화원 방화 사건과 최기식 신부 구속 사태에 대응했던 교회 움직임도 자기 방어에서 나왔다든가 사후 대응이었다는 표현이 맞을 것이다.[344] 교회는 또 미국을 의식하여 방화 사건의 본질을 피해 갔다. 방화 사건이 광주 학살에 대한 미국의 책임을 물으며 민족의 자존과 자주성을 일깨우고 있음에도[345] "부산 미국문화원

---

[344] 「김수환 추기경, 로마에서 명동까지」, 규장각, 1987, 264쪽.
[345] 광주 민중 항쟁에 있어서 가장 민감한 정치적 쟁점으로 부각된 것이 바로 미국의 구실과 한국 국가 권력의 성격이었다. 미국은 자신들이 져야 할 책임은 없다고 강변하고 있으나 5·17 계엄 확대 조치를 앞두고 미국 관료들이 부지런히 한국과 워싱턴을 오갔음이 밝혀졌다. 특히 5·17을 며칠 앞두고 한·미 연합 군사 훈련이 13, 14일 이틀 동안 한국의 각 기지에서 실시되었는데 이는 외부의 침략뿐 아니라 내란의 경우에도 대비할 수 있는 훈련이었다. 5월 12일과 15일 양일에 걸쳐 한국 군부가 수도 경비 사령부의 병력을 증강시키기 위해 야전군으로부터 비밀리에 병력을 차출하려는 것을 정확히 탐지하고 있었던 미국이 이 시간에 이루어진 공수 부대의 광주 이동을 몰랐다는 것은 전혀 설득력이 없는 주장이었다. 또 한국군의 작전 통제권은 미국이 갖고 있었다. 광주 항쟁 시기에 미국의 항공모함이 한반도 해역으로 달려왔고, 미국 관료들이 한국의 안보와 공공질서가 미국 정책의 최우선 순위에 있다고 발언하기도 했다. 이 같은 몇 가지 실례만 보더라도 광주 진압에 대한 미국의 책임은 간접 영향을 넘어, 한국 국가 권력을 근본적으로 규정짓는 실세가 진정 누구인가에 대한 끊임없는 논란을 낳기에 부족함이 없었다(「한국 현대사」 4, 109-114쪽).

방화 사건이 행위의 결과만으로 '반미'로 평가되는 점을 우려한다."[346]며 사건의 초점을 흐린 것이다. 반공이 여전히 성역이었다면 '반미' 또한 있을 수 없는 일이었다.

부산 미문화원 방화 사건을 둘러싸고 정권과 심한 갈등을 겪은 뒤인 이해 12월 5일 제2회 인권 주일에 주교단은 담화문을 발표하여 전두환 정권 시대의 인권 상황을 언급했다. 주교단은 담화문의 첫머리에서 "하느님의 모상대로 창조된 인간이 인간다운 존엄에 상응하는 삶을 유린당하고 하느님으로부터 부여받은 권리가 짓밟히고 있는 사람들의 호소를 들으며, 동시에 창조주의 뜻이 거역되는 이러한 현실에 심각한 우려를 표명"한다고 밝힘으로써 이 시대 인권 문제에 대한 총괄적인 의문을 제기하기도 했다.

부산 미문화원 방화 사건을 둘러싼 회오리가 한차례 지나가자 교회는 1984년에 있을 교황 방문과 한국 천주교 전래 200주년 기념사업 준비에 몰두했다. 1982년 제2회 인권 주일에 주교단 명의로 메시지가 나온 이후 주교단이 발표한 공동 사목 교서는 200주년 기념사업에 관한 것이 전부였다. 이들 사업을 성공적으로 이끌기 위해 교회는 정부의 긴밀한 협조가 필요하였다. 실제 이들 행사 때 여의도 광장의 거대한 무대 설치는 당국의 지원 아래 만들어졌다. 전두환 정권으로서는 평화의 상징이라는 교황이 한국 땅을 방문하여 현 정권에 우호적인, 적어도 반하지 않는 모양새만 비추어도 자신들의 이미지를 쇄신시킬 수 있기 때문에 열

---

346 정평위가 1982년 4월 26일에 명동 성당에서 개최한 '최기식 신부님과 고통받는 형제들을 위한 특별 미사'에서 발표한 성명서 '최근 상태에 대한 우리의 견해'의 일부.

성적으로 나섰다. 그래서 교황 방문 행사의 주도권을 잡기 위해 교회와 정부가 경쟁하는 인상마저 풍겼다. 때문에 추기경은 교황 방한이 어디까지나 사목적 방문임을 거듭 강조하여야 했다. 그러면서도 상당 기간 동안 교회의 대사회 발언은 훨씬 둔화되었다. 교회와 정부의 이 같은 우호적인 관계는 행사가 끝난 뒤에도 얼마간 지속되었다. 추기경의 각종 메시지도 훨씬 강도가 부드러워졌다.

1984년 5월 3일 교황 요한 바오로 2세는 전두환과 한국·바티칸 정상 회담을 가졌다. 둘은 공동 성명을 발표하였고 이들 만남은 언론을 화려하게 장식하였다. 교황의 '사목적 방문'은 자국민으로부터 학살자로 지탄받는 전두환에게 빛나는 날개를 달아 주었다. 그러나 이 이율배반적인 상황에 수많은 민주 인권 운동가들은 회의와 충격을 받아야 했다. 아래는 공동 성명 내용이다.

1. 요한 바오로 2세 교황 성하께서는 1984년 5월 3일 청와대로 전두환 대통령 각하 내외분을 예방하였다. 정상 회담은 따뜻하고 우호적인 분위기 속에서 약 1시간 동안 진행되었다.

(중략)

4. 전 대통령 각하와 교황 성하께서는 대한민국과 교황청이 세계 평화와 인류의 번영을 공동 목표로 추구하기 위하여 호혜 평등, 평화 해결 원칙에 따른 상호 협력을 강화해야 한다는 데 뜻을 같이하였다.

5. 양 지도자께서는 세계 평화와 정의의 문제에 유의하면서도 모든 사람들이 가일층 노력하여 추구해야 될 인류 간의 화합과 안정에 개인주의와 폭력주의가 미치는 부정적인 결과에 관해서도 언급하였다.

전 대통령 각하께서는 반폭력과 평화에 대한 대한민국의 신념을 밝히고 화합·평등·협력에 정의로운 세계 질서를 구축하기 위하여 대한민국 정부가 노력하고 있음을 설명하였다.

6. 양 지도자께서는 한반도의 평화적인 통일을 위해 남북한 양자가 조속히 대화를 재개함으로써 한반도에서 긴장을 완화시켜야 한다는 희망을 피력하였다. 교황 성하께서는 남북한의 이산가족이 겪고 있는 고통에 관심을 표명하고 이들이 하루 속히 재결합되어야 할 절박한 필연성을 강조하였다. 이와 함께 양 지도자께서는 한반도의 다른 한쪽인 북한 내의 주민들이 겪고 있는 신앙생활의 애로에 대하여 우려를 표명하고 이들에게 신앙의 자유가 보장되도록 공동 노력하자는 데 의견을 같이하였다.

7. 전 대통령 각하께서는 대한민국이 평화와 정의의 신념에 입각하여 사회 발전과 국민 복지의 균등한 배분, 그리고 문화 창달을 위하여 노력하고 있음을 설명했다. 교황 성하께서는 대한민국이 이룩한 비약적인 경제 및 사회적 발전에 찬사를 표하였다.

(중략)

9. 전 대통령 각하께서는 교세가 크게 성장하고 있는 한국 천주교 교회가 국가 사회의 안녕과 발전을 위해 크게 공헌하고 있음을 치하하였다. 전 대통령 각하께서는 종교의 자유로운 활동이 민주주의 실현의 기초가 되므로 대한민국 정부는 앞으로도 가능한 모든 지원을 아끼지 않을 것이라고 천명하였다. 교황 성하는 한국 천주교회가 그 종교적 성격의 테두리 안에서, 그리고 국가와 교회의 각자의 별도 권능을 존중하면서 평화롭고 정의로운 사회를 이룩하려는 한국민의 의지에

협조하고 기여할 것이라고 언명하였다.[347]

　박정희도 그랬지만 전두환 정권 또한 다른 나라에서는 유례를 찾아보기 힘들 정도로 온갖 매체와 다양한 연사, 학자들을 동원하여 해방 신학을 왜곡 매도하는 데 열을 올렸다. 뿐만 아니라 해방 신학에 대한 교황청의 태도조차 왜곡 전파하는 것도 주저하지 않았다.

　1970년에 한국 주교단은 당시 교황 바오로 6세에게 아시아 여행길에 한국을 방문해 줄 것을 요청한 바 있다. 교황은 한국이 남북으로 분단된 나라이기 때문에 당분간은 어렵겠다고 했다 한다.[348] 그리고 1984년에 이르러 교황의 한국 방문이 이루어졌다. 교황 요한 바오로 2세는 한국 주재 외교관들에게 행한 연설에서 "분단된 한반도의 안타까움과 아픔은 서로 믿지 못하고 형제애로서 화해를 이루지 못하는 분열된 우리 세계를 나타내 보인다."고 하였다.[349]

　조선교구 설정 150주년 기념 대회, 교황 요한 바오로 2세의 역사적 방한과 103위 순교 성인의 탄생 등, 연이어 거행된 교회의 대형 행사들은 천주교 신자들에게 긍지와 자부심을 불어넣어 주기도 했다. 신자임을 드러내길 주저하던 이들이 서슴없이 천주교인임을 얘기하게 되었고, 서울 같은 곳에서는 전에는 상상할 수 없었던 직장별 신자들 모임이 생기기도 했다. 시장, 은행, 백화점, 호텔 직원 신자들의 모임이나 또 택시기

---

[347] 「한국 천주교 통일 사목자료집」 1, 378-379쪽.
[348] 유홍렬, 앞의 책, 480쪽.
[349] 「한국 천주교 통일 사목 자료집」 1, 253쪽.

사 사도회 등 각계각층 신자들의 활동이 활발히 진행되어 전교에 크게 이바지하게 된 것도 사실이다. 퇴조하는 유럽 등지의 교회의 시각에서 볼 때 한국 교회의 이런 눈부신 성장은 부러운 것이었다.

반면에 다른 어두운 면들도 있었다. 이렇게 만들어진 신앙생활은 깊이가 없고 공동체 의식이 희박하다는 것이었다.[350] 더구나 불의한 정권, 학살자들의 지원을 받으며 진행되는 이 '영광'이 도리어 오점이지 않는가 하는 질문을 교회 스스로 하지 않았다는 점은 치명적이었다. 권력은 여전히 인간 존엄성과 기본적 인권을 무참히 누르고 있었고, 억압과 허위로 일관하고 있었다. 그런 그들과의 협조 체제 아래 교회가 벌이는 잔치 마당과 풍악, 그 속에 흘러나오는 화해니 일치니 하는 개념들은 공허할 수밖에 없었다. 심지어 과거 교회와 정부의 '긴장과 갈등' 관계가 이제 '밀월 관계'로까지 발전했다는 지탄도 들려왔다.

그 아픈 지적들 속에는 교회에 대한 기대와 사랑, 천주교회가 '결코 그렇게 되어서는 안 된다'는 눈물겨운 호소가 담겨 있었다.[351] 한국 천주교회사 200년이 어떻게 만들어졌는가. 무엇 때문에 순교자들이 생겼고, 그들은 무엇을 증거하며 죽어 갔는가. 그것이 오늘날 우리 교회와 신앙인들에게 던져 주는 의미란 과연 무엇인가. 순교 성인들의 영광은 시성 시복에서나 거대한 무대 위에서 치러지는 화려한 예식에서가 아니라 진정 우리들의 삶으로 재현되어야 했으나, 교회는 그 길을 거꾸로 갔다.

---

350 김수환, 사목 대담 '교회의 모습 – 세계 성체 대회에 즈음하여', 《사목》, 129호, 16-17쪽.
351 사제단, 앞의 책, 27쪽.

다시 사회 한복판에 선 정의구현사제단

1984년 9월 24일 정의구현사제단은 창립 10주년 기념 미사를 거행했다. 1980년 5월 이후 처음이었다. 이날 미사에서는 '이 사회의 인간화를 위한 선언'이 발표되었다. 선언은 "하느님 나라의 기쁜 소식을 말로만이 아니라 행동으로 선포할 때 우리의 행동이 이 사회에 여파를 몰고 온다는 것은 불가피한 결과일 뿐 아니라 우리의 행동이 복음에 입각한 것임을 오히려 입증한다."고 했다. 나아가 10년 전인 1974년 9월 26일의 결의를 다시 확인하며 "이 민족 이 사회의 인간화를 위한 실천에 구체적으로 솔선할 것을 선언"한다 하였다. 적극적이고 구체적으로 하느님 나라 건설에 뛰어들 것임을 재천명한 것이다. 정의구현사제단은 창립 10주년을 기념하며 발간한 「한국 천주교회의 위상」에서 다음과 같이 말하였다. 그간의 침묵에 대한 해명이기도 했다.

자기 성찰의 과정에서 사제단은 사제단 활동에 대한 신학적 검토와 조명을 게을리하지 않았다. 신학적 측면에서 우리 자신을 정립하는 일이야말로 사제단 활동의 시작이요 그 결말이 되어야 하기 때문이다. 그러나 사제단의 진정한 활동은 지금 그 끝에 와 있는 것이 아니라 그 시작에 서 있는 것이라 보아야 할 것이다. 우리에게는 너무도 많이 반성해야 될 것과 검토해야 될 것들이 있다. 역사와 민중, 그리고 하느님 앞에 한없이 겸손해야 할 우리들이기 때문이다.[352]

---

[352] 사제단, 앞의 책, 154쪽.

정의구현사제단은 1985년 10월 14일에 시국 미사를 가졌다. 여기서 사제단은 '오늘의 현실을 보고 호소합니다'라는 제목의 성명서를 발표하였다. 자신들도 '오랜 침묵 끝에' 정치·경제·남북 대화·인권·언론·학원 문제들에 관해 총제적인 견해를 밝히는 것이라 했다. 정의구현사제단은 "그리스도의 부활과 어둠이 빛을 이겨 본 적이 없다는 복음의 말씀을 믿는 우리는 어디서나 민중과 함께 깨어 혼탁한 사회 속에 횃불이 되어야 할 마음가짐을 다짐"하며 성명서를 마무리했다. 이후 정의구현사제단은 민주화 운동 단체들과 함께 각종 민주 인권 운동에 힘을 쏟았다.

전두환 정권이 들어선 이래 양산된 정치범 수는 무려 1천 200여 명이었다. 그런데 86년 한 해 동안 구속된 양심수는 그 두 배가 되는 2천 400여 명에 달했다. 대학생들이 벌인 반군부 농성 투쟁을 진압한 정권이 대학생 1천 287명을 구속했기 때문이다.[353] 이들을 구속하는 단계에서 경찰은 '학생'이라는 표현을 쓰지 않고 '공산혁명 분자'라고 지칭했다. 그러나 이 '공산혁명 분자'들의 70% 가량이 기소 단계에서 석방되었다.

1987년 1월 14일 대낮에 한 대학생이 남영동 대공 분실에 연행된 지 수 시간 만에 시체로 변한 사건이 터졌다. 박종철 고문치사 사건이었다. 경찰은 "'탕' 하고 치니 '억'하고 쓰러져 죽었다."는, 너무도 어처구니없는 변명으로 이 사건을 은폐하려 들었다. 1월 26일 명동 성당에서 박종철 군 추도 미사가 거행되었다. 이어 2월 7일에는 정의구현사제단을 비롯한 천주교 및 재야 단체들이 연대하여 '고 박종철 군 국민 추도회'를 개최하고자 했다. 그러나 명동으로 통하는 모든 외곽 도로에 바리케이드

---

353 한국일보, 1986년 12월 13일 자.

가 쳐지고 성당 입구를 막아선 철통같은 경찰력에 의해 사람들의 출입 자체가 불가능했다. 가까스로 성당 안에 들어간 사람들과 성당 밖에서 실랑이를 벌이던 사람들이 각기 추도회를 약식으로 치러야 했다.

1980년대 중반 이후 한국의 정치 변동을 이끌어 온 주요한 정치 쟁점은 국민이 대통령을 직접 뽑을 수 있도록 헌법을 고쳐야 한다는 것이었다. 박정희나 전두환은 소위 국민의 대표자라는 사람들을 뽑아 모은 '통일 주체 국민회의'라는 기구를 통해 간접적으로 대통령 선거를 치러 당선되었기 때문이다. 그러나 전두환 정권은 대통령 직선제에 대한 전 국민적 염원 또한 탄압하였다. 그는 결정적으로 1987년 4월 13일에 모든 개헌 논의를 중단시키려는 시도로 소위 '4·13 호헌 조치'를 선언하였다. 민주 개헌에 대한 국민들의 갈망을 단번에 깨트리는 반란이었다. 정의구현사제단은 이 조치가 또 하나의 변형된 쿠데타이며, 80년대 판 긴급조치에 다름 아니다 하고 강력히 비난했다.

'4·13 호헌 조치'에 대해 전국적으로 분노가 들끓었다. 마침내 광주교구 사제단이 전국 최초로 4·13 호헌 조치가 반민주 반민중적 조치라고 규정하며 항의 단식 농성에 들어갔다. 이를 필두로 전국 각 교구에서 '직선제 개헌을 위한 단식기도'가 이어졌다. 그 뒤를 이어 학계·언론계·재야 등에서 직선제 요구 성명이 줄을 지었고, 개헌 서명 운동으로 발전해 갔다. 김수환 추기경도 부활절 메시지를 통해 "개헌 꿈이 깨져 국민에게 슬픔을 안겨 주었다."고 했다. 또 윤공희 광주대교구장도 "민주화는 우리의 십자가요 구원이다."라고 강론하여 교회가 민주화와 또 민주화를 통한 사회 개혁에 깊은 관심을 가지고 있음을 단적으로 보여 주었다. 교회의 이러한 자세는 민주화를 열망하는 많은 사람에게 큰 힘과 용기를 주었다.

1987년 5월 18일 '5·18 광주 항쟁 희생자 7주기 추모 미사'가 거행되었다. 미사가 끝난 뒤 충격적인 발표가 이어졌다. 정의구현사제단이 아래와 같은 내용으로 '박종철 군 고문치사 사건이 조작되었다.'며 성명서를 발표한 것이다.

…이 사건 범인 조작의 진실이 박종철 군의 고문 살인 진상과 함께 명쾌하게 밝혀질 수 있느냐 없느냐에 따라 과연 우리나라에서 공권력의 도덕성이 회복되느냐 않느냐 하는 결판이 날 것이다. 또한 우리 사회가 진실과 양심, 그리고 인간화와 민주화의 길을 걸을 수 있느냐 없느냐 하는 중대한 관건이 이 사건에 걸려 있다.

그러나 검찰과 치안 본부는 "사제단 성명서 내용은 일고의 가치도 없다."며 반박하였다. 그래 놓고서도 검찰은 돌연 고문에 가담한 범인이라며 3명을 구속하고선 더 이상의 은폐 조작은 없다며 사건을 무마하려 하였다. 그러나 사제단은 5월 22일 '범행 은폐 기도의 전모를 밝혀라'라는 제목의 2차 성명서를 발표하면서 고삐를 늦추지 않았다. 사제단은 검찰까지도 이 사건에 조직적으로 개입되었음을 의심치 않을 수 없다며 관련자들의 엄중 문책을 요구했다. 아울러 이미 앞서 벌어진 각종 고문 사건들에 대해서도 전면 재조사하여 국민의 의혹을 깨끗이 불식시키라고 촉구했다. 또 '정직하지 못한 공무원과 정직하지 못한 정부는 추방되어야 한다.'며 1차 성명 때 언급한 '이 사건 및 범인의 조작 책임은 현 정권 자체에 있다.'는 주장을 재확인했다.

사제단의 폭로는 정권 자체의 존립 기반을 흔들며 정부를 궁지에 몰아넣었다. 5월 26일 국무총리를 비롯한 안기부장과 내무·법무 장관, 검찰총장 등이 경질되었고 내각 개편이 이루어졌다. 또 재수사와 조작에 가담한 치안감 박처원 등 대공 수사 핵심 인물 3인이 추가 구속되었다.

박종철 군 고문치사 사건 진상 폭로는 '정의구현사제단 발족 13년 만에 벌인 활동 가운데 가장 극적인 효과'를 가져왔다는 평가를 받기도 하였다. '…이 같은 와중에서 박 군 사건 못지않게 사건 진상의 은폐를 알린 사제단에 대한 세상의 이목이 집중'되었다. '국민들의 시선은 일제히 사제단으로' 쏠리기도 했다. 정의구현사제단이 도대체 어떠한 단체이길래 그 같은 엄청난 사실을 알고 있는가, 그들은 무엇을 믿고 어떠한 힘을 갖고 있기에 그 같은 폭탄 성명을 낼 수 있었는가, 또한 검찰 발표에 대해 사제단은 어떻게 대응할 것인가를 두고, 이해 '5월 하반기 우리 사회의 관심은 온통 사제단의 일거수일투족에 집중'되었다.[354] 그리고 이 사건 이후 사제단 신부들에게는 여러 갈래로부터 온갖 제보가 쏟아져 들어왔다.

이미 전국 곳곳에서 번지고 있던 호헌 철폐 운동에 이어 박종철 군 고문 은폐 조작 폭로 사건이 터지면서 범국민적 저항이 거세게 번져 갔다. 민통련, 통일민주당 등 모든 반독재 민주 역량이 총망라된 '민주 헌법 쟁취 국민운동 본부'가 결성되었다. 6월 10일에는 국민운동 본부 주최의 국민 대회가 전국적으로 진행되어 수많은 국민들이 참가하였다. 그러나 이날 연세대 학생 이한열 군이 최루탄에 맞아 사망하는 비극이 발생했

---

[354] 「김수환 추기경, 로마에서 명동까지」, 141, 143쪽.

고, 경찰에 밀린 시위대는 명동 성당에 들어가 6일 동안 농성을 벌였다. 그러자 명동 성당 농성을 중심으로 시위는 전국적으로 번져 갔다. 특히 전국 34개 도시와 4개 군에서 같은 시각에 시작된 6월 26일의 '국민 평화 대행진'은 경찰의 원천 봉쇄에도 불구, 거의 1백여 만 명이 참가한 대규모 가두시위로 발전하여 진압 경찰이 곳곳에서 무장 해제를 당하기도 하였다.

명동 성당은 종교 영역을 뛰어넘어 온 국민에게 민주화의 상징과 성지로 각인되어 갔다. 뿐만 아니라 전국 곳곳의 성당이 시위 대열의 피난처요 농성장이 되었다. 부산교구 가톨릭센터는 6월 16일부터 경찰에 밀린 학생들이 들어와 농성을 했다. 경찰은 안전하게 귀가시키겠다는 자신의 약속을 일방적으로 파기하고 학생들이 탄 버스에 최루탄을 투척하고 무차별로 폭행하는 등 만행을 저질렀다. 이에 부산교구 사제단은 폭력 정권 퇴진을 내걸고 무기한 농성에 들어갔다. 전주교구에서도 익산 창인동 성당에서 6월 19일부터 학생들이 계속해서 철야 농성을 벌였다. 그러던 중 23일에는 경찰의 최루탄 발사 자제 약속을 받고 학생들과 함께 성당 앞을 청소하던 이수현 신부가 경찰에게 구타를 당하는 사건이 벌어졌다. 이에 분노한 학생들 4~5천 명이 즉시 창인동 성당으로 몰려드는 등 긴장된 상황이 벌어지기도 했다. 이처럼 온 나라가 시위 속에 아침 해를 맞았고, 시위 속에 저녁 해를 보내곤 했다. 마침내 6월 29일, 정권은 대통령 직선제를 받아들이는 항복 선언을 했다.

이 모든 과정을 '6월 항쟁'이라 한다. 이 시기에 천주교는 큰 역할을 하였다. 정의구현사제단은 박종철 군 고문 은폐 조작을 폭로하여 전두환 군사 정권의 부도덕성에 결정타를 날렸다. 또 각 교구 사제들은 호헌 철폐와 대통령 직선제를 요구하며 단식 농성을 하였고, 명동 성당은 6월 항쟁의 국민적 구심점이 되었다. 이렇게 천주교는 시대의 양심이었고, 민주화 투쟁에 커다란 영향력을 끼친 세력이 되었다.

교회의 시계는 거꾸로 돌아가는가

80년대 중반, 사회의 민주화 열기가 뜨겁게 치열해지고 교회 안 여러 단체와 사람들이 그와 함께 활발한 활동을 전개하자, 이를 못마땅해하던 교회 일각의 견해들이 강력하게 표면화되었다. 1987년 춘계 주교회의 정기 총회는 전국 평협을 비롯한 교회 내 평신도 사도직 여러 기구의 활동을 정지시켰다. 그 결정 사항은 다음과 같다.

1) 비록 전국 기구일지라도 해당 교구장이 명확히 승인하지 않는 한 그 기구는 그 교구 내에서 활동할 수 없다.
2) 평신도 사도직 단체는 가톨릭 신자들로 구성되어야 한다. 따라서 가톨릭 신자가 아닌 사람도 회원이 될 수 있도록 규정한 가톨릭농민회의 회칙은 더 이상 존속될 수 없다. 그러므로 가톨릭농민회 전국 본부는 활동을 중지하고, 교구 단위 농민회는 주교단의 방침과 교구장의 지시에 따라 교구별로 정비하고 새로운 규약을 제정하여 활동을 재개한다.
3) 가톨릭 학생회는 각 교구 단위의 회가 모여 협의하는 체제로 조직되

어야 한다. '가톨릭 학생 총연맹'이라는 단체는 한국 천주교회가 인정한 바 없는 단체이다.

4) 한국 천주교 평신도 사도직 협의회는 새로운 회칙이 주교회의의 승인을 받을 때까지 각 교구 평협만 활동을 계속한다.

위와 같은 주교단의 강경한 조치는 한국 천주교회의 각 교구 중심주의가 가속화됨을 의미하기도 했다. 한국 천주교회의 보편성 개념이라든가 일치된 사목 대안은 점점 나오기가 힘들게 되었다. 가톨릭 신자만이 가톨릭 단체 회원이 될 수 있다 함도, 농민 운동의 현실을 무시하고 또한 그런 식으로 사회 복음화와 선교에 이바지하고 있음을 무시한 처사였다. 세상을 향해 열어 둔 문을 꽁꽁 닫아건 폐쇄적 조치였다. 주교회의의 사무처는 이 결정 사항을 이례적으로 '보도 자료'로 언론 매체에 제공했다. 전국 평협과 가톨릭농민회는 당시 민주화 운동에 적극적으로 임하고 있었던 만큼 이 단체들에 대한 교도권의 활동 중지 결정은 교회 밖에서도 비상한 관심을 불러일으켰다. 주요 일간 신문과 월간 종합 잡지들은 이 사실을 대서특필하였다. 이참에 반정부적인 활동 단체들을 와해시키려는 어용 언론들의 대대적 공세였던 것이다.

전국 평협 임원들은 이 조치를 시대착오적인 일로 받아들였다. 제2차 바티칸 공의회의 가르침에 따라 평신도 사도직 수행에 막중한 책임감을 느끼고 있던 임원들은 그간의 자율적 활동에 대해 '교회가 아니라 하느님이 내려야 할 문제'라는 소신으로 주교단의 활동 중지 명령에도 자포자기하는 모습을 보이지 않았다.

정부 여당은 1987년 12월의 대통령 선거를 앞두고 공공연히 선거 부정을 시도하고 있었다. 이런 와중에 주교단은 11월의 정기 총회를 마치고 '대통령 선거에 즈음한 담화문'을 발표했다. 주요 내용은 "선거 결과에 승복해야 한다."는 것과, 교회는 정치 단체가 아니기에 선거에 초연해야 한다는 내용들이었다. 이 총회를 통해 새로이 주교회의 의장에 선출된 김남수 주교는 "최근 교회의 정치 참여가 너무 속도위반을 하는 경우가 많았다."며 교회 단체의 민주화 운동 참여를 반대하였다. 이 담화문은 시기가 시기였던 만큼 찬·반의 민감한 반응을 불러일으켰다. 전국 평협은 이 담화문이 시대적 요청을 간과한 점이 있다며 주교들을 향하여 호소문을 발표했다. 주교단의 담화문이 '교회적 입장'에서는 바른 견해이나, 주교단 활동도 근본적으로는 사회 정의의 실현이라는 교회 정신하에서 이루어져야 한다는 점에서 다시 짚어봐야 할 것이 있다는 것이다.

1) 오늘의 교회는 시대의 징표를 식별하고 그것을 복음적으로 해명해 줄 의무가 있습니다(「사목 현장」 4항 참조). 오늘날 한국의 시대적 징표는 무엇이겠습니까? 그것은 민주화에 대한 강렬한 욕구, 군정의 종식, 부정 선거의 배제 등이라 할 것입니다. 그렇다면 주교단은 마땅히 이 모든 징표에 대하여 복음적 입장에서 언급하고 판단해야 함에도 불구하고 그러한 문제에 대한 언급이 추상적이고 소극적인 느낌이 듭니다.

2) 교회는 이 세상에 정의를 구현할 책임이 있습니다. 따라서 교회는 이 세상의 질서들이 부정과 불의에 차 있을 때 그것을 바로잡아야 할 의무가 있다고 생각합니다. 그럼에도 불구하고 한국 천주교 주교단은 여러 해 동안 부정과 불의에 대해 침묵을 지켜 왔습니다. 그간

일부 주교들의 개인적 발언은 있었지만 그것은 어디까지나 주교 개인으로서의 입장 표명이었지 주교단의 공동 입장은 아니었습니다. 따라서 오늘의 현실에서 주교단은 마땅히 이 나라의 민주화를 위하여 보다 복음적이고 적극적인 발언이 있어야 할 것입니다.

3) 이번 주교단의 담화는 외견상 교회는 정치적 중립을 지키는 것처럼 보이나 오히려 정의를 구현하고 민주화를 원하며 군정 종식을 바라는 국민들의 갈망을 외면하는 것이라 할 것입니다.

4) 주교단의 담화에도 언급되었지만 평신도는 각자 자유롭게 정치에 참여할 수 있고, 따라서 특정 후보를 지지하는 것도 자유입니다. 평신도는 그의 지위가 무엇이든 정치 체제의 복음화(「평신도 교령」 14항 참조)를 위하여 헌신할 고유의 사명이 있습니다. 이러한 입장에서 볼 때 주교단의 담화는 평신도의 자유로운 정치 활동을 위축시키는 결과를 초래하지 않을까 염려되는 바입니다.

5) 우리는 주교단의 담화가 시기와 내용이 적절하지 못했다고 생각하면서 모든 평신도들은 이 나라에서 군정을 종식시키고 공명정대한 선거로 참다운 민주화가 이루어질 수 있도록 신앙인의 양심에 따라 소신 있게 행동할 것을 호소하는 바입니다.

정의평화위원회 또한 전국 평협과 비슷한 운명을 맞아야 했다. 일부 주교들이 그간의 정평위 활동을 전면적으로 비판하였다. 논란 끝에 정평위의 성격은 연구 기관으로 규정되었다. 정평위 위원들은 "정의 평화 활동은 10년 이상을 관행적으로 평신도의 고유 영역이었는데, 의견 한마디 물어보는 것조차 없이 어떻게 이럴 수가 있는가. 이는 상식으로 이해할 수 없는 쿠데타"라며 크게 반발했다. 그러나 이들은 "교회를 사랑하기 때문에 조용히 떠나겠다."며 위원직을 사퇴해 버렸다.

나아가 주교단은 주교단의 공식적 인준을 받지 않은 단체들이 '가톨릭' 혹은 '천주교'라는 표현을 단체명에 쓰는 것은 잘못된 것이라고 몇 번씩 쐐기를 놓았다. 주교단의 인준을 받지 않은 단체는 가톨릭이라는 단어를 쓸 수 없으며 신앙인으로 인정할 수 없다는 것이다. 이는 모든 신앙 활동을 교도권의 통제 아래 두겠다는 의지의 강력한 표현이었고, 정의구현사제단과 같이 자발적으로 모인 '비공인 단체'들의 영향력을 차단하여 결국에는 와해시키려는 의도였다. 이 조치는 실제 효과를 발휘하기도 했다.

이 조치는 소위 '공인' '비공인' 논쟁을 낳았다. 그러나 과연 어떤 단체가 가톨릭 단체인가 아닌가 하는 문제는 주교가 인정하는가 그렇지 않은가로 결정될 수 있는 문제는 아닐 것이다. 비공인 단체가 공인 단체보다 더욱 가톨릭적 성격을 가질 수도 있는 것이며, 공인 자체가 어떤 단체의 가톨릭적 성격을 보장하고 유지시켜 주는 것도 아닌 것이다.[355] 또 "사제 둘 이상이면 사제단이고, 예수님의 이름으로 둘 이상 모인 곳에 예수님의 현존을 확신하고 있으며, 또 사제는 교회의 공인이기에, 둘 이상의 사제 모임에는 역시 공인성이 있기 마련이므로" 공인성 여부가 중요한 것은 아닌 것이다.[356]

한국 천주교회가 가장 자랑스럽게 여기는 것 중의 하나는 평신도들이

---

[355] 가톨릭정의평화연구소, 「한국 가톨릭교회와 소외층, 그리고 사회 운동」, 빛고을출판사, 1990, 142쪽.
[356] 함세웅, 사목 대담 '교회와 국가', 〈사목〉, 130호(1989. 11), 90쪽.

자발적으로 교회 공동체를 시작했다는 것이다. 한국 천주교회 전래 200주년 기념이란 이승훈이 세례를 받고 돌아와 신앙 공동체를 형성한 때를 기준으로 한 것이지, 성직이나 교도권이 성립된 것과는 전혀 무관하다. 그들은 오랜 시간 동안 스스로 복음의 밭을 일궈 나갔다. 그때 무슨 교계 제도가 있었고 교도권이 있었고, 성직자가 있었는가 하면 전혀 그렇지 않았던 것이다. 교황청에서 조선의 이런 특별한 상황을 알게 된 것도 많은 시간이 흐른 뒤였다. 한국 천주교회는 이를 세계 어느 교회사에도 유례없는 일이라며 넘치는 자부심을 갖고 있다.

나아가 현재의 교회는 일제하 천주교 신앙인이 행한 항일 민족 운동의 흔적을 찾기 위해 고심하고 있다. 교회가 보인 반민족적 모습을 상쇄시킬 그런 항일 운동을 찾고 있는 것이다. 분명한 것은 3·1 운동을 비롯해 항일 운동에 자취를 남긴 천주교인들의 모든 활동은 예외 없이 교회, 교도권자들로부터 성사 거부, 파문, 축출 따위의 단죄를 받았다는 것이다. 예컨대 일제 총독 이토 히로부미를 저격한 안중근 의사가 단적으로 그러했다. 그러나 오늘의 교회는 당시 말 그대로 비공인이었을 뿐더러 교도권에 저항하며 민족 운동의 대열에 나섰던 신앙인들을 복음의 증거자로, 교회의 부끄러운 모습을 가려 줄 참된 신앙인으로 평가하고 있다. 따라서 공인 혹은 비공인 여부를 마치 신앙의 보증 수표인 마냥 취급하는 것은 '주교가 곧 교회'라 했던 중세기 사고, 제2차 바티칸 공의회 전(前) 사고에 다름 아니었다. 또 교회 스스로 자가당착에 빠지는 것이요, 모순투성이의 거짓 권위임을 스스로 고백하는 것이었다.

12
민족 화해와 평화 통일을 향한 여정

그곳에도 하느님은 계셨네

　　　　　　　　반공 반북 논리의 매카시즘에 눌려 숨을 못 쉬던 민족 통일 운동이 1980년대 말경부터 본격적으로 전개되기 시작했다. 숱한 희생과 노력에도 한국에서 민주주의가 성장하지 못하고 독재 정권이 계속 집권하는 것도, 미국이 한국을 계속 통제할 수 있는 뿌리도 바로 민족 분단과 반공에 있다는 걸 뼈저리게 인식하게 되었기 때문이다. 특히 광주 민중 항쟁과 전두환 군사 독재 정권을 겪으면서 얻은 교훈이 바로 그것이었다. 그런 인식을 바탕으로 개신교는 80년대 초부터 민족 분단 극복과 평화적 민족 통일을 지향하는 운동을 전개하였다. 암울한 시대 분위기 속에서도 그들은 민족의 출애굽 여정을 이끌기 위해 용기 있게 나서고 있었다.

　　1981년 6월 8~10일, 개신교 목회자들은 서울 아카데미 하우스에서

'분단국에서의 그리스도의 고백'이란 주제로 모임을 갖고 한국기독교교회협의회^{KNCC} 내에 통일 문제 전문 기구를 설치하기로 결의하였다. 그런데 이 기구를 설치하는 과정에서 당국이 집요하게 방해 공작을 하였다. 우여곡절 끝에 기구는 설치하기는 했으나 정부가 민간 차원의 통일 논의를 봉쇄하였기에 활동이 거의 어려웠다. 그럼에도 그들은 민족 통일의 물꼬를 뚫고자 노력했다. 1984년 3월에는 '선교 2세기를 향한 공동 선교'라는 주제로 제3차 한·북미 교회 협의회를 개최하였다. 양국 개신교회는 공동 성명을 통해 "미국은 한국을 분단시킨 나라의 하나이기 때문에 미국 교회는 한국 교회와 함께 한반도의 통일을 위해 공동으로 책임질 것"을 결의했다.

1984년 10월 29일부터 11월 2일에는 세계교회협의회 국제문제위원회 WCC-CCIA가 일본 도잔소에서 '동북아시아의 평화와 정의 협의회'를 개최, '한반도의 평화와 통일'을 위하여 세계 교회가 공동 노력할 것을 제안했다. 도잔소 선언의 중요 내용을 간추려 보면 첫째, 한반도의 평화와 통일은 화해의 복음의 구체적 실천의 결과요 목표라는 것이고, 둘째로 평화 통일은 남한 교회만의 일방적 선교 과제가 아니고 남북한 교회 쌍방의 공동 과제라는 점, 그리고 이와 함께 북한 내지 북한 교회의 고립화가 아닌 개방화를 통한 비판적 협력을 강구했다. 셋째로는 한반도의 평화 통일이 단순히 남북한만이 아닌 세계 교회 공동의 책임이라는 것과 그 실천을 위해 해외 교포들이 북한 방문 및 접촉을 통해 노력한다는 것이었다. 이를 위해 반드시 한국 교회의 주체적 참여와 사전 사후 협의가 가능하도록 세계교회협의회가 총괄적으로 조정하도록 하였다.

국내에서는 실질적인 통일 논의가 봉쇄된 상황에서 이 '도잔소 협의회'가 돌파구의 구실을 했다. 드디어 1985년 11월 세계교회협의회 대표단이 최초로 북한을 공식 방문하였다. 이것은 '도잔소 선언'을 문서가 아닌 행동으로 구체화한 것이었다. 이어 86년 4월에는 미국교회협의회 대표단이, 또 87년에는 일본과 미국교회협의회가, 그리고 세계교회협의회 대표단이 두 번째로 남한과 북한을 공식 방문하였다.

'도잔소 선언'을 계기로 한국기독교교회협의회는 1985년 2월 28일 '한국 교회 평화 통일 선언'을 발표했다. 이 선언은 형식적으로는 민족 통일에 관한 첫 공식 선언이었다. 선언은 "하나님 나라의 평화에 대한 신앙에 기초하여 한국 교회가 분단의 극복과 통일에 주체적으로 참여할 의무와 권리, 그리고 자유가 있음을 천명한다."고 하였다. 또 "민중의 고난의 현장에 참여하여 하나님의 사랑과 정의를 증언해 온 우리는 강대국에 의한 민족 분단을 해결 못한 책임이 우리에게도 있었음을 고백하고 회개함과 동시에 분단 극복에 주체적 참여가 곧 하나님 나라의 평화에로 나아가라는 명령임을 고백하고 이 분단의 극복과 평화 운동을 위하여 우리는 한국 교회가 공개 토론의 장이 되도록 할 것"도 다짐하였다.

나아가 한국기독교교회협의회는 1988년 2월 29일 제37회 총회에서 더욱 포괄적이고 깊이 있는 통일 선언을 만장일치로 채택하였다. 이날 채택된 '민족의 통일과 평화에 대한 한국기독교회 선언'은 민족 앞에 지은 죄에 대해 민족 앞에 무릎 꿇고 철저히 참회하였다.

한국의 그리스도인들은 평화와 통일에 관한 선언을 선포하면서 분단 체제 안에서 상대방에 대하여 깊고 오랜 증오와 적개심을 품어 왔던 일이 우리의 죄임을 하느님과 민족 앞에서 고백한다. …우리는 한국 교회가 민족 분단의 역사적 과정 속에서 침묵하였으며 면면히 이어져 온 자주적 민족 통일 운동의 흐름을 외면하였을 뿐만 아니라 오히려 분단을 정당화하기까지 한 죄를 범했음을 고백한다. …특히 남한의 그리스도인들은 반공 이데올로기를 종교적인 신념처럼 우상화하여 북한 공산 정권을 적대시한 나머지 북한 동포들과 우리와 이념을 달리하는 동포들을 저주하기까지 하는 죄를 범했음을 고백한다. 이것은 계명을 어긴 죄이며 분단에 의하여 고통받고 있는 이웃에 대하여 무관심한 죄이며 그들의 아픔을 그리스도의 사랑으로 치유하지 못한 죄이다.

이 선언은 그간 당국이 내어놓은 통일 정책들을 비판적으로 검토하고 민간 차원에서 공표한 최초의 통일 선언이었다. 이 선언은 통일 논의를 촉진시키는 데 큰 기여를 하였다. 선언은 또 7·4 남북 공동 성명의 민족 통일 원칙을 재확인하면서 한반도의 평화를 위해 평화 협정 체결, 핵무기 철수, 군사력 감축, 주한 미군 철수 등을 요구하기도 했다. 북한 선교가 단순히 그곳에 성경 책을 보내고 자금을 지원하고 신자 수를 늘리는 데만 있는 것이 아닌, 민족 공동체를 분단과 억압 속에 있게 하는 구조 악을 제거하는 일에 이바지하는 데서도 찾아져야 함을 명백히 한 것이다.

민족 복음화란 진정 그런 의미일 것이다. 갈라진 민족에게 기쁜 소식은 일치일 것이고, 미움으로 범벅된 가슴에 깃들어야 할 기쁜 소식은 화해와 용서일 터이다. 민족의 일치와 평화를 가로막는 제도와 장벽을 철거하는 데 나서는 일이야말로, 그로 인해 고통받는 민족 구성원들의 삶의 자리에 뛰어드는 것이야말로 민족 복음화일 것이다. 북한의 '조선기독교도연맹'은 위의 선언에 대해 즉시 지지 성명을 발표했다. 반면 위 기구에 가맹하지 않은 남한의 보수 교단은 이를 거세게 비판하였다. 이 선언은 그만큼 충격적인 사건이었다.

증오와 적대의 감정을 거두고 민족 분단에 기여해 온 자신의 죄를 참회하며, 민족의 평화와 통일을 향해 자신을 봉헌할 것임을 선언한 개신교단의 노력, 이것은 이제 남·북한 교회 목회자들이 실질적으로 만나는 데까지 이르렀다. 비공식적이긴 하나 1986년 스위스 글리온에서 세계기독교교회협의회 주관으로 남·북한 개신교회 목회자들이 첫 상봉을 한 것이다. 그들은 화해를 위한 성만찬을 거행하고 민족애를 다졌다.

남·북 개신교회 목회자들은 1988년 11월에 다시 제2차 글리온 모임을 갖고 급기야 통일과 평화 문제에 관한 공동 발표문을 갖게 되었으니 '글리온 선언'이라 한다. 글리온 선언은 분단 50주년이 되는 1995년을 통일 희년으로 선포하고, 매년 8·15 직전 주일을 평화·통일 주일로 지키기로 하였다. 또한 군축은 물론 평화 협정을 통한 제도적 장치 마련에 주력하며, 그에 따라 미군 철수 및 핵 철거에 나선다는 것, 또 북한의 조선기독교도연맹과 남한의 한국기독교교회협의회가 파트너로 통일 운동에 전력한다는 것들을 담고 있었다.[357] 남북 개신교인들이 '하나의 민족 하나의 믿음'을 고백한 글리온 선언은 다음과 같았다.

우리는 하느님이 역사의 주인이시며 모든 상황에서 역사를 창조하시

---

357 한국기독교교회협의회 통일위원회 편, 「남북 교회의 만남과 평화 통일 신학 – 자료 및 논문 모음집」, 한국기독교사회문제연구원, 1990, 13-24쪽 참조.

고 또 인간의 모든 역사를 심판하신다는 것을 믿는다. 평화의 왕으로 오신 예수 그리스도는 힘으로 평화를 매도하려는 인간의 교만과 탐욕을 거부하였다. 보혜사 성령의 역사하심은 반목과 증오로 갈라진 사람과 사람 사이의 담을 허시고 우리를 그의 피로 사신 거룩한 공동체에로 부르고 계신 것을 믿는다. 이러한 우리들의 고백에 기초하여 과거 40여 년 동안 한반도에서 벌어진 반평화적이고 분열주의적인 역사를 새롭게 조명하고 우리가 하느님과 인류 역사 앞에서 죄를 범하여 왔음을 고백하여야 한다. 우리는 한민족이 통일된 국가에서 단일 공동체로 살아갈 권리가 있고 또 자기들의 문제를 스스로 해결해 갈 수 있어야 한다고 믿는다. 평화의 사도로 부름을 받은 우리는 한민족의 평화와 통일을 위한 노력에 연대할 것을 다짐한다.

이 선언은 실제로 민간 차원에서 발표된 최초의 남북한 공동 선언이라 할 수 있을 만큼 뜻깊은 것이었다. 그리고 이제껏 북한의 어용 조직이며 위장 종교 단체라고 간주해 온 북한의 조선기독교도연맹을 남한 교회들이 통일 운동의 동반자로 공표한 것은 선언 이상의 의미를 담고 있었다. 남한 사람들은 북한에 종교나 종교인이 있다는 사실을 인정해 오지 않았다. 그 어떤 종교 단체도 정권이 만들어 낸 가짜라고 불신해 왔다. 그런데 이제 북한의 그리스도인을 인정하면서 북한 땅에도 살아 숨 쉬고 계신 하느님의 현존을 고백한 것이다.

이와 비슷한 때 캐나다교회협의회 대표들도 북한을 방문하고 보고서를 작성한 바 있다. 이 보고서 또한 북한에도 진실하고 생동한 그리스도교 공동체가 분명 존재한다고 언급하였다.

우리는 종교적 집단들이 공적으로 존재한다는 사실이 '조선 민주주의 인민 공화국'의 국제적 위신을 향상시켜 준다는 사실을 인정하지만, 그렇다고 이것이 확실히 존재하고 있는 그리스도교 공동체의 진실성을 부정할 수 있는 충분한 근거가 된다는 주장을 인정할 수 없다. 더 나아가 북한의 그리스도교 공동체가 한정된 범위 내에서 가능할 뿐이며 특히 국가의 기본 정책에 부합하는 범위 내에서만 운영된다고 가정한다 하더라도, 우리는 이러한 조건들이 북한 그리스도인들의 순수성을 침해하거나 그들의 신앙 정통성을 위협한다고 결론지을 만한 근거를 발견하지 못하였다. 우리는 북한에 진실하고 생동하는 그리스도교 공동체가 확실히 존재한다고 증언하는 바이다. 물론 그 공동체는 크지도 강하지도 못하다. 그러나 그들은 북한이라고 하는 삶의 정황 속에서 복음에 충실하고자 노력하고 있다.[358]

하느님은 모든 이를 차별 없이 구원의 한가운데로 불러들이는 분이시다. 그 하느님은 남한에도 계시고 북한에도 계셨던 것이다. 이렇게 개신교가 80년대 초부터 한국기독교교회협의회를 중심으로 이미 통일 신학과 통일 운동의 방향을 정립해 가고 있던 것과 비교해 보면, 천주교회의 관심이나 인식 수준은 부족하기 짝이 없었다. 83년 신년 메시지에서 함흥·덕원교구장 서리 이동호 아빠스는 "침묵의 교회의 우리 형제자매들은 피로써 신앙을 전해 준 신앙 선조들의 고통에 버금가는 아픔을 되씹으며 그리스도의 복음의 꽃이 온 누리에 만개할 날을 손꼽아 기다리고

---

[358] 캐나다교회협의회, '조선 민주주의 인민 공화국 방문 보고', 〈신학사상〉, 1989년 여름 호 65집 참조.

있을 것"이라며, 우리는 우선 그들을 위해 기도하며 그들의 고통을 함께 나누고 하느님 안에 그들과 '하나'가 되어야겠다고 하였다. 그리고 한국 천주교 전래 200주년 기념사업 위원회 안에 '북한 선교부'를 설치하기도 하였다. 이는 천주교회가 북한 교회에 대해 조금씩 새롭게 인식해 가고 있다는 증거이기도 했다.

200주년 기념사업 위원장 김남수 주교는 83년 6월 25일 발표한 '북한 교회에 드리는 메시지'에서 남한 교회가 북한 교회를 잊지 않을 뿐 아니라 아픔을 함께하고 있다고 강조했다. 교회가 북한 교회의 존재를 새롭게 인식했다고는 하지만 김남수 주교의 메시지는 그간 교회가 지녀온 북한에 대한 견해나 통일관을 전혀 벗어나지 못했다. 여전히 냉전의 그림자가 짙게 드리운, 멸공 십자군전을 다시금 연상시키는 그런 견해였다.

…북한의 형제자매들이 어떠한 생활을 하고 있는지, 어떠한 고통을 당하고 있는지 전혀 알 길이 없는 불행 속에서 우리는 걱정과 억측과 오해를 되씹으며, 기도와 염려를 남풍에 실어 보낼 뿐입니다. 성직자 없이, 성당 건물 없이, 로마 교회와의 연락 없이, 마음과 정신으로만 천주를 찾고 믿으며 섬기는 형제자매 여러분, 신발도 의복도 없이 알몸으로 가시덤불 속을 헤쳐 가는 듯한 여러분을 위해 우리는 매일 기도와 보속으로 함께하고 있습니다.

사랑하는 북한 동포 여러분, 여러분에게 하루 속히 종교의 자유가 주어질 수 있도록 우리가 할 수 있는 일이 무엇이며, 해야 할 바가 무엇인지를 우리는 매일 연구하며 힘쓰고 있습니다. 어떠한 일이라도 천주의 진리와 교회의 정신 안에서 우리는 우리의 최선을 다하고 있습니다. 앞으로도 우리는 최선을 다할 것입니다. 서로서로 손잡고 기쁨과 감격의 눈물로 한 우리의 한 양떼가 되어 함께 감사의 미사를 드리게 될 때까지 우리는 마지막 피 한 방울까지라도 여러분을 위한 일이라면 주저하지 않고 있는 힘을 다하여 최선을 다할 것입니다. … 주께서는 분명히 여러분과 함께 계십니다. 우리 다 같이 결코 실망하거나 좌절하지 말고 용기를 가집시다. 무서운 인내로써 어둠을 헤쳐 갑시다. 밤이 깊으면 깊을수록 새벽은 더욱 가까워 오고 있습니다.[359]

정의구현사제단은 1984년 9월 24일 발표한 '이 사회의 인간화를 위한 선언'에서 통일을 하려면 먼저 교회가 지금 당장 딛고 있는 자리, 고난의 현장부터 끌어안아야 한다고 하였다. 이는 '선민주 후통일'론적 시각으로 아직은 70년대의 시각에 머물러 있었다. 사제단은 85년 10월 14일에 발표한 '오늘의 현실을 보고 호소합니다'라는 선언문에서도 마찬가지의 통일론을 전개하였다. 사실 통일에 대한 견해라기보다는 독재 정권이 남북 간 대화 '창구 단일화'론을 주장하며 국민적 통일 논의를 원천 봉쇄하고 통일 논의를 독점하는 것에 대한 비판이었다. 국민은 홍보의 대상이 아니며 남북 대화와 통일의 주체라고 역설한 것이다. 나아가 사제단은 정권이 남북대화를 정치적으로 이용하지 말 것을 촉구하였다.

남북 대화는 갈라진 민족과 국토는 하나 되어야 한다는 것, 그래도 눈

---

[359] 「한국 천주교 통일 사목 자료집」 1, 89-91쪽.

물결게 느껴지는 민족으로서의 혈맥과 그 동질성을 확인하고 키우는 것, 이질성이 있다고 하더라도 바로 그것을 극복하기 위해서도 통일은 반드시, 속히 이루어져야 한다는 민족의 화합과 통일 의지를 국민과 더불어 갖추어 나가는 과정으로 이해되고 또 그러한 방향으로 추진되어야 한다고 믿습니다. 그러나 남북 대화의 전 과정이 철저하게 밀폐되고, 통제되며, 남북 간의 이질성과 미움과 비방이 더 크게 의도적으로 부각되어서는 그것이 진정 통일에 임하는 자세가 될 수 없다고 우리는 믿습니다.

천주교는 이처럼 통일 문제에 관해 거의 무관심하거나 소극적이었다. 어떤 사람들은 여전히 냉전 시대에 있는 듯했다. 반면에 개신교단과 일반 사회는 정부의 '창구 단일화' 논리를 부수며 대중적 통일 운동의 지평을 활짝 열어젖히고 있었다. 1988년은 그야말로 통일 운동의 새 지평을 연 해였다. 이해에는 수도 서울에서 올림픽이 열리기로 되어 있었다. 전두환 정권 이후 새로 들어선 노태우 정권도 여전히 군사 정권의 성격이 강하였고 광주 학살에 대한 책임 문제로 끊임없이 도전받았다. 따라서 노태우 정권도 취약한 정치적 기반을 강화하기 위해 서울 올림픽에 총력을 기울였다.[360]

통일에 대한 시각차는 마침내 서울 올림픽 개최 문제를 둘러싸고서도 첨예하게 대립하였다. 미국은 서울 단독 올림픽을 치름으로써 북한을 세계적으로 고립시키고 남한을 안정적으로 지배하고자 하였다. 그리하

---

[360] 김교동, '통일 운동의 역사와 현실', 정의구현전국사제단 제2차 통일 워크숍 자료집, 「민족 통일을 위한 신학적 반성」, 1991, 30쪽.

여 미국과 한국은 올림픽 테러 방지 및 북한의 올림픽 방해 책동을 방지한다는 명목으로 사상 최대의 군사 작전을 수행하였다. 이는 한반도의 군사적 긴장 상태를 강화시키고 북한에 대한 위기와 증오의 감정을 고취시키는 역할을 하였다.

하느님, 저희가 마침내 하나 되게 하소서

1988년 2월에 개신교단은 '민족의 통일과 평화에 대한 한국기독교회 선언'을 발표하여 파문을 일으켰다. 이어 3월 말에 서울대 김중기 군이 총학생회장 선거 유세를 통해 '남북한 청년 학생 체육 대회와 국토 종단 순례 대행진을 위한 남북 청년 학생 회담'을 제안하였다. 노태우 정권은 이 제안에 강경하게 반응하였으나 각계각층은 이를 대대적으로 환영하였다. 이제 대학가는 온통 남북 청년 학생 회담 성사와 남한 단독 올림픽 개최 반대, 올림픽을 민족 화해와 대단결의 기운을 드높이기 위한 민족의 축제로 만들어야 한다고 외쳤다. 또한 정권에 의해서 일방적으로 주입되었던 북한 실상을 바로 알기 운동도 펼쳐졌고, 조국 통일이라는 구호 또한 대담하게 외쳐졌다. 통제와 금기로만 일관해 온 정권의 통일 독점 정책이 이렇게 차츰 깨져 나가고 있었다.

1988년 5월 15일 '민주화의 성지'라는 과거의 평가에 자족하던 명동성당 바닥이 피로 물들었다. 조성만 요셉, 24살, 서울대 화학과 2년. 광주 민중 항쟁 계승 5월제에 참가하고 있던 그가 성당 문화관 옥상에 올라 조국 통일을 외치며 자결한 것이다. 조성만은 모든 양심수를 석방할 것과 분단 체제를 강요하는 미국이 물러갈 것과, 남북한 공동 올림픽을 개최하여 조국 통일을 앞당기자는 구호를 외치며 할복 투신하였다.

그는 "척박한 땅, 한반도에서 태어나 인간을 사랑하고자 했던 한 인간이 조국 통일을 염원하며 이 글을 드린다."며 유서를 남겼다. 그를 포함하여 이제 1970년 11월 전태일의 분신자살 이후 사회 민주화와 노동 조건 개선, 남북통일 등을 요구하며 스스로 목숨을 끊은 이가 33명에 이르게 되었다. 대부분은 1980년 이후 희생자들로 31명이었다.[361] 조성만 죽음이 가져온 파장은 컸다. 계속되는 학생들의 항의와 죽음의 근원은 '정치와 사회 민주화가 이뤄지지 않았기 때문'이라는 질타가 정부를 향해 날아들었다.

모두가 조성만이 선택한 죽음을 안타까워했다. 각계각층은 "그의 뜻, 그의 투신의 결단은 고귀하다. 그러나 인간의 생명은 더 신성하고 고귀한 것이다. 이제는 제발 어떠한 이유로든 인간의 생명을 거역하고 부정하는 일은 없어야 한다."고 애타게 호소하였다.[362] 교회는 그가 교회법으로 금지된 '자살'을 했다는 것과 또한 주일날 성당 구내에서 사건이 일어났다는 점을 들어 죽음의 의미를 인정하지 않았고 장례 미사를 거부했다.[363] 교회는 그의 죽음을 외면했지만 많은 국민들은 민주 국민장이라는 이름으로 그의 장례식을 치렀다. 일제 총독 이토 히로부미를 암살하

---

[361] 한겨레신문, 1988년 5월 19일 자.
[362] '평화의 소리', 평화신문, 1988년 5월 22-28일 제2호.
[363] 가톨릭신문, 1988년 5월 28일 자. 명동 성당 측은 조성만이 죽어 간 자리에서 그의 추모 미사를 거행하고자 하는 가족을 비롯한 많은 이의 요구를 계속 거부하다 6년 만에 소성당에서의 미사를 허락했다.

고 온 민족의 환호와 경의를 불러 모았던 안중근 도마 의사의 의거도 교회는 '살인'이라 했고, 안중근을 일컬어 '살인자'라며 살인자는 교인일 수 없다고 단죄했었다.

"누가 내 아들을 죽였느냐"고 조성만의 어머니는 울부짖었다. '타살'이었다. 분단 체제와 군사 독재, 그리고 그에 무관심하고 안주하는 세태가 함께 공모한 '타살'이었다. 졸업하면 신학교에 들어가 사제의 길을 가겠노라 다짐했던 그였다. 죽음을 앞두고 그는 너무도 괴로워하며 유서에 다음과 같은 글을 남겼다.

지금 이 순간에도 떠오르는 아버님 어머님 얼굴. 차마 길을 떠날 수 없는 길을 떠나고자 하는 순간에 척박한 팔레스티나에 목수의 아들로 태어난 한 인간이 고행 전에 느낀 마음을 알 것도 같습니다.

조성만 요셉의 의로운 죽음에 자극받아 각계각층에서 통일 운동이 더욱 세차게 번져 갔다. 정의구현사제단도 7월 4일 성명을 발표, "만약 우리가 안으로 공동체의 인간화와 민주화, 밖으로는 민족의 화해와 정의를 지향하고자 한다면, 어떠한 개방, 어떠한 교류에 대해서도 두려워 할 필요가 없다."며 정부의 적극적인 통일 정책을 촉구했다. 다급해진 노태우 정권은 이 불길을 잡기 위해 궁여지책으로 7월 7일에 6개 항에 걸친 '민족자존과 통일 번영을 위한 대통령 특별 선언', 소위 '7·7 선언'을 발표하였다. 주요 내용은 북한을 적이 아닌 동반자적 관계로 볼 것이며, 동포 간 교류를 확대하겠다는 것이었다.

7·7 선언은 정부 스스로도 '인식과 발상의 대전환'이라고 평할 정도로

획기적이었다. 그러나 군사적 대결 구조의 제거와 평화 구조를 정착시키기 위한 내용이 전혀 반영되어 있지 않다는 점과 그에 상응하는 제도나 정책 수정이 이루어지고 있지 않다는 점 등에서, 과연 '통일 지향인가 분단 고착화인가' 하는 비판의 소리 또한 드셌다. 그러나 이를 통해 확인한 것은 민주화나 민족 통일을 향한 출애굽은 오로지 그걸 원하는 이들의 고난과 투신 속에서만 한 발 한 발 전진한다는 것이었다.

동시에 종교에 대한 북한 당국의 시각도 변하고 있었다. 남한의 종교인들이 사회 정의와 반독재 민주화의 대열에 대담하게 나서자, 그들은 남한 종교가 단지 가진 자와 외세의 편에 선 아편이 아님을 받아들이게 되었다. 북한은 바티칸과의 관계 개선을 모색하기도 했다. 1987년에 평양에서 열린 비동맹 각료 회의에 바티칸을 옵서버로 초대한 것이다. 1988년에는 바티칸이 북한인 6명을 초대하기도 했다.

88년 6월에는 평양에서 '조선천주교인협회'가 결성되었다는 놀라운 소식이 발표되었다. 조선천주교인협회는 그간 공식적 천주교 단체가 없었던 관계로 천주교인들을 대변하는 데서나 교회의 발전을 이룩하며 각국의 천주교인 및 단체들과 연대하고 친선을 발전시키는 데서 일정한 제한이 있었기 때문에, 87년 10월부터 협회 결성 준비 위원회를 구성해 왔다고 밝혔다.

조선천주교인협회는 자신이 북한 천주교인들의 신앙의 자유와 권익을 옹호하고, 그들을 애국 애족 정신으로 고양하며, 사랑과 화해의 이념에 기초하여 교인들 사이의 연합을 도모할 것이라고 했다. 또 전체 인민들과 단결하여 나라의 부강 발전과 조국의 자주적 평화 통일을 실천하며, 다른 나라 천주교인 및 단체들과도 친선 관계를 발전시키고 세계의

공고한 평화를 이룩하기 위해 노력하는 것을 자기의 중요한 사명으로 내세웠다.[364]

88년 10월 30일에는 장익, 정의철 신부가 교황청 특사 자격으로 북한을 방문, 평양 장충 성당에서 미사를 봉헌했다. 그러나 남한 천주교회는 이 느닷없이 튀어나온 천주교 단체에 의구심을 풀지 않았다. 교회는 여전히 '침묵의 교회'를 위한 기구를 바치고 있었던 것이다. 그런데 '지하 교회'로만 존재할 것이라고 믿어 왔던 신앙 공동체가 당당하게 지상에서 자기 존재를 선포했으니, 이는 통일 분위기에 악용하기 위해 북한 정권이 내세운 위장 단체요 어용 조직이라고 내심 규정지은 것이다. 목자 없이 출현한 이 단체를 순수한 신앙 공동체로 받아들일 수 없다는 것이 이 당시 교회의 전반적인 분위기였다. 평양교구장 서리이기도 한 김수환 추기경도 "현재 북한 교회를 위해서는 기도밖에 할 수 없는 실정"이라고 하였다.[365]

1989년 6월 25일에 북한 선교 위원회 위원장 이동호 아빠스는 '침묵의 교회를 위한 기도의 날 메시지'를 통해 목자 없는 침묵의 교회 재건을 위해 힘쓰자며, "비록 북한의 신앙 공동체가 드러난 모습과 드러나지 않은 모습으로 나뉘어 있다 하더라도 하나의 포도나무를 이루고 있는 것임을 그들 스스로가 깨닫고 공통의 결실을 맺을 수 있어야 한다."고 하였다. 북한 교회가 소위 친정부적인 조선천주교인협회와 그렇지 않은 '지하 교회'로 나뉘어 존재할 것이라는 시각이었다.[366]

---

[364] 「한국 천주교 통일 사목 자료집」 1, 416쪽.
[365] 양한모, 앞의 책, 119쪽.

그럼에도 북한 당국의 종교에 대한 적극성과 조선천주교인협회의 등장은 갈라진 천주교회의 일치에 큰 전환을 예고하는 것이었다. 분명 북한에도 '나름의 교회가 현존'하고 있는 것임이 분명하다면, 이제 교회는 민족 통일을 향해 몸부림치고 있는 시대의 흐름을 읽고 북한 선교 방향을 근본적으로 재검토해야 할 때였다. 이제 소위 북한에 있는 '교회 재건'이나 '교구 수복'이 목적이라는 식의 냉전적 관점은 털어 버려야 했다. 신학생이나 선교사 양성, 성당을 지을 기금 마련, 신자 수의 확대와 같은 물량주의 사고를 벗어나, 민족과 함께 민중의 삶의 현장에서 함께 사는 공존의 양식을 취해야 할 때였다.[367] 이제 '북한 선교'도 '민족 복음화'라는 이름으로 새로이 태어나야 했다.

정권은 민족 공존과 통일을 향한 실효성 있는 조치를 아무것도 취하지 않았다. 국가 보안법은 여전히 북한을 '반국가 단체'라고 명기하고 위세를 떨치고 있었다. 정부는 통일 논의 창구가 정부로 단일화되어야 한다는 말만 반복했다. 그러나 1988년에 달아오른 통일 열기는 1989년에도 식지 않았다. 문익환 목사와 서경원 국회 의원 등은 제3국을 통해 북한을 방문하기까지 했다. 그들은 북한 동포들과 얼싸안고 하나의 혈육임을 확인했다. 문익환 목사는 김일성 주석과 만나기까지 하였다. 분단 이후 유례없던 이 사건들은 남한 사회에 큰 파장을 몰고 왔다. 한쪽에서는 환호하고 한쪽에서는 격렬히 비난하였다. 북한은 여전히 그 누구도 쉽게 입에 올릴 수도 없고 갈 수 없는 금기의 나라였던 것이다. 귀국한

---

366 「한국 천주교 통일 사목 자료집」 1, 118쪽.
367 오용호, '북한의 종교 정책', 사제단, 앞의 자료집, 63쪽.

그들은 당연하게도 '적국'을 방문했다는 이유로 구속되었다. 이를 빌미로 남한 당국은 민간 통일 운동을 대대적으로 탄압하였다. '공안 정국'이라는 말이 이 시기를 대표했다.

'그리스도 우리의 평화'란 주제로 제44차 세계성체대회가 1989년 서울에서 열렸다. 인류의 평화를 위해 자신을 온전히 바치신 그리스도를 분단국가에서 만나 뵙는다는 것은 곧 분열된 민족의 통일을 위해 교회 또한 자신을 온전히 봉헌하라는 메시지일 것이었다. 민족이 분열을 극복하고 하나 되지 못한다면 이 땅의 평화란 한낱 공허한 구호일 수밖에 없었다. 정의구현사제단은 남북한 공동 미사, 공동의 신앙 고백을 추진하였다. 마침내 1989년 6월 6일 '공안 정국'이라는 살벌함 속에서도 평양의 장충 성당과 남한의 임진각에서 동시에 통일 염원 미사가 거행되었다. 북한 장충 성당에서는 미국 메리놀 신학대학원에 유학 중이던 문규현 신부가 방북하여 미사를 거행하였다.

민족 분단 44년 만에 처음이었다. 아직 38도선은 남과 북을 갈라 오가지 못하게 막고 있지만, 그 순간 남북 천주교인들이 하느님 앞에 한 지체임을 함께 고백한 것이다. 가톨릭과 악마와의 전쟁이 선포된 이래, 남한 천주교인들 마음속에 굳어져 있던 빛과 암흑, 선과 악이라는 마음의 분단선이 녹아내리는 순간이었다.

사제단은 '민족 통일을 향한 우리의 기도와 선언'을 통해 "우리는 먼저 분단의 장벽을 허물기 위하여 빛과 소금으로서의 역할을 다하지 못하고 오히려 분단에 안주해 온 과거를 하느님과 민족 앞에 고백하지 않을 수 없다."고 하였다. 따라서 반만 년 동안 가꾸어 온 민족 공동체가 분단되어 고통을 받고 있는데, 우리 그리스도인이 누구보다 먼저 분단의 십자가를 지고 자신을 봉헌하지 못한 사실을 회개하여야 할 것이라고 말했다. 선언은 10월의 세계성체대회에 북녘의 교형 자매들이 한자리에 모일 수 있기를 기대한다며, "우리는 최근 뜨겁게 확산되고 있는 통일에의 열망을 보며, 이미 통일은 시작되고 있음을 확신한다."고 천명했다.

이해에 대학가는 평양에서 열리는 세계청년학생축전에 남한 학생들도 참가하자는 열기로 드높았다. 그러나 아무도 그런 일이 정말로 일어나리라고는 생각하지 못했다. 그런 식의 행동은 법으로 철저하게 금지되어 있었기에, 민족 통일을 염원하는 구호 정도로 생각하였다. 당시 정부는 혹시 학생 누구 하나라도 비밀리에 참가하지 않을까 철통같이 경계하고 있었다.

그런데 이 살벌한 공안 정국을 뚫고 대학생 임수경이 전국대학생대표자협의회를 대표하여 평양 축전에 참가하였다는 소식이 날아들었다. 지구 반 바퀴를 돌고 돌아 평양으로 들어갔다는 것이다. 그는 수산나라는 세례명을 지닌 천주교 신자이기도 하였다. 북한은 분단 반세기만에 만난 남한 여학생 한 명으로 인해 엄청난 충격과 흥분에 빠졌고, 남한의 반공 보수층과 언론은 격렬하게 분노하며 단죄를 외쳤다. 임수경은 7월 27일에 판문점을 통해 귀환할 것이라고 선언했다. 분단된 이래 그 누구도 공개적으로 38도선을 통해 북한으로 간 적도, 남한으로 온 적도 없었다. 그러므로 임수경의 결단은 생사를 걸고서라도 민족 분단의 벽을 헐겠다는 젊은 세대의 충정이었다. 간음한 여인을 향해 돌을 들고 몰려 든 군중처럼 남한에서는 대부분의 언론이 임수경을 향해 시퍼런 칼날을 들었다. 공안 당국은 돌아오는 즉시 체포할 것이라며 으르렁대었다. 임수경이 선언한 판문점 귀환일이 다가올수록 긴장이 더욱 고조되었다.

7월 26일 정의구현사제단 상임 위원회는 더더욱 놀라운 발표를 하였다. 홀로 민족의 십자가를 지고 있는 임수경과 함께 판문점을 통해 귀환할 수 있도록, 평양으로 문규현 신부를 공식 파견한다는 것이었다. 사제들은 '통일의 길에 동참하고자 문규현 신부를 북한에 파견하며'라는 성명을 통해 임수경의 방북이 사제들에게 자성의 계기가 되었다고 하였다. 수많은 고뇌와 갈등 속에서 이 시대에 우리를 향해 말씀하시는 주님의 참뜻을 찾으려고 노력했으며 그 결과, 사제들은 부족하나마 이 시대의 고난받는 자들과 함께 그 고난에 참여하는 방법으로 이러한 결단을 내리게 되었다고 밝혔다. 단지 고난에 처한 어린 양을 안전하게 귀환시키기 위한 의미가 아닌, "지난날 민족 분열의 역사 현장에서 형제적 일치를 위한 아무런 노력의 흔적도 없었음을 부끄럽게 여기면서"[368] 내린 결단이라고 고백하기도 하였다. 이제 민족 앞에서 자신의 죄를 철저히 고백하고, 말뿐이 아닌 신앙의 증거로서 민족 해방 출애굽의 여정에 기꺼이 자신을 봉헌하겠다는 것이었다.

이로 인해 남한 사회는 더 큰 충격에 빠졌다. 그러나 앞서 제3국을 통해 평양을 다녀왔던 문익환 목사 등 민족 통일 세력은 기쁨과 환호로 가득했다. "이제 아무도 통일에 대한 논의를 막을 수가 없게 되었다." 이것은 정평위가 7월 26일에 통일 문제에 대한 주교단 간담회에서 발표한 견해였다. 정평위는 주교단 간담회에서 매일 바치는 미사와 성무일도 속에서 외는 화해, 나눔, 일치, 평화가 이런 긴박하고도 절절한 문제 앞에서는 공허하다는 의견을 내었다. 또 정평위는 주교들에게 민족 통

---

[368] 사제단, '누구든지 죄 없는 사람이 먼저 저 여자를 돌로 쳐라 – 신자들에게 드리는 글', 1989년 7월.

일에 대한 교회의 공식 사목적 견해(판단)를 간절히 바란다 하였다. 북한이 우리의 적이냐 우리의 형제냐 하는 물음에 분명한 견해를 바라고 있다고도 하였다. 교회 내부에서도 말로는 형제라고 부르지만, 실제 행동으로는 미움의 대상으로 바라보는 것과 같은 인상을 받고 있기 때문이라는 것이다. 또 무엇이 참애국인가에 대한 주교들의 공식 견해와 북한 선교 문제도 반공 이데올로기 관점에서보다 평화 통일의 관점에서 다루는 것이 더 복음적이지 않은가 하는 의견도 전하였다. 북한을 흡수하는 방식으로 통일하고자 하는 선교관은 화해와 평화 통일의 의미와는 맞지 않는다는 것이다. 그밖에 여러 의견을 제시하면서 정평위는 마지막에 이렇게 보고했다. "지금까지 민족 문제에 대한 교회의 공식 견해가 없었으므로 민족 문제에 대해 무관심한 듯한 인상을 주게 된 것이 안타깝고, 교회의 공인 단체가 통일 문제에 대해 언급한 것도 적은 것이 안타까운 일이다. 민족이 질곡 속에서 몸부림칠 때 교회가 침묵을 지켰던 일제하의 사목적 행위를 부끄럽게 생각하며 그런 부끄러운 과오가 다시는 되풀이되지 않기를 바라는 사제들의 뜻을 모아 삼가 보고 드린다."고.

주교단은 통일 문제에 대해 간담회를 갖고 주교단 담화를 발표했다. 그는 정평위의 기대와는 정반대의 내용을 발표했다. 정의구현사제단의 문규현 신부 파북은 우리 사회의 상황에서 수용하지 못할 '유감'스럽고 많은 국민에게 우려와 불안을 준 것으로 마땅한 행동이 아니라는 것이다. 사제들에 대한 사법 처리가 가져올 여파를 감당할 자신이 없어 여론의 추이에 촉각을 곤두세우고 있던 검찰은 주교단 담화가 나오자마자 '백만 원군을 얻은 기분'이라고 환영했다. 검찰은 즉각 문규현 신부뿐만 아니라 정의구현사제단 상임 위원인 남국현, 구일모, 박병준 신부 등에 대해서도 구속 영장을 신청했다. 7월 31일 정의구현사제단은 비상 총회를 열었다. 200여 명이나 되는 신부들이 모였다. 1974년 사제단 결성 당시 모였던 300여 명 이래 가장 많은 인원이었다. 참석한 사제들은 상임위원회의 결단을 만장일치로 인준했다.

  1989년 8월 15일 임수경과 문규현 신부는 마침내 판문점을 통해 남한으로 돌아왔다. 민족 분단 44년의 장벽이 결국 무너져 내린 것이다. 판문점을 넘은 그들은 곧장 국가 안전 기획부로 넘겨졌고 구속되었다. 정의구현사제단은 '겨레의 하나 됨을 위한 기도문'을 제정했다.

겨레의 하나 됨을 위한 기도문

한 분이신 하느님!
저희들은 오로지 '하나 되기 위해'
오시고, 사시고, 죽으시고, 그리하여 부활하신
'당신의 자랑스러운 아들'
예수 그리스도를 따르는 공동체임을
감히 고백하나이다.
한 분이신 하느님!
분단 체제에 안주해 온 지난날들을 깊이 뉘우치며,
이제부터라도
분단의 아픔을 저희 공동체의 것으로 삼게 하소서.
일천만 갈라진 가족들의 아픔,
육천만 갈라진 겨레의 아픔을

저희들의 아픔으로 삼게 하소서.
분단 40년이 넘도록
서로를 미워하도록 강요당하며,
가난과 억압, 설움과 공포의 세월을 겪어 온,
육천만 백성들의 원한 맺힌 아픔을
저희들의 아픔으로 삼게 하소서.

한 분이신 하느님!
고난의 땅, 절망의 땅 갈릴래아에서
참생명이신 예수 그리스도를 일으키신 하느님,
이 고뇌의 땅, 절망의 땅 한반도에서
겨레의 부활을 역사하소서.
믿음과 희망과 사랑의 하느님,
겨레 사랑이 곧 하느님 사랑이자
인류 사랑임을 깊이 깨닫고
겨레의 부활을 믿게 하소서.
절망 속에서 희망을 살게 하소서.
미움을 풀고 사랑을 살게 하소서.
온갖 맺히고 꼬인 것을 풀고, 모든 벽을 허물어
평화를 이루는 성찬의 삶,
예수 그리스도의 삶을 살게 하소서.
그리하여 분단 50년에는
기어이 기쁜 해, 희년을 선포하게 하소서.

이 겨레가

제자리 제 모습을 되찾아 하나 되는

은총의 해를 선포하는 일꾼이 되게 하소서.

하나 되기 위해 온 삶을 바치신

예수 그리스도의 이름으로 비나이다. 아멘.

하느님의 어린 양 세상의 죄를 없애시는 주여!

우리에게 평화를 주소서. (3번)

1990년 8월 4일 정의구현사제단은 '북한의 신앙 형제자매들에게 보내는 편지'를 발표했다. 북한의 조선천주교인협회가 수신인이었다. 사제단은 편지에서 "여러분과 우리들이 하느님 안에서 하나임을 이 평화의 인사를 통해 확인할 수 있다는 사실로 뜨거운 마음을 갖게 된다."고 하였다. 비록 체제는 다르고 몸은 떨어져 있으나, 한 동포요 똑같은 신앙인인 여러분이 바로 우리 곁에 있음을 확인하고, 여러분의 신앙적 삶을 지켜볼 책임이 있는 우리들의 불성실에 대해 깊이 반성한다 하였다. 편지는 이렇게 이어졌다. "이제, 우리는 여러분들의 곁에 있고자 합니다. 비록 당장 여러분과 모든 시간을 함께하지는 못하더라도 끝내는 여러분과 한데 어우러질 수 있도록 우리의 모든 노력을 아끼지 않을 것입니다."

주교회의도 마침내 1992년 3월에 춘계 회의에서 '침묵의 교회를 위한 기도의 날' 명칭을 '민족의 화해와 일치를 위한 기도의 날'로 바꾸기로 결정했다. 북한 선교도 좀 더 새롭게 정의되었다. 북한 선교는 "분단된 민족의 화해와 일치를 위한 형제적 나눔을 실현하면서 민족의 평화 통일에 대비하여 북한교회의 부흥과 북한 동포의 복음화를 위한 사목적 역량을 갖추는 교회의 활동"이라고….

「세상을 통해 본 한국 천주교회사」